IN EIGENEM AUFTRAG

Schwarzkopf & Schwarzkopf

MARKUS WOLF

IN EIGENEM AUFTRAG

Bekenntnisse und Einsichten

Schwarzkopf & Schwarzkopf
Verlag Berlin

Geleitwort für die Neuausgabe 1999

Es ist aufregend, die Tagebucheintragungen und Gedanken des Schicksalsjahres 1989 noch einmal zu lesen. Zehn Jahre sind vergangen, und doch ist alles nah, als ob es gestern gewesen wäre. Das Manuskript hat eine eigene, noch nicht geschriebene Geschichte. »In eigenem Auftrag« sollte wie sein Autor ausgegrenzt werden. Das im September 1990 druckfertige unveröffentlichte Buch begleitete Andrea, meine Frau, und mich in die deutsche Einheit, auf der Flucht über Österreich nach Moskau, bis der Druck der ersten Ausgabe mit unserer Rückkehr nach Deutschland im September 1991 zusammenfiel. Jede Zeile lebt in uns, sollte so, wie sie mit heißer Feder aufgeschrieben wurde, erhalten bleiben. An meinen Tagebucheintragungen wurde für diese Neuauflage nichts verändert. Aber selbstverständlich stimmt nicht jeder Gedanke von gestern mit meinen Gedanken von heute überein.

Bei meiner Ansprache am 4.November 1989, dem Schlüsselerlebnis jenes Jahres, glaubte ich, wie die meisten Redner auf dem Berliner Alexanderplatz, an die Möglichkeit einer demokratisch reformierten sozialistischen DDR. Im Vorwort zur ersten Ausgabe, das kurz vor der Rückkehr nach Deutschland im September 1991 geschrieben wurde, zitierte ich die in meiner Ansprache an Michail Gorbatschow gerichteten Dankesworte.

Auch diese Worte habe ich nicht zurückzunehmen; sie entsprachen der weitverbreiteten Stimmung in der DDR. Leider ersparten uns der damalige erste Mann des großen Verbündeten und seine Berater inzwischen keine Enttäuschung auf dem argen Weg der Erkenntnis. Der Leser wird hier zwar erste Zweifel finden, noch nicht aber die Wahrnehmungen während des Aufenthalts in Moskau bis zum Ende der Sowjetunion und der Präsidentschaft Gorbatschows 1991, als der Glaube an die Perestroika bei uns, wie bei vielen Menschen, dahinschmolz wie der Schnee im März.

Über die Ursache seines Scheiterns gibt es viele schnelle Urteile und Mutmaßungen; dazu müssen sich kompetente Analytiker, vor allem Zeitzeugen der so schwer geprüften Völker der Sowjetunion äußern.

Sicher bleibt auch mir das weitere Nachdenken darüber, was den Untergang der Sowjetunion betrifft, nicht erspart. Gerade auf das Konto von Michail Gorbatschow geht ein erhebliches Maß an Schuld. Vor unseren Augen versank Moskau, die Stadt meiner Jugend, in Schmutz und für immer verschwunden geglaubte Armut.

Was die DDR angeht, so erwiesen sich unsere Novemberhoffnungen als Illusionen. Wir, die engsten Freunde der Sowjetunion, wurden der Willkür der Sieger des Kalten Krieges ausgeliefert, weil die politischen Führer im Kreml nicht nur nicht mehr auf der Höhe staatspolitischer Weisheit waren. Sie verletzten auch elementare Regeln des Anstands gegenüber Verbündeten und Freunden.

Die Jahre nach der Rückkehr ins vereinte Deutschland, die Jahre der Strafverfolgung und der versuchten Ausgrenzung machten die Vertiefung des im Vorwort zu diesem Buch Angedachten über unser eigenes Scheitern, die eigene Schuld und Verantwortung nicht gerade leicht.

Für mehrere Jahre rückte die Zurückweisung falscher Anschuldigungen, Diffamierungen und rechtswidriger Anklagen in den Vordergrund. Zu Unrecht wird aber mir und meinen politischen Freunden ein Verzicht auf kritischen und selbstkritischen Blick zurück vorgeworfen. Daran hat sich in den vergangenen zehn Jahren wenig geändert.

Eindeutige Belege, die bis in die hier behandelte Zeit zurückgehen, werden nicht zur Kenntnis genommen. Der unvoreingenommene Leser wird auf vielen Seiten dieses Buches, meinem zweitem nach der »Troika«, deutliche Zeichen der Abrechnung mit der Vergangenheit finden. Der im selben Verlag erschienene Schriftenband »Die Kunst der Verstellung« ergänzt dies mit dem Wortlaut unterschiedlichster Dokumente.

Wer weniger an Schwarz-Weiß-Klischees als an einem differenzierten Herangehen an bleibende Probleme interessiert ist, wird zum weiteren Nachdenken über so komplizierte Fragen angeregt, wie es die Machtfrage in der Vergangenheit und Gegenwart ist. Das Buch beschreibt das aufregende Erleben der Wirkung meines Erstlings. Auf die Reaktion der Leser auf dieses Buch, zehn Jahre nach der erlebten Zeitenwende, bin ich neugierig.

Berlin, im Frühjahr 1999 *Markus Wolf*

Vorwort zur 1. Ausgabe von 1991

»Jeder Mensch wird im Laufe des Lebens mit einer Richtstatt konfrontiert«, sagt der Dichter Tschingis Aitmatow, und er bezeichnet diese Richtstatt nicht einfach als einen Ort der Hinrichtung, sondern vielmehr als einen Ort der Wahrheit für jeden Menschen.

Das Gefühl, am Ort meiner Wahrheit zu stehen, hatte ich am 4. November 1989. Die Worte Aitmatows betrafen mein Innerstes, als mich, während der Protestdemonstration der Fünfhunderttausend auf dem Berliner Alexanderplatz, dort, auf der improvisierten Rednerbühne, meine dreißig Jahre als hoher Funktionär im Ministerium für Staatssicherheit mit den gellenden Pfiffen aus der Menge wieder einholten.

Der Aufforderung der Berliner Künstler, bei dieser Gelegenheit und an dieser Stelle zu sprechen, war ich im Verständnis gefolgt, den Protestierenden zuzugehören, gleich denjenigen der anderen Redner, die in Opposition zum Regime standen. Mit dem Aussteigen aus dem Amt einige Jahre zuvor, mit dem Buch »Die Troika«, in dem ich innere und äußere Brüche mit dem nun vergehenden System offenbart hatte, mit den Lesungen, bei denen ich viele Menschen ermutigte, couragiert für Glasnost und Perestroika auch bei uns einzustehen, glaubte ich mich an der Seite der Rebellen dieser letzten Jahre.

Als ich mit trockenem Mund vom Pritschenwagen stieg, sagte jemand zu mir: »Du warst vom Stasi-General zum Hoffnungsträger geworden, und jetzt gehst du den Weg zurück zum Stasi-General.« Der Mann hatte wohl recht.

An jenem Novembertag war mir dieser Rück-Weg so deutlich noch nicht bewußt, wie in den folgenden Monaten und bis zu dem Tag, da ich diese Zeilen schreibe. Als die vom Zorn des Volkes ausgelöste Lawine immer schneller in Richtung »Deutschland, einig Vaterland« rollte, geriet ich, durchaus überraschend für mich, als einer der wenigen in jenem gewaltigen Apparat in unmittelbare Nähe zu den Hauptverantwortlichen für das mannigfach begangene Unrecht. Mein Engagement für das Neue, meine politische Gratwanderung mit der »Troika« wurden schnell vergessen, zählten als vorausschauende Rückversicherung eines Hellsehers, galten nichts mehr und erscheinen auch, jedenfalls aus der Sicht von heute, unbedeutend und klein. Wohl mit Recht werde ich zunehmend mit der Frage konfrontiert, ob das, was ich tat, nicht viel zu zaghaft, zu zahm, viel zu spät gedacht und begonnen war. Ich stelle mir die Frage, was wir, unsere Generation und die unserer Väter, versäumt oder falsch gemacht haben trotz unseres ehrlichen Bemühens, die guten und edlen Ideale unserer Weltanschauung in den Ländern zu verwirklichen, wo, gleich uns, viele Menschen den Sozialismus im Kommen glaubten. Doch schon beim Nachdenken darüber holten mich bei der Arbeit am Buchmanuskript in Berlin und Moskau die Jahre meiner aktiven Tätigkeit mit elementarer Wucht ein. Als ehemaliger Leiter der Hauptverwaltung für Aufklärung, des Nachrichtendienstes also, bin ich gezwungen, immer wieder Fragen nach dieser Arbeit, häufig genug zu bekanntgewordenen, sensationellen Aktionen zu beantworten, vielfach auch zu Bereichen der Staatssicherheit, für die ich keinerlei Verantwortung trug, die die Öffentlichkeit aber ungemein bewegen. Man erwartet von mir, daß ich Aufschluß gebe, die Wirklichkeit erhelle. In diesem Buch versuche ich das an Beispielen wie der sogenannten Affaire Guillaume, die zum Sturz von Bundeskanzler Willy Brandt beitrug, und auch an einigen anderen Fällen und Vorgängen – vieles wird späteren Veröffentlichungen vorbehalten bleiben müssen. In der Verantwortung fühle ich mich gegenüber den Menschen, die ich zur Tätigkeit in der Aufklärung veranlaßt habe, eine Tätigkeit, die ich nach wie vor für notwendig erachte und für die ich geradestehe. Für viele von ihnen verkörpere ich mit meiner Person, meiner Biographie, meinen Ansichten Ideale, die sie mit ihrer Arbeit zu befördern oder zu verwirklichen glaubten. Nun sehen sie sich in vielerlei Hinsicht im gesellschaftlichen Aus. Mit Recht erwarten diese Aufklärer Antwort von mir. Sie sind nicht verantwortlich für die Unterdrückung im Inneren des Landes. Auch für sie appellierte ich auf dem Alexanderplatz an das Volk, nicht alle unterschiedslos zu Prügelknaben der Nation zu machen. Für die Chance dieser Menschen, Positives in ein geeintes Deutschland einzubringen, trete ich ein und dafür, daß sie sich vor ihren Kindern für ihr Leben nicht schämen müssen.

Die Angriffe sind kräftig. Wochenlang wurde kaum ein anderer Name als meiner mit in der DDR untergetauchten ehemaligen RAF-Terroristen in Verbindung gebracht, zierten böswillige Karikaturen vom »Wolf im Schafspelz« Zeitungsseiten, wurden Unterstellungen zur Amtsführung und auch zum Privatleben ausgestreut, fanden Richtigstellungen kein Gehör. Weil dieses Kapitel einer unrühmlichen Vergangenheit bisher nur wenig aufgehellt wurde und seine Bewältigung noch Zeit erfordern wird, muß ich mir solche Fragen gefallen lassen. Weil ich in diesem System ein hohes Amt bekleidete, muß ich selbst mein Gewissen befragen, welche Mitschuld aus verdrängtem Wissen entstand.

Vielleicht wiegt die Erkenntnis noch schwerer, durch das lange Ausharren in dieser Funktion das ganze System, das in wenigen Wochen vom Volk hinweggefegt wurde, mitgetragen zu haben, mitverantworten zu müssen. Was nützt da die Rechtfertigung, in letzter Stunde aufgestanden zu sein, als andere immer noch schwiegen? Allerdings muß ich zugeben, daß mich mancher persönliche Angriff mit Bitterkeit erfüllt.

Das Bild ist nicht unähnlich dem des biblischen Sündenbocks: Die Menschen beladen den Ausgewählten mit eigenen Lasten, Fehlern und Sünden und schicken ihn in die Wüste. Sie selbst sind gereinigt, sie haben verdrängt, statt zur Selbsterkenntnis vorgestoßen zu sein. Das Ausmerzen wohlwollender Bilder von gestern durch die selben Medien kann nur heißen, alles von der gewesenen Republik soll ausgelöscht werden, unterschiedslos, ob schlecht oder gut.

Auf andere Weise als es mit mir geschieht, werden viele von denen, die den Aufbruch von damals getragen haben, heute ins Abseits gestellt, sei es, weil sie gleich mir glaubten, in der Deutschen Demokratischen Republik doch noch das Wort Sozialismus mit dem Wort Demokratie verbinden zu können, und dafür weit früher als ich und mit bitteren persönlichen Folgen eingetreten waren, sei es, weil sie meinen, die Morschheit und Korruptheit des zerschlagenen Systems sei nicht Beleg für Vollkommenheit und ewige Gültigkeit des anderen, in das wir alle nun hineingestellt sind. Ich sagte damals am Schluß meiner Ansprache über die Pfiffe hinweg: Vielleicht können wir mit unserem Aufbruch Michail Gorbatschow und den Menschen in der Sowjetunion etwas vom Mut und der Hoffnung zurückgeben, die sie mit Perestroika und Glasnost in dieses Land gebracht haben.

Das war für kurze Zeit unsere Hoffnung.

Haben wir umsonst gelebt? Ging der Vater in die Irre auf seinem Weg vom humanistisch denkenden und handelnden Arzt, vom suchenden Pazifisten zum überzeugten sozialistischen Schriftsteller, einem Weg, auf dem er Keime einer erträumten Zukunft in der DDR zu sehen meinte?
Und der Bruder?
Glaubte Koni bis in seine letzten Lebensjahre, als ihn das Wissen um die Krankheit unserer Gesellschaft mehr quälte als das eigene, tödliche Leiden, nicht fest an den wahren, vom Humanismus bestimmten Sozialismus?
Und mein Leben?
Am Beginn des Jahres 1989 hätte ich mir nicht vorstellen können, daß ich am Ende des gleichen Jahres solche Fragen stellen würde.

Dieses, unser Leben und unser Land so grundlegend verändernde Jahr begann in der dörflichen Behaglichkeit unseres märkischen Waldgrundstücks. Nachdem wir in festlich-kühler Hotelatmosphäre das neue Jahr begrüßt hatten, waren wir froh, die frische Winterluft genießen zu können. Beim Spaziergang zum stillen Dorf dachten wir an das erste, zurückliegende Jahr eines hier gelebten, neuen Glücks. Die Landschaft war damals in tiefem Schnee versunken gewesen, die Bäume, der Garten, das spitze Dach des Hauses.

Meinen Dienst im Ministerium hatte ich endlich aufgegeben und mit der Arbeit am Buch begonnen. Jetzt, Anfang 1989, erinnerte nichts an jenen Winter. Der verwilderte Uferstreifen am verträumten See bot einen eher tristen Anblick.

Bei der Baracke der Fischer, dort, wo der Bach den See wieder verläßt, man blickt über den Steg, an dem die alten Kähne festgemacht sind, und über die Fischkästen aufs Wasser hinaus, hatte ich, wie schon so oft zuvor, den Wunsch, malen zu können, um dieses für uns so liebenswerte Fleckchen Erde auf immer festzuhalten. Das kleine, verwunschene Fachwerkhäuschen, das es bis heute nicht geschafft hat, von allein zusammenzufallen, sondern immer wieder die Phantasie der Kinder beschäftigt, gibt allerdings, wie vieles hier, Theodor Fontane recht, der auf seinen »Wanderungen« gleichmütig vermerkt, es lohne sich nicht, an diesem Ort zu verweilen. Dabei war zu den Zeiten des Chronisten der Mark Brandenburg das Dorf kaum so heruntergekommen wie jetzt. Immerhin verweist aber Fontane auf die Kirche, zu der, trotz ihres gleichermaßen verfallenen Zustands, einen Umweg zu machen sich noch heute lohnt. Wir freuen uns über jeden Neubau im Dorf, den frischen Putz an den alten Häusern, den schön instandgesetzten Kindergarten. Hier fühlen wir uns zu jeder Jahreszeit heimischer als in der großen und lauten Stadt. Entgegen dem Rat Fritzens, des Fischers, wir sollten die Dorfgaststätte, die gerade wieder den Pächter gewechselt hatte, lieber vergessen, ließ uns der Hunger einen Versuch wagen. Zu unserer Überraschung war die Kneipe geöffnet. Drinnen hatte sich eine kleine, feuchtmuntere Gemeinde zum Neujahrsfrühschoppen versammelt. Dort saß auch der Bürgermeister. Die neue, uns bisher unbekannte, freundliche Wirtin servierte Runde um Runde, die abwechselnd von den verschiedenen Tischen bestellt wurden. Einer der Älteren hatte gerade wieder einen Schnaps spendiert und uns ins Gespräch verwickelt, als sich der reichlich beschwipste Maurer Wolli zu uns setzte. Die Bekanntschaft war schnell geschlossen. Er erzählte von sich und begann, mir dabei unmerklich auf den Zahn zu fühlen. Ob wir aus Berlin oder »von der anderen Seite« kämen? Nachdem ich mich als Bücherschreiber zu erkennen gegeben hatte, meinte er, ich sei »etwas Besonderes«. Unverhofft stellte er die Frage, ob ich vielleicht ein Russe sei. Eigenartig, das ist mir schon öfter widerfahren. Dabei sollten doch weder mein Habitus noch meine Sprache Anlaß zu einem solchen Schluß geben. Ist vielleicht doch mehr von der »russischen Seele« in mir hängengeblieben, als ich verleugnen kann? Nach ein paar freundlichen Komplimenten für Andrea, meine Frau, ging das listig geführte Interview weiter. Ob wir am Ort ein Grundstück hätten? Als ich die Feldsteine an unserem Häuschen erwähnte, nickte Wolli, jetzt wisse er Bescheid! Er habe auch schon solche Häuser gebaut! Sein Angebot, jederzeit, wenn wir ihn brauchten, für uns da zu sein, hörte sich aus seinem Munde, dem eines Handwerkers, gut an. Weitere Runden gingen zwischen den Tischen, auch dem des Bürgermeisters und unserem, hin und her. Schließlich setzte sich der Bürgermeister zu uns. Er versuchte, mich für ein Einwohnerforum zu interessieren. Dabei ging es ihm gewiß mehr darum, einen ungewöhnlichen Gast für eine Rentnerveranstaltung zu gewinnen. Ich hätte allerdings lieber bei jungen Leuten ein Stück aus dem ersten Kapitel der »Troika«, dem Teil über unsere Jugendzeit in Moskau, getestet. Die allgemeine Ruhe des Jahresanfangs fand ihre Entsprechung darin, daß ich von den aufregenden Problemen der letzten Tage des für mich so widersprüchlich zu Ende gegangenen Jahres vorläufig verschont blieb. Wie lange?

Im Zusammenhang mit dem 100. Geburtstag des Vaters am 23. Dezember 1988 waren jene Konflikte an die Öffentlichkeit gedrungen, die mich seit meinem Ausscheiden aus dem aktiven Dienst, besonders aber seit jener Zeit, da das Jubiläum näherkam, begleitet hatten. Es passierte viel Erfreuliches: Der Autor wurde in seine Geburtsstadt Neuwied am Rhein heimgeholt. Auch in unserem Land wurden ihm zahlreiche Ehrungen zuteil und neuentdeckte Spuren seines Wirkens bekanntgemacht. Andererseits gab es aber einen heftigen Streit mit den Mediengewaltigen der Partei, die Friedrich Wolf zwar als Objekt der Pflege sozialistischer Traditionen gelten lassen wollten, sein Eintreten für individuelle Freiheit und Menschenwürde, seine Aufforderung zur Zivilcourage aber gern verschwiegen hätten. Der Konflikt war im Sommer an dem Dokumentarfilm über den Vater, »Verzeiht, daß ich ein Mensch bin«, entbrannt. Es ging um eine Passage im Film, in der ich mitwirkte und in der bestimmte Repressalien in Moskau während der Stalin-Zeit geschildert wurden. Da ich, gemeinsam mit den Autoren, einen von der Leitung des Fernsehens geforderten Schnitt ablehnte, sollte der Film nicht gesendet werden.

Der Ruf eines unliebsamen »Perestroika-Mannes«, den ich bei Joachim Herrmann, dem Politbüro-Mitglied für Agitation, und bei den Fernsehchefs hatte, begleitete mich auf meiner Reise nach Moskau. Diese Reise unternahm ich gemeinsam mit meiner Frau unmittelbar vor dem Jubiläum, um an der Einweihung einer Gedenktafel für Vater und Bruder teilzunehmen. Die Idee dazu war in Berlin entstanden. Sie hatte zahlreiche bürokratische Hindernisse in beiden Hauptstädten überwinden müssen. Erst ein von Erich Honecker abgesegneter Brief, den Hermann Axen an das Zentralkomitee der KPdSU geschickt hatte, öffnete auch dort den Weg durch die zahlreichen Instanzen. Während der Bildhauer und sein Steinmetz in der DDR das Doppelbildnis in schwarzen Granit meißelten, vollbrachte der Moskauer Stadtsowjet ein – für dortige Verhältnisse – kleines Wunder und veranlaßte die außerplanmäßige Renovierung der vom Zahn der Zeit stark ramponierten Fassade des Hauses, in dem wir gewohnt hatten und das die Tafel tragen sollte. Der kaum noch für möglich gehaltenen Enthüllung der Tafel stand nichts mehr im Wege. Es fällt mir schwer zu beschreiben, welche Gedanken, Erinnerungen und Gefühle mich auf der kleinen Tribüne vor dem Haus in der Nishne-Kislowski- Gasse, ganz in der Nähe des Arbat, mitten in Moskau bewegten. Tag und Stunde hatten sich unter Freunden herumgesprochen, viele, auch ehemalige Nachbarn, waren gekommen. In der Menge sah ich bekannte Gesichter, aber an manche von denen, die mich nach vierzig oder vielleicht fünfzig Jahren mit einem »Erkennst du mich denn nicht mehr?« ansprachen, hatte ich keine Spur der Erinnerung, sie waren völlig aus meinem Gedächtnis verschwunden.

Das Tuch, welches die Gedenktafel bedeckte, wurde entfernt, Ansprachen wurden gehalten, es wurde geklatscht. Ehrengäste waren anwesend, unter ihnen auch der Botschafter der DDR. Alles in allem ein Ereignis. Es hätte auch dem Korrespondenten des DDR-Fernsehens in Moskau Gelegenheit gegeben, der inzwischen längst nicht mehr wohlwollenden Berichterstattung über das große Bruderland einen freundlichen Tupfer aufzusetzen. Er hatte wohl diese Absicht sicher gehabt, durfte aber, auf Weisung seiner Leitung in Berlin, nicht einmal am Ort des Geschehens erscheinen. Dafür wurde der Dokumentarfilm über den Vater am selben Tag ohne Zustimmung der Autoren in einer zensierten Fassung ausgestrahlt. Die Passagen über Stalin und die Schilderung von Repressalien fehlten. Die Autoren, aber auch die Akademie der Künste protestierten sofort.

Ich schrieb nach meiner Rückkehr einen Brief an Erich Honecker. Beim Formulieren machte ich mir Gedanken um das Schicksal der »Troika«. Das Buch sollte mein Beitrag zur Perestroika in der DDR werden. Mit dem Verleger war ich mir einig, das Manuskript vor der Drucklegung an keine Stelle herauszugeben. Der Konflikt wegen des Films konnte nun dieses Konzept stören.

Hinzu kam, daß zum selben Zeitpunkt im »Spiegel« ein in Moskau mit mir geführtes Gespräch veröffentlicht wurde, mein erstes Interview im Westen. Das Gespräch war zum Zweck der Öffentlichkeitsarbeit meines westdeutschen Verlages zu dem für das Frühjahr geplanten Erscheinen der »Troika« gedacht. Nun war es unter der Überschrift »Ich würde gern nach Stuttgart fahren« erschienen. Das mußte bei den Auguren der Parteiführung als eine Provokation wirken. Natürlich waren Fragen und Antworten zum Buch kaum wiedergegeben, solche zu meiner früheren Tätigkeit im Nachrichtendienst und zu den heiklen Themen jener Wochen hingegen waren nicht ausgespart. Wie würde die Reaktion sein? In mein Kalenderbuch notierte ich in jenen ersten Januartagen:

4. 1. 1989
Zu dem »Spiegel«-Interview und dem Brief an Honecker gab es in der Neujahrswoche keine Reaktion. Immer wieder hofft man auf Zeichen der Vernunft, daß Streitfragen ohne Keulenschwingen behandelt werden. Vielleicht sind Äußerungen von Hager zur bevorstehenden Historikertagung so zu deuten. Sicher ist ein offener Blick auf die Geschichte für diese Leute gefährliches Neuland. Doch der Blick in die Vergangenheit, frei von Tabus, ist nicht länger zu verhindern. Für die Zukunft ist er unausweichlich. Unmöglich, das sich immer weiter aufblätternde Buch der Geschichte einfach zu ignorieren. Vielfältige sowjetische Publikationen zu verfolgen, nimmt eine Menge Zeit in Anspruch, hält von den eigenen Plänen ab, aber es gehört unbedingt dazu. Starre Denkweisen, die der Grund für unsere gegenwärtigen Ärgernisse sind, können ohne Nachdenken über ihre Ursachen nicht ausgemerzt werden. Denken und Handeln der Menschen, der »Massen« im Leninschen Sinne, als wichtigste Voraussetzung für notwendige Veränderungen in allen Bereichen des gesellschaftlichen Lebens, der Wirtschaft, der Bildung, der Kultur, kann nicht befördert werden ohne ungeteilte Kenntnis der Vergangenheit. Zu diesen aufregenden Zeugnissen gehört das Buch von Konstanin Simonow »Mit den Augen eines Menschen meiner Generation. Gedanken über J. W. Stalin«, das ich mir in Moskau vom Arbeitstisch des dazu nickenden Verlagschefs von APN genommen

hatte. 1979 nicht für die Veröffentlichung diktiert, ist es das großartige menschliche Zeugnis eines Schriftstellers, der unter Stalin ganz oben war und sich dennoch seiner Haltung nicht zu schämen braucht. Es enthält unbekanntes Faktenmaterial über die Schuld Stalins an der Vernichtung der Führungskader der Roten Armee und an der verhängnisvollen Verneinung der Gefahr eines bevorstehenden Überfalls der Deutschen am 22. Juni 1941. Die ganze Nacht Simonow gelesen. Zu bewundern, wie schonungslos er mit sich selbst ins Gericht geht Gerade weil er ein Kind der Stalin-Zeit ist und Stalin auch in seiner ganzen Macht unmittelbar erlebt hat, wirkt die Abrechnung mit dem früheren Idol so überzeugend, könnte sie auch für manchen bei uns ein Beispiel sein!

6. 1. 1989
Schöner Auftakt unserer kulturellen Erlebnisse 89: Konzert im Schauspielhaus mit Yehudi Menuhin; Bartók, Mozart und Mendelssohn-Bartholdy. Jedoch scheint die Ruhe nicht von langer Dauer. Das ZDF bemüht sich um ein Interview. Mit Westinterviews muß ich aber vorsichtig sein, um keine schlafenden Hunde zu wecken. Die »Süddeutsche Zeitung« macht mir das auf ihre Art deutlich, wenn sie im Zusammenhang mit Veröffentlichungen aus Günter Guillaumes Buch die Pariser »Liberation« zitiert: »Aber das Erstaunlichste ist, daß Wolf nicht länger als eine Woche wartete, um auf diesen Tiefschlag zu antworten, der nur zum Ziel haben konnte, ihm bei dem jetzt im offenen Kampf gegen Gorbatschow stehenden Honecker zu schaden. Er hat von Moskau aus dem ›Spiegel‹ ein Interview gegeben, dessen ungewöhnliche Art ebenso erstaunlich ist wie einige Ausdrücke, die gewählt wurden, um seinen Ostberliner Gegnern so viel wie eben möglich zu schaden... Der Krieg der Führer in der DDR hat begonnen. Er hat sich die westdeutschen Medien als Schlachtfeld ausgesucht. Wahrhaftig, Glasnost ist nicht aufzuhalten.«

8. 1. 1989
Sonntagsbesuch der Mebels mit Borschtsch und Piroschki. Der Abend mit Sonja und Moritz war schön. Die Gespräche drehten sich um die

bekannten Themen, voller Unruhe. Wir sahen uns gemeinsam die Kassette des Films »Verzeiht, daß ich ein Mensch bin« an. Sie ist illegal vom unzensierten Film gezogen.

Die Kalendernotiz hält nur die eine Begegnung mit den Mebels aus dem Januar fest. In den folgenden Monaten sollten wir uns öfter treffen als in den zurückliegenden Jahren. Moritz Mebel ist einer der prominentesten Urologen der DDR und er ist Mitglied des Zentralkomitees der SED. Er ist einer meiner Schulfreunde aus der Moskauer Zeit. Wir waren Klassenkameraden an der deutschen Karl-Liebknecht-Schule. Zu meinem 60. Geburtstag hatte er mir die Kopie eines Tagebuchs unserer Pioniergruppe geschenkt. Ich erinnere mich, wie wir in der Wohnung einer unserer Klassenkameradinnen gemeinsam Frösche seziert hatten. Sie war die Tochter eines renommierten Medizinprofessors. Mit der Auflösung unserer Schule, auch einer Folge der Stalinschen Repressalien, trennten sich unsere Wege. Moritz blieb seinen Neigungen aus der Schulzeit treu und nahm kurz vor Kriegsbeginn ein Medizinstudium auf. Ich hingegen wollte Flugzeugkonstrukteur werden. Während des Krieges glich sein Weg dem meines Bruders: Als Offizier der Sowjetarmee kehrte er in seine erste Heimat zurück.

Unsere Berliner Begegnungen waren stets flüchtig gewesen, jedesmal nahmen wir uns vor, beim nächsten Treffen gründlich über alles zu reden. Von Bekannten und Mitarbeitern, die ich zu ihm ins Krankenhaus Friedrichshain vermittelte, erfuhr ich etwas über das große Vertrauen, das seine Patienten zu ihm hatten. Sein enormes Arbeitspensum als Chefarzt, der Zwang zur ständigen Weiterbildung, er hatte die ersten Nierentransplantationen in der DDR durchgeführt, ließen ihm keine Freizeit. Er widmete sich ebenso wie seine Frau völlig der Arbeit und vielen politischen Verpflichtungen.

Sehr viel näher kamen wir uns wieder während Konis tödlicher Krankheit. Als ich bei den ersten Krankenhausbesuchen mit Konis Fragen nach der Wahrheit über seinen Zustand rechnen mußte, bat ich Moritz um Rat. Er verschaffte sich bei seinen Kollegen ein klares Bild von Konis Zustand, schenkte mir reinen Wein ein und riet mir mit seiner langjährigen Erfahrung, doch der Sprachregelung der Ärzte zu folgen. In diesen schweren Wochen zeigte er eine Art mitzuleiden, wie sie von einem Arzt, der dem Tod häufig begegnet ist, kaum erwartet werden kann.

An jenem Januarabend hatte uns der Film über den Vater in seiner unkonventionellen Art, Widersprüche in seinem Leben ebensowenig zu verschweigen, wie den Umstand seiner zahlreichen Kinder von fünf verschiedenen Müttern, Gesprächsstoff über die alten Moskauer Zeiten wie auch über die Umstände seiner Ausstrahlung durch das Fernsehen und den damit verbundenen Konflikt in reichlicher Menge geliefert. Wir litten seit längerem unter der selbstherrlichen Distanzierung unserer Führung von der Politik Michail Gorbatschows, mit der sich unsere Hoffnungen gerade verbanden. Wir glaubten nicht mehr an die Möglichkeit einer Sinneswandlung bei Honecker. Sehr sachlich erläuterte mir der Mediziner die physiologischen Gesetzmäßigkeiten und Folgen der Verkalkung des Gefäßsystems im hohen Alter.

Was sollten wir tun? Jeder von uns hatte das Feld gefunden, auf dem er seiner Überzeugung und seinem Gewissen treu zu sein glaubte. Mit meinem Beitrag zum Film und dem Buch dachte ich, der Wahrheit dienlich sein zu können. Das wollte auch Moritz in seiner Arbeit. Doch schon damals quälte ihn die Frage, ob er nicht vor dem höchsten Gremium der SED, dem er angehörte, das aussprechen sollte, was viele Mitglieder der Partei genauso bewegte wie uns. Was wäre dann passiert? An der humanistischen Gesinnung und Lauterkeit des Arztes und Kommunisten Moritz Mebel wird niemand zweifeln, wer ihn näher kennt. Doch man wird ihn, wird uns immer wieder fragen, was wir früher und mit mehr Mut hätten tun können, damals, als wir Möglichkeiten hatten, Widerstand zu leisten. Eine Frage an unser Gewissen, die uns noch lange verfolgen wird.

10. 1. 1989
Moritz und ich hatten darüber gesprochen, was wohl von Gorbatschows umfangreicher Rede, gehalten vor Angehörigen der Intelligenz, in der »Prawda« nachgedruckt, bei uns veröffentlicht würde. Eine wenig informative Rede, die Fidel Castro am 1. Januar gehalten hatte, war vom »Neuen Deutschland« im vollen Wortlaut abgedruckt worden.

Heute nun erhalten wir Antwort: Die Rede Gorbatschows ist tatsächlich vollständig im »Neuen Deutschland« nachzulesen! Abends mit Andrea zur offiziellen Erstaufführung eines neuen Spielfilms aus Kuba über den illegalen Kampf einer Jugendgruppe in Havanna gegen die Batista-Diktatur. Sehr einfach und direkt in seiner Aussage, für mich bewegend, selten bekommt man heute noch solche Filme zu sehen.

Während wir im Kino saßen, war ein Anruf aus dem Sekretariat Honecker gekommen. Es ging um einen Gesprächstermin.

Zum Thema »Fernsehen und administrative Kommandomethoden«: Im Film »Vera Lenz« von Karl-Georg Egel, der für den 2. Februar angekündigt ist, wurde der Schluß ohne Zustimmung des Autors geändert. Ruth Werner zum gleichen Problem: Sie habe dem Fernsehen ein Interview gegeben, aus dem mehrere Minuten, an denen ihr besonders gelegen habe, einfach herausgeschnitten wurden.

Ich notiere diese Beispiele für das Gespräch mit Honecker.

11. 1. 1989

Die Erinnerungen von Nadeshda Mandelstam, Witwe des unter Stalin ermordeten Dichters Ossip Mandelstam, sind ein weiteres erschütterndes Zeugnis über jene Zeit. Es beeindrucken die sinnlose Grausamkeit bei der Verfolgung dieses Dichters ebenso wie die stoische Ruhe, mit der er seiner Gesinnung treu blieb. Als wir uns in den dreißiger Jahren für die russische Poesie begeisterten, wurden uns Mandelstams wunderbare Gedichte nicht bekannt.

12. 1. 1989

Anruf der Sekretärin Honeckers: Erich möchte dich am 18. 1. um 12.00 Uhr sprechen.

Also doch!

Am selben Tag im »Neuen Deutschland« auf Seite 3 ein längerer Beitrag von Heinz Kühnrich, Mitarbeiter des Instituts für Marxismus-Leninismus, »Zum Brief Wilhelm Piecks an Manuilski (1939)«. Zum erstenmal wird im Zentralorgan der SED über Repressalien in der UdSSR unter Stalin berichtet. Kann ich das als ein gutes Zeichen für das Gespräch am 18. Januar werten? Ist es eine Auswirkung der durch die

»Sputnik«-Diskussion ausgelösten Unruhe, der Proteste, Gespräche, Überlegungen? Wird man später überhaupt begreifen, wozu dieser so unnötige, mühselige und widersprüchliche Weg notwendig war?

13. 1. 1989

Helmut Baierl informiert mich über eine Begegnung von Hermann Kant mit Erich Honecker und über die Bemühungen der Akademie der Künste um den Friedrich-Wolf-Film. Kant habe sehr offen über das Unverständnis der Intelligenz zu engherzigen Entscheidungen des Parteiapparats auf dem Gebiet der Kulturpolitik gesprochen, auch zum »Sputnik«Verbot. Die Antworten des Generalsekretärs seien beschwichtigend, aber kaum Hoffnung verheißend gewesen.

15. 1. 1989

Die Liebknecht-Luxemburg-Demonstration in Friedrichsfelde hat wie immer etwas Bewegendes, trotz des deplaziert wirkenden Vorbeimarsches an der beheizten Tribüne, auf der Männer und Frauen, die sich von Karls und Rosas Vermächtnis sehr weit entfernt haben, die Huldigungen entgegennehmen. Böse Erinnerungen an die Vorfälle im vergangenen Jahr wurden wach, als kritische junge Leute Rosas Mahnung »Freiheit ist immer Freiheit der Andersdenkenden« in den Zug hineinhielten. BRD-Journalisten waren am Ort, sie informierten als erste und erfüllten damit den abstrusen Tatbestand vom Wirken »feindlicher« Kräfte im Lande. Von den mehr als hundert Festgenommenen wurden einige später gegen ihren Willen aus der DDR ausgewiesen.

Diesmal gab es keine Zwischenfälle. Die Sicherheitskräfte hatten ganze Arbeit geleistet. Und dennoch waren Unmut und Widerstand stärker spürbar als noch vor einem Jahr. Gerade junge Menschen, deren kritischer Geist sich in unserer Gesellschaft geformt hatte, nahmen immer häufiger die ständigen Verkündungen einer Politik des Dialogs seitens der Partei- und Staatsführung beim Wort. Sie meinten, Konsens nach außen müsse das Bemühen um Konsens durch Dialog im Inneren voraussetzen. Viele der kritischen Geister engagierten sich in der Friedensbewegung, hatten sich 1987 in den Olof-Palme-Friedensmarsch für eine kernwaffenfreie Zone in Mitteleuropa eingereiht und wehrten sich gegen bloße auslandspolitische Vereinnahmungen. Durch eine Politik des falsch verstandenen inneren Burgfriedens ausgegrenzt, fanden sie innerhalb der Kirchen Platz zum Gespräch.

Die Größe des Verlustes gerade dieses, für eine wahre demokratische und sozialistische Umgestaltung des Landes so notwendigen Teils der Jugend wurde mir jetzt in vollem Maße deutlich. Zum Beispiel Vera Wollenberger: Wegen ihres grundsätzlichen Protestes gegen die Stationierung von Atomraketen in West und Ost aus der SED ausgeschlossen, in der Umweltbibliothek der Zionskirche engagiert und 1988 auf dem Weg zur Demonstration verhaftet, geht sie gegen ihren Willen nach England, und ihr Sohn, der zusammen mit anderen von der Carl-von-Ossietzky-Oberschule in Berlin relegiert wird, weil die Schüler öffentlich über den Sinn von Militärparaden debattiert hatten, muß mit. Vera Wollenberger ist nach dem Oktober 1989 Führungsmitglied der Grünen in der DDR. Im Dezember wird sie auf der längst mit anderen Inhalten besetzten, von anderen Leuten besuchten Montagsdemo in Leipzig so ausgepfiffen, wie es mir schon früher, auf dem Berliner Alexanderplatz am 4. November, ergangen ist. Sie hatte an die Demonstranten appelliert, selbsterrungene Veränderungen zu nutzen, nun die Atmosphäre im Lande zu bestimmen, statt soziale Werte und persönliche Würde aufzugeben und sich von der Bundesrepublik Deutschland einfach vereinnahmen zu lassen.

Erst im unmittelbaren Vorfeld der Wende hatte ich mich genauer mit jenem Satz von Rosa Luxemburg beschäftigt, der im Jahr zuvor den heftigen Unwillen der Obrigkeit ausgelöst hatte. Die Propagandisten des damals bei uns gepflegten Ersatz-Marxismus qualifizierten die Forderung nach Freiheit als bloße Randbemerkung und als aus dem Zusammenhang gerissen ab. Es lohnt aber, sich den ganzen Text ins Gedächtnis zu rufen. Viele verbreiteten ihn. »Freiheit nur für die Anhänger der Regierung, nur für Mitglieder einer Partei, mögen sie auch noch so zahlreich sein – ist keine Freiheit. Freiheit ist immer Freiheit der Andersdenkenden. Nicht wegen des Fanatismus der Gerechtigkeit, sondern weil all das Belebende, Heilsame und Reinigende der politischen Freiheit an diesem Wesen hängt und seine Wirkung versagt, wenn die Freiheit zum Privilegium wird.«

Was von Rosa Luxemburg kannten die meisten von uns? Wir ehrten sie, nannten sie »Adler der Revolution«, lasen ihre ergreifenden Briefe aus dem Gefängnis. In der Theorie wurde sie uns nur auf dem Wege über Lenin vermittelt. Wir kannten dessen, unter Gleichgesinnten übliche scharfe Kritik an den Juniusbriefen, in denen sie die bolschewistische Rätediktatur ablehnte. Ihre Werke standen selten auf der Liste der Pflichtliteratur. Eine Besinnung auf Rosa Luxemburg fand wohl nicht von ungefähr zumeist in Kreisen der linksorientierten 68er Generation statt, sie gehörte zu deren Leitbildern. Es war sicher kein Zufall, daß mein Bruder Konrad zur selben Zeit, als er sich mit seiner »Troika«-Idee befaßte, sehr häufig von einem Filmprojekt über Rosa sprach. Er fand bei ihr das, was wir in der Wirklichkeit von damals vergeblich suchten: die Abkehr von autoritärer Herrschaft ohne Preisgabe unserer revolutionären Ideale und Ziele. Rosa Luxemburg wandte sich gegen alles Diktatorische in der Behauptung der Macht. Sie sorgte sich um das moralische Schicksal der Revolution, der Bolschewiki und des Sozialismus. Gerade als sie sich so kritisch über die Entwicklung in Sowjetrußland äußerte, war sie andererseits, zusammen mit ihren Gefährten, im Begriff, die Kommunistische Partei Deutschlands zu gründen. Sie wußte, daß es hieß, Übermenschliches von den Bolschewiki zu verlangen, wenn sie unter den äußerst widrigen, historischen Umständen eine untadelige Demokratie hervorzaubern sollten. Unmißverständlich äußerte sie aber im Manuskript, aus dem das Zitat von den Andersdenkenden stammt: »Das Gefährliche beginnt dort, wo sie aus der Not eine Tugend machen, ihre von diesen fatalen Bedingungen aufgezwungene Taktik nunmehr theoretisch in allen Stücken fixieren und dem internationalen Proletariat als das Muster zur Nachahmung empfehlen wollen.« Rosa Luxemburg verteidigte den humanistischen Inhalt des Marxismus, als sie warnte, daß der Anspruch einzelner gegenüber den Massen auf bessere Kenntnis der Wahrheit jegliche Gewaltanwendung rechtfertige und in ein Kommandosystem führe. Ihre unbefangene dialektische Betrachtung der Wirklichkeit ließ sie die Keime einer Verzerrung der marxistischen Auffassung von der politischen Macht der Arbeiterklasse in der Rätediktatur Sowjetrußlands erahnen, die sich zur Allmacht der Partei und zur Stalinschen Willkürherrschaft auswachsen sollte.

Mit dem Wissen von heute fragt man sich staunend, woher diese Frau, nur wenige Monate nach Errichtung der Sowjetmacht, ihre Weitsicht nahm. In der Auseinandersetzung mit Trotzki und Lenin um den Inhalt der Diktatur des Proletariats vertrat sie den Standpunkt, es seien unbedingt demokratische Herrschaftsformen aufzubauen und nicht etwa abzuschaffen. Demokratie sei das Werk der Klasse und nicht einer kleinen Minderheit, die im Namen der Klasse die Führung übernommen habe. Prophetisch zeichnete sie die Gefahr auf:

»Das öffentliche Leben schläft allmählich ein, einige Dutzend Parteiführer von unerschöpflicher Energie und grenzenlosem Idealismus dirigieren und regieren, unter ihnen leitet in Wirklichkeit ein Dutzend hervorragender Köpfe, und eine Elite der Arbeiterschaft wird von Zeit zu Zeit zu Versammlungen aufgeboten, um den Reden der Führer Beifall zu klatschen, vorgelegten Resolutionen einstimmig zuzustimmen, im Grunde eine Cliquenwirtschaft – eine Diktatur allerdings, aber nicht die Diktatur des Proletariats, sondern die Diktatur einer Handvoll Politiker, d. h. Diktatur im rein bürgerlichen Sinne, im Sinne der Jakobinerherrschaft.« Jeglicher Erfahrungsaustausch erfolge schließlich nur innerhalb des geschlossenen Kreises dieser Clique, Korruption müsse sich zwanghaft breitmachen.

Ich schreibe diese Zeilen, und meine Gedanken gehen zu denen zurück, die am 14. Januar 1989 auf der Tribüne vor dem Gedenkstein mit der Inschrift standen »Die Toten mahnen uns«. Die Mahnungen Rosa Luxemburgs zu erfüllen, waren sie nicht mehr bereit. Die meisten kannten sie vermutlich nicht einmal. Den Ersten von ihnen sollte ich wenige Tage später treffen. Was war bei ihm von der geistigen und menschlichen Größe der Begründer der Kommunistischen Partei geblieben, der er doch sein ganzes Leben gewidmet hatte?

Als wir ein Jahr später, im Januar 1990, wieder zu Karl und Rosa gehen, hinaus nach Friedrichsfelde, gibt es keine Tribüne mehr. Von der Macht derer, die auf ihr gestanden hatten, war nichts als eine böse Erinnerung geblieben. Die Partei des ehemaligen Generalsekretärs war geschlagen, fast in Auflösung begriffen. Verfemt und dem Haß eines großen Teils des Volkes ausgesetzt, ziehen Abertausende Mitglieder der SED/PDS ohne die alten Lieder, fast ohne Plakate und Losungen an den Grabstätten vorüber. Nach dem erklärten Bruch mit dem Stalinismus ist eine neue Solidarität im Entstehen: »Trotz alledem!« Diese Menschen suchen wieder Halt bei den Begründern der Ideale, denen sie treu bleiben wollen. Sie wollen wieder aufrecht gehen.

Andere begehen diesen Tag an anderen Stellen in Berlin.

Im Januar 1989 war jedoch von solch einer Entwicklung noch nichts zu ahnen.

16. 1. 1989
Forum an der Filmhochschule »Konrad Wolf«. Begegnung mit Lothar Bisky, dem Rektor, der sicher den Anhängern von Glasnost zuzurechnen ist.

Es gab viele Fragen, welche die bekannten Konflikte beim Umgang mit der Wahrheit betrafen, der historischen wie der in unserer Wirklichkeit. Die Kritik am DDR-Fernsehen war offen und scharf. Die Fragesteller wollten wissen, wie Koni im Leben und als Filmregisseur mit solchen Konflikten fertig geworden sei. In meinen Antworten zitierte ich, wie schon auf zahlreichen anderen Foren mit jungen Menschen, den Brief des Vaters an Koni zu dessen neunzehntem Geburtstag an die Front mit der Ermutigung zur Zivilcourage. Jeder junge Mensch müsse in schwierigen Situationen entsprechend seinem Gewissen handeln und auch bei zu erwartenden Schwierigkeiten den Mut aufbringen, die eigene Meinung zu vertreten.

Am 18. Januar 1989 fand im Gebäude des Zentralkomitees das Gespräch mit Erich Honecker statt. Große Erwartungen hatte ich nicht, war aber doch gespannt. Ich hatte mir vorgenommen, ausgehend von den in meinem Brief aufgeworfenen Fragen, vor allem die große Unruhe in der Bevölkerung und in der eigenen Partei wegen der offensichtlichen Distanzierung vom Kurs von Perestroika und Glasnost in der KPdSU und die Medienpolitik anzusprechen.

Das »große Haus«, wie jenes wenig freundlich wirkende graue Gebäude, Sitz des Zentralkomitees, von Mitarbeitern der verschiedenen Apparate voller Ehrfurcht, von anderen mit zunehmender Distanz genannt wurde, hatte ich in den letzten Jahren höchstens zwei-, dreimal betreten. Einen Ausweis besaß ich nicht, so mußte ich mir bei der Anmeldung einen Passierschein holen. Die Posten des Wachregiments »Felix Dzierzynski« am Hauptportal verglichen ihn aufmerksam mit dem Personalausweis ihres ehemaligen Stellvertretenden Ministers. Auf dem Weg über die große Treppe und die riesige Vorhalle zum Paternoster in der zweiten Etage, auf der das Politbüro residierte, fand eine weitere Kontrolle statt. Ansonsten begegnete mir bis zu dem angegebenen Raum keine Menschenseele.

Hätte mir an diesem Tage jemand prophezeit, daß ich im Dezember des gleichen Jahres auf diesem selben Gang vorübergehend Zimmer und Schreibtisch eines ehemaligen Politbüromitglieds als Arbeitsplatz zugewiesen bekäme, ich hätte ihn für verrückt erklärt.

Zehn Minuten vor der vereinbarten Zeit betrat ich das Vorzimmer. Offenbar wurde ich schon erwartet. Die freundliche Sekretärin Elli forderte mich zum Eintreten auf. Honecker kam mir in seinem holzgetäfelten Arbeitsraum, in dem nichts meine besondere Aufmerksamkeit erregte, auf halbem Wege entgegen. Er freue sich, mit mir zusammenzukommen. Die Begrüßung war herzlich, aber keineswegs jovial. Wie immer korrekt gekleidet, machte er einen frischen und ausgeruhten Eindruck.

Ich bin Honecker im Laufe der Jahrzehnte öfter begegnet, häufiger in den ersten Nachkriegsjahren, zum Beispiel beim Rundfunk, als ich dort auch für den Jugendfunk verantwortlich und er Vorsitzender des Zentralrats der Freien Deutschen Jugend war.

Auch als 1. Rat der Diplomatischen Mission der DDR in der UdSSR hatte ich Delegationen zu betreuen, denen er angehörte. Auf dem Rückflug der großen offiziellen Partei- und Regierungsdelegation, die unter Leitung Ulbrichts im Dezember 1949 zum 70. Geburtstag Stalins nach Moskau gekommen war, zwang uns das Wetter zu einer unplanmäßigen Zwischenlandung und Übernachtung auf einem sowjetischen Militärflugplatz in Polen. Der Delegation gehörte auch Honeckers spätere Frau Margot, damals noch Feist, an. Es war Heiligabend, und da wir in dieser illustren Gesellschaft die jüngsten waren, saßen wir in den sich hinziehenden Stunden meist zusammen.

Ein paar Jahre später wurden wir Nachbarn, mein jüngerer Sohn ging mit der Tochter der Honeckers, Sonja, in den Kindergarten und dann in eine Schulklasse. Aber es entstand dadurch kein engerer Kontakt.

Während meiner Tätigkeit im Ministerium für Staatssicherheit ergaben sich Begegnungen höchstens bei offiziellen Anlässen. Mielke behielt sich den Kontakt zu Honecker eifersüchtig selber vor. Nur einmal, es muß Mitte der 60er Jahre gewesen sein, fand in Honeckers Arbeitszimmer eine längere Aussprache mit Albert Norden statt. Der wollte mich für die wegen der Versetzung Sindermanns freigewordene Funktion des Verantwortlichen für Agitation im Zentralkomitee der SED, das heißt für die Medienpolitik haben. Ulbricht hatte schon zugestimmt, die Angelegenheit schien entschieden. Als ich davon erfuhr, setzte ich alle Hebel in Bewegung, um das zu verhindern. Mir war klar, daß ich in dieser Funktion sehr schnell in Widerspruch zur Politik der Führung geraten und ein offener Konflikt unvermeidlich würde. Mit meiner Tätigkeit an der Spitze des Nachrichtendienstes hatte ich mir immerhin eine gewisse Selbständigkeit und Unabhängigkeit gesichert. Da ich nach Ansicht Honeckers dort schwer zu ersetzen war, wurde Nordens Vorschlag zu meinem Glück abgelehnt.

Über Freunde und Bekannte, die bei Honeckers verkehrten oder näher mit ihm zu tun hatten, konnte ich mir ein gewisses Bild von seinem Charakter und seinen politischen Fähigkeiten machen. Vor seinem Aufstieg in die Funktion des Generalsekretärs und Vorsitzenden des Staatsrates war er im Umgang mit anderen einfach, er pflegte seine Freundschaften, vor allem zu FDJ-Funktionären. Die alten Lieder der Arbeiterbewegung zu singen, Skatabende, irgendwann kam die Jagdleidenschaft dazu, das gehörte für ihn sicher zum Angenehmsten in seiner knappen Freizeit jener früheren Jahre. Die FDJ-Freunde fand man später in leitenden Positionen in fast allen Bereichen des politischen und des staatlichen Lebens wieder. Mit ihnen verband Honecker eine Art Nibelungentreue. Manche dieser Freunde lobten seine Bescheidenheit, doch das muß schon damals eine Täuschung gewesen sein.

Mit Ehrgeiz und in Kenntnis der Mechanismen in der oberen Führung organisierte er Anfang der 70er Jahre den Sturz seines Förderers Ulbricht. »Wer Walter Ulbricht angreift, greift die Partei an«, hatte er noch wenige Jahre zuvor öffentlich verkündet. Zu seinen Verbündeten gehörte auch Mielke, vorher ein ebenso getreuer Diener und Zuträger Ulbrichts. Die Taktik Breshnews gegenüber Chruschtschow mag Honecker bei seinem Vorgehen gegen Ulbricht zum Vorbild gedient haben.

In der ersten Zeit nach seiner Wahl zum Generalsekretär praktizierte Honecker im Vergleich zu Ulbricht einen wesentlich kollegialeren Leitungsstil innerhalb der Parteiführung. Er beriet wichtige Fragen vor ihrer Entscheidung, forderte ungeschminkte Einschätzungen der Lage von den Parteifunktionären. Davon war zur Zeit unseres Gespräches im Januar 1989 keine Spur mehr geblieben. Honecker wurde, ebenso wie Breshnew, als typischer Vertreter eines immer autoritärer erstarrenden Apparates Stalinscher Prägung zum Opfer seiner eigenen menschlichen Schwächen und der seiner Umgebung. Wie das sowjetische Vorbild sah er sich unter dem Einfluß von Schmeichlern als unfehlbarer Politiker und Staatsmann. Nach Breshnews Tod hielt er sich für den Ersten unter den Führern der internationalen Arbeiterbewegung.

Da Honecker von Wirtschaft wenig verstand, verließ er sich auf die Konzeptionen und die schöngefärbten Berichte seines Vertrauten Günter Mittag. Ich konnte aus der Sicht meiner damaligen Position am Beispiel der Mikroelektronik erkennen, welch groteske Formen sein Wunschdenken angenommen hatte. Der von mir geleitete Apparat hatte wesentlich zu der an sich richtigen Orientierung auf diesen entscheidenden Zweig der wissenschaftlich-technischen Revolution beitragen können. Mittag bemühte sich, ohne Rücksicht auf Bilanzen, Verschuldung und volkswirtschaftliche Proportionen und mit Kommando-Methoden, aus diesem Wirtschaftszweig eine Art Paradepferd zu machen. Wie der Ein-Megabit-Speicher von Zeiß in Jena hochgeputscht wurde, der Fürst Potemkin wäre vor Neid erblaßt. Honecker glaubte tatsächlich, die DDR habe auf diesem Gebiet führende Industriemächte des Westens eingeholt und die anderen sozialistischen Länder weit hinter sich gelassen. Er ließ es sich nicht nehmen, in Moskau Gorbatschow persönlich dieses »DDR-Wunder« vorzuführen. Die Medien überschlugen sich. Bei den meisten Wirtschaftsexperten des Landes allerdings löste dieser Rummel, wie vieles andere auch, Kopfschütteln aus. Kompetente Leute verzweifelten an der von Mittag mit eiserner Faust gesteuerten und von Honecker bedingungslos unterstützten Wirtschaftspolitik. Jeder einfache Arbeiter konnte ein Lied von den Engpässen und den Mißständen singen. Schüchterne Ansätze von Widerspruch im Politbüro wurden genausowenig geduldet wie Informationen über die tatsächliche Lage im Lande. Die Krise war aber nicht mehr aufzuhalten.

Die Zeichen für tiefgreifende Veränderungen der internationalen Lage dagegen schien Honecker seit Helsinki verstanden zu haben. Die Konferenz für Sicherheit und Zusammenarbeit in Europa war für ihn ein großer Auftritt gewesen, der sein Selbstbewußtsein enorm gesteigert hatte. Seine Aktivitäten waren bemerkenswert und wurden in der Welt anerkannt. Teilnehmer von Begegnungen mit ausländischen Staatsmännern bestätigten, daß er im zwanglosen Gespräch, ohne Papier, durch seine offene Art, durch Sachkenntnis und Überzeugung beeindruckte. Hinzu kam sein Ansehen als aufrechter antifaschistischer Widerstandskämpfer, der seinen Ideen die besten Lebensjahre geopfert hatte. Seine Umgangsformen waren nicht so preußisch-autoritär wie die seiner Satrapen Mittag und Herrmann, die eine solche Vergangenheit nicht aufweisen konnten. Die proletarischen Traditionen blieben für ihn Herzenssache, auch dann noch, als der Kult um seine Person und sein Lebensstil feudale Formen anzunehmen begannen. Diese gegensätzlichen Prägungen seiner Persönlichkeit stellten einen Widerspruch in sich dar.

Honecker hatte die Bedeutung der Normalisierung der Beziehungen zur Bundesrepublik Deutschland klar erkannt. Sein Treffen mit Bundeskanzler Schmidt am Werbellinsee hatte Signale gesetzt, und der Besuch in der BRD sowie das gemeinsam mit Bundeskanzler Kohl unterzeichnete Kommuniqué brachten zunehmend Bewegung in die deutsch-deutschen Beziehungen, auch in die der Menschen in beiden deutschen Staaten. Honecker glaubte, im Interesse dieser Menschen zu handeln.

Emotional war Honecker durchaus zu beeinflussen, für einen bestimmten Kreis von Menschen blieb er ansprechbar. Zu diesem Kreis gehörte mein Bruder. Koni war es immer wieder gelungen, den Generalsekretär für Probleme der Künstler zu interessieren. Auch für ein solches Projekt wie die Initiative Stephan Hermlins zur Berliner Begegnung von Schriftstellern aus Ost und West im Dezember 1981 gab er seine Zustimmung. Andere Mitglieder der Parteiführung betrachteten dieses für unsere damaligen Verhältnisse ungewöhnliche Beispiel toleranten Umgehens mit Andersdenkenden äußerst mißtrauisch. Honecker aber war dafür.

Wegen der oft diskriminierenden Behandlung von Schriftstellern und Künstlern im eigenen Land, die eine zunehmende Zahl von ihnen dazu brachte, die DDR zu verlassen, wandte sich der Bruder wiederholt an den Generalsekretär. Er hatte in Einzelfällen Erfolg, es gab so etwas wie gegenseitiges Vertrauen. Wie manch anderer Landesfürst legte Honecker Wert darauf, als verständnisvoller Gönner und Förderer von Kunst und Literatur zu gelten, durch Intervention bei ihm persönlich konnten administrative Restriktionen oder Reglementierungen gelegentlich rückgängig gemacht werden. So erging es auch mir nach meinem Gespräch.

Nach der Begrüßung nahm er hinter seinem Schreibtisch Platz und kam ohne Umschweife auf diesen Brief zu sprechen. Der lag vor ihm, und nur die kurze Passage war angestrichen, in der ich die Unterbindung der Berichterstattung aus Moskau von der Enthüllung der Gedenktafel für Vater und Bruder durch die Leitung des Fernsehens schilderte. Dies werde bestritten, meinte er, keiner wolle so etwas angewiesen haben.

Ich antwortete, er erwarte doch sicher nicht, daß sich einer dazu bekenne. Ich schilderte ihm den Hergang der Vorgänge in Moskau und berichtete von ähnlichen Erlebnissen im Zusammenhang mit dem Jubiläum des Vaters. Dann kam ich auf die Medienpolitik überhaupt zu sprechen, die sich als besonders verfehlt im Fernsehen darstelle. Berichte über wirtschaftliche Erfolge und die Planerfüllung, die völlig den persönlichen Erfahrungen der Zuschauer widersprächen, kämen bei den Menschen genauso wenig an, wie die stereotype Berichterstattung über Konferenzen und das Auftreten leitender Parteifunktionäre. Die Leute schalteten einfach auf einen anderen Kanal. Ich schilderte eine Reihe aktueller Beispiele, wo Beiträge von Autoren ohne deren Zustimmung durch das Fernsehen beschnitten oder geändert wurden. Die Leitung des Fernsehens behaupte, sie sei ein Instrument der Partei: Wie könne sie im Namen der Partei so mit Menschen umgehen? Ein solches Verhalten widerspräche doch allen Normen der Partei.

Honecker hatte sich zu den von mir genannten Beispielen Notizen gemacht und erwiderte: Was die Behandlung von Menschen angehe, hätte ich recht. Zur Sendung des Friedrich-Wolf-Filmes hätte man mich informieren müssen. Kürzung und Sendetermin seien an seinem Tisch entschieden worden. Er versicherte, das Gedenken an Friedrich Wolf bedeute ihnen im Politbüro viel, und es werde in Ehren gehalten. Daran gebe es nichts zu rütteln. Deshalb verstehe er die Sache mit Moskau nicht. Er erinnere sich selbst an vieles, wodurch die Stücke des Vaters gewirkt hätten. Er habe »Cyankali« noch im Saargebiet gesehen. Gerade darum habe er die Sendung des Films für richtig erachtet. Seine Sorge hingegen gelte den Angriffen auf die internationale Arbeiterbewegung, die Komintern. Er bezog sich dabei auf den Artikel eines sowjetischen Autors. In jener Zeit habe die Komintern Fehler gemacht, auch die kommunistischen Parteien, er habe in einer Rede darüber gesprochen. Es sei eine Zeit großer Kämpfe in der Sowjetunion gewesen. In Deutschland habe man »Heil Moskau« gerufen und für die Einheit der Arbeiterklasse gekämpft. Die Spaltung der Arbeiterklasse wäre als das Ergebnis des Ersten Weltkrieges und der Haltung der SPD zur Frage der Macht notwendig gewesen. So hätte das auch Lenin gesehen. Die falsche Losung vom »Sozialfaschismus« stamme übrigens von Sinowjew. Lenin jedenfalls habe gegen den Sozialchauvinismus, der eine ähnliche Erscheinung gewesen sei, geschrieben. Übrigens könne er bezeugen, daß Thälmann alles getan habe, um schnell wieder von dieser Losung wegzukommen. Was die Zeit unter Stalin angehe, so könne man sie nicht so behandeln, wie das jetzt in der Sowjetunion geschehe. In jener Zeit sei Großes vollbracht worden. Es sei eine Zeit heftiger Kämpfe gewesen: Die Kollektivierung, die Industrialisierung dürfe man nicht so darstellen, wie es jetzt dort geschehe.

Ich erwiderte, ich fände sie in der Rede des Genossen Gorbatschow richtig dargestellt.

Honecker meinte trocken: »In welcher Rede? Er redet so viel, daß man nicht mehr weiß, was gerade dran ist.«

Ich verwies auf die Rede zum 70. Jahrestag der Oktoberrevolution.

Honecker nickte: »Die haben wir ja akzeptiert.« Als er 1930/31 auf der Leninschule in Moskau gewesen sei, wäre von einem Personenkult um Stalin kaum etwas zu spüren gewesen.

Darauf entgegnete ich, daß das 1930 so gewesen sein möge, später habe es anders ausgesehen. Gerade mit dem Wissen von heute dürfe man nicht versuchen, jene Zeit totzuschweigen, man provoziere gerade dadurch eine solche Diskussion, die man eigentlich vermeiden wolle.

Er habe die Zeit der Repressalien ja nicht direkt miterlebt, da sei er in Haft gewesen. Aber nach 1945 habe keiner der Genossen, mit denen er zu tun hatte, davon erzählt. Auch von Friedrich Wolf sei nichts darüber bekannt. »Haben sie alle nichts gewußt?« Er halte es nicht für richtig, es ausgerechnet jetzt so darzustellen.

Ich widersprach: »Wenn jemand zu jener Zeit in der Sowjetunion gelebt hat und behauptet, er hätte nichts gewußt, der lügt.« Es sei richtig, daß von Friedrich Wolf keine öffentlichen Äußerungen dazu bekannt seien, es gäbe aber Briefe und Erinnerungen. Als die ganze Wahrheit und die Zusammenhänge auf dem XX. Parteitag der KPdSU bekannt geworden wären, sei der Vater seit zweieinhalb Jahren tot gewesen. »Es war nicht leicht nachzuvollziehen, wie die Vorgänge zu ihrer Zeit wahrgenommen und empfunden wurden.« Ich müsse jetzt häufig auf solche Fragen, auch zur Verantwortung des Vaters antworten. Ich erzählte ihm, daß ich in meinem Buch versuche, dies vor allem aus der Sicht von uns Kindern und Jugendlichen, die wir damals waren, zu tun, auch wie wir über Stalin dachten, an dem die meisten damals nicht zweifelten. Dann brachte ich die Rede auf Wilhelm Wloch, den Gewerkschafter aus Berlin, der als Opfer der Repressalien sein Leben verlor, und erwähnte seine Äußerung: »Genosse Stalin weiß nichts davon.« Die Vorgänge seien sehr widersprüchlich gewesen, es habe Phasen gegeben, in denen die Verhaftungen zurückgingen. Ich zählte ihm Namen von Genossen auf, die auch er gekannt hatte, wie Fritz Schälike, Erich Wendt oder meine Schwiegermutter aus der ersten Ehe, Emma Stenzer, Namen von Verhafteten, die wieder freigekommen waren. Jagoda, der Mann, den man dafür verantwortlich machen mußte, hatte ja selbst auf der Anklagebank gesessen. Heute sei doch aber bekannt, daß Stalin persönlich für den Tod Tausender, Zehntausender oder noch mehr Unschuldiger, darunter viele der besten Revolutionäre, verantwortlich sei.

Honecker nannte nun selbst Namen von Genossen, die er gekannt hatte und die umgekommen seien. Stalin habe dies aber doch nicht allein tun können. Er habe andere dazu gebraucht. Ein ehemaliger Richter habe ihm, Honecker, berichtet, Stalin hätte gestutzt und dann gezögert, als ihm die Akte von Tuchatschewski vorgelegt worden wäre.

Auch dazu hatte ich eine andere Ansicht: »Heute gibt es zahllose dokumentarische Beweise für die persönliche Verantwortung Stalins. Auch was die Zeit vor und nach dem Überfall Hitlers auf die Sowjetunion am 22.Juni 1941 angeht.« Mich bewege die immer größer werdende Zahl von Dokumenten dazu. Es habe nicht nur die von früher her bekannten Meldungen der Kundschafter, wie Richard Sorge oder der »Roten Kapelle« gegeben, es sei ein riesiger Strom von Berichten gewesen, auch von sowjetischen Botschaftern aus vielen Ländern. Und wenn man zu diesen Berichten die Stellungnahmen Berijas, seine schleimigen und verleumderischen Kommentare lese, so könne man beurteilen, welche Verantwortung der Mann an der Spitze einer Partei auf sich genommen hatte, wenn er auch dann noch ein solches Subjekt in solcher Position dulde und weiter fördere.

Honecker verwies auf den Schutz von Genossen vor Berija während der Field-Affäre. Nach dem XX. Parteitag seien unsere Genossen rehabilitiert worden, unter ihnen der Vater von Werner Eberlein. Auch die Rehabilitierung Herbert Wehners sei erfolgt, als man die Dokumente über seinen Parteiausschluß gefunden habe. Um sicher zu sein und keinen Widerspruch bei führenden Genossen aufkommen zu lassen, habe man in den Moskauer Archiven nachgefragt. Erst jetzt sei, im Ergebnis dessen, ein Brief Wilhelm Piecks aus dem Jahre 1939 bekannt geworden. Mehr gebe es dort nicht. Alles andere sei in anderen Archiven. »Diesen Brief haben wir jetzt veröffentlicht, vielleicht würden wir den

Film über Friedrich Wolf heute etwas anders sehen.« Aber den Brief von Pieck habe man erst jetzt erhalten. »Doch wo soll das enden, was sie in der Sowjetunion nun eingerührt haben?« Dort schreibe doch jeder, was er wolle. Die Geister, die Gorbatschow gerufen habe, werde er nun nicht mehr los.

Ich verwies auf die »Prawda«, an der ich mich orientiere und nicht an irgendwelchen aufgeregten Publikationen. Im Zentralorgan bemerke man das Bemühen der Partei, eine klare Orientierung durchzusetzen.

»Das schaffen die doch nicht. Die haben sich das Durcheinander eingebrockt, aus dem sie nicht mehr herauskommen.« Auf dem Parteitag habe Gorbatschow ihn gefragt, ob er für die Außenpolitik der Sowjetunion sei. Mit der Innenpolitik sei er wohl nicht einverstanden? Das habe er Gorbatschow bestätigt. Und er habe ihm auch gesagt, an Breshnew solle er nicht rühren, sonst lege er sich mit ihm an. Die Raumfähre sei doch nicht erst jetzt gebaut worden.

An dieser Stelle des Gesprächs, von dem ich mir hinterher Notizen machte, fragte mich Honecker völlig unverhofft:

»Sag mal, warum bist du eigentlich aus deiner Arbeit ausgeschieden?«

Ich antwortete, er müsse eigentlich wissen, daß dies schon seit längerer Zeit mein Wunsch gewesen sei. Mit Mielke habe es, allerdings aus unterschiedlichen Motiven, schließlich Einvernehmen darüber gegeben.

»Ich habe ihm das nie so richtig geglaubt. In der Partei wird auch öfter danach gefragt«, entgegnete Honecker.

Dann kam ich nochmals auf die Medienpolitik zurück und verwies darauf, daß ich etwas von Agitation verstehe und die Stimmung in den Redaktionen kenne. Die sei katastrophal. Ich erinnerte ihn an das Gespräch in seinem Zimmer mit Genossen Norden Mitte der 60er Jahre und erzählte ihm, daß ich bei Menschen aus diesem Kreis einen Nimbus habe, für den ich nichts könne.

Honecker bestätigte mir das, meinte aber offensichtlich den des Nachrichtenchefs.

Ich korrigierte, daß ich den nicht meine. Viele sähen in mir so etwas wie den Nachfolger Konis, mit dem man reden könne, der für Offenheit eintrete. Ich käme jetzt durch das Friedrich-Wolf-Jubiläum viel herum, an Schulen, in medizinischen Einrichtungen, bei bewaffneten Kräften. Unsere Medien besäßen keinerlei Vertrauen mehr, der Unterschied zwischen der allgemein bekannten Realität und ihrer wahrheitswidrigen Widerspiegelung in den Medien werde immer größer. Unsere zunehmende Entfernung von der Sowjetunion und der KPdSU gerade jetzt löse bei vielen große Unruhe aus.

Honecker verwies auf den guten Verlauf seines Besuches in der UdSSR und die Gespräche mit Gorbatschow. »Wir müssen aber unseren Weg gehen. Was dort geschieht, können wir nicht zulassen. Mit den paar Spinnern, die uns jetzt beschäftigen, müssen wir fertig werden.« Er machte nun längere Ausführungen über feindliche Vorgänge in der Sowjetunion und brachte detaillierte Beispiele dafür. Am Schluß beteuerte er noch einmal seine würdigende Haltung zu Friedrich Wolf und zu Konrad.

Das Gespräch hatte etwa eineinviertel Stunden gedauert. Es war – wie erwartet – ohne greifbares Ergebnis und vermutlich ohne Wirkung geblieben, doch aufschlußreich. Erfreulich war für mich, daß er bei Erwähnung der »Troika« keine Vorbehalte erkennen ließ.

Für die gesamtgesellschaftliche Situation aber bestand keine gute Aussicht. »Es wird sehr kompliziert bleiben und kann sehr hart werden« – war das Resümee in meinen Notizen.

Jetzt, wo ich dieses Gespräch aufschreibe, steht mir dieser Mann, er befindet sich auf dem Höhepunkt seiner Macht oder doch schon etwas jenseits davon, wieder deutlich vor meinen Augen: freundlich, gesundheitlich scheinbar gut in Form, unerschütterliche Gelassenheit und ein starkes Selbstbewußtsein ausstrahlend. Nun, ein Jahr später, wiederum im Januar, die Zeitungsbilder: Sie zeigen einen alten, gebrochenen Mann, der, todkrank, als er das Krankenhaus verläßt, direkt in die Untersuchungshaft abgeführt wird. Gerechtigkeit vor der Geschichte? Gefühl und Verstand weigern sich, solche Art Vorurteil zu akzeptieren.

Wir sind aber noch am Anfang des Jahres 1989.

Das Gespräch mit Honecker hatte mir bestätigt, daß von diesem Mann keine Einsicht in die Notwendigkeit dringender Veränderungen in unserem Lande zu erwarten war. Erstaunlich offen zeigte er seine Abneigung gegenüber Gorbatschow und dessen Politik, die bei großen Teilen der Bevölkerung, auch in der eigenen Partei, Hoffnungen geweckt hatte. Aus der engeren Umgebung des Generalsekretärs und der oberen Schicht des Parteiapparates waren keine Zeichen eigenen Denkens oder gar Widerspruchs zu erkennen. Von Herrmann und aus dem von ihm beherrschten Apparat hörte man nur primitive und bösartige Drohungen gegen jeden Journalisten oder Autor, der auch nur andeutungsweise positiv über die Vorgänge in der Sowjetunion schreiben wollte. Perestroika und Glasnost wurden zu diffamierenden Wörtern. Die früher so überschwenglich gefeierte Sowjetunion war in den Medien nur noch in Katastrophenmeldungen zu finden.

Es enttäuschte mich sehr, daß selbst ein in der Sowjetunion großgewordener und eng mit diesem Land und seinen Menschen verbundener Mann wie Werner Eberlein, der die Probleme dort und als 1. Bezirkssekretär von Magdeburg die Stimmung im eigenen Lande kennen mußte, in einem persönlichen Gespräch mit mir den Kurs Gorbatschows offen ablehnte. Es gab zu denken, daß auch er, dessen Vater zu den Opfern des Terrors der Stalin-Zeit gehört und der die Folgen der Härten dieser Zeit aus eigenem Erleben kannte, sich dem Einfluß, der aus dem Umkreis der Parteiführung kam, nicht entziehen konnte. Zu dieser Haltung und zu der einiger anderer Mitglieder des Führungsgremiums, bei denen ich besseres Wissen und Wollen voraussetzte, wie auch zu meinem eigenen Verhalten stellte ich mir im Herbst und danach immer wieder die Frage: Welche Kompromisse kann und darf man in solcher Lage eingehen und wie lange? Wann beginnt Macht so zu korrumpieren, daß ein Politiker nicht mehr ehrlich bleiben kann? Werner Eberlein gehörte immerhin zu den wenigen Parteiführern, die Anfang 1990 von der Schiedskommission der Partei des demokratischen Sozialismus nicht aus der Partei ausgeschlossen wurden.

In meinen anfänglich noch regelmäßigen Disputen mit Mielke, der mich auf Ersuchen Herrmanns im Herbst 1989 zu dem geforderten Schnitt im Film über den Vater zu überreden versucht hatte, erhielt ich ein Bild von der im Politbüro herrschenden Atmosphäre. Da Mielke sich mir gegenüber stets als treuer Freund der Sowjetunion darzustellen bemüht war, blieb sein letztes Argument auf meine Vorhaltungen:

»Du hast keine Ahnung, wie er auf Widerspruch reagiert.« Da saßen nun diese alten Männer mit einer Vergangenheit, die sie stolz vorzeigten, auf dem Gipfel ihrer Macht. Mielke mit 81 an der Spitze des mächtigen Sicherheitsapparats: Sie hatten nichts zu verlieren als vielleicht eine Funktion, und sie wagten es nicht, eine andere Meinung zu haben!

Auf der anderen Seite regte sich aber vielerorts Widerspruch. Auf der Tagung des Schriftstellerverbandes, in den anderen Verbänden, in der Akademie der Künste waren solche Töne nicht mehr zu überhören. Durch die Arbeit am Buch, die mich mit Freunden des Bruders zusammenführte, lernte ich die dort herrschende Stimmung kennen.

Eine Begegnung mit Christa Wolf fiel in diesen ersten Monat. Es gab keine Vorbehalte, um miteinander ins Gespräch zu kommen. Obwohl Christa bei der Verabschiedung meinte, sie hätte es sich nie träumen lassen, einmal in meiner Wohnung zu sitzen, hatte ich von Anfang an keinen Augenblick das Gefühl eines gegenseitigen Abtastens. Sie sah in mir wohl schon weniger den Stasi-General als den Bruder eines vertrauten Menschen, der ihr sehr nahe gestanden hatte. Ich hielt im Gegensatz zu vielen ehemaligen Kollegen des Ministeriums für Staatssicherheit Christa Wolf nicht für eine verdächtige Dissidentin, sondern für eine unserer bedeutendsten Schriftstellerinnen. Mit ihren Büchern hatte ich manche Schwierigkeiten, ihr couragiertes Eintreten für andere jedoch achtete ich, auch wenn ich die Probleme, um die es dabei ging, anders beurteilte.

Mein Anliegen war, während der Endredaktion an der »Troika« besonders die im Epilog behandelten über Jahre noch einmal zu prüfen. Mit Stephan Hermlin und anderen hatte ich schon darüber gesprochen, ihre Meinung über Koni kannte ich, ich hatte auch etwas über ihre Denkweise in jenen Jahren erfahren, Jahre, von denen ich wußte, daß sie schlimm für sie gewesen waren. Daß Koni mich einmal angerufen hatte, um mir mitzuteilen, Christa und ihr Mann würden beschattet, beide fühlten sich bedroht, und er halte dies für unerträglich, und daß ich mich daraufhin mit dem zuständigen Stellvertreter des Ministers gegen dieses Vorgehen gewandt hatte, erwähnte ich in unserem Gespräch nicht.

Christa erinnerte sich an verschiedene Begebenheiten mit Koni. Ich hatte nicht gewußt, daß sie außer der Verfilmung des »Geteilten Himmels« noch mehrere gemeinsame Projekte gehabt hatten, die alle nicht realisiert worden waren. Beim Erzählen erinnerte sie sich an die äußeren Umstände, so an ein Gespräch auf der Straße, bei dem Koni sehr nachdenklich war, und in dem sie die Zerrissenheit im Konflikt zwischen seinen Idealen, denen er treu bleiben wollte, und der Realität der Politik, in die er eingebunden war, zu erkennen glaubte. Sie sah diesen Konflikt auch mit seinem Lebenslauf verbunden, durch den er im Denken und Fühlen stets zwischen zwei Heimatländern stand.

Von den Erinnerungen an Koni und den Problemen der Vergangenheit waren wir bald zu unseren Sorgen in der Gegenwart gelangt. Wird Gorbatschow es schaffen? Zweifel lagen in Christas Frage. In der Beurteilung der Politik unserer Führung waren wir uns einig. Wie würde es weitergehen? Mit Hilfe von Publikationen in der Sowjetpresse, die ich gerade las und die vor mir lagen, suchte ich nach einer optimistischeren Sicht auf den Fortgang der Ereignisse. Die Unvermeidbarkeit einschneidender Veränderungen auch bei uns war uns beiden klar.

Christa hatte in ihrer unkomplizierten und geradlinigen Art auch meine Frau sehr beeindruckt und in mir das Gefühl hinterlassen, als ob wir uns schon lange kennen würden. Das Gespräch hatte mir Mut gemacht.

Ähnlich erging es mir auch mit vielen anderen Gesprächen und Begegnungen, so zum Beispiel mit Klaus Höpcke, dem für das Verlagswesen zuständigen Stellvertretenden Kulturminister. Ihm hatte ich mein Buchmanuskript als einem der ersten zu lesen gegeben. Zu meiner Überraschung war dieser in Sachen Literatur ebenso wie in der Abwehr der Ränke des Apparates erfahrene Mann ohne jeden Einwand für die Veröffentlichung im renommierten Aufbau-Verlag. Höpcke hatte den Ruf, sich in der Kulturkommission des Zentralkomitees als einziger für Offenheit und für die Publizierung umstrittener Autoren einzusetzen. Er war deshalb Anfeindungen des Apparates ausgesetzt, sein Stuhl hatte mehrfach bedrohlich gewackelt. Auf meine Frage nach der Standfestigkeit des Verlegers empfahl er mir die Lektüre der Brecht-Biographie Werner Mittenzweis, die im Aufbau-Verlag erschienen war. Tatsächlich eine bemerkenswerte Arbeit, die zum Zeitpunkt ihres Erscheinens schon deshalb Aufsehen erregen mußte, weil sie mit wissenschaftlicher Objektivität und Ausführlichkeit solche zu Tabus erklärten Themen behandelte wie die Repressalien unter Stalin oder den 17. Juni 1953.

In Elmar Faber, dem Verlagschef des Aufbau-Verlages, fand ich einen umsichtigen Partner. Er war sich der Brisanz des »Troika«-Stoffes bewußt und sah darin, wie auch in anderen Veröffentlichungen, eine Möglichkeit, den Herausforderungen der Zeit gerecht zu werden.

Dies war die andere Realität in unserem Lande. Sie stieß zwar ständig auf den Widerstand des Apparates, machte sich aber öffentlich immer stärker bemerkbar. Ich erlebte sie vor allem in der eigenen Partei.

Etwa eine Woche nach dem Gespräch bei Honecker fand ich in der »Prawda« einen Artikel über Georgi Dimitroff, in dem Bemühungen Wilhelm Piecks um inhaftierte deutsche Emigranten zitiert wurden. Da es sich um andere Dokumente handelte als den im »Neuen Deutschland« veröffentlichten Brief, machte ich Honecker in einem kurzen Schreiben auf den »Prawda«-Artikel aufmerksam. Wenige Tage danach kam ein Anruf. Es war ein Dienstagmorgen, an dem stets um 10 Uhr die Sitzung des Politbüros begann. Elli sagte: »Ich verbinde dich mit Erich.« Er habe meinen Brief erhalten, sagte Honecker mit etwas belegt wirkender Stimme. Er bedankte sich und erwähnte, Axen habe in Moskau wegen der Geschichte der Komintern gesprochen. Nun sei er der Meinung, man solle den Film so bringen, wie er sei. Wir sollten zeigen, daß sich unsere Genossen für andere eingesetzt haben. Für mich gab das zunächst keinen richtigen Sinn. Doch dann klärte sich alles sehr schnell. Manfred Wekwerth hatte als Präsident der Akademie der Künste etwa zur selben Zeit, als ich bei Honecker war, wegen des Films an Hager geschrieben und Klärung gefordert. Natürlich war dieser Brief bei Honecker gelandet, denn nur er konnte entscheiden. Der Rest lief ab wie nach dem preußischen Exerzierreglement.

Dieselben Leute, die ein halbes Jahr lang aus »übergeordneten« hochpolitischen Gründen die Schnitte im Film gefordert und ihn dann ohne Zustimmung seiner Schöpfer beschnitten gesendet hatten, überschlugen sich jetzt förmlich. Herrmann und Adameck, der Fernsehintendant, meldeten sich noch am selben Tag bei Wekwerth und dem Filmregisseur.

Ich erhielt eine hübsche Karte des Berliner Ensembles, auf ihr las ich folgende handschriftliche Nachricht von Manfred Wekwerth: »Lieber Markus Wolf, eben kommt ein Anruf von Heinz Adameck, der mir auch im Namen von Achim Herrmann mitteilt, daß sie unseren Einspruch gegen die Kürzung des Friedrich-Wolf-Films akzeptieren. Damit man es im Programm ausdrucken kann, etwa in vier Wochen zu einer günstigen Sendezeit. Mit herzlichem Gruß. Dein Manfred Wekwerth.«

Dieser Ausgang der Affäre um den Film machte auf der einen Seite Hoffnung. Da sich meine Intervention ohne eigenes Zutun in der Umgebung der Eingeweihten herumgesprochen hatte, sahen mich viele im Kulturbereich jetzt in der Rolle des Bruders, mit dem man reden, seine Sorgen und Nöte besprechen und von dem man Hilfe erwarten konnte. Andere, deren Manuskripte und Filme Opfer der Willkür desselben Apparats waren, fragten nicht unbegründet, wie sie ihr Recht ohne Beziehungen zur »Königsebene« einklagen sollten.

Diese Beziehungen durften nicht überschätzt werden. Wie eine Warnung erschien, nachdem ich die Premiere des Films »Man nannte sie Verräter« über das »Nationalkomitee Freies Deutschland« besucht hatte, unter der Schlagzeile »Ex-Spionagechef Wolf zeigt sich in der Öffentlichkeit« ein Bericht darüber.

Die Hauptfrage des Artikels lautete: »Karriere nach Honeckers Abgang?« Der Spiegel zitierte diesen Bericht in seiner Ausgabe vom 30. Januar und fügte den Satz hinzu, »In Ostberlin sind Insider der Meinung, Wolf wartet fast demonstrativ die ›Nach-Honecker-Ära‹ ab. Und auf neue Aufgaben.« Für mich setzte sich allerdings die Glückssträhne erst einmal fort: Aus Moskau kam der Bescheid, daß der Progress-Verlag die »Troika« in russischer Übersetzung bringen wolle. Mit dieser Nachricht konnten meine Frau und ich getrost in den lange geplanten Urlaub nach Kuba fliegen.

Schon beim Anflug auf den Flughafen »José Marti« kommen die Erinnerungen, die nun wieder Wirklichkeit werden: die Brandung an der Küste, die von Palmen bewachsenen Hügel in der Umgebung von

Havanna, irgendwo dazwischen die Finca, »Ernesto« Hemingways Domizil, und dann das Lichtermeer der Hauptstadt in einbrechender Dunkelheit. Als wir das Flugzeug verlassen, spüren wir den heftigen, unvermittelten Wechsel vom Winter des alten Kontinents, der uns noch in den Knochen steckt, zur feuchten Wärme des kubanischen Februars. Die ersten Schritte durch den Garten des Gästehauses, in dem wir wohnen, betörende, exotische Düfte, die paradiesische Vegetation der Karibik.

Viel hatte ich meiner Frau und dem Sohn von Kuba, von seinen Menschen und auch von der Befreiung unter Führung Fidel Castros erzählt. Nun sollten sie alles selbst erleben. Vom ersten Tag an verspürten wir die Herzenswärme aller Menschen, auf die wir trafen. Schnell stellte sich eine innere Nähe zu Dorita her, der resoluten, stets in Liebesangelegenheiten verstrickten, blonden Kubanerin, die uns ständig umsorgte. Die neuen und alten Freunde waren in den folgenden Wochen bemüht, uns jeden Wunsch von den Augen abzulesen. Bei den Begegnungen mit meinen alten Freunden sahen wir, daß unsere Freundschaft keiner weitreichenden Beteuerungen bedurfte und keiner Vorleistungen, wie so oft auf dem zurückgelassenen Kontinent.

Endlich kann ich meiner Frau mein Erlebnis aus den sechziger Jahren nahebringen. Damals war Kuba für uns das Land der Zuversicht: wo vieles Schwere scheinbar spielerisch gemeistert wurde, wo Kleinlichkeit in den Beziehungen beinahe unbekannt schien; ein Land, das einen Hartgesottenen wie Hemingway so in seinen Bann zog. Aber auch er, der auf allen Schauplätzen des 20. Jahrhunderts zu Hause gewesen war, vermochte sich nicht von seiner Vergangenheit zu lösen. Er trug, wie jeder von uns, sich selbst mit all seinen eigenen Problemen hinein in diese Welt. Schon beim ersten Besuch auf Kuba hatte ich das Haus meines Lieblingsschriftstellers besucht. Damals war es noch in dem von ihm selbst hinterlassenen Zustand gewesen. Diesmal ist es leider schon zum Museum geworden. Dafür trinken wir in dem kleinen Fischerhafen, wo sein Boot lag und die Geschichte vom ›Alten Mann und dem Meer‹ beginnt, in einer echten Bodega den vielgerühmten Mojito.

Als Kennender und Wissender bemerke ich glücklich, wie dieses Land auch Andrea in seinen Bann zieht, die üppige Natur, Katzen, Hunde und Vögel, all die kleinen Lebewesen, an denen auch daheim ihr Herz hängt; die Galanterie der kubanischen Männer, Machos allesamt, deren Eitelkeit sie sich geschickt zu bedienen weiß, lassen sie in ihrer Weiblichkeit aufblühen. Diese Leichtigkeit des Umgangs miteinander macht uns froh, bringt unvermittelt tiefe und glückliche Momente, sieht uns zuweilen verwundert, in immer gelösterer Stimmung.

Durch Andrea erlebe ich oft Gesehenes neu. Sie zwingt mich gerade in dieser Zeit mit ihrem unverstellten Blick, analytisch längst Aufgearbeitetes, angeblich Unabänderliches neu zu befragen, mit ihren Augen zu sehen, mit ihrem Verständnis zu prüfen. Gerade das hatte uns auch zusammengeführt.

Im Januar 1965 war ich in Oriente gewesen, am Strand von Las Coloradas und im sich anschließenden Sumpfgebiet, wo Fidel Castro im Dezember 1959 mit zweiundachtzig Gefährten an Land gegangen war und den Kampf gegen das Batista-Regime aufgenommen hatte. Damals waren Comandante Pinero, genannt Barba Roja – Rotbart, Chef der Aufklärung, und Innenminister Ramiro Valdez unsere Gastgeber gewesen. Beide gehörten zu den Zwölf, die das erste Hauptquartier in der Sierra Maestra errichtet hatten. Es erschien wie ein vom Wahnsinn diktiertes Unternehmen, und doch glückte es.

Seitdem hatte ich den Wunsch, die Kommandantur der ersten Front zu sehen. So führt uns die Reise nach Santiago de Cuba, wo wir die Stätten der Revolution besuchen, natürlich das Grab des Vaters aller kubanischen Revolutionäre, José Marti, und das Wohnhaus des noch vor dem Sieg gefallenen und zum Märtyrer der Revolution gewordenen Lehrers Frank Pais. Mit Freude beobachte ich, wie der kubanische Freiheitskampf Frau und Sohn nahekommt. Interessiert betrachten sie die Ausstellung in der legendären Festung Moncada über den gescheiterten Sturm vom 26. Juli, der den Anfang eines opferreichen Kampfes bildete und der am Ende dennoch siegreich blieb. Den Sohn interessieren natürlich vor allem die verschiedenen Originalwaffen von damals, und in der kleinen Farm Siboney, wo der Angriff vorbereitet wurde, hat es ihm besonders der Brunnen angetan, in dem die Waffen versteckt waren.

Schließlich haben wir die blauen Bergspitzen der Sierra Maestra vor Augen. Wir steigen die letzten Kilometer auf Saumpfaden voran, auf denen das Dutzend Leute Fidel Castros vor den Elitetruppen des Regimes, dem Regiment Maceo, zum Pico Turquino flüchtete. Die Rebellen erreichten das schier Unmögliche. Sie errichteten ein Hauptquartier, tausende Kubaner strömten ihnen zu.

Schwitzend erreichen wir die mit Palmwedeln gedeckten, bescheidenen Holzunterkünfte. Hier befindet sich das einfache, unter Anleitung Ché Guevaras eingerichtete Hospital, wo die verwundeten Kämpfer und bald auch die Bergbauern versorgt wurden. Daneben, etwas abseits gelegen, der Sender Radio Rebelde. Dies war nur ein Quartier von mehreren, die Luftaufklärung Batistas zwang zu ständigem Wechsel. Kampf bedeutete Ausbruch aus den Bergen, und das Geheimnis zu siegen bestand darin, die Sehnsucht des Volkes in sich zu bergen, dessen Sympathie zu genießen, eins zu sein mit den einfachen Menschen. In diesen Hütten beschloß der Ministerrat im Mai 1959 das Bodenreformgesetz. Hier kann man verstehen lernen, daß ein Sieg nicht möglich gewesen wäre, wenn die wenigen Männer das Volk nicht hinter sich gewußt hätten. Das allein war der Grund, weshalb das korrupte Batista-Regime, trotz übermäßiger Unterstützung durch die USA, am Ende einfach in sich zusammenbrach.

Das hatte ich, auf Kuba bezogen, auch schon vor Jahren beim Besuch des Gebietes der ehemaligen Zweiten Front, der östlichen mit dem Namen »Frank Pais«, bestätigt gefunden. Diese Front hatte Raùl, dem Bruder Fidels, unterstanden, und sie stellte ein ziemlich schwieriges, weit offenes Gelände dar. Vor seinem inneren Auge sah man die verschiedenen Fronten unter Ché Guevara, unter Fidel, Raùl und Càmilo Cienfuegos, der später bei einem nie völlig aufgeklärten Flugzeugabsturz ums Leben kam. Man sah, wie sie hart um jedes Stück Land rangen und wie sie einer technischen und zahlenmäßigen Übermacht Sieg um Sieg abtrotzten. Am Ende der schor fast kampflose Einmarsch in Havanna, der Siegeszug über den Malecón. Hier war er noch zu spüren gewesen, der Atem der Revolution der Barbudos, einer Revolution, die dem entrechteten Volk nationale Würde gebracht hatte, größere Gleichheit, Fortschritte im Bildungs- und Gesundheitswesen, im sozialen

Bereich, von denen andere Völker des Subkontinents nicht einmal träumten.

Dennoch, bei unserem Besuch rücken auch hier in Kuba Probleme stärker ins Bewußtsein, mit denen wir in unserem Land nun schon deutlicher konfrontiert sind. Die Sorge macht sich breit, der so verheißungsvolle Anfang auf Kuba könne ein vielleicht noch bittereres Ende finden als bei uns. Hier war die Bindung großer Teile des Volkes an die Führung von Anfang an wesentlich stärker, Fidel ist immer noch für viele der große Comandante. Aber die Jahre nach der Befreiung haben nicht das gebracht, was das Volk vom versprochenen Sozialismus erwartet hatte. Die Versorgungsprobleme sind sehr ernst geworden. Beim Anblick der Menschenschlangen vor den leeren Geschäften, vor den ausländischen Botschaften, wie vor Jahren an den Kais des kleinen Verschiffungshafens, drängen sich düstere Gedanken auf. Diese Bilder sollten mich im bevorstehenden Sommer daheim, beim Massenexodus, noch oft verfolgen.

Die kubanische Führung hat eine Erneuerungsbewegung als Antwort auf die Perestroika eingeleitet, die Rectificaciòn. Die Grundaussage ist dieselbe wie bei unserer Führung: Wir berichtigen unsere eigenen Fehler und brauchen unsere Wohnung nicht zu tapezieren, wenn der große Bruder den Schwamm im Hause hat. Die Sympathien für die DDR waren auf Grund dieser Haltung gegenüber der UdSSR bei manchen Freunden in Kuba nicht zu überhören. Fidel Castros und Erich Honeckers gemeinsame Position in der Ablehnung von Perestroika und Glasnost stellte sich recht offen dar. Beide lehnten Gorbatschows Kurs ab, weil sie befürchteten, daß mit einer Öffnung und Demokratisierung in Richtung auf Parlamentarismus und Mehrparteiensystem, die sie nur als Restaurierung kapitalistischer Herrschaftsformen begreifen konnten, die Grundlagen der revolutionären Macht in der Sowjetunion erschüttert würden. Diese Angst muß man aus kubanischer Sicht und möglicherweise aus der Sicht vieler Entwicklungsländer anders beurteilen als aus der unseren. Bürgerliche Demokratie und Parlamentarismus haben diesen Ländern die Freiheit nicht gebracht. Die von den USA gestützten Regimes in Lateinamerika waren weder zu der Zeit, als Fidel mit großer Unterstützung durch das Volk um die Befreiung kämpfte, noch danach Musterbeispiele für Demokratie und freiheitliche Ordnung. Nachdem sich nun die kleine Insel Kuba – immerhin doch über 1000 Kilometer lang –, nur 90 Meilen von den Küsten der USA entfernt, für das Bündnis mit der Sowjetunion, mit den sozialistischen Ländern entschieden hatte und, gestützt darauf, zum Beispiel für einen neuen Weg der Länder Lateinamerikas nach der Befreiung von ausländischer Herrschaft, von der eigenen Oligarchie wurde, kann Fidel Castro die Gefahr des plötzlichen Verschwindens dieses Rückhaltes für Kuba nicht gleichgültig sein. Was bliebe dann? Kuba allein, zum Zeitpunkt unseres Besuches vielleicht noch mit Nikaragua, der Befreiungsbewegung in El Salvador und den Sympathien anderer linker Bewegungen an der Seite: aus der Sicht der Kubaner eine wirkliche Gefahr, eine schlimme, gefährliche Entwicklung. So überfielen uns auch im kunstvoll geflochtenen Schaukelstuhl, in der Mußestunde irgendwo auf einer Terraza an der Küste mit dem Blick auf die Bläue des Meeres traurige Gedanken über die Zukunft dieses Landes. Weniger von unseren Gastgebern, mehr aus Kreisen der Intellektuellen waren Anzeichen einer Distanzierung von der Führungsschicht, auch von Fidel selbst zu vernehmen. Zwar blieb er noch das Symbol, aber die Zweifel mehrten sich. Die laufend vorgenommenen Kurskorrekturen werden immer weniger als Zeichen der Hoffnung auf Erneuerung und Veränderung genommen. Später zeigen die Wahlen in Nikaragua, daß es der Revolution, ohne die eine Diktatur wie die des Somoza-Clans nicht gewichen wäre, an Stärke mangelte und der Kredit, den die Sandinistas hatten, sich durch die großen Schwierigkeiten, denen das Volk ausgesetzt war, verbraucht hatte.

Die Gefahren autoritärer Herrschaft unter den schwierigen Bedingungen eines Bürgerkrieges, vor denen bereits Rosa Luxemburg gewarnt hatte, das Fehlen demokratischer Strukturen trugen zu dem Wahlergebnis in Nikaragua entscheidend bei. Das sandinistische Nikaragua hatte sich zwar nicht als sozialistisch bezeichnet, aber seine Zielsetzungen waren sozialistisch, viele Führer bekannten sich zum Sozialismus. Nach einem kurzen Besuch in Nikaragua hatte ich gehofft, durch eine ehrliche Koalition von Vertretern mit sozialistischer oder, in unserem Verständnis, doch sozialdemokratischer Orientierung und denen der Volkskirche »von unten« könne eine demokratische Variante des Weges in die Befreiung entstehen. Aber das war auch unsere Hoffnung für das Chile Allendes gewesen, wo der Präsident selbst und auch Luis Corvalán, der Führer der Kommunisten, meinten, die Armee mit ihren überkommenen staatsbürgerlichen Traditionen würde sich nie gegen ein demokratisch gewähltes Parlament und eine demokratisch gewählte Führung erheben. Diese Meinung äußerten sie auch noch angesichts unserer, aus nachrichtendienstlichen Quellen bezogenen Warnung vor dem bevorstehenden Putsch Pinochets und seiner Generale. Sie mußten ihre Illusion teuer bezahlen. Darauf wird man in Kuba immer wieder verwiesen und auch auf die vielen groben Versuche der Intervention und der Einflußnahme des mächtigen Nachbarn aus dem Norden, die mit parlamentarischen Mitteln allein nicht abgewehrt werden können. Genau das aber führt zu Machtmechanismen, die das Volk in immer neue autoritäre Strukturen einbinden. Die Komitees zur Verteidigung der Revolution in Kuba zum Beispiel waren anfänglich wirklich volksverbunden, zunehmend empfinden sie mehr Menschen als Teil eines Unterdrückungs- und Einschüchterungssystems. Immer größere Teile des Volkes fühlen sich ihrer Freiheit beraubt oder in der freien Meinungsäußerung unterdrückt. Zur Zeit unseres Besuches beschäftigte meine früheren Kollegen ein von den Nordamerikanern unter Mißbrauch des Namens von José Marti geschaffener Fernsehsender, der solche Stimmungen ausnutzt. Es herrschte die Vorstellung, dieser Gefahr eines Informationsimperialismus mit technischen Mitteln beizukommen. Das hatten wir mit der »Ochsenkopf«-Aktion, dem Abmontieren von Fernsehantennen oder mit dem Betreiben von Störsendern längst hinter uns. Wir wußten, daß einer gezielten ideologischen Einflußnahme so nicht zu begegnen ist.

Es ist nicht einfach, meinen Gastgebern solche Erfahrungen nahezubringen, zumal ich aus einem Lande komme, in dem die Abwehr ideologischer Diversion großgeschrieben und mit Andersdenkenden nicht gerade zimperlich verfahren wird. Bei einem der Gespräche im Schaukelstuhl versuche ich einem besonders freundlichen General mit der Geschichte meines Buches den darin enthaltenen Grundgedanken der Toleranz verständlich zu machen. Seine Reaktion ist entwaffnend: Er lädt mich zum Bücherschreiben nach Kuba ein. Hier hätte ich Ruhe. Der Bungalow am Meer stünde mir und meiner Familie so lange zur Verfügung, wie ich wollte. Daß es sich bei diesem Angebot nicht um eine Höflichkeitsfloskel schlechthin handelte, erfuhr ich kurz vor meiner Abreise in Havanna, wo diese Einladung, inzwischen von höchster Stelle abgesegnet, wiederholt wurde.

25. 2. 1989

Noch am letzten Tag vor dem Abflug von einer Darmgrippe erwischt, von ihr geschwächt und gezeichnet, aber ansonsten gebräunt und wohlbehalten in der Heimat angekommen, fängt uns das aufregende Leben sofort wieder ein. Das Telefon klingelt pausenlos. Die ARD will ein Interview, Lesungen in Friedrichsfelde und zur Messe in Leipzig sind geplant.

Nachdem wir um Mitternacht im Flugzeug auf Andreas Geburtstag angestoßen haben, muß ich den Tag selbst leider im Bett verbringen.

27. 2. 1989

Unsere Realität konfrontiert mich mit ihren Problemen bei der Arbeit mit dem Regisseur des Friedrich-Wolf-Films, Lew Hohmann, für die »Zeit«. Es ist nicht einfach. Wenn man, wie Luther, seine Thesen anschlagen will, muß genau überlegt sein, welche Tür man dafür wählt. Sicher wird die Plazierung der Interviews im Westen bei uns Anstoß erregen, auf der anderen Seite ist es eine große Chance.

Zum selben Thema:

Ein guter Freund rief an und informierte, unser Fernsehen habe von meiner Lesung am 9. 3. im Schloß Friedrichsfelde und dem beabsichtigten ARD-Interview erfahren. Daraufhin habe die Kulturredaktion eigene Aktivitäten entfaltet. Der Kommentar des Fernsehintendanten Adameck: Unser Fernsehen sei mit der Sendung des Films über den Vater ausreichend mit »diesem Mann« bedient und habe keinen weiteren Bedarf!

2. 3. 1989

Das »Zeit«-Interview hat mir eine schlaflose Nacht bereitet. Buchpremiere und Lesungen will ich nicht gefährden. Deshalb habe ich die Stellen, die das MfS und meine frühere Tätigkeit dort betreffen, meinem Amtsnachfolger und Mielke vorgelegt. Einigen Kürzungen werde ich zustimmen.

5. 3. 1989

Unter den jetzigen Bedingungen ist es nicht leicht, sich zu äußern, ohne mit sich selbst oder jenen in Konflikt zu geraten, von denen die weitere Tätigkeit in diesem Land abhängt.
Erste Lesung aus »Troika« in Radio DDR 2.

7. 3. 1989

Über die nun vollständige Sendung des Films über Pap – »Verzeiht, daß ich ein Mensch bin« – empfinde ich Genugtuung. Nun fragen auch die Vorsichtigen: Was war eigentlich so problematisch an diesem Film?

Laut Mielke soll auch der andere Erich von dem Film recht angetan sein. Diese Umstände erhöhen natürlich das Interesse der Medien für die bevorstehende Buchpremiere der »Troika«.

Klaus Höpcke wäre beinahe über seine Äußerung bei der letzten PEN-Tagung gestürzt. Es ging um einen Protest gegen die Verhaftung Vaclav Havels in der CSSR. Klaus war schon beurlaubt, er sollte gehen. Das wäre ein weiteres schlimmes Signal gewesen. Zum Glück wurde nach der Ankündigung von Protesten unserer prominenten Schriftsteller in der heutigen Politbürositzung anders entschieden. Ich rief Klaus an und drückte ihm telefonisch die Hand.

9. 3. 1989

Der Tag der Premiere.

Elmar Faber und mein Lektor Günther Drommer wollten kurz vor Mittag mit dem ersten Exemplar der »Troika« zu mir kommen, um dann gemeinsam mit mir zum Verlag zu gehen, wo das ARD-Fernsehen ein Interview aufzeichnen wollte. Der Fahrer des Verlags, der um neun Uhr früh in der Leipziger Druckerei die ersten fertigen Bücher übernehmen sollte, blieb aber verschollen. So kam Elmar mittags allein zu uns in die Wohnung. Um halb drei gingen wir gemeinsam mit Andrea zu Fuß zum Verlag, wo das ARD-Team vor dem Eingang auf uns wartete. Das weitere lief ab wie eine Inszenierung: Vor dem Eingang winkte Günther Drommer mit dem zehn Minuten zuvor eingetroffenen ersten Exemplar des Buches. Die Übergabe an mich wurde so vom Westfernsehen original festgehalten.

Das Interview mit Claus Richter im Zimmer des Verlagschefs war mir nicht unangenehm. Mein Partner sparte kaum eine heikle Frage aus, ich mußte mich sehr konzentrieren, um auf dem schmalen Grat der möglichen Antworten nach keiner Seite abzustürzen.

Kurz vor sieben Uhr abends am Schloß Friedrichsfelde zur Lesung angekommen, bekam ich einen Vorgeschmack von dem mir in diesem Jahr noch Bevorstehenden. Die Scheinwerfer mehrerer Kamerateams waren schon beim Anmarsch auf uns gerichtet, dazu ein Blitzlichtgewitter von Fotografen. Vor Beginn der Lesung gab ich dem ZDF-Reporter Michael Schmitz ein kurzes Interview.

An die Begegnung mit diesem Fernsehjournalisten mußte ich bei Sendungen des ZDF zu den Vorgängen im Herbst und danach manchmal zurückdenken. Mein Lektor erzählte, wie aufgeregt der damals noch wenig bekannte Michael Schmitz vor dem Interview war, wie er um diese für ihn so wichtige Chance bangte. Nach dem November sprang er mit den politischen Akteuren des Geschehens ganz anders um, wirkte oft nicht wie ein Berichterstatter, sondern eher als Regisseur der Ereignisse, die von den Medien tatsächlich und zunehmend beeinflußt wurden.

Abends berichteten zuerst das ZDF im »heute-Journal«, später die ARD in den »Tagesthemen« über das Ereignis. Unser Fernsehen erwähnte natürlich nichts.

»Ein Hauch von Paul Newman«, meinte ARD-Richter zu meinem Auftritt vor den Kameras. Er und Schmitz ließen es sich nicht nehmen, hartnäckig nach meinen Absichten einer Rückkehr in die Politik zu fragen. Meinen Satz: »Mit sechsundsechzig sollte man keine solchen Ambitionen mehr haben«, kommentierte der »Tagesthemen«-Moderator, das Alter dürfte kein Hindernis sein, da es genau dem Durchschnitt des

Politbüros entspräche. Mein »Nein« sei nicht so eindeutig gewesen. Am nächsten Tag erschienen in der Westpresse zahlreiche Artikel mit spekulativen Schlagzeilen. Immerhin berichteten auch ADN, die »Berliner Zeitung« und die »Junge Welt«. Für diejenigen, die unsere Szene aufmerksam verfolgen und Nuancen herauslesen können, zeichnen sich selbst in diesen Medien Unterschiede ab.

13./14. 3. 1989
Am Montag früh reagierte Erich Mielke offenbar auf einen Bericht über meine Lesung in Friedrichsfelde und meine Antwort auf eine Frage über eventuelle Westreisen. »Du denkst doch nicht daran, nun als Literat in den Westen fahren zu können?« Sonst keinerlei Fragen nach dem Buch, kein Glückwunsch. Damit hatte ich bei ihm auch nicht gerechnet. Ansonsten kann ich mich vor Anfragen kaum retten.

Abends brachte die ARD eine ausführliche Version des Interviews, natürlich mit den Antworten auf die Fragen zum »Sputnik« und zu Gorbatschow. Vom Verbot des »Sputnik« hatte ich mich distanziert und auf die Frage, was ich von Gorbatschow hielte, spontan geantwortet: »Ich bin froh und glücklich, daß es ihn gibt!«

Am Dienstag muß es in der Sitzung des Politbüros wegen des Interviews einen Eklat gegeben haben. Ich kam von einem Besuch bei den Hermlins zurück, als mich Mielke am späten Nachmittag anrief und über den großen Unwillen im Politbüro informierte. Wie ich dazu käme, Partei und Regierung anzugreifen. Und was ich über »Gorbi« gesagt hätte. Er habe den Auftrag, mir den Beschluß mitzuteilen, daß ich in Leipzig keinerlei weitere Interviews geben dürfe. Es sei auch erwogen worden, meine Messe-Lesung in Leipzig abzusetzen, wegen der zu erwartenden negativen Reaktionen habe man davon Abstand genommen. Ich antwortete, daß ich für jedes gesagte Wort geradestehen könne. Er erwiderte, er wolle mir alles später begründen, ich solle mich an den Beschluß halten.

»Sputnik« und Gorbatschow waren für die Alten zu viel, damit mußte ich rechnen. Und doch bin ich ganz ruhig.

Am 15. März fuhr ich zur Leipziger Buchmesse. Dort wurde ich vom Chef der Bezirksverwaltung für Staatssicherheit erwartet. Ich kannte ihn persönlich. Er solle mir die Grüße des Ministers übermitteln, der wünsche meiner Lesung Erfolg, bitte aber, daß ich mich jeglichen Interviews enthielte. Bei dieser Gelegenheit erfuhr ich etwas über die Vorkommnisse am Montag um die Nikolaikirche. Es war die bisher größte Konfrontation der sich dort immer wieder versammelnden Opposition mit den Sicherheitskräften. Viele der dort eingesetzten jüngeren Mitarbeiter der Staatssicherheit, die dem häufig provozierenden Auftreten westlicher Medien ausgesetzt seien, würden mein Auftreten in solchen Sendern nicht verstehen.

Ich muß zugeben, daß ich die Buchmesse in Leipzig zum ersten Mal besuchte. Der Messestand des Aufbau-Verlags war in erster Linie dem 60. Geburtstag Christa Wolfs gewidmet. Der Cheflektor des Verlags Kristian Schlosser, wenige Wochen später verstarb er überraschend und viel zu jung an einem Herzinfarkt, und mein Lektor Günther Drommer machten mich auf einzelne Buchtitel aufmerksam, darunter waren auch Bücher solcher Autoren, die die DDR verlassen hatten. Natürlich empfand ich auch Stolz über die Ankündigung der »Troika«. Das Buch kam allerdings immer wieder abhanden, das Vertrauen der Interessenten in den Buchhandel, dort ein Exemplar erwerben zu können, war mit Recht ziemlich gering. Einem auftauchenden ARD-Team mußte ich für eine Sendung über die Buchmesse in Leipzig die kalte Schulter zeigen, was dann in »Titel, Thesen, Temperamente« bissig kommentiert wurde. Die Reporter konnten von den Hintergründen schließlich nichts ahnen.

Bei der Lesung am Abend gelang es, im Saal der Börse am Naschmarkt jede Peinlichkeit im Zusammenhang mit dem über mich verhängten Verdikt zu vermeiden. Wir kamen kurz vor Beginn in den ausverkauften Saal. Elmar Faber räumte nach seiner kurzen Ansprache, mit der er den »Debütanten Wolf« vorstellte, den zahlreichen Fotografen fünf Minuten vor der Lesung ein. Einige Fernsehanstalten zeichneten auf. Der Leiter des Claassen-Verlags überreichte mir bei dieser Gelegenheit das erste Exemplar der BRD-Ausgabe. Das Signieren ließ nicht weiter auffallen, daß ich diesmal keine Fragen beantwortete und auch keine Interviews gab.

Der Aufenthalt in der Messestadt vollendete sich mit dem Besuch eines Konzerts im Gewandhaus. Kurt Masur und sein Orchester gaben eindrucksvoll das Konzert für Violoncello und Orchester von Antonin Dvorak. Ich hatte das Glück mehrerer Begegnungen mit solchen bedeutenden Dirigenten wie Hermann Abendroth und Kurt Sanderling nicht allein im Konzertsaal. Dabei empfand ich, daß Meisterschaft im Fach Größe der Persönlichkeit voraussetzt, auf dem Gebiet der Musik so wie überall. Kurt Masur habe ich in Gesprächen kennengelernt, die dadurch gekennzeichnet waren, daß ihnen eine bei großen Künstlern manchmal nachgesagte Gespreiztheit völlig fehlte, in denen sich dafür aber Masurs vielseitig interessierte Weltoffenheit widerspiegelte. Als er im Sommer auf eine öffentliche Frage zu Kommentaren der DDR-Medien über den Massenexodus der Bürger dieses Landes sagte, er empfinde nur Scham, entsprach dies auch meinem Gefühl. So überraschte mich nicht sein Engagement zur Verhinderung von Gewalt am 9. Oktober in Leipzig.

Zur Frühjahrsmesse 1989 konnten weder Kurt Masur noch ich ahnen, was sich aus den damals schon nicht mehr zu überhörenden Protesten in und um die Nikolaikirche in Leipzig entwickeln würde.

Nach der Rückkehr aus Leipzig zeigten sich die ersten Auswirkungen des vom Politbüro ausgesandten Bannstrahls. Berichte der Westpresse trugen das ihre dazu bei. Von Horst Dohlus wie auch von Joachim Herrmann und ihren Abteilungsleitern im Zentralkomitee wurde die Instruktion herausgegeben: »Auch ein ehemaliger Generaloberst mit Verdiensten hat nicht das Recht...« Chefredakteure wollen den für sie zuständigen Abteilungsleiter des ZK bei der Donnerstagsrunde zur Anleitung und Sprachregelung noch nie so aufgebracht gesehen haben. Betroffener machten mich massive Vorhaltungen meines Nachfolgers im Dienst. Keiner würde dort verstehen, daß ich mich mit meiner Kritik an der DDR im Westfernsehen in eine Reihe mit Stefan Heym und Stephan Hermlin stelle. Ich mußte erkennen, daß nun eine Phase des Kampfes um Offenheit begonnen hatte, in der ich auch von Menschen allein gelassen wurde, die ich zu den Gleichgesinnten gezählt hatte.

17. 3. 1989
Ich muß die Wirkung solcher Wertungen von oben auf viele Funktionäre und das Unverständnis bei manchen meiner ehemaligen Mitstreiter bedenken. Ich muß unbedingt auch in unseren Medien erscheinen. Meine Gedanken dazu bringe ich zu Papier. Sie beschäftigen mich das ganze Wochenende bei der Arbeit im Garten, aber auch des Nachts. Bei meinem Nachfolger zeigt sich: Er beherrscht sein Handwerk in der täglichen Arbeit, hat sich aber in das System integriert.

20. 3. 1989
Für den 22. eine Verabredung mit Otto, unserem langjährigen Parteisekretär, getroffen. Die Aufregung ist allgemein und groß. Zu Hause fand ich die Besprechung der »Troika« von Jürgen Kuczynski für die »Weltbühne« vor. Sie ist lieb und freundlich. Das »Neue Deutschland«, höre ich, wird nichts bringen.

22. 3. 1989
Unser Gespräch eröffnet Otto mit einer langen Litanei. Er könne nicht verstehen, daß gerade ich im Westfernsehen die nun endlich abgewürgte »Sputnik«-Diskussion wiederbelebt hätte. Es kämen Anrufe vom Zentralkomitee, der Zentralen Parteikontrollkommission und vielen anderen; im Sekretariat der Kreisleitung des Ministeriums müsse etwas gesagt werden, auch vor der Kreisleitung selbst. Ich blieb offensiv: Als Autor stünde ich nun in der Öffentlichkeit, ich sei nicht mehr Stellvertretender Minister im Dienst, der sich verstecken musse. Ausführlicher stellte ich meine Verbannung aus unseren Medien dar. Für mich sei das wichtigste das Hauptanliegen des Buches. Die vielzitierte Linie der Partei, gegen die man nicht verstoßen dürfe, könne ich nicht erkennen, vor allem wie diese Linie mit der Generallinie der KPdSU zusammenzubringen sei. Dem Einwurf, ich solle bedenken, daß ich einen Namen zu vertreten hätte, auch den des Vaters und des Bruders, setzte ich entgegen, daß mich gerade dieser Name dazu verpflichte, mit aller Konsequenz aufzutreten, um einen Beitrag zur Wiederbelebung der Leninschen Normen bei uns zu leisten.

Am Schluß bettelte Otto buchstäblich um ein Wort von mir, damit die Sache aus der Welt zu schaffen sei. Ich tat ihm den Gefallen: »Wenn es Euch hilft, dann sagt einfach, ich wäre der Meinung, daß die Frage zum ›Sputnik‹ von den Interviewern besser nicht gestellt worden wäre.«

23. 3. 1989
Wie auf Bestellung brachte die »Zeit« auf zwei Seiten mit vielen Bildern das Interview mit Lew Hohmann und eine Buchbesprechung.

Anruf von Wolfgang Herger, der sich für das Buch bedankt. Er äußert seine Kritik zur »Sputnik«-Antwort im ARD-Interview. Trotzdem halte ich ihn für einen ehrlichen Partner und keinen Heckenschützen.

Als Abteilungsleiter für Sicherheitsfragen im Zentralkomitee wäre er eigentlich auch für unseren Apparat zuständig gewesen. Anfänglich, noch während meiner Dienstzeit, suchte er Kontakt mit mir. Doch sehr bald mußte er genauso wie seine Vorgänger erfahren, daß seine Abteilung in den Augen Mielkes ein höchst überflüssiges Beiwerk sei, das gerade noch mit der Parteiorganisation im Ministerium verkehren und die notwendigen Formalitäten für Nomenklaturkader des Zentralkomitees, beziehungsweise des Nationalen Verteidigungsrates erledigen dürfe. Mit Entscheidungen zu operativen Fragen des Ministeriums für Staatssicherheit hatte diese Abteilung nichts zu tun.

26. 3. 1989
Abends zur Premiere vom »Selbstmörder«, einem mir bis dahin unbekannten Stück des mir ebenfalls unbekannten sowjetischen Autors Nikolai Erdmann. Manfred Wekwerth hält ihn für einen Gogol des zwanzigsten Jahrhunderts. Dieses Urteil wurde durch die Aufführung kaum bestätigt. Eine Satire auf die Sowjetgesellschaft der zwanziger Jahre in der Art des »Schwitzbades« von Majakowski oder der Bücher von Ilf und Petrov. Das Publikum honorierte Anspielungen auf unsere Zeit.

Jäcki Schwarz, in der grotesk verzerrten Rolle eines Intellektuellen, war umwerfend. Keine Spur mehr von dem jungenhaften Gregor, der Hauptfigur in Konis am stärksten autobiographischen Film »Ich war 19«. Das lange geplante Gespräch über seine Gestaltung des Trotzki in

Volker Brauns Stück »Lenins Tod« konnte immer noch nicht stattfinden. Ungeniert nahm er direkt von der Bühne herunter Kontakt zu mir auf, wir saßen in der ersten Reihe, und verabredete ein Treffen nach der Vorstellung in der Theaterkantine. Natürlich sprachen wir auch über die Konflikte der Gegenwart, die von den Theaterleuten besonders sensibel reflektiert werden. Einer Begegnung mit mir sieht man im Berliner Ensemble mit großer Erwartung entgegen.

27. 3. 1989

Die Wahlen in der Sowjetunion liefern Stoff für zahlreiche Mutmaßungen. Schon das Wahlsystem ist schwer durchschaubar; immerhin erstmalig eine echte Möglichkeit der Wahl. Spektakulär ist der Wahlsieg des Populisten Jelzin über den Direktor der Automobilwerke, einige Kandidaten des Parteiestablishments sind glatt durchgefallen. Journalisten und Kritiker, die laute Reden hielten, bekamen viele Stimmen. Natürlich drängen sich Vergleiche auf – was wäre, wenn bei uns...

Sehr viele Genossen haben Fragen – wo geht das alles hin? Der ungarische Weg der Reformen scheint direkt in den Kapitalismus zu führen. Die Polnische Vereinigte Arbeiterpartei ist in Auflösung begriffen, die sozialistische Orientierung geht dort den Bach hinunter. Mancher fragt sich: Vielleicht hat Honecker mit seiner Abneigung gegen den Kurs Gorbatschows doch recht? Nicht nur Dogmatiker stellen diese Frage, sondern auch solche Genossen, die Veränderungen wollen. Was darf von den Grundlagen des Sozialismus preisgegeben werden?

Anruf von Egon Krenz mit einem Dank für das übersandte Buch. »Bleib so, wie Dich die Genossen in Erinnerung haben.« Was meint er damit? Ist es eine Empfehlung zu größerer Zurückhaltung, um der Parteiführung keine Schwierigkeiten zu bereiten? Er hatte immerhin den Konflikt wegen des Films über den Vater und die Verurteilung meines Auftretens im Westfernsehen mitgetragen. Andererseits waren unsere wenigen Begegnungen von seiner Seite aus stets freundschaftlich gewesen, doch das entsprach seiner Umgangsform mit allen.

Als er, zunächst Vorsitzender des Jugendverbandes, jene Funktion in der Parteiführung erhielt, die allgemein als Vorbereitung auf die Nachfolge Honeckers gewertet wurde, verbanden sich damit gewisse Hoffnungen. Immerhin war er wesentlich jünger, die Art seines Auftretens hob sich von der anderer führender Funktionäre ab, und er war in der Lage, seine Gedanken auch ohne vorgeschriebenen Text in größeren Kreisen verständlich auszudrücken. Doch die Jahre gingen ins Land, die Politik der Führung entfernte sich immer mehr vom Volke und von der Parteibasis; von Aktivitäten des »Kronprinzen« war nichts zu spüren, auch nichts von der Absicht seines Förderers, den Thron freizumachen.

Krenz trug sich offenbar einige Zeit mit dem Gedanken, in mir einen möglichen Ministernachfolger zu sehen. Darüber hatte es einmal bei einer Veranstaltung ein kurzes Gespräch gegeben. Dies war aber zu einem Zeitpunkt, als für mich ein Ausscheiden aus dem MfS schon feststand. Entsprechend reagierte ich. So war ich für ihn Anfang 1989 vermutlich eher der geschätzte ehemalige Leiter der Aufklärung, der sich nun der Aufgabe widmen sollte, die Traditionen der Kundschafter und dieses Dienstes zu pflegen und darüber zu schreiben.

30. 3. 1989

Das gegen mich verhängte Verdikt zieht seine Kreise. Unser Wohnungsnachbar vom »Neuen Deutschland« erwähnt »entstandene Probleme«, welche die in der Redaktion vorgesehene Lesung verschöben. Harald Wessel habe eine Kritik zur »Troika« geschrieben, die nun aber nicht gebracht werden könne.

Der Monat geht jedoch mit einer erfreulicheren Versammlung ehemaliger Kundschafter und einer Jugendstunde mit sehr offen fragenden Schülern der Friedrich-Wolf-Oberschule in Neubrandenburg zu Ende. Bei beiden Begegnungen ist vom Mief des Apparats nichts zu spüren. Die Begegnungen mit Kundschaftern sind für mich stets erfreulich.

Fast mit jedem der Anwesenden verbinden mich unzählige persönliche Erinnerungen, Treffen über die Zeit von drei Jahrzehnten, manchmal unter sorgfältig geplanten konspirativen Umständen in anderen Ländern, meist aber – ebenso sorgfältig abgesichert – bei uns. Die Stunden reichten nie aus, um all die politischen und oft schwierigen persönlichen Probleme auszudiskutieren. In der dazwischenliegenden Zeit konnte dies nur über kurze Botschaften oder auf Kurierweg als Information oder Weisung erledigt werden. Zu fast jedem dieser so verschiedenen Menschen ist im Laufe der Jahre eine enge Bindung entstanden.

Jeder von ihnen kann mit Recht auf Verdienste verweisen, jeder hatte Opfer auf sich genommen, persönliche Interessen, das Familienleben hintangestellt, um seinen Auftrag zu erfüllen. Einige hatten Jahre im Gefängnis verbracht, bevor sie gegen westliche Spione ausgetauscht werden konnten, andere hatte in letzter Minute eine Warnung erreicht; sie mußten alles im Stich lassen, um sich und ihr Wissen in Sicherheit zu bringen.

Jeder, mit dem ich mich traf, erfüllte seinen Auftrag aus Überzeugung und betrachtete ihn als Aufgabe zur Sicherung des Friedens und des Sozialismus. Es waren Begegnungen mit politisch engagierten Menschen, die, fest auf seiten der DDR stehend, durch ihren jahrelangen Alltag in der bürgerlichen Demokratie, dort oft in führenden Parteien engagiert, dennoch keine dogmatischen Scheuklappen angelegt hatten. Für die Entwicklung in der DDR, in die sie sich nun integrieren mußten, hatten sie einen zumeist recht kritischen Blick. Besonders massiv war die Kritik bei jenen früheren Mitstreitern, die in der Wirtschaft oder Wissenschaft tätig waren. Einigen war es im Westen gelungen, bemerkenswerte Positionen zu erreichen und der DDR unschätzbares Wissen zu übermitteln, das uns durch Embargo- und andere Geheimhaltungsvorschriften vorenthalten wurde. Gerade diese Menschen waren zu Vergleichen der Mechanismen beider Wirtschaftssysteme fähig und kompetent, ihre Kritik an unserer Wirklichkeit beruhte auf Erlebtem, sie war hart und überzeugend. Diese Aussprachen hatten für mich nicht nur den Charakter nostalgischer Erinnerungen des ehemaligen Nachrichtenchefs und seiner Mitstreiter, sie boten zusätzliche Einsichten und Denkanstöße über die Krankheitssymptome unseres Systems und deren Ursachen.

Nach den Paukenschlägen zur Buchpremiere im März wird der April nicht ruhiger. Im Gegenteil. Die zunehmenden Reaktionen der Leser und der Öffentlichkeit auf der einen, das Verdikt der immer noch die verbliebenen Zähne zeigenden Mächtigen auf der anderen Seite werden zur Herausforderung.

Es ist schon ein eigenartiges, neues Gefühl, aus der Abgeschiedenheit des schreibenden »Rentners« in das Scheinwerferlicht öffentlicher Aufmerksamkeit gerückt, vom »Mann ohne Gesicht« zum »Hoffnungsträger« zu werden. In Briefen und bei den stets überfüllten Lesungen auf Fragen Antworten zu finden, fällt immer schwerer, zumal der plötzlich zum renommierten Autor avancierte Generaloberst a. D. für die etablierte Führung und dem von ihr gesteuerten Apparat zum abtrünnigen »Dissidenten« wird. Jede Äußerung kann zum Stolperstein werden.

Der Lebensrhythmus ändert sich, auch für die Familie. Gut, an seiner Seite eine verständnisvolle Frau zu wissen. Mehr im Scherz, aber doch auch halbernst, taucht als mögliche Konsequenz aus einer sich anbahnenden Konfrontation der Gedanke auf, bei den Vätern von Perestroika und Glasnost, vielleicht in einem sibirischen Blockhaus, Unterschlupf zu suchen – eine zweite Emigration. Die gemeinsame Arbeit an der »Troika«, Begegnungen mit Freunden der Jugend, Erzählungen über die Sowjetunion ließen einen solchen Gedanken nicht abwegig erscheinen. Die sibirische Blockhütte war in meinen Reiseberichten längst aufgetaucht, als ich von den Begegnungen mit Bärenjägern im Altai-Gebirge erzählte. Damals hatten wir für mehrere Wochen die Bequemlichkeit der Zivilisation vergessen. Wir waren vom Baikalsee aus mit dem Hubschrauber zu einem Bach mitten in der Taiga geflogen, und der Flug hatte mit einer glimpflich verlaufenen Bruchlandung geendet. Wir kampierten in einer nur von Jägern genutzten, winzigen Blockhütte. Ich hatte auch von einer anderen Reise längs der fernöstlichen Pazifikküste von der chinesischen und koreanischen Grenze bis Kamtschatka und den vorgelagerten Inseln, von denen es nur noch ein Katzensprung bis Amerika ist, erzählt. Auch dort hatte ich überall Menschen getroffen, die mir bei aller Wortkargheit schnell nahekamen, die mir ihr Herz öffneten, ob es ein Kraftfahrer war oder einer von jenen Begleitern, denen Jagdmesser und Angelhaken ausreichen, um eine Ucha, die Fischsuppe, und ein weiches Nachtlager auf Fichtenzweigen zu bereiten, oder der Matrose eines Atom-U-Bootes, der von den unvorstellbaren Strapazen seines Dienstes fern von der Familie berichtet, oder jener beinahe jugendliche Lachsforscher, der wenige Kilometer vom Kljutschewskaja-Vulkan, dem schönsten aller Vulkane der Welt, unter Bedingungen lebt, die Jack London beschrieben haben könnte. Kein Wunder, daß mein Bruder Koni nach solchen Reisen ganz ähnlich empfand, daß er, als er seinen Kindheitsfreund in Alaska besuchte, über die Nähe von Menschen nachdachte, die, nur durch die Behringstraße getrennt, unter sich ähnelnden Bedingungen leben.

Der Traum von Sibirien sollte im weiteren Verlauf des Jahres noch öfter geträumt werden, gegen Jahresende schon weniger im Scherz. Im Frühjahr gab mir der Mut Michail Gorbatschows und seiner Freunde allerdings die Zuversicht, daß sich auch in der DDR der Widerstand der alten Männer nicht mehr lange halten würde. Diese Zuversicht wollte mich nicht verlassen. Mut machen mir Anrufe vieler Freunde, die ersten Leserbriefe, besonders von jungen Leuten, die zumeist auf die in der »Wochenpost« veröffentlichten Fortsetzungen reagieren. Gerade die Jungen begründen oft ausführlich, was ihnen »Troika« bedeutet. »Aufrichtigkeit«, »Ehrlichkeit« – diese Worte kommen immer wieder vor. Aber auch über den Inhalt der Briefe von Hans Modrow und Klaus Höpcke freue ich mich, ebenso über die Besprechung von Ruth Werner in der Frauenzeitschrift »Für Dich«.

Mußte ich mich über die große Publizität im Westen wundern? Da dort meine ehemalige Tätigkeit als »Spionagechef« im Vordergrund stand und das Buch meist an den Klischeevorstellungen von meiner Person gemessen wurde, interessierte mich natürlich jede Rezension, die sich auch mit dem Inhalt auseinandersetzte.

Mögen die an meinen Namen geknüpften politischen Spekulationen übertrieben, am Ende des Jahres kaum noch verständlich sein, sie reflektierten doch, auf ihre Weise, bei vielen Menschen das Erkennen der herannahenden Krise und die Suche nach personellen Alternativen. Die mir lange schon zugeschriebene Kreml-Nähe, der unverhoffte Rücktritt, die unverkennbare Kritik an unseren Zuständen und schließlich die in der zweiten Hälfte des Monats im »Neuen Deutschland« veröffentlichte Warnung an den Autor mußten solche Wertungen nähren.

So wurde ich immer mehr in das politische Spannungsfeld gerückt, in eine mir bis dahin unbekannte Arena. Die Lesungen jetzt waren von zunehmend heftigeren Diskussionen und kritischeren Fragen gekennzeichnet. Es wurde deutlich, daß die Botschaft der Toleranz, der vernünftigen Behandlung von Andersdenkenden für die Bürger dieses Landes immer spannender wurde. Ich wiederholte stets den Aufruf des Vaters zur Zivilcourage, den er in dem Brief an Koni an die Front zu dessen neunzehntem Geburtstag gerichtet hatte. Die Zeit bot täglich Gelegenheit, einer solchen Haltung zu entsprechen:

Der von der Führung über mich verhängte Bannstrahl tat seine Wirkung. Bis in die Akademie der Künste hinein verbreiteten übervorsichtige Rückversicherer, ich hätte schon immer abseits der Parteilinie gestanden, und man müsse im Kontakt mit mir vorsichtig sein.

Ähnliches erfuhr ich auch aus dem Bereich, in dem ich früher tätig gewesen war und mit dessen Mitarbeitern ich mich weiterhin verbunden fühlte. Die Tagung der Kreisleitung des Ministeriums für Staatssicherheit, die sich mit meinem Fall befaßt hatte, führte zu einer Diffamierung, die in einzelnen Bereichen gefährliche Formen annahm. In einer an alle Partei-Organisationen des Ministeriums verteilten Rede der Kreisleitung wurde behauptet, die Mehrzahl der Mitarbeiter hätte sich gegen meine Äußerung im Westfernsehen zum »Sputnik«-Verbot gewandt. Weiter hieß es dort: »Das berührt sowohl die Tatsache, daß er sich vor dem Westfernsehen mit dieser Festlegung der Partei nicht einverstanden erklärt, als auch, daß er die Formulierung ›Verbot des Sputniks‹ unwidersprochen hinnahm. Von einer Reihe Genossen wurde auch Unverständnis über die Gesamtanlage des Interviews zum Ausdruck gebracht.« Wahrheitswidrig hieß es in dem Referat: »Genosse Minister führte und führt mit ihm die erforderlichen Aussprachen.« Eine solche Aussprache hat es nie gegeben. Dann heißt es weiter: »Und wenn überhaupt ein solches Interview notwendig war, dann wäre es seine Pflicht gewesen, die Politik unserer Partei offensiv zu vertreten.«

In Bereichen, in denen es schon immer Mißtrauen gegen die Aufklärung gegeben hatte, wurde verbreitet, nun hätte ich endlich mein wahres Gesicht gezeigt. Ein Parteisekretär behauptete, ich hätte das Buch nur wegen der Deviseneinnahmen geschrieben und Interviews nur für Westgeld gegeben. Diese Diffamierung konnte ich nicht unwidersprochen hinnehmen, ich mußte den Minister selbst angehen.

3./4. 4. 1989
Abends bei Sonja und Moritz Mebel. Die üblichen Themen. Ich fordere Moritz als ZK-Mitglied zum offensiven Vertreten unseres Standpunktes auf.

6. 4. 1989
Abends im Haus der Sowjetischen Wissenschaft und Kultur im »Klub Dialog« von Irina Hermlin inspirierte Begegnung mit zweihundert sowjetischen und deutschen »Freunden der Sowjetunion«.
Das Gespräch wurde in Russisch von den beiden Veranstalterinnen in Form einer Talk-Show mit Fragen über die Familie, die ›Troika«, über Stationen meines Lebens eingeleitet, meine Tätigkeit an der Spitze des Nachrichtendienstes wurde nicht ausgeklammert. Interessant, daß von einem jüngeren sowjetischen Zuhörer gerade zu diesem Thema die schärfsten Fragen kamen.
Am Ende drückte er seine Verwunderung aus, einen so offen sprechenden General kennengelernt zu haben. Einige der hier lebenden Sowjetbürgerinnen sprachen besorgt über rückläufige Entwicklungen in den Beziehungen zwischen unseren Ländern, über Folgen der Negativberichterstattung in den DDR-Medien, Fälle von Schändung sowjetischer Grabstätten und Erscheinungen wachsender Ausländerfeindlichkeit. Was Wunder, daß gerade dieses deutsch-sowjetische Publikum von einem Mann mit meiner Biographie nicht nur Antworten auf solche Fragen erwartet.

7. 4. 1989
Erstmalig werden im »Neuen Deutschland« Losungen zum Ersten Mai ohne Erwähnung der Sowjetunion und der KPdSU veröffentlicht. Das ist natürlich neuer Gesprächs-und Zündstoff.
Günther Drommer brachte einen Brief des USA-Botschafters Richard C. Barkley. Der Brief enthält die Einladung zu einem Gespräch und Essen, um meine »Erfahrungen und Ansichten tiefgreifender zu diskutieren«.

9. 4. 1989
Bemerkenswerter Artikel in der »Prawda« vom 7. 4. zur Geschichte der Komintern. Viel dokumentarisch belegtes Material, das die negativen Folgen des Wirkens Stalins und seine Repressalien belegt und unseren Oberen Kopfzerbrechen bereiten wird. Dies um so mehr, als das »Neue Deutschland« in seiner Wochenendausgabe vom 8./9. 4. über ein Referat Kurt Hagers vor führenden Historikern der DDR berichtet. Darin fordert er auf, »Geschichte in ihrer ganzen Widersprüchlichkeit zu beschreiben«, nicht nur Erfolge, sondern auch Niederlagen, Rückschläge und Fehler zu erklären, »um keine Frage einen Bogen machen, keine Fakten, Erscheinungen, Personen aussparen«. Hager erwähnte auch die Repressalien in der Sowjetunion. Wie sollen die Genossen im Lande das mit der Politik der Führung zusammenbringen?

Unsere Medien sind beherrscht von Berichten über die Unruhen in Georgien.

Die Ereignisse in Tbilissi wurden zu einer gefährlichen, sich vor der großen Vision Michail Gorbatschows auftürmenden Barriere. Das größte revolutionäre Ereignis seit der Oktoberrevolution nennt er die Perestroika. Doch wie soll sie über diese Hindernisse hinwegkommen? Allein in den unzähligen schlummernden und auch schon ausbrechenden nationalen Konflikten dieses Vielvölkerstaates erheben sich derer so viele, daß eine für alle Beteiligten befriedigende Lösung kaum absehbar ist. Zwischen der Notiz vom April 1989 zur Gewaltanwendung in der georgischen Hauptstadt und der Niederschrift dieser Gedanken liegt ein Jahr. In dieser Zeit sind die Kaukasusrepubliken nicht zur Ruhe gekommen. Der offene Konflikt zwischen Armeniern und Aserbaidshanern geht weiter und wird nur durch den Einsatz bewaffneter Kräfte der Unionsregierung in Grenzen gehalten. Die Berichte und die Bilder von Massakern, von der Selbstzerfleischung von Angehörigen zweier Nachbarländer, die Jahrhunderte miteinander gelebt hatten, die wildentschlossenen Gesichter junger Männer, die, mit Jagdgewehren und erbeuteten Armeewaffen ausgerüstet, zum Töten bereit sind, wecken Erinnerungen an frühere Reisen in diese Region. Wie tief haben sich die Spuren tragischer geschichtlicher Ereignisse in das Nationalbewußtsein dieser Völker eingebrannt. Erst bei einem Besuch in Jerewan empfand ich den von Franz Werfel in seinem Roman »Die vierzig Tage des Musa Dagh« beschriebenen Genozid am armenischen Volk während der Zeit des Ersten Weltkriegs nach. Für mich überraschend, kannte fast jeder gebildete Armenier das bei uns ziemlich vergessene Buch. In der armenischen Hauptstadt steht auf einem Hügel die beeindruckende Gedenkstätte zur Erinnerung an diesen Völkermord. Sie ist erfüllt von einer ans Herz greifenden Musik, die der armenische Komponist Komitas, der nach jener Tragödie den Verstand verlor, geschaffen hat. Von diesem Hügel aus erscheint der mächtige schneebedeckte Ararat ganz nah, für die Armenier ist der jenseits der Grenze, in der Türkei liegende Berg ein Heiligtum.

Wie viele Generationen müssen noch geboren werden, bis der angestaute Haß einem friedlichen Nebeneinander weicht? Für die Armenier sind Aserbaidshaner ein Türkenvolk, ist das in der Mehrheit von Armeniern besiedelte Gebiet Nagorny Karabach zu Unrecht der feindlichen Nachbarrepublik eingegliedert. Beides sind Sowjetrepubliken. Was ist von der vielgepriesenen Nationalitätenpolitik Stalins geblieben, für die er noch unter Lenin als Volkskommissar die Verantwortung trug?

In Georgien werden seit den blutigen Aprilereignissen Forderungen nach völliger Unabhängigkeit laut. Auch innerhalb dieser Republik bricht zwischen den dort lebenden Völkerstämmen alte Zwietracht aus. Im Sommer 1989 kommt es in der Teilrepublik Abchasien am Schwarzen Meer zu bewaffneten Zusammenstößen.

In Mittelasien werden die während des Krieges auf Weisung Stalins aus Georgien vertriebenen Meßcheten, eine türkische Minderheit, Zielscheibe extremistischer Elemente. Sie erleben ihre zweite Vertreibung und fordern, so wie die Krimtataren und die ehemaligen Wolgadeutschen, ihre Rückkehr in die angestammte Heimat und die Wiederherstellung der alten Rechte. Allein am Problem der Wolgadeutschen zeigen die stalinschen Repressionen ihre Langzeitwirkung. Als in den ersten Jahren unserer Emigration in die Sowjetunion Mitte der dreißiger Jahre in der Hauptstadt der damaligen autonomen Republik Engels verschiedene Dramen des Vaters aufgeführt wurden, erlebten wir die deutschen Siedlungen an der Wolga trotz verheerender Folgen der Kollektivierung als immer noch wohlhabend. Die seit mehr als anderthalb Jahrhunderten dort lebenden Deutschen waren in ihrem Land verwurzelt. In den ersten Kriegsmonaten kam dann – über Nacht – die Zwangsaussiedlung. Als wir im November 1941 aus Moskau nach Kasachstan evakuiert wurden, trafen wir auf der Strecke, mitten in der Hungersteppe, die damals auch für uns ihrem Namen Ehre machte, auf Züge mit Wolgadeutschen, die schon seit Wochen mit dem wenigen Hab und Gut unterwegs waren, das sie mitführen durften. Die Deutschen wurden zum Teil direkt dort angesiedelt, andere im Gebiet von Karaganda, wieder andere in der sibirischen Altai-Region. Beinahe hätte es mich von Alma-Ata, der Hauptstadt Kasachstans, wohin die Hochschule für Flugzeugbau, an der ich studierte, verlegt worden war, auch nach Kzyl-Orda in die Hungersteppe verschlagen. Nur eine Bescheinigung über die Tätigkeit meines Vaters im Interesse der Politischen Hauptverwaltung der Roten Armee bewahrte mich davor: Ein Stempel in meinem Personalausweis, der meinen Aufenthalt auf das Gebiet von Kzyl-Orda einschränkte, wurde annulliert.

Die meisten Wolgadeutschen schufen sich in den ihnen zugewiesenen Siedlungsgebieten eine neue Existenz, sie wurden zu vorbildlichen Kolchosbauern oder Arbeitern, der Fortbestand ihrer nationalen Identität und Kultur war hingegen gefährdet. Deshalb fordert heute ein Teil von ihnen die Rückkehr an die Wolga. Dort leben aber nun schon seit Jahrzehnten Menschen anderer Nationen: neuer Zünd- und Konfliktstoff.

Extremer noch sind die Auseinandersetzungen in den Gebieten, die erst nach dem umstrittenen Hitler-Stalin-Pakt 1940 zur Sowjetunion kamen. In den baltischen Republiken erhalten bei demokratischen Wahlen Kräfte die Mehrheit, die im Austritt aus der UdSSR eine Möglichkeit zur Verwirklichung ihrer nationalen Ziele sehen. Während des ganzen Jahres 1989 bemüht sich Michail Gorbatschow um einen Kompromiß; er scheitert. Er war selbst dorthin gereist, warb im Gespräch um Perestroika und Verständnis für die Gesamtinteressen der Union, vergeblich. Selbst die Mehrheit der Kommunisten Litauens folgt nicht einem dringenden Appell des Zentralkomitees in Moskau und spaltet sich von der Unionspartei ab. Zum Präsidenten der Union gewählt, sieht sich Gorbatschow besonderen Zwängen ausgesetzt und veranlaßt gegenüber Litauen Maßnahmen, die im Widerspruch zur demokratischen Grundidee von Perestroika zu stehen scheinen: dem Verzicht auf administrative Kommandogewalt und der Suche nach Konsens in Streitfragen. Auch dem gewachsenen internationalen Ansehen droht solches Vorgehen zu schaden.

Sicher wird man sich in Moskau fragen, ob die Lage im Baltikum und die Bestrebungen der Völker jener Republiken richtig eingeschätzt und rechtzeitig genug nach Wegen und dauerhaften Lösungen gesucht wurde, um eine voraussehbare Zuspitzung zu vermeiden. Hat die Führung in dieser Frage, wie bei anderen auch, nicht den Mut gehabt, den Realitäten klar ins Auge zu sehen und deshalb nur halbherzig und zu spät gehandelt?

Die nach Unabhängigkeit rufenden Kräfte machen es dem Präsidenten und der Zentralregierung nicht leicht, Entscheidungen zu treffen, die auf längere Sicht eine harmonische Eintracht der Völker der Union möglich erscheinen lassen. Wird die schon in den Anfängen bedrohte und zerbrechliche sowjetische Demokratie den so lange angestauten, kaum lösbaren nationalen Problemen gewachsen sein? Ein Erfolg von Perestroika ist ohne Berücksichtigung der nationalen wirtschaftlichen, sozialen und kulturellen Selbstbestimmung genauso wenig denkbar wie ohne Erhalt einer starken Union. Glücklicherweise erkennen auch viele Politiker im Westen, daß eine mit der Gefährdung der Konzeptionen Gorbatschows einhergehende Destabilisierung die gesamte internationale Entspannung in Frage stellen würde. So äußert sich Außenminister Genscher zur nationalen Frage im Osten: »Jeder Entwicklungsprozeß zu neuen Fortschritten, zu neuen Ufern, zu einer besseren Zukunft ist immer dann gefährdet, wenn er zu Instabilitäten führt.«

Die Verknotung der schwer lösbaren nationalen Frage mit den vielen anderen Problemen in der Sowjetunion wurde mir während der Wochen meiner Arbeit an diesem Buch in Moskau ganz deutlich. Als diese Probleme Gorbatschow und die Seinen gerade besonders forderten, kam die in großem Tempo nahende deutsche Einheit wie eine schwergewichtige Lok auf Kollisionskurs hinzu. Selbst von der Hektik des Geschehens nicht unmittelbar betroffen, aus der Distanz des ausklingenden Moskauer Winters 1990 sah ich die eigenen Sorgen nüchterner, empfand stärker den Einfluß unseres Tuns auf andere Völker. Die Veränderungen in Deutschland, in ganz Mittel- und Osteuropa spielen entscheidend in den Perestroika-Prozeß hinein und wirken direkt auf die Vorgänge in einzelnen Republiken der Sowjetunion. Kein Wunder, daß die Wahlen in der DDR im März 1990 trotz der vom sowjetischen Fernsehen direkt übertragenen Debatten im Kongreß der Volksdeputierten der UdSSR über die Schaffung des Präsidentenamtes und die Wahl Gorbatschows zum Staatspräsidenten in der Sowjetpresse und in den Sendungen der elektronischen Medien ganz nach vorn rückten und größtes Interesse beim dortigen Publikum fanden. Beim »Mann auf der Straße« – Überraschung, Staunen, oft Unverständnis und Befürchtungen. Die DDR war in den Augen vieler Sowjetbürger ein wohlhabendes Land, ein stabiler Staat, ein zuverlässiger Verbündeter. Im Frühjahr 1989 hatte kaum jemand eine Vorstellung von der Wirkung der Ideen Gorbatschows in anderen sozialistischen Ländern. Ein Jahr später kam diese Wirkung in dialektischer Umkehrung zurück und schlug gegen Perestroika.

10. 4. 1989
Ich schreibe wegen der zahlreichen Interview-Wünsche und wegen der Einladung des USA-Botschafters an Mielke. Im Gebäude des »Neuen Deutschlands« Interview mit einem jungen finnischen Korrespondenten. Er ist gut vorbereitet und stellt bei uns noch unübliche Fragen zum Stalinismus und der Möglichkeit, ähnliche Erscheinungen zu überwinden und ihre Wiederholung zu vermeiden. Es gab Sympathiebekundungen seitens einiger ND-Redakteure. Sie hoffen, daß die gegen mich verhängten Restriktionen vorübergehender Natur sind. Dazu Anekdotisches: Der Erwähnung der »Troika« in der Buchankündigung der ND-Wochenendausgabe ging eine ganztägige Beratung voraus mit schließlich positivem Entscheid. Das kostete das Blatt mehrere tausend Mark, die Druckfolie ohne »Troika« war schon fertig gewesen.

11.4. 1989
Protest bei Otto, dem Parteisekretär, wegen der Passage im Referat des Sekretariats der Kreisleitung, mit der ich mich nicht einverstanden erkläre. Ich melde deshalb ein Gespräch beim Ersten Kreissekretär, Horst E., an, um meine Position deutlich darzustellen und die Erwartung auszusprechen, daß ich nach Verkauf des Buches im Ministerium dort als Autor präsent sein werde.

13. 4. 1989
Mielke rief an, bestätigte den Eingang meines Briefes und sagte, er wolle mit Honecker darüber sprechen.

Am Abend Lesung im Becher-Klub des Kulturbunds in der Nuschke-Straße. Vor dem Haus standen viele, die keinen Einlaß mehr fanden. Im überfüllten Musiksaal erschrak ich beim Anblick der Menge. In den vorderen Reihen erkannte ich einige alte Bekannte: Heinz Willmann, Hans Pischner, Heinrich Scheel, Kurt Trepte, auch Stefan Doernberg. Die meisten Fragen drehten sich um die noch immer kaum vorhandenen Möglichkeiten, das Buch zu kaufen, scharfe Kritik wurde an der Papierverteilung in der DDR geübt.

Der Westberliner Filmproduzent von zur Mühlen interessierte sich für meine Bekanntschaft mit Wolfgang Leonhard und fragte, ob ich zu einem Zwiegespräch mit Leonhard vor der Kamera bereit sei. Ich erzählte von unserer gemeinsamen Schulzeit in Moskau, vom Besuch der Kominternschule während des Krieges, erklärte mich aber auf Grund seiner Darstellung dieser Zeit in seinem Buch »Die Revolution entläßt ihre Kinder« und unserer Begegnungen in den ersten Nachkriegsjahren für befangen. Da sich meine Erinnerung von der seinen wesentlich unterscheide und sich meine Sicht auf die damalige Zeit gerade jetzt verändere, brauchte ich Zeit, um diese Befangenheit abzulegen.

Die Lesungen, die Kritiken im Westen, nun auch die eine in der CDU-Zeitung »Neue Zeit« bei uns machen mir allmählich bewußt, daß das Buch zu einem öffentlichen Faktor geworden ist. Es hat so etwas wie eine Stellvertreterfunktion für andere und für vieles, was in unserem Lande fehlt, sich nicht artikulieren kann oder darf. Das gibt ein eigenartiges Gefühl geistiger Macht, an keine Funktion oder an äußere Insignien gebunden. Daran muß ich mich gewöhnen; ich will mich nicht darin beirren lassen, für das einzutreten, was ich für unbedingt richtig und notwendig halte. Dazu gehört es, die guten Traditionen der Arbeiterbewegung, des Roten Oktober wiederzufinden, und jedwedes bürokratische Administrieren zu überwinden. Das Gespräch mit den Menschen, mit den eigenen Genossen ist zu pflegen. Der Auslegung des demokratischen Zentralismus als Einbahnstraße, auf der diskussions- und bedingungslos von oben gefaßte Beschlüsse erfüllt werden, muß widersprochen werden. Dazu gehört auch der ganz besondere Widerstand gegen das Sichentfernen von der KPdSU gerade zu einer Zeit, in der man dort von alten Krankheiten zu genesen beginnt. Es ist nicht leicht, gegen den Apparat anzutreten. Sollten sich dazu nicht immer mehr Gleichgesinnte bereitfinden, dann kann Schlimmes auf uns zukommen, der Unmut staut sich weiter an.

17. 4. 1989
Ich rufe wieder bei Mielke an und fordere ihn im Zusammenhang mit meinem Brief noch einmal auf, bei Honecker zu klären, ob das vom Herrmann-Apparat gegen mein Buch verhängte Verdikt aufrechterhalten wird. Es sei doch eigenartig, daß im Westen laufend Besprechungen erscheinen und bei uns entgegen der erklärten Absicht einiger Redaktionen nur das CDU-Blatt eine Möglichkeit dazu habe.

Mielke verspricht, das Problem in den nächsten zwei Tagen zu klären.

In der Bundesrepublik sind über die Lesung im Klub der Kulturschaffenden am 13. 4. mehrere Berichte erschienen. Die »Welt« vermeldet beispielsweise: »Im überfüllten ›Klub der Kulturschaffenden‹ nahe dem Checkpoint Charlie äußert Wolf abermals seine unverhohlene Zustimmung für den Gorbatschow-Kurs, aber auch zugleich ›eine gewisse Sorge‹: ›Ich könnte mir das Leben leichtmachen und das ›Neue Deutschland‹ zitieren‹, meinte er nicht ohne ironischen Unterton. Dann fuhr Wolf nach Berichten von Teilnehmern fort: ›Mit großer Sympathie‹ verfolge er die Entwicklung in Moskau und verstehe die Beweggründe der sowjetischen Führung, ›der ich allen nur möglichen Erfolg wünsche.‹« Beinahe könnte ich den Eindruck gewinnen von einer konzertierten Aktion der westlichen Medien und unserer Betonköpfe, mich in die Ecke einer Gorbatschow-Opposition zu bringen, um mich mundtot zu machen.

18. 4. 1989
Lesung im Berliner Ensemble im Rahmen der sogenannten Erwachsenenbildung auf der Probebühne des Theaters. Manfred Wekwerth, der mit mir vorn am Tisch Platz nimmt, meint, daß zu einer Bildungsveranstaltung noch nie so viele Teilnehmer erschienen seien. Die kulturpolitischen Fragen der Gegenwart sind sofort Mittelpunkt der Debatte. Mit einer Frage zum Film »Verzeiht, daß ich ein Mensch bin« wird die Diskussion heftig. Ekkehard Schall bläst sehr erregt zum Sturm gegen das Verhalten des ZK-Apparats und der Partei. Jäcki Schwarz übernimmt mehr die Rolle des Eulenspiegels, doch auch seine Fragen sind klar und schonungslos. Viele reden sich ihren Unmut über die Behandlung als unmündige Bürger vom Leibe. Angelika Waller fragt, weshalb ich gerade in solcher Zeit »aus der Politik ausgeschieden« sei. Ich antworte, daß ich mich in meinem Leben noch nie politisch so engagiert habe, wie jetzt als Autor. Sie habe sicher falsche Vorstellungen von den Möglichkeiten eines Generals und Stellvertretenden Ministers, politisch etwas zu bewirken.

Manche meiner Antworten befriedigen die Zuhörer nicht, auch mich nicht, sie können es gar nicht. Meine Haltung bleibt immer einer Gratwanderung vergleichbar.

In Dresden gab es um das dortige Theater und seinen Chefregisseur Schönemann viel Ärger wegen der geplanten Aufführung eines neuen Stücks von Christoph Hein: »Die Ritter der Tafelrunde«. Wekwerth will deshalb an Hager schreiben. Natürlich ist es kein Zufall, daß gerade in Dresden zum wiederholten Male eine Kommission herumgrast, um Hans Modrow schlechte ideologische Arbeit nachzuweisen.

Unsere immer tiefer werdende Krise stellte sich mir mit all ihren Widersprüchen verständlicherweise am deutlichsten in der Kunst und Literatur dar. Hier zeigten sich Kritik und Protest am offensten. Schon in den zurückliegenden Jahren waren in dieser Kritik Visionen von einer besseren Gesellschaft enthalten, die immer noch realisierbar erschienen.

Die alte Führung sah in solchen Büchern, Theaterstücken und Filmen nicht ohne Grund eine ähnliche Bedrohung wie sie von Perestroika und Glasnost ausging. Deshalb der organisierte Abkauf des Buches von Michail Gorbatschow und der selektive Abdruck seiner Reden und Aufsätze. Glücklich stürzte sich die Partei- und Staatsführung der DDR auf seinen Satz, jedes sozialistische Land gehe seinen eigenen Weg zum Sozialismus. Er wurde variiert, wiederholt und schließlich durch Kurt Hager zu der bösartigen Behauptung vom »Tapezieren« beim Nachbarn deformiert. Wieder mußte eine Welle der Empörung in der eigenen Partei niedergehalten werden. Schließlich wurde der Begriff vom »Sozialismus in den Farben der DDR« gefunden und von willfährigen Gesellschaftswissenschaftlern mit derselben Selbstverständlichkeit begründet, mit der vor Jahrzehnten die Hoffnung auf einen »deutschen Weg zum Sozialismus« beerdigt wurde. Dieser arg strapazierte Begriff mußte nun zur Bemäntelung des Ausbaus der stalinistischen Festung DDR genau so herhalten wie die Politik der Verständigung und des Dialogs. Gerade die Friedenspolitik und der nach außen demonstrierte Antifaschismus hielten viele der Kritiker von offener Konfrontation mit der Führung ab, nährten die Hoffnung auf einen breiteren Dialog im Inneren. Durch solchen Konsens auch mit oppositionellen Kräften im Lande in den lebensentscheidenden Fragen des Friedens, der Erhaltung der Umwelt, des Fortbestehens der Menschheit überhaupt wären günstige Voraussetzungen für die überfällige Erneuerung und Umgestaltung beim gleichzeitigen Erhalt von Stabilität und Frieden im Innern entstanden. Das Gegenteil war der Fall. Und so wird diese Phase der demonstrativen Abgrenzung von Perestroika und Glasnost, diese seit 1985 verpaßte große Chance für den Sozialismus in der DDR am Ende des Jahres von uns als »Stalinismus in den Farben der DDR« bezeichnet werden.

19. 4. 1989
Zweieinhalb Stunden war ich bei Horst E. und verwahrte mich sehr massiv gegen das Referat vor der Kreisleitung, insbesondere gegen die

Auslegungen in einigen Grundorganisationen. Eindeutig stellte ich mich hinter meine Interviews. Horst begründete die Äußerungen mit »Druck von oben«. Der sei direkt vom Politbüro und von Dohlus ausgegangen. Wir sprachen dann sehr offen über die Stimmung und waren uns im wesentlichen einig. Offen blieb, wie es weitergehen soll, und wie es enden wird.

Im »Neuen Deutschland« erschien, möglicherweise auf Grund meiner Intervention, nun in großer Aufmachung eine Buchbesprechung zur »Troika« von Harald Wessel. Ein eigenartiges Pamphlet. Die Überschrift des dreispaltigen Artikels aus der Feder des stellvertretenden Chefredakteurs las sich zunäcüt einmal gut: »Brüderlicher Dienst an einer menschlichen Sache«. Der Untertitel: »Nach Konrad Wolfs Idee schuf Markus Wolf ›Die Troika‹.« Auch gut. Der Beitrag beginnt mit einer langen Betrachtung über ein Zitat aus den Statuten des Bundes der Kommunisten vom Jahre 1847, in dem von »brüderlichen Beziehungen« die Rede ist. Wem jene am Ende des Artikels noch einmal ausführlich zitierten ehrwürdigen Statuten und die Hintergründe des gegen mich verhängten Verdikts nicht geläufig sind, erkennt keinen Zusammenhang mit dem zu besprechenden Buch. Es folgt eine enthusiastische Würdigung der Qualitäten Konrad Wolfs als Künstler und überzeugter Sozialist, verbunden mit dem großen Bedauern, daß es ihm nicht mehr vergönnt gewesen sei, mit »Troika« den Film seines Lebens zu schaffen. Markus Wolf habe das Material des Bruders wie eine Art »Black Box« in seinem Buch ausgebreitet. Wie Konrad dies künstlerisch bewältigt hätte, »liegt für immer im dunkeln«. In solcher Weise äußert der Autor der Buchbesprechung in jesuitischer Manier Zweifel an der Authentizität der Geschichte, die er mit doppeldeutigen Würdigungen mischt: »Markus Wolf hat in seinen knappen zeitgeschichtlichen Einschüben einiges anders bewertet, als es in unserer Geschichtsliteratur steht.«

Doch am Schluß findet sich in dem wieder scheinbar nicht dazugehörigen langen Zitat aus besagtem Statut vom Jahre 1847 mit dem Kernsatz aus den »Bedingungen der Mitgliedschaft« über die »Unterwerfung unter die Beschlüsse des Bundes« die überdeutliche Aufforderung zur »Verschwiegenheit über das Bestehen aller Angelegenheiten des Bundes«. Alles in allem eine ernste Warnung, charakteristisch für die vom Apparat geschaffenen Bedingungen, unter denen sich Schriftsteller und Journalisten behaupten mußten. Schon der Vergleich der Situation in dem zu strenger Konspiration gezwungenen kleinen Bund Gleichgesinnter vor anderthalb Jahrhunderten mit der Forderung nach bedingungsloser Disziplin an die Mitglieder einer nach Millionen zählenden Regierungspartei zeigt die Absurdität dieses Denkens. Wir würden den ersten deutschen Kommunisten, die auch im Streit der Meinungen ihre Organisationsform suchten, Unrecht tun, wollten wir schon bei ihnen die Wurzeln des »demokratischen Zentralismus« Stalinscher Prägung suchen.

Und dennoch empfand ich die Rezension im »Neuen Deutschland« fast wie einen kleinen Sieg. Das Buch wurde nicht direkt angegriffen, andere Zeitungen konnten nun das vorher angewiesene Schweigen brechen. Schade, daß sich die meisten Zeitungsleser von den sehr unterschiedlichen Kritiken kein Bild machen konnten, da die »Troika« im Buchhandel praktisch nicht auftauchte.

21. 4. 1989
In »Moskowskije Nowosti« interessante Beiträge über die Aufzeichnungen Alexander Beks zu Gesprächen mit den Sekretärinnen Lenins, Fotijewa und Wolodschijewa. Bruchstücke der Wahrheit über Lenin und Stalin, die zeigen, daß deren Leben viel differenzierter war, als man aus Biographien und den in der Tendenz der jeweiligen Zeit gefärbten Berichten erfährt.

Artikel über Feststellungen eines Journalisten, der früher bei der Miliz war, Gelij Rjabow, zur Erschießung und zum Grab der elf Angehörigen der Zarenfamilie, Fakten, die bisher nicht bekannt waren.

26. 4. 1989
Anderthalb Stunden bei Mielke. Er habe mit Honecker über mein Schreiben wegen der Interviews gesprochen. Ich solle keine Interviews mehr geben und sei weiter an die Disziplin des Ministeriums gebunden. Nach einigem Hin und Her gestand er zu, Honecker habe eingeräumt, daß ich zu dem Buch wohl doch etwas sagen müßte, aber nur

zu dem Buch, ohne neue Konflikte mit der »Linie der Parteiführung« zu provozieren.

Danach Diskussion um die Grundfragen der Politik. Ich bekräftigte nochmals, daß ich die Entscheidung der Führung, den Vertrieb des »Sputnik« einzustellen, für völlig falsch und schädlich halte. Gegenüber vielen Genossen habe es administrative Maßregelungen gegeben, während im ZK-Apparat ungestraft gegen den Generalsekretär der KPdSU gehetzt werden dürfe. Früher wäre dies Grund genug für einen Parteiausschluß gewesen. Mir sei klar, daß nicht zuallererst meine Äußerung zum »Sputnik« den Unwillen ausgelöst hätte, sondern die mehrfach bekundete Sympathie für den Kurs Gorbatschows. Ich verwies auf mein Januargespräch mit Honecker, in dem ich offen meine Sorge über das Auseinanderdriften unserer Parteien geäußert hatte.

Mielke nannte Beispiele für seiner Meinung nach schädliche Publikationen in »Moskowskije Nowosti« und »Ogonjok«, die er als konterrevolutionär bezeichnete: Wolkogonow über Stalin, ein Artikel über den Trotzki-Mörder. Dazu hatten wir einen heftigen Disput. Er, wie auch die anderen im Politbüro könnten sich nicht damit abfinden, daß falsche Ansichten Andersdenkender publiziert würden, ohne dagegen administrative Mittel einzusetzen. Auch auf das Thema Ungarn kamen wir zu sprechen, das mich zu der Bemerkung veranlaßte, man dürfe Ursache und Wirkung nicht verwechseln. Danach beschrieb ich die wachsende Kluft zwischen Parteiführung und Volk, auch zu vielen Mitgliedern der Partei, was sich sehr kraß in den Künstlerverbänden artikuliere. Ich sprach die Befürchtung aus, daß es bei einem weiteren Anstau des immer stärkeren Unmuts zu sehr ernsten Konflikten kommen könne. Wir diskutierten heftig und kontrovers. Schließlich verwahrte ich mich gegen die gezielte Kampagne in der Kreisleitungssitzung und im MfS gegen mich. Selbst wenn man meine Antwort in der ARD-Sendung als einen Fehler ansähe, verdiente ich eine solche Behandlung nach 33 Jahren aktiven Dienstes nicht. Mielke versprach, dies in einer Leitungssitzung anzusprechen. Dann notierte er meine Frage zur Zurückhaltung unserer Medien mir gegenüber. Er forderte mich auf, bis Juni meine Vorstellungen über die weitere Arbeit vorzulegen. Es klang beinahe wie eine Drohung, mir die verbliebenen Arbeitsmöglichkeiten zu entziehen, wenn ich mich nicht entsprechend verhielte.

30. 4. 1989

Zur selben Zeit geht die tendenziöse Berichterstattung über die Sowjetunion weiter. Von der in dieser Woche zu Ende gegangenen ZK-Tagung der KPdSU werden nur solche Auszüge aus der Diskussion veröffentlicht, die von Sorge über das Anwachsen oppositioneller und sozialismusfeindlicher Organisationen und Publikationen erfüllt sind. Über Gorbatschows Schlußwort, mit dem er bekundet, am eingeschlagenen Kurs festzuhalten, kein Wort. Dafür Auszüge einer Ceausescu-Rede und aus chinesischen Zeitungen, die gegen Studentenunruhen gerichtet sind.

Aufsehen erregt, daß die ZK-Tagung der KPdSU einberufen wurde, um den freiwilligen Rücktritt von etwa 80 Mitgliedern zu bestätigen, die seit dem 27. Parteitag aus unterschiedlichen Gründen aus ihren anderen Funktionen ausgeschieden sind. Ein Zeichen dafür, daß dort nicht alles glatt geht, Gorbatschow aber seinen Kurs energisch fortführt.

Eigenartiges von Mielke: Er bestätigt, das Gespräch mit mir in der Leitung des Ministeriums entsprechend ausgewertet zu haben und daß ich die Möglichkeit zu Lesungen erhalten würde. Er fragte intensiv nach einer zweiten Auflage und erwähnt beiläufig, Honecker habe die »Troika« als ein »gutes Buch« bezeichnet.

Es scheint mir notwendig zu sein, meine Stellung zu diesem Mann und dem von ihm autoritär und mit fester Hand geleiteten Ministerium zu erklären. Das Verhältnis zwischen Mielke und mir war schon immer widersprüchlich und kompliziert gewesen. Das liegt zum einen in dem Charakter Mielkes begründet, zum anderen liefern die Aufbaujahre des Ministeriums für Staatssicherheit einen wichtigen Schlüssel zum Verständnis.

Mielke fühlte sich als Schöpfer und unersetzbarer Chef der Staatssicherheit. Als ehemaliger Leiter der K 5 hatte er die Abwehr aufgebaut. Das war geschehen ohne wesentliche Interventionen seitens der

Parteiführung und der ihm vorgesetzten beiden Minister, die er von allen organisatorischen und praktisch-operativen Fragen fernhielt und deren Sturz er betrieb. Die meisten bis in die jüngste Zeit tätigen Führungskader hatte er selbst ausgesucht und in seinem Sinn geformt. Es fällt schwer, die unerträgliche Atmosphäre zu beschreiben, die Mielke gegenüber den Aufklärern besonders nach der Absetzung Wollwebers in dem nun von ihm allein beherrschten Ministerium schuf. Der von ihm erfundene Begriff der »ideologischen Diversion«, der zum zentralen Inhalt seiner Sicherheitsdoktrin werden und für unser Land eine so verhängnisvolle Rolle spielen sollte, trug wesentlich zu diesem Zustand bei, standen doch jegliche politischen Kontakte, Informationen und Analysen, z. B. über die Rolle der Sozialdemokratie, im Widerspruch zu dieser Doktrin.

Die Aufklärung, den Nachrichtendienst also, empfand er lange Jahre hindurch als überflüssig und störend. Ja, er betrachtete ihn als Fehlkonstruktion, und für viele der ihm untergebenen Leiter blieb dieser Dienst ein Fremdkörper im Ministerium und suspekt. Die Aufklärung war unabhängig von der Staatssicherheit, der Abwehr, entstanden, und zwar unter Leitung von Anton Ackermann, damals Kandidat des Politbüros des Zentralkomitees, der in Hitler-Deutschland, Spanien und im sowjetischen Exil gegen den Faschismus gekämpft hatte. Ich stand anfangs in der Hierarchie dieses Dienstes gar nicht sehr weit oben. Zu meiner größten Überraschung eröffnete mir Walter Ulbricht im Dezember 1952, meine Einsetzung als Leiter der Aufklärung sei beschlossen, ich unterstünde ihm direkt. Einige Monate später teilte er mir mit, Wilhelm Zaisser sei für meine Anleitung verantwortlich. Zaisser war damals zwar Minister für Staatssicherheit, mein Apparat unterstand ihm aber in seiner Funktion als Mitglied des Politbüros. Unsere Zusammenarbeit dauerte nur wenige Monate. Zaisser wurde bekanntlich nach dem 17. Juni 1953 als Haupt der sogenannten Zaisser-Herrnstadt-Fraktion aller seiner Ämter enthoben.

Ich war damit dem Staatssekretär Mielke faktisch gleichgestellt, auch noch unter dem nachfolgenden Minister Ernst Wollweber. Als ich mich mit Mielke bekanntmachte, behandelte er mich grob abweisend. Das mit der Aufklärung sei noch gar nicht beschlossen, im übrigen gebe es derartige Linien schon in der Staatssicherheit. Obgleich sich gerade in der Abwehr Bürokratie und Berichtsunwesen später immer mehr auswuchsen, war seine Grundeinstellung, die Aufgabe seines Bereiches sei praktischer Natur, Spione mußten gefaßt werden. Die Aufklärung hingegen produziere nur Papier und beschaffe überflüssige Informationen.

Die Aufklärer entwickelten durch ihre spezifische Arbeit, ihre Kontakte und Verbindungen Denkweisen, die Mielke oft suspekt waren. Zudem war der Dienst, als Mielke dann Minister wurde, durch einen Chef repräsentiert, der in vielen Dingen nicht unbedingt der ergeben disziplinierte Unterstellte war. Es gelang Mielke nicht, die Aufklärung voll zu integrieren und ihr die relative Selbständigkeit zu nehmen. Andererseits war ich gezwungen, Kompromisse einzugehen. Sie betrafen allerdings die aus meiner damaligen Sicht mehr untergeordneten Bereiche der administrativen Sicherstellung, der Versorgung und der Nachrichtentechnik, an das »Eingemachte« ließ ich andere und auch die Zentralbereiche des Ministeriums nicht heran. Ich argumentierte stets, zumeist erfolgreich, mit der für unseren Bereich besonders wichtigen absoluten Geheimhaltung. Massive Anfeindungen gegen den von mir geleiteten Apparat stellten mich mehrfach vor die Frage des Rücktritts. Sie wurde zur Gewissensfrage. Eine solche Entscheidung hätte mit Sicherheit meine Einordnung in eine parteifeindliche Fraktion und die völlige Auslieferung der Aufklärung unter Mielkes Doktrin bedeutet. Es war kein Zufall gewesen, daß Mielkes Vorgänger im Amt, Willi Zaisser und Ernst Wollweber zu Fraktionsmachern abgestempelt worden waren.

In Sachen Wollweber konnte ich ziemlich genau verfolgen, wie Mielke intrigierte. Zur Fabrikation der Anschuldigung wurden Verbindungen zu Herbert Wehner benutzt. Wehner galt als Hauptakteur der »ideologischen Diversion« gegen unser Land und unsere Partei. Wir als Aufklärung hatten natürlich Kontakte zu dessen Umgebung – ein Kapitel, das einer späteren Betrachtung vorbehalten bleiben soll. Hier nur so viel, daß unsere Berichte Wehner in etwas anderem Licht erscheinen ließen, als Ulbricht es sah. Mielke konnte darauf bauen, daß der ständig mißtrauische Ulbricht Wehner für einen englischen Agenten hielt. Das stand für ihn unumstößlich fest, und er äußerte das auch mir gegenüber verschiedentlich. So spielten in der Auseinandersetzung mit Karl Schirdewan und Ernst Wollweber der Name Wehner und die Sozialdemokratie zwar nicht öffentlich, aber doch im Zentralkomitee eine entscheidende Rolle. Wollweber als gestandener Mann der deutschen Novemberrevolution sah in Walter Ulbricht gewiß nicht nur den Ersten Sekretär oder den Generalsekretär; und sicher wird er sich mit Schirdewan, seinem Nachbarn in der Siedlung Lehnitz, über Dinge unterhalten haben, die später zur Konstruktion einer Anklage genutzt wurden. Mielke spielte also die Schlüsselrolle bei der Erfindung der »parteifeindlichen Fraktion Wollweber – Schirdewan«, für mich eine bewußte Erfindung.

Mielkes Vorwürfe zielten auch gegen den von mir geleiteten Dienst. Unmittelbar vor der Ausschaltung Wollwebers richtete er auf einer Parteiaktivtagung der Aufklärung, die damals ihren zentralen Sitz in Johannisthal hatte, ungewöhnlich heftige Angriffe gegen meinen Dienst und mich persönlich. Ob der ebenfalls anwesende Minister Wollweber überhaupt das Wort ergriff, ist mir nicht erinnerlich. Indirekt liefen die Vorwürfe darauf hinaus, wir wären ideologische Diversanten und unterschätzten die Gefahren einer westlichen Unterwanderung. Er verwies als Beispiel auf die schon angedeuteten Kontakte zu Herbert Wehner. Das war eine gröbliche Verletzung der Konspiration, denn unsere mehrschichtigen Kontakte wurden durch seine Äußerungen ernsthaft gefährdet. Neben inoffiziellen Quellen gab es offenere Verbindungen vertraulicher Art. Über diese kam es in der Schweiz zu einem Gespräch zwischen Wehner und Professor Wilhelm Girnus am Rande der denkwürdigen Außenministerkonferenz der Siegermächte, an der erstmals die Außenminister der DDR und der Bundesrepublik Deutschland, Dr. Bolz und von Brentano, teilnahmen. Girnus arbeitete im Ausschuß für deutsche Einheit und war mit Schirdewan seit ihrer gemeinsamen Haftzeit in Sachsenhausen befreundet. Über alles, was mit Wehner zusammenhing, berichtete ich damals direkt Walter Ulbricht. Kurze Zeit nach der genannten Tagung in Johannisthal bestellte mich Mielke zu sich, fragte nach Wehner-Verbindungen und forderte Material über Girnus. Das gab ich ihm nicht, weil ich natürlich um die Brisanz derartiger politischer Verbindungen wußte und mir deshalb für sämtliche Vorschläge in Richtung Wehner Ulbrichts Signum hatte geben lassen. Von den abgezeichneten Vorschlägen ließ ich Abzüge fertigen und Mielke zukommen. Der berichtete vermutlich Ulbricht etwas, was der schon kannte. So blieb Girnus zumindest aus der »Fraktion« heraus, in die er sonst sicher geraten wäre. Später erst sollte ich erfahren, daß es wirklich hart auf hart gegangen war und Mielke mich hatte ablösen lassen und dabei auch die Aufklärung hatte erledigen wollen. Sowjetische Intervention und Ulbricht bewahrten mich davor. Ulbricht soll geäußert haben, ich sei noch jung und erziehbar.

Den Bestrebungen gegen den Nachrichtendienst setzte ich den Willen und das Wirken gleichgesinnter Menschen an meiner Seite und der eng mit uns arbeitenden sowjetischen Aufklärer entgegen. Die nicht zu leugnenden Erfolge unserer Arbeit verbesserten in den folgenden Jahrzehnten auch das Renommee Mielkes. Schließlich stellte sich Stolz bei ihm ein. Die Aufklärung sicherte nicht unbedeutend die Entspannungs- und Abrüstungspolitik der DDR und des Warschauer Vertrages. Sie errang durch ihre Ergebnisse auf militärischem, außen- und sicherheitspolitischem Gebiet, beim Aufspüren verdeckter Angriffe der anderen Seite die Achtung der Führung der Sowjetunion und der anderen sozialistischen Staaten. Die Bemühungen der DDR-Wirtschaft, die wissenschaftlich-technische Entwicklung zu meistern, erhielten durch unsere Tätigkeit kräftige Impulse. So wandelte sich auch Mielkes Verhältnis zu mir. Sicher schätzte er meine Fähigkeiten, er machte mich später oft zu seinem »Vorzeige-Intelligenzler«, in innerparteilichen Angelegenheiten aber, im Umgang mit der Macht hielt er mich für ungeeignet. Er sah in mir einen abstrakten Denker. Deshalb hielt er mich von allen anderen Bereichen des Ministeriums fern. Er selbst kannte den Partei- und den Staatsapparat bis in die feinsten Verästelungen, wußte um die Personen und ihre Beziehungen und bediente sich virtuos dieses Wissens. Genauso verbaute er mir stets alle Wege in das Zentralkomitee, sei es zu Wahlfunktionen oder für ständige Arbeitsverbindungen. Als diese Verbindungen sich später erforderlich machten, beauftragte er damit meine Stellvertreter. Hier trafen sich übrigens unsere Interessen, wenngleich aus völlig unterschiedlichen Grundhaltungen heraus. Als Mielke begriff, daß ich weder Ambitionen auf eine

Funktion in der Parteiführung noch auf seine Nachfolge hegte, verbesserten sich die Arbeitsbedingungen und das Gesamtklima für die Aufklärung.

In all den Jahren an der Spitze des Nachrichtendienstes immer wieder vor die Alternative gestellt, den Dienst mit allen Konsequenzen zu quittieren oder unter den gegebenen Umständen das Mögliche zu tun und den Apparat für erhoffte Veränderungen aufzusparen, entschied ich mich zum Bleiben. Wie die Herbstereignisse 1989 im Ministerium zeigen sollten, erwiesen sich die meisten Aufklärer als Parteigänger einer Perestroika in unserem Land.

Zu bleiben bedeutete aber immer wieder, Kompromisse einzugehen. Nach dem XX. Parteitag der KPdSU wurde die Rede Chruschtschows über die Verbrechen Stalins von den westlichen Medien im vollen Wortlaut veröffentlicht. In geschlossener Sitzung verlas auch Walter Ulbricht auf der Parteikonferenz Auszüge aus der Rede. Später wurden bestimmte Konsequenzen in einem Beschluß veröffentlicht; einiges ließ Erneuerungen erwarten. Unmittelbar auf die

Konferenz folgte eine Kollegiumssitzung des Ministeriums für Staatssicherheit. Nach der Auswertung erfragte Minister Wollweber Meinungen. Ich äußerte mich positiv, sprach von Erleichterung und Befreiung von einer Last. Für Mielke waren das Reizworte. Impulsiv und scharf sagte er, an mich gewandt, er habe keine Last empfunden. Die extremen Repressalien habe er nicht gekannt. Stalin habe den Sieg über den Faschismus herbeigeführt.

Später, in der Breshnew-Ära, als in der Sowjetunion bestimmte Seiten Stalins wieder gewürdigt wurden, fühlte er sich in seiner Meinung bestärkt, bekannte sich vor versammelter Mannschaft als Stalinist und forderte die Anwesenden auf, Stalin hochleben zu lassen, nicht selten ließ er auf den Genossen Stalin ein dreifaches militärisches Hurra ausbringen.

Solcher Enthusiasmus gegenüber Stalin war unserer Familie schon zu jener Zeit fremd, als seine Autorität noch über jeden Zweifel erhaben war. Da war schon die Achtung gegenüber dem führenden Mann des ersten sozialistischen Landes der Welt, der dieses Land im Kampf auf Leben und Tod gegen die Hitler-Herrschaft führte. Die Repressionen ahnten wir, vieles verdrängten wir und das Ausmaß der ungeheuerlichen Verbrechen konnten wir uns nicht vorstellen.

Mit den Enthüllungen auf dem XX. Parteitag war Stalin für mich als Person erledigt, das von ihm vertretene System würde uns allerdings noch lange beschäftigen, bis zur Erkenntnis, daß es die sozialistische Idee als Ganzes fast bis zur Unkenntlichkeit entstellt hat. Ein Hurra auf Stalin kam nie über meine Lippen, solchen Szenen wohnte ich mit versteinerter Miene bei. Konnte das als Protest empfunden werden? Reichte das? Hätte ich den Raum verlassen sollen? Hätte ich laut schreien sollen? Für einen solchen Protest hätte es viele gewichtige Gründe gegeben. Meine Gründe für das Bleiben an der Spitze des von mir geleiteten Dienstes überwogen.

Verstehen – von Gutheißen ist nicht die Rede – kann man das nur aus den damals bestehenden politischen Verhältnissen heraus und aus der komplizierten internationalen Lage. In einer solchen Lage das Feld zu räumen, glaubte ich nicht verantworten zu können.

Mit dem Beginn der politischen Veränderungen in der Sowjetunion sah ich mich immer stärker den Widersprüchen ausgesetzt, die nicht ohne Verlust persönlicher Integrität verdrängt werden konnten. Als mein schon länger angestrebter Abschied schließlich 1986 erfolgte und Mielke kurz vor seinem 80. Geburtstag glauben konnte, einen ständigen Widersacher endlich losgeworden und tatsächlicher Oberkommandierender auch der Aufklärung geworden zu sein, stellte sich mir die Frage unserer Beziehungen auf neue Art. Zum einen blieb ich als Geheimnisträger Nr. 1 an die formalen Regeln, das heißt die Disziplin dieses Ministeriums gebunden. Daran wurde ich in der Folgezeit mehrfach erinnert. Zum anderen war ich am weiteren Zugang zu den Archiven und an fortdauernden Kontakten zu den Mitarbeitern interessiert. So wurde bei strenger Abgrenzung in beiderseitigem Interesse eine Bindung aufrechterhalten, die für meine schriftstellerische Arbeit auch mit einigen »Privilegien« verbunden war.

Nur so ist zu erklären, weshalb ich nach meinem Ausscheiden bei meinem Kampf um Präsenz in der DDR auch um das Recht, mich in den Medien zu äußern, immer noch mit Mielke zu tun hatte. Das war für mich Mittel für den übergeordneten Zweck. Solange ich das Gefühl und die Hoffnung haben konnte, in diesem Land für die Wahrheit etwas bewirken und bewegen zu können, wollte ich mir diese Möglichkeit nicht durch Verstöße gegen formale Regeln nehmen lassen.

1. 5. 1989
Die Demonstration am 1. Mai auf der Karl-Marx-Allee findet diesmal ohne uns statt. Der Beifall für die Männer auf der Ehrentribüne, begleitet von den forschen Losungen aus den Lautsprechern, wäre nicht mehr zu ertragen gewesen.

Und doch schien dort alles wie in den vorangegangenen Jahren zu verlaufen: freundlich winkende Menschen, viele mit Kindern an der Hand oder auf dem Arm, kein martialischer Aufmarsch, von den Kampfgruppen am Schluß abgesehen. Eine friedliche Demonstration schien über viele Stunden hinweg die Einheit zwischen Volk und Führung zu manifestieren. Diesmal fehlten die Bilder der Führer. Man wußte das nicht genau zu deuten. Die einen glaubten an bessere Einsicht, andere meinten, die Organisatoren hätten so das Mitführen einer Uberzahl von Gorbatschow-Bildern verhindern wollen.

Als es diese Führung im Herbst schon nicht mehr gab und die Demonstranten auf den Straßen und Plätzen härteste Bestrafung für sie forderten, erinnerte sich ein ausländischer Freund an die Maidemonstration. Er habe in Kenntnis der zunehmenden Unzufriedenheit von der Tribüne herab die Demonstration genau beobachtet, in die Gesichter der vorbeiziehenden Menschen geschaut und nie vermutet, daß sich dieses Bild innerhalb eines halben Jahres in sein Gegenteil verkehren könne. Das hat sich der erste Mann in der Mitte der Tribüne sicher auch nicht vorstellen können. Er wähnte sich im Glauben, diesen Menschen Frieden und zunehmenden Wohlstand zu bringen, von der übergroßen Mehrheit geschätzt und geachtet zu werden. Alles andere wollte er nicht wissen, und so wurde er davon durch die Schmeichler, mit denen er sich umgeben hatte, und seinen willfährigen Apparat, der gut Regie führte und, wo nötig, auch mit kaum sichtbarer Gewalt arbeitete, ferngehalten. Solche Manifestationen brauchte dieser Mann, er hatte sie, noch an der Wiege dieser Republik, als Vorsitzender des

Jugendverbandes selbst organisiert, und er sah in ihnen tatsächlich eine Bestätigung seiner Politik. Gegenüber ausländischen Besuchern verwies er mit fast infantilem Stolz immer wieder darauf, so, wie er dies 1989 nach den Kommunalwahlen und dem Pfingsttreffen der FDJ auch tun würde. Das war kein Zynismus, nein, es war ein Wunschdenken, gestützt auf ein System, das vom Leben überholt werden würde. Es war überreif. Und doch gab es Zehntausende, die auf den Maifeiern 1989 ihre Verbundenheit mit ihrem sozialistischen Staat ausdrückten. Darunter sicher auch solche, die auf meinen Leserforen mit Kritik an den Zuständen im Land nicht sparten, sich über das Verbot des »Sputnik« empörten und die Verkrustungen des Systems als ihren Vorstellungen vom Sozialismus wesensfremd empfanden.

Die im Herbst als erste »Wir sind das Volk« rufen würden, waren nicht dabei. Aber die von den Maifeiern waren auch ein Teil des Volkes und in der übergroßen Mehrzahl kein schlechter. Es würde sich noch eine Kluft auftun, an der das Land schwer zu tragen haben würde. Noch war es nicht soweit. Wir nutzten das herrliche Wetter und radelten von unserm Dorf zum Nachbarort, um dort an der Maikundgebung teilzunehmen. Den 1. Mai ließen wir uns nicht nehmen.

2. 5. 1989
Zum wiederholten Male rief mich Mielke wegen einer Antwort an den USA-Botschafter an. Wozu ich das überhaupt wolle. Nach einem Hinweis auf gebotene Höflichkeit meinte er, dann müsse er dies mit Honecker besprechen. Ein Witz!

Am späten Nachmittag gab er schließlich seine Zustimmung zu dem vorgeschlagenen Text. Unwürdig und Zeichen kleinkarierten, provinziellen Denkens.

Mielke interessiert sich weiter für das Schicksal der nächsten Buchauflage, er habe neue positive Meinungen zu dem Buch gehört.

Im »Spiegel« erscheint »Troika« erstmalig auf der Bestsellerliste.

3. 5. 1989
Einblick in das engstirnige Denken der Funktionärsschicht, die seit Jahrzehnten die Partei beherrscht, gab ein Disput auf der Treppe des Regie-

rungskrankenhauses mit Gerhard H. vom Freundeskreis Honeckers aus der FDJ-Zeit. Er hatte auf der Ehrentribüne zum 1. Mai Gespräche über meine Haltung gehabt. Zu dem ARD-Interview meinte er, ich hätte mich mit meiner Antwort auf die Frage nach der geringen Wählerzahl für die DKP defätistisch in die Enge treiben lassen, anstatt offensiv mit Argumenten zu antworten, die jeder Kreisparteischüler kenne: Berufsverbote etc. pp. Der Achtklassenschüler Heinz Keßler habe dagegen bei seinem Auftreten als Verteidigungsminister im Westfernsehen gezeigt, wie man so etwas mache.

4. 5. 1989

Lesung im Künstlerklub »Die Möve« vor Kulturfunktionären. Atmosphäre und Fragen sind bei weitem nicht so anregend wie am gestrigen Abend im »Theater unterm Dach« mit den vielen jungen Leuten.

Als wir ziemlich erschöpft unsere Wohnung betreten, löst sich vom Fenster im Eßzimmer die Silhouette einer männlichen Gestalt. Es ist Heinrich Graf von Einsiedel, den unser Sohn eingelassen und beim Warten offensichtlich gut unterhalten hat.

Mit seiner schlanken Gestalt, den lebhaften Gebärden, der Beredsamkeit des Ausdrucks ähnelt er noch immer dem jungen blonden Fliegerleutnant, dem der Vater ein Foto von ihnen beiden – Vater in eigenwilliger Uniformierung mit Baskenmütze – »an Jung Falkenauge von Alt Adlerblick« im Oktober/November 1943 gewidmet hatte. Haio, wie wir ihn nannten, war als junger Flieger vor Stalingrad abgeschossen worden. Im Sommer 1943 hatte er sich für die Mitarbeit im Nationalkomitee Freies Deutschland entschieden. Gemeinsam mit meinem Vater sah er im Spätsommer jenes Jahres erschüttert am Dnepr-Bogen bei Melitopol die buchstäblich »verbrannte Erde«, die Hitlers Wehrmacht hinterließ. Dieses Erlebnis und seine Grundeinstellung als Deutscher, die er mit zahlreichen nationalgesinnten Offizieren teilte, bestimmten fortan und bis zum Kriegsende seinen Weg.

Er erlebte, was der deutsche Faschismus den sowjetischen Menschen an Leid zufügte, und er sah voraus, was der Krieg am Ende dem deutschen Volk bringen würde.

Andererseits war er aber auch Zeuge von Übergriffen sowjetischer Soldaten beim Einmarsch in Ostpreußen. Mit anderen Offizieren und Generalen des Nationalkomitees war er Kriegsgefangener und verspürte die stalinsche Willkür.

Ehe Haio in den Westen übersiedelte, begegneten wir einander in Berlin, als der kalte Krieg seinem Höhepunkt zusteuerte: Er arbeitete bei der Zeitung der sowjetischen Militäradministration, ich beim Rundfunk. Dann verloren wir uns aus den Augen. Nur fragmentarisch erreichten mich später Lebenszeichen und Informationen darüber, wie er, wegen seiner Haltung im Krieg, Angriffen aus nationalistischen Kreisen ausgesetzt war. Der Titel des Films, der uns wieder zusammenführte, zeugt davon: »Man nannte sie Verräter.«

Haio stand für seine Vergangenheit ein, er verteidigte stets seine Tat, den an die Person Hitlers gebundenen landesverräterischen Eid gebrochen zu haben, distanzierte sich aber mit Konsequenz vom System des Stalinismus. Davon war auch unser Gespräch an diesem Abend geprägt.

Obgleich Jahrzehnte seit unserem letzten Zusammensein vergangen waren, sprachen wir mit der Vertrautheit alter Bekannter. Jeder hatte inzwischen in einer anderen Welt gelebt, eine veränderte Sicht auf die Vergangenheit gewonnen, war immer noch dabei, sie zu bewältigen. Einsiedel lehnte unsere Verhältnisse als unfrei ab. Er konnte mir in die Widersprüchlichkeit meiner Situation nicht folgen. Die Zeit war zu knapp bemessen, wieder blieb ein Vielleicht, ein: Wenn wir beim nächsten Mal... Der feste Vorsatz war da.

Haio steht vor mir als einer der vielen Bekannten eines nun schon langen Lebensweges, mit dem man sich immer wieder treffen und lange unterhalten möchte, um aus den unterschiedlichen Erfahrungen und Sichten auf unsere Geschichte, über die wir alle jetzt so intensiv nachdenken und uns befragen, neue bessere, womöglich geschlossenere Einsichten zu formen.

Anfang 1990, ich war schon in Moskau, erreichte mich ein Brief Einsiedels, wohl nach einer Begegnung mit dem ersten Präsidenten des Bundesamtes für Verfassungsschutz, Otto John. John, zum Kreis der Verschwörer des 20. Juli 1944 gehörend, war 1954 aus Protest gegen die damalige Wiederaufrüstungspolitik Adenauers überraschend in die

DDR übergetreten und hatte auf einer Pressekonferenz gesprochen. Professor Wilhelm Girnus und der damalige Berliner Chefarchitekt, Professor Hermann Henselmann, hielten Kontakt zu ihm, auch einige andere, von denen ich einiges über die psychologische Befindlichkeit Johns erfuhr. Mit Hilfe des dänischen Journalisten Bonde-Hendriksen, dem man wie John Verbindungen zum britischen Secret Service aus der Kriegszeit nachsagte, gelangte John unter den so mysteriösen Umständen wie er gekommen war in den Westen zurück. Es folgte ein langes Nachspiel vor bundesdeutschen Gerichten.

Wie der Brief Einsiedels zeigte, hält John unverändert an seiner Version fest, er habe die Grenze nicht freiwillig überschritten. Dazu wurde ich um Beistand gebeten.

Otto Johns Geschichte ist mir aus der Darstellung sowjetischer Kollegen bekannt. Sie unterscheidet sich allerdings von den bisher publizierten Versionen. So konnte ich auf den Brief nicht wunschgemäß reagieren. Mein Wissen werde ich vielleicht in einer späteren ausführlichen Darstellung mitteilen, allerdings mit diesem Vorbehalt.

5. 5. 1989

Brief Fritz Cremers erhalten.

Nach Konis Tod hatte ich mehrere Begegnungen mit dem Bildhauer, der sein Werk dem antifaschistischen Kampf gewidmet hat.

Erst dabei wurde mir bewußt, daß er in engerer Beziehung zu meinen Plänen einer Aufarbeitung der Geschichte der »Roten Kapelle« stand. Er arbeitete gerade an seinem Zyklus für Mutter Coppi und all die anderen. Ein besonders aufwühlendes Blatt ist Oda Schottmüller gewidmet, der vom Volksgerichtshof zum Tode verurteilten Künstlerin und Tänzerin. Ihr stand Fritz persönlich sehr nahe. Bei einem unserer Treffen schenkte er mir eine Variante seines Koni gewidmeten »Prometheus« mit einer Zueignung. Hier sein Brief vom 4. 5. 1989.

Lieber Markus Wolf!
Ich habe Dein Buch »Die Troika« im Krankenhaus fast atemlos gelesen. Es ist für mich, wenn auch im 82. Lebensjahr (vielleicht auch nur deswegen) eines der wichtigsten notwendigsten Bücher in unserem so wild

geplagten Weltgeschehen. Fast kein Problem scheint mir seit dem »Großen Oktober« ausgelassen. Wenn auch nur ungedacht, zwischen den Zeilen, ist es richtungweisend, aufrüttelnd und beispielhaft. Dein Buch wirkt auf mich wie ein Aufschrei, von dem ich mir wünsche, daß andere, auch tiefer und verantwortungsvoller Empfindende ihn, den Schrei zur Wahrhaftigkeit, hören.

Ich denke bei Deinen aufgeschriebenen und gedruckten Gedanken auch unter vielem anderen an Konis Wort, welches er in der Akademie der Künste immer wieder aussprach: »Sag Dein Wort.« Du, lieber Mischa Wolf, hast mit Deinem Buch ein neues breites Tor der Hoffnung aufgestoßen. Dankbar dafür und notwendige Kraft wünscht Dir Fritz Cremer.

6. 5. 1989

Schlimmer Artikel »Zur Geschichte der Komintern« im »Neuen Deutschland« von Hanna Wolf und Professor Wolfgang Schneider, eine scharfe Polemik gegen die »Prawda«Veröffentlichung »Komintern – Zeit der Prüfungen« vom 7. 4. 1989. Nina Andrejewa läßt grüßen!

Mit faktischem Material über den antifaschistischen Kampf der Kommunisten wird dieser Beitrag aufgeblasen, der im besten Fall eine Halbwahrheit durch eine andere zu ersetzen versucht. Zu Stalins verhängnisvollem Einfluß auf politische Entscheidungen und die Vernichtung von Komintern-Kadern, dem Gegenstand des »Prawda«-Beitrages, wenige beiläufige Halbsätze. »Wer kämpft für das Recht, hat immer Recht« – diese Zeile aus dem vielgesungenen Lied, gegen das sich mein Innerstes immer sträubte, wird wörtlich zitiert! Also auch Stalin hatte immer recht! Wie zum Hohn wird nach allen apodiktischen Behauptungen und der Zerstörung selbstaufgebauter Pappkameraden geschrieben: »Ja, wir müssen diskutieren, parteilich und kommunistisch, einen freundschaftlichen Dialog bei der Suche nach der historischen Wahrheit führen (sonst wäre es ja ein Monolog).«

Da den Lesern des »Neuen Deutschland« der »Prawda«Beitrag verborgen bleibt, ist es natürlich ein Monolog, der Andersdenkende nicht gerade zum Dialog einlädt. Im Gegenteil: Wehe denen!

8. 5. 1989
Besuch von Margot und Kurt Goldstein, die sich mit der »Troika« als darin vorkommende Personen besonders gründlich beschäftigt haben und hinter der Aussage des Buches stehen. Zornig äußert sich Kurt über den Artikel im »Neuen Deutschland« und seinen Autor Harald Wessel.

Vor dieser Begegnung hatte ich in der anschwellenden Postmappe geblättert. Leider komme ich nicht dazu, die vielen Briefe vor allem junger Menschen zu beantworten. Auf dem Schreibtisch liegt immer noch der Artikel Hanna Wolfs zur Geschichte der Komintern mit denselben massiven Drohgebärden, mit denen seit Jahren das selbständige Denken in der Partei unterbunden und die Mitglieder mit der Warnung eingeschüchtert werden sollen, abweichende Meinungen lieferten dem Gegner Munition für seine Angriffe. Gerade weil der Artikel von Hanna Wolf stammt, die während des Krieges mit dem Vater auf der Antifa-Schule war, die sich mit Konis Gefühlswelt eins glaubte und die sich auch positiv zu meinem Buch geäußert hat, beschäftigen mich die Gespräche mit den Genossen ihrer und meiner Generation und deren Briefe besonders. Anruf von Lene Berg, die wie Hanna Wolf die Lenin-Schule in Moskau besucht hatte und die während des Krieges eine unserer Lehrerinnen an der Komintern-Schule gewesen war: Das Buch käme noch zur rechten Zeit.

Moritz Mebel rief an, der seine Gedanken im Buch wiederfand. Ein berührender Brief von Renate Leuschner traf ein, die mein Jahrgang sein müßte und gleich uns in der Sowjetunion, im internationalen Kinderheim von Iwanowo, gelebt hatte. Sie kämpfte wie Koni an der Front.

Die Briefe und Gespräche drücken aus, was mich beim Schreiben bewegte. Welch ein Gegensatz zu Hanna Wolfs Artikel. Unwillkürlich fragte man sich, wieso Menschen mit ähnlicher Lebensgeschichte, ähnlichen Erfahrungen, gleicher Schulbildung bei denselben Lehrern, derselben Lektüre, aus denen sich ihre weltanschaulichen Haltungen formten, so grundverschieden über die Probleme unserer Zeit denken können und zu so gegenteiligen Schlüssen kommen.

Die einen beharren in dogmatischen Vorstellungen und verstehen die innerparteiliche Demokratie nur als bedingungslosen Gehorsam gegenüber den Ratschlüssen oder Weisungen der übergeordneten Leitungen. Die anderen erkennen den von Gorbatschow eingeschlagenen Weg, die Notwendigkeit von Veränderungen auch bei uns, als richtig an. Immer wenn ich Hanna Wolf traf, war für mich der Unterschied zwischen privater Begegnung im Freundeskreis und offiziellem Auftritt frappierend. Hier ein lockeres Mundwerk, mit dem sie manches übertraf, was man von »Querdenkern« gewohnt war, dort, hinter ihrem Schreibtisch als Direktorin der Parteihochschule, ganz die Gestrenge, die jede Verzerrung der Linie konsequent ahndete. Es fällt schwer, über einen Menschen wie sie gerecht zu urteilen. In vielen Briefen an die Familie, an mich schwärmt sie von den Begegnungen mit dem Vater an der Antifa-Schule in Krasnogorsk. Sie schrieb mir schlichte Zeilen tiefen Gefühls zum Tode Konis, sie bekundete auch später ihr enges Verhältnis zu ihm. Sie gibt mir sogar gewisses Zeugnis über Konis Absicht, einen Rosa-Luxemburg-Film zu machen, bei der er offensichtlich auf ihr Wissen über die Geschichte der Partei und die Person Luxemburgs hoffte. Ein Mensch voller Widersprüche: witzig, geistreich, lebendig im persönlichen Umgang, beinahe fanatisch ihre Reden auf den verschiedensten Plenartagungen des Zentralkomitees. Ihre Dispute mit Andersdenkenden zeugen von demselben Geist, von dem der Artikel jener Nina Andrejewa in »Sowjetskaja Rossia« war: unduldsam, streng gegenüber Andersdenkenden. Kein Wunder, daß dieser Artikel von unserer Führung schnell nachgedruckt, die Antwort der »Prawda« dagegen nur widerwillig freigegeben wurde.

Lene Berg war all die Jahre ebenfalls Mitglied des Zentralkomitees gewesen, sie vertrat die SED in Prag in der Redaktion der Zeitung »Probleme des Friedens und des Sozialismus«. Sie gehörte aber noch vor dem 7. Oktober 1989 zu denen, die dringend Veränderungen forderten. Hanna Wolf, die, seit sie aus dem Amt geschieden war, in einem Zimmer in unmittelbarer Nähe Honeckers als eine seiner engsten Beraterinnen saß, hatte fraglos eine feste ideologische Sicht: Man darf mit der Macht nicht spielen, man darf dem »Feind« keine Position einräumen. Auf keinen Fall in der Ideologie; ideologische Fragen sind für sie auch Machtfragen. Ihr fehlte jede Einsicht, daß mit der Entfernung vom Volk und auch von großen Teilen der Mitgliedschaft in der eigenen Partei den Widersachern auf der anderen Seite der Barrikade genau das geliefert wird, was man verhindern möchte. Aus heutiger Sicht, da diese Zeilen entstehen, scheint es klar, daß das Festhalten an diesen Positionen eine, wenn nicht überhaupt die entscheidende Ursache für die Krise war. Darüber hat die Geschichte ihr Urteil gefällt. Als der Komintern-Artikel erschien, war dies für viele nicht so klar. Der Meinungsstreit mit Andersdenkenden erfolgte unter Verwendung ungleicher Mittel.

Im Gespräch mit Kurt Goldstein erinnern wir uns nach solchen Gedanken an die in der »Troika« geschilderten Erlebnisse der Solidarität in unserer Jugend. Kurt, der als junger Mensch am spanischen Bürgerkrieg teilgenommen hatte, erzählt von Begebenheiten mit dem Vater im französischen Internierungslager Le Vernet, in dem sie nach Kriegsbeginn zusammengetroffen waren. Kurt vertritt das Komitee der Antifaschistischen Widerstandskämpfer in der internationalen Organisation der FIR, und er ist besorgt um den Bestand des Internationalismus in diesen Tagen. Vieles ist neu zu bewerten, aber die kommunistische und internationale Arbeiterbewegung ist in wichtigen Fragen immer mehr zersplittert.

9. 5. 1989
Lesung im Festsaal des Alten Stadthauses von Halle mit mehr als 300 Anwesenden, darunter auch dem Sekretär für ideologische Fragen der Bezirksleitung und andere Honoratioren der Stadt. Während der Lesung konnte man eine Stecknadel fallen hören, danach viele interessante Fragen, am Schluß ein Beifall, der betroffen und verlegen macht. So einfach könnte man überall mit den Menschen die Antwort suchen, ins Gespräch kommen. Man braucht nur aufrichtig zu sein, offen und ehrlich seine Meinung zu sagen. Aber wie treten bei ähnlichen Gelegenheiten die Funktionäre auf! Heute sagen sie mir im Anschluß an die Lesung und die Diskussion Komplimente und sie versuchen, mich für andere Veranstaltungen im Bezirk zu verpflichten.

10. 5. 1989
Der ARD-Korrespondent Dr. Richter rief an, um uns zu einem privaten Essen im Juni einzuladen. Weitere Teilnehmer sollen sein: der Regierende Bürgermeister von Westberlin, Walter Momper, Bischof Forck und Stefan Heym. Ich schicke Mielke eine Notiz ohne jeden Kommentar.

12. 5. 1989
Gespräche bei Mielke. Ich beschwere mich wegen der Vorgänge in der Politischen Hauptverwaltung der Armee und der dort gefallenen Äußerung: »Der Wolf hat in der Armee nichts zu suchen.« Dieser Spruch war die Antwort auf die Absicht der Redaktion der Zeitung »Volksarmee« gewesen, ein Interview mit mir zu veröffentlichen. Seit Wochen lag der Beitrag in der Schublade des Redakteurs. Der Vorgang war ein offener Affront gegenüber einem Generalobersten gewesen, der in den Truppenteilen der Nationalen Volksarmee, von denen zwei die Namen des Vaters und des Bruders trugen, bisher immer ein gern gesehener Gast gewesen war.

Das brachte ich bei Mielke ebenso zur Sprache wie die Einladung zu Lesungen in Strausberg, dem Sitz des Ministeriums für Nationale Verteidigung. Mielke wußte darauf zu antworten, Armeegeneral Kessler habe wegen meiner beabsichtigten Lesung in Strausberg extra bei Honecker nachgefragt und allerdings die Zustimmung mit der Bemerkung erhalten, es sei doch ein »gutes Buch«!? So weit muß es kommen! Ausgerechnet Kessler, der im Mai 1945 in derselben sowjetischen Militärmaschine mit mir in Tempelhof gelandet und mir bei späteren Zusammentreffen stets freundschaftlich begegnet war, glaubt sich meinetwegen rückversichern zu müssen!

Wegen des Interviews rief Mielke bei Keßler an. Es sei ein Mißverständnis. Er wolle sich das Interview kommen lassen. Wegen der ARD-Einladung kommt es zu einem Disput. Die Mitarbeiter des Ministeriums würden so etwas nicht verstehen, meint Mielke. Er wolle aber noch einmal beim Generalsekretär nachfragen!

13. 5. 1989
Bei unserer Pfingstfahrt nach Warnemünde erlebe ich ausgerechnet bei dem älteren Verwalter des Gästehauses des Ministeriums für Staatssicherheit, in dem wir übernachten, einen überraschenden Kontrast zum Gespräch mit dem Minister. Bemerkenswert, mit welchem Interesse und Verständnis ein solcher ebenso bei der Staatssicherheit dienender Mann die Veröffentlichungen der »Troika« in der »Wochenpost« verfolgt und über viele der mit den über Jahren verbundenen Probleme gut Bescheid weiß. Ganz entschieden lehnt er den Komintern-Artikel von Hanna Wolf ab und begründet dies ausführlich. Für einen Genossen mit der im Ministerium üblichen Biographie finde ich das beachtlich, es gibt also neben solchen, die durch blinden Gehorsam charakterisiert sind, durchaus auch solche, die das Denken nicht verlernt haben.

16. 5. 1989
Lesung vor den Berliner Schriftstellern im Grotewohl-Haus in Pankow. Es ging sehr ungezwungen zu: Die meisten Fragen waren gar keine, sondern Anklagen gegen die Kultur-und Medienpolitik der Führung. Die Teilnehmer nahmen kein Blatt vor den Mund. Der Abend lieferte wieder ein Beispiel für die zwei Realitäten, die zwei Denkweisen in unserem Land.

21. 5. 1989
Ruth Werner zu Besuch bei uns. Sie war auch zur Lesung im Grotewohl-Haus gewesen. Seit »Sonjas Rapport« hat sich zwischen uns ein enges Vertrauensverhältnis gebildet. Ihre offene Art liegt mir. Sie sieht die Probleme bei uns genauso kritisch, spricht sie öffentlich aus und gerät, wie ihr Bruder Jürgen Kuczynski und andere Gleichgesinnte in die widersprüchliche Situation, von der Führung als eine Art Feigenblatt benutzt und zugleich mißtrauisch beobachtet zu werden.

22. 5. 1989
Gorbatschow reist nach China.

Deng Xiaoping und er verkünden die Normalisierung der Beziehungen zwischen beiden Ländern genau zu dem Zeitpunkt, da Zehntausende auf dem Platz des Himmlischen Friedens gegen Deng und die Regierung demonstrieren. Gorbatschow kann einige Stationen seines Programms nicht besuchen. Wie eng ist unsere Welt mit ihren Problemen geworden!

23. 5. 1989
Fahrt mit Elmar Faber nach Thüringen. Es wird wohl doch zu einer Nachauflage der »Troika« in diesem Jahr kommen. Angeregtes Gespräch über die verschiedenen Reaktionen, die ich mit einigen der besonders interessanten Briefe illustriere. Dabei entsteht die Idee, eine Sammlung solcher Briefe zu veröffentlichen, zu der Elmar einen Essay schreiben will. Ähnliches plant der Aufbau-Verlag mit Äußerungen zu Jürgen Kuczynskis »Dialog mit meinem Urenkel«.

Der Andrang zur Lesung ist groß. Die Buchhändler in Suhl hatten alles sehr gut vorbereitet. Allerdings seufzte man in der Bezirksleitung der SED vorwurfsvoll: »Müßt ihr gerade den holen?« Fragen mit aktuellem Bezug sind hier gemäßigter als gewohnt. Die Diskussion wird im kleineren Kreis lebendig, als sich die Mitarbeiter des Buchhandels und Landolf Scherzer, der Suhler Bezirksvorsitzende des Schriftstellerverbandes, anschließend mit uns zusammensetzen. Offene Worte fallen. Hier in Thüringen spricht man von den ersten Bezirkssekretären immer nur als den »Fürsten«. Das erscheint mir wie die Fortsetzung ehemaliger hiesiger Kleinstaaterei-Gewohnheiten: eng denkend, eitel sich spreizend, selbstherrlich regierend. Gerade Anfang des Jahres 1989 hatte es in Suhl wegen tatsächlicher oder erfundener Korruptionsgeschichten um den hiesigen Ersten Sekretär Albrecht rumort. Das Resümee der Aussprache: Die alten Männer müssen weg. Landolf Scherzer kritisiert das Versagen der politischen Führung an der Basis.

Landolf, den ich hier zum erstenmal treffe, war mit seinem Buch »Der Erste« republikweit bekanntgeworden. Seine Reportage hatte ich zu jenem Zeitpunkt gerade erst gelesen. Der zurückhaltende Sarkasmus über den absolutistischen Führungsstil des Mannes an der Bezirksspitze war deutlich genug und stand ganz im Gegensatz zu seinem »Ersten«, dem Kreissekretär, der die Sorgen und Nöte der Menschen kennt, couragiert Abhilfe schaffen will, immer wieder gegen machtpolitische Ignoranz, verordnete Retusche und Schönfärberei von oben, Mißtrauen von unten anrennt und so seine Lebenskraft für den von ihm erstrebten Sozialismus aufbraucht.

Landolf schreibt unprätentiös, mit journalistischer Akribie. In den Alltäglichkeiten erkennen sich die Menschen wieder. Die Wirkung des Buches erklärte sich aus dem Versagen der Medien unseres Landes, in denen Glasnost nicht zu finden ist. Auch mir eröffnet es Seiten unserer Wirklichkeit, wie ich sie so nicht kannte. Warum wagen Menschen auf höherer Ebene mit mehr Durchsetzungsmöglichkeiten oft weniger, um das Leben zu erleichtern, als solche viel weiter »unten«?

Ich notiere nach dem Lesen: »Wenn doch die Journalisten in unserem Land so schreiben dürften!«

Die besondere Aufmerksamkeit für Gegenwartsliteratur in unserer Republik erklärt, weshalb die Schriftsteller wie auch in ähnlicher Weise andere Künstler als Mittler angenommen wurden und in der ersten Reihe der »Novemberrevolutionäre« standen. Später traf ich Landolf Scherzer zu den Literaturtagen der Jugend und während unserer gemeinsamen Arbeit auf dem Außerordentlichen Parteitag und im Parteivorstand immer wieder. Landolf ist von dem Schlag Menschen, die mir sofort nahe sind. Seine Direktheit nimmt sicher nicht nur mich für ihn ein. Man merkt, daß er das Herz auf der Zunge trägt. Vielleicht macht ihn mir auch seine bodenständige Art, mit der er Geschichte erzählt, sympathisch. Ihm haftet etwas von der russischen Seele an. Sollte ich ihn charakterisieren, so fällt mir zuerst sein unkonventionelles Herangehen an die Dinge auf, immer etwas querkommend, Reaktionen provozierend.

Stets trägt er einander ähnelnde Pullover, ein beinahe politisches Bekenntnis. Er ist ein typischer Vertreter jener neuen politischen Haltung, die man als basisdemokratisch zu bezeichnen lernt. So trat er auch auf dem Außerordentlichen Parteitag Ende des Jahres auf. Im Präsidium sitzend sah ich, wie er sich an einem der Mikrofone im Saal anstellte, um von dort aus gegen die beabsichtigte Regie für den Parteitag zu argumentieren. Ich glaube, daß unsere Ansichten bei der gemeinsamen Arbeit in der Redaktionskommission nicht voll übereinstimmten: Ich hatte doch in manchem noch mit dem über die Jahre entstandenen Funktionärsdenken zu kämpfen, er plädierte generell für die Abschaffung aller alten Strukturen. Die »friedliche Revolution« erlebte er aus der Ferne. Er war in die Sowjetunion gefahren, um der erhofften Perestroika nachzuspüren und den deutschen Leser für Veränderungen bei uns zu aktivieren.

24. 5. 1989

Zeitig brechen wir nach Weimar auf. Eine Fahrt durch die Thüringer Landschaft hinterläßt zu jeder Jahreszeit schöne und freundliche Erinnerungen. Selten war früher Gelegenheit zu ruhiger, beschaulicher Reise, diesmal nehmen wir uns Zeit. Von Suhl geht es hinauf nach Oberhof, dann ein Stück auf der Höhe den Rennsteig entlang, vorbei an der Schmücke, einem Orientierungspunkt, der mir von früheren Skiwanderungen her bekannt ist. Dann rollen wir, schon auf den Spuren Goethes, am Kickelhahn vorbei in Richtung Ilmenau. Ich hänge in meinen Gedanken noch dem Gespräch vom Vorabend nach, lasse mich dann aber von der Gegend gefangennehmen. Anders als im Erzgebirge sind hier die Umweltschäden, das Baumsterben noch nicht direkt wahrnehmbar: Die Natur wirkt noch intakt. Die Welt scheint hier in Ordnung zu sein, auch in dem kleinen Dorf, wo wir zu Mittag essen und über die großen Portionen staunen, oder in dem reizenden Städtchen Schwarzburg, in das wir uns auf der Suche nach dem Weg nach Rudolstadt verirren und das wir uns für einen nochmaligen Besuch vormerken. Schließlich wird die richtige Straße gefunden, und wir tauchen in die kühle, idyllische Schlucht der das Tal hinabschießenden Schwarza. Hinter Rudolstadt finden wir den Abzweig nach Groß-Kochberg, zur Wasserburg derer von Stein. Wie oft hatte ich mir beim Besuch der Goethestätten in Weimar diesen Besuch vorgenommen, manches über den Ort gelesen und gehört. Endlich war es soweit.

Hierher eilte Goethe in Abwesenheit des Herrn Josias zu Pferde oder gar zu Fuß – in nur vier Stunden für die 30 Kilometer von Weimar – zu seiner geliebten Lotte. Noch heute umgibt der Wassergraben das zweiflüglige Renaissancegebäude mit dem trutzig aufragenden Mittelteil. Der bröckelnde Putz und die Risse im Mauerwerk, die Goethe auf seiner Zeichnung festhielt, sind nach der jüngsten Restaurierung verschwunden. Auch der von Lottes Sohn Karl entworfene Theaterpavillon mag angesichts der ständigen Geldsorgen der Steinschen Söhne nicht immer so schmuck ausgesehen haben. Der Park, in dem Lotte und Wolfgang wandelten, ehe er der Liebe und der Pflicht nach Italien entfloh, ist noch immer die verträumte Wildnis, wie sie der Naturschilderung in den »Wahlverwandtschaften« Pate gestanden haben soll.

Bei Inge von Wangenheim, einer langjährigen und guten Bekannten unserer Familie, mit der mich während des Krieges die gemeinsame Arbeit in der Redaktion und im Sprecherstudio des »Deutschen Volkssenders« in Moskau zusammengeführt hatte, sie lebte jetzt in dieser Gegend und ist Goethe sicher nicht nur deshalb so nah, lassen sich an das Heute anklingende Gedanken finden. Auf Groß-Kochberg bezogen läßt sie Goethe zu der bitteren Einsicht kommen, daß er »durch Unterdrückung seiner natürlichen Neigungen zu Gunsten des Staatsamtes im Öffentlichen wie im Persönlichen gescheitert« sei. Von Goethe stammt die Äußerung:

»Wer sich mit der Administration abgibt, ohne regierender Herr zu sein, der muß entweder ein Philister oder ein Schelm oder ein Narr sein!« – Das Problem der Verdrängung begleitet die Menschen offensichtlich stets und ständig in ihrer Geschichte.

Zum Zeitpunkt unseres Besuchs wurde das Schloß Schriftstellern als zeitweiliges Domizil zum Schreiben angeboten. Wird das eine zukünftige Förderung von Kunst und Kultur noch erlauben?

Am Abend ist die Lesung in Weimar, am Zweitsitz des Aufbau-Verlages. Die Weimarhalle bevölkert ein bissigeres, diskussionsfreudigeres Publikum als in Suhl. Hier ist der Verkauf des Buchs durch den Verlag organisiert; dreihundert Autogramme mußte ich anschließend geben.

Wenn ich heute an die Fahrt über die Höhen Thüringens zurückdenke, vermischen sich die Eindrücke von diesem Landstrich, von Begegnungen mit einem freundlichen, bodenständigen Menschenschlag mit den Bildern nach dem Jahreswechsel, als aus dem Ruf »Wir sind das Volk«

die Losung »Wir sind ein Volk« wurde. Während der Kollektivierung der Landwirtschaft in den 60er Jahren war ich in der schon fränkisch geprägten Rhön. Kaum jemand von den Bauern verließ die auch dort durch eine unnatürliche Grenze geteilte Heimat, seinen Boden, wie das anderenorts vielfach der Fall war. Damals war es für mich überraschend, zu hören, daß sich in Thüringen gegen Ende der Weimarer Republik als erstem deutschen Land eine Nazi-Regierung etablieren konnte.

Die Ergebnisse der Wahlen im Frühjahr 1990 waren auch für mich überraschend. Sie kontrastierten mit meinen persönlichen Erinnerungen und Erwartungen. Mehr noch schockierten mich allerdings Berichte über den mannigfach hervorbrechenden Haß gegenüber politisch Andersdenkenden, machten mich die von überallher berichteten Versuche von Einschüchterung und Androhung von Gewalt betroffen. Auch Landolf Scherzer, einer der Vordenker des November, bleibt nicht verschont. Er gerät wegen seines Bekenntnisses für eine sich erneuernde Partei des demokratischen Sozialismus, für seine Arbeit im Vorstand dieser Partei unter Druck. Von Sympathisanten der im benachbarten Bayern regierenden Partei wird er ohne jede rechtliche Grundlage aus seiner Stadtwohnung vertrieben. Er ist genötigt, mit seiner Frau und seinen Kindern in die kleine Hütte über dem Dorf zu ziehen, die er sich als Refugium zum Schreiben mit eigenen Händen errichtet hat. So wird verständlich, wenn mich ein Jahr nach der Lesung in Suhl – wiederum im Mai – folgender Brief von dort erreicht: »Sehr geehrte Frau, sehr geehrter Herr Wolf! Als wir gemeinsam mit Landolf Scherzer im Oktober 1989 zu einem Buchbasar und Gesprächen in das Forsthaus Kissel am 30.6. 1990 einluden, war die Entwicklung im Jahr 1990 noch nicht abzusehen. Wir und auch unsere Partner sehen uns gegenwärtig außerstande, ein derartiges Treffen zu organisieren. Wir möchten uns nochmals für die Zusage bedanken und bitten um Verständnis, daß wir diese Veranstaltung absagen müssen. «

25. 5. 1989
Nach der Rückfahrt von Weimar sofort Weiterfahrt nach Strausberg. Der Armeeminister hat meinem Auftritt dort anscheinend doch noch zugestimmt. Um 13.00 Uhr vor Schuldirektoren des Kreises, um 15.00

Uhr vor etwa zweihundertfünfzig Armeeveteranen und ihren Frauen. Hier nun zum erstenmal ein echter Opponent, ein ehemaliger Offizier der Armeeabwehr mit eindeutig stalinistischen Einwänden. Die Rolle Stalins bei der Niederschlagung des Faschismus betonend, versuchte er, gleich Harald Wessel, den Bruder auf den Denkmalssockel eines Kämpfers für eine sozialistische DDR zu heben, der in den Klassenauseinandersetzungen stets eine klare Position bezogen habe. Die Dokumentierung von Repressalien und anderer, bei uns bisher nicht so beurteilter Vorgänge in der Geschichte, wie in der »Troika« geschehen, könne in dieser schwierigen Situation nur dem Gegner nützen. Dieser Beitrag kam mir wie gerufen, er gab die Möglichkeit zu eindeutigen Aussagen. Der Abschlußbeifall zeigte, wo die Sympathien des Publikums lagen; am Abend, vor etwa fünfhundert jüngeren Offizieren mit ihren Frauen, waren sie noch deutlicher zu erkennen – ein gutes Auditorium, für mich neu und wichtig, handelt es sich doch immerhin um Soldaten, um zum überwiegenden Teil recht hochrangige Offiziere.

26. 5. 1989
Spekulationen über meine Nähe zu Gorbatschow im »Deutschen Allgemeinen Sonntagsblatt«. Solche Spekulationen werden möglicherweise durch einen von mir für die »Prawda« verfaßten Artikel genährt. Angesichts meiner zur Zeit einseitigen Publizität im Westen ist das Erscheinen in der Sowjetpresse ein Politikum.

Ein Wochenende wie im Hochsommer geht zu Ende und damit auch die Hitze im Mai. Vieles paßt zur Lektüre des »Sommerstücks« von Christa Wolf: das Gewölbe des unendlich blauen Himmels, unser etwas verwildertes Grundstück im Wald, wo man sich über jedes Pflänzchen, jede Blüte freut, in denen eigene Mühe steckt. Immer wieder gibt es etwas zu tun: Das Gras braucht bei dieser extremen Trockenheit Wasser, das Unkraut nimmt überhand, wenn nicht bei jedem Gang durch den Garten etwas weggenommen wird.
    Es waren zwei ruhige Tage nach einer von Hektik angefüllten Woche – fünf Lesungen, am Freitag noch ein größeres Interview. Ich war mit meinem Sohn allein, Andrea und ihre Tochter Claudia sind ins Erzge-

birge gefahren. Wir beide kamen miteinander, mit den drei Katzen und den drei Vögeln gut aus, fuhren zum Kiessee oder badeten in »unserem« verkrauteten See. Man konnte sich im Wasser auf den Rücken legen und die Beschaulichkeit nachempfinden, mit der Christa Wolf einen solchen Sommer, den Versuch einer Lösung von der Hektik der Stadt und der ganzen Welt beschreibt. Allerdings gelingt mir ein solches Lösen nicht, nicht an einem einzigen geruhsamen Wochenende, nicht in dieser Zeit.

In Moskau setzt der Beginn der Tagungen des Kongresses der Volksdeputierten die Welt in Erstaunen und viele in Aufregung. Es sind Demokratie und Glasnost in Aktion – so etwas hat es dort noch nie gegeben. In den Beratungen brechen nie gekannte Widersprüche auf, Gorbatschow meisterte sie – noch ... Dazu die Probleme in China, Ungarn, Polen ... Am 25. Mai hatte die »Prawda« Thesen einer gemeinsamen Historikerkommission der UdSSR und Polens über den Vorabend und den Beginn des Zweiten Weltkrieges veröffentlicht – mit den bekannten Fakten über die Vorgeschichte des Nichtangriffspakts vom 23. August 1939, aber auch mit heftiger Kritik am Vertrag vom 28. September 1939, den damit verbundenen Protokollen und der Rede Molotows vom 31. Oktober des gleichen Jahres. Es ist genau die Rede, die ich mir seit der damaligen Zeit in einer Broschüre aufbewahrt habe. Sie hatte mir in ihrem Inhalt und in ihrer Form trotz meiner damaligen Gläubigkeit so sehr mißfallen, daß ich sie bei jedem Umzug, wenn ich Bücher aussortierte, immer wieder mitgenommen habe. In den Thesen der Historiker heißt es, der Vertrag habe »die Leninschen Prinzipien verletzt und der internationalen Arbeiterbewegung Schaden zugefügt«. Wieder eine Ohrfeige für Hanna Wolf und Co.! Diesmal kamen unsere Oberen nicht umhin, den Artikel über den Umweg der »Tribuna Ludu«, der Zeitung der Polnischen Vereinigten Arbeiterpartei, zu übernehmen!

Andrea brachte von ihrem Vater aus dem Erzgebirge die Meinung alter Genossen von »ganz unten« mit: So kann und darf es nicht weitergehen. Die Alten oben müssen weg! Zufällig entdecke ich in der Zeitschrift »Meshdunarodnaja Shisn« (»Internationales Leben«) einen Artikel von E. Posdnjakow »Das Nationale und das Internationale in der Außenpolitik«. Der Artikel beginnt mit Kritik an heutigen Begriffen, der faktischen Gleichsetzung von Partei und Staat, Staat und Gesellschaft, des Internationalismus mit den Staatsinteressen des sozialistischen Staates, der Diktatur des administrativen Systems der Führer mit der Diktatur des Proletariats. Er zieht daraus wichtige Schlußfolgerungen, unter anderem über »das bedingungslose Recht jedes Volkes auf eigene Wahl«, auch innerhalb des sozialistischen Lagers, das heißt Verzicht auf die Breshnew-Doktrin. Er verurteilt die Afghanistanaktion als nicht gerechtfertigt, wendet sich gegen die Ideologisierung der Außenpolitik und gegen die Erklärung der Politik der friedlichen Koexistenz zu einer Form des Klassenkampfes. Jede dieser Thesen bedeutet den Bruch mit bisherigen Tabus. Am 29. rief ich gleich früh bei Mielke an und mahnte wegen des immer noch nicht veröffentlichten Interviews für die »Volksarmee«. Er versprach, meine Fragen bei Honecker vorzutragen. 750 Exemplare der »Troika« seien im Ministerium verkauft, alle würden jetzt lesen, dann könne man auch über Leserforen innerhalb des Ministeriums sprechen. Über diesen Exemplaren liegt der Nebel geheimnisvoller Unklarheit. Kurz danach rief Mielke zurück: Keßler lasse sich über meine Lesungen in Strausberg berichten, dann wolle er das Interview freigeben.

31. 5. 1989
Mielke rief an und fragte, ob ich Absichten zu Westreisen hätte. Vermutlich war ihm der intern mitgeschnittene Telexbericht mit meinem Interview für die Schweizer »Weltwoche« vorgelegt worden, in dem ich wie üblich auf eine entsprechende Frage geantwortet hatte, ich würde gern die Orte meiner Geburt und der Kindheit wiedersehen. Nach Rücksprache mit Honecker lehnte er meine Teilnahme am Essen mit Richter von der ARD ab. Was übrigens das Papier für eine zweite Auflage der »Troika« angehe, so sei Honecker dafür, habe aber auch keine Devisen.

2. 6. 1989
Die Tage sind ausgefüllt mit Arbeit.
Es gibt eine Fülle von Interviewwünschen aus dem Westen, darunter von drei Fernsehprogrammen, auch ein Angebot vom »Stern« für eine

Serie zum 40. Jahrestag der DDR unter dem Titel »Wofür ich gekämpft habe«. Ein schwieriges Thema.
Mein Platz aber ist hier, hier fallen Entscheidungen. Das Motto lautet: »Nun erst recht!«
Morgen steht die Lesung im TiP bevor. Christa Wolf kommentierte am Telefon all meine Auftritte ziemlich trocken:
Ich sei »ganz schön vergnügungssüchtig«. Aber das sei am Anfang immer so...

4. 6. 1989
Die Lesung im Theater im Palast war für mich der bisherige Höhepunkt meines Auftretens in öffentlichen Veranstaltungen. Mit nahezu fünfhundert Besuchern wirkte sie gegenüber den anderen, meist intimeren Lesungen fast weihevoll, theatralisch. Das Publikum fragte immer wieder kritisch nach. Massiv wurde gefordert, den Lesern in der DDR das Buch endlich zugänglich zu machen, damit es in die aktuellen Auseinandersetzungen eingreifen könne und damit es nicht länger heiße, »der Sozialismus ohne Beziehungen ist wie der Kapitalismus ohne Geld«.

Der Stimmungsumschlag im Lande ist nicht zu überhören. Es kamen, wie nun schon gewohnt, Fragen danach, wie es möglich gewesen sei, daß der Filmregisseur und Präsident der Akademie der Künste, dessen Humanismus und Toleranz aus seinen Filmen und öffentlichen Äußerungen gut bekannt sind, und der langjährige General der Staatssicherheit nicht nur von brüderlichen Gefühlen zueinander erfüllt waren, sondern in allen Grundfragen gleich oder zumindest ähnlich gedacht haben. Ich versuchte eine Antwort auf diese naheliegende Frage, indem ich unseren gemeinsamen Lebensweg schilderte. Am Ende des Krieges begegneten wir unserer anderen Heimat, dem Land, in dem wir geboren waren, auf unterschiedliche Weise. Koni kam in der Uniform der Roten Armee. Er arbeitete in der sowjetischen Militäradministration in Halle und hatte emotional andere Konflikte als ich. Schon während des Krieges von der KPD für die Arbeit im Nachkriegsdeutschland vorbereitet, wurde ich, sofort nachdem ich im Mai 1945 im zerstörten Berlin eingetroffen war, durch meine Tätigkeit am Berliner Rundfunk in der Masurenallee zusammen mit wenigen Antifaschisten, mit Hunderten anderer deutscher Mitarbeitern und ihrer Befindlichkeit als deren Landsmann konfrontiert. Jahrzehnte später, als sich während der letzten Lebensjahre Konis die Probleme in unserem Land so zuspitzten, hatte Koni als Künstler mehr mit den unmittelbar Betroffenen zu tun, worunter er litt. Meine Sicht als Leiter des Nachrichtendienstes auf die Ereignisse war stark von den Problemen beeinflußt, die immer wieder von außen auf uns zukamen.

Und dennoch war unser Denken auch in solchen Situationen sehr ähnlich. Unsere Stellung zu Geist und Macht unterschied sich kaum.

Viele Fragen spitzten sich für mich in den letzten Jahren immer mehr zu: Wie lebt man im Spannungsfeld von persönlicher Überzeugung und dem, was öffentlich verkündet wird? Wie ist der ethische und moralische Schock des Stalinismus zu bewältigen? Wenn in unserem Land der Neofaschismus wächst, wofür es Anzeichen gibt, wie verhalte ich mich dazu? Ich versuche, diese Fragen zu beantworten, ohne mich vereinfachender neuer Klischees zu bedienen. Meinen Zuhörern bei den Lesungen möchte ich meine Situation vermitteln:

Auch ich habe keine fertigen Antworten und bin dabei, die eigene Vergangenheit mit ihren Widersprüchen für mich neu aufzubereiten, zu bewältigen. Dabei ist es notwendig und unumgänglich, rückhaltlos die historische Wahrheit aufzuzeigen, damit die Deformationen und Verbrechen, wie sie im Zeichen des Stalinismus geschahen und noch weiter geschehen, überall unterbunden werden und sich nicht wiederholen. Der Antifaschismus ist das Grundanliegen meiner Generation. Das verspüre ich immer dann besonders, wenn ich mit Gleichaltrigen spreche, die politisch anders denken als ich. Nach den Erfahrungen des Krieges hinterließ vor allem der Nürnberger Kriegsverbrecherprozeß, an dem ich als Journalist teilnahm, einen tiefen Eindruck in mir. Der Vater wollte mit »Professor Mamlock« und seinem im Krieg geschriebenen Drama »Was der Mensch säet«, das in der Nachkriegszeit leider nie aufgeführt wurde, dem deutschen Volk bewußt-machen, worin die Mitschuld aller und die Ursachen dafür lagen, warum es soweit kam.

Von diesem Anliegen ist man auch bei uns zu schnell »zur Tagesordnung« übergegangen. Zwar wurden hier die objektiven Wurzeln des Faschismus beseitigt, antifaschistisches Denken wachzuhalten, bedeutet aber, geschichtliches Bewußtsein zu entwickeln. Diese Aufgabe bleibt, denn es sind neue Generationen herangewachsen, denen das, was wir erlebt haben, was unsere Gegenwart war, abstrakte Vergangenheit geworden ist. Man muß den Neuanfängen, den neuen Gefahren wehren, man muß verhindern, daß die Notwendigkeit zum Antifaschismus unserer Tage hinter der Fülle allzu vieler anderer aktueller Probleme verschwindet.

Vera Oelschlegel, die Intendantin des TiP, fragte, was ich von den Regierenden und von den Lesern, den »Nichtregierenden«, erwarte und welche Botschaft ich mit der »Troika« vermitteln wollte.

Beim Schreiben hatte ich nicht an Botschaften gedacht. Für mich ist »Troika« eine ungewöhnliche Geschichte mit Erfahrungen unseres Lebens. Ich wollte auch keinesfalls ein Geschichtsbuch schreiben oder Geschichte umschreiben, wie mir nun manchmal unterstellt wird. Von den Schlüssen, die viele Leser ziehen, bin ich überrascht und erfreut. Wenn zum Beispiel auch im Westen hervorgehoben wird, daß die drei Freunde, jene Troika, etwas von dem neuen Denken in den internationalen Beziehungen vorweggenommen haben, so ist das sicher gut. Man muß aber weiter gehen und sagen: Diese neue Art miteinander umzugehen, gilt nicht nur zwischen Völkern im großen, sie gilt genauso im kleinen, für das eigene Land. Andersdenkende bleiben bei ihren Meinungen und sprechen trotzdem vernünftig miteinander. Das muß auf jeder Ebene, in den staatlichen und allen anderen Strukturen, praktiziert werden. Wenn man überzeugt ist, am eigenen Platz müßte sich etwas ändern, muß man das sagen und sich dafür einsetzen, auch wenn das Unannehmlichkeiten bringen kann. Sehr schädlich ist ein falscher Subjektivismus bei jenen, die Entscheidungen, gleich welcher Art, zu treffen haben. Ich halte es für eine der tiefsten Wurzeln heutiger Mißstände, wenn einzelne glauben, sie hätten die Wahrheit gepachtet, sie allein werteten und entschieden richtig.

Natürlich geht es nicht ohne Disziplin, ich zum Beispiel bin an eine Parteidisziplin gebunden. Aber dadurch muß ich doch nicht zwangsläufig in Widerspruch zur Forderung nach Zivilcourage geraten. Für diese Probleme gibt es im Leben keine Rezepte, jeder muß seinem Gewissen entsprechend entscheiden. Am Schluß mußte ich im Stile einer Talk-Show auf Fragen antworten. Was mich am meisten ärgert? – Dummheit, und natürlich ärgert mich noch mehr, wenn nicht die Dummheit die Ursache von manchem ist, was man nicht verstehen kann. Trotz des Erfolges machte mich der Abend nicht richtig froh. Ich hatte Vera Oelschlegels Frage bejaht, ob ich bisher immer gemacht hätte, was meine Partei verlangte und ob ich mit der ›Troika‹ zum erstenmal mir selbst etwas gesucht, etwas getan hätte, was ich allein wollte. Aber – verändere ich wirklich etwas? Ich spüre natürlich, daß vieles von dem, was der Bruder und ich erlebten und dachten, bei den Lesern Resonanz findet, etwas in ihnen zum Schwingen bringt. Das ist schön für einen Autor. Aber ob ein Buch, ein Interview, eine Begegnung wie heute Wesentliches in der Wirklichkeit verändern helfen? Meine Arbeit in der Vergangenheit zeigte am Ende greifbare Resultate. Kann ich, muß ich mehr tun?

5. 6. 1989

Eva Siao ist in Berlin angekommen. Von allen Seiten wird sie wegen der schlimmen Ereignisse auf dem Platz des Himmlischen Friedens befragt. Selbst schon seit Monaten aus Peking fort, konnte sie aus den Telefonaten mit ihren Söhnen lediglich erfahren, daß die wohlauf sind. Über die eigentlichen Vorgänge konnte sie den Gesprächen weniger entnehmen als aus den widersprüchlichen Berichten der Medien.

Eva Siao, deutsch-jüdischer Abstammung, verschlug ein Abenteuer in die Sowjetunion, wo sie ihren späteren Mann, den chinesischen Schriftsteller und Kommunisten Emi Siao kennenlernte. Sie begleitete ihn bei den Kämpfen der chinesischen Volksbefreiungsarmee und teilte mit ihm das karge Leben der Mao-Leute in den Höhlen von Jenan. Mit Unterbrechungen leben sie und ihre drei Söhne schon Jahrzehnte in Peking. Seit wir, die Wolf-Familie, sie in den dreißiger Jahren in Moskau kennenlernten, ist sie mit unserer Familie verbunden. Eva hatte ein enges Verhältnis zu unserer Mutter, später auch zu Koni. Sie ist Fotografin; von ihr stammen die letzten Aufnahmen von Koni, die sie kurz vor seinem Tode in dessen Wohnung gemacht hat.

Auch sie wurde ein Opfer der Kulturrevolution in China. Sieben Jahre saß sie, ebenso wie ihr Mann, in Einzelhaft und galt schon als verschollen. Nun hatte sie Ausstellungen in beiden Teilen Berlins. Das Zusammensein mit Eva läßt uns den jähen Rückgriff der chinesischen Führung auf brutale Repression um so teilnahmsvoller empfinden. Maos These, der Klassenkampf verschärfe sich im Sozialismus, scheint wieder neu zu erstehen. Dabei ist jedem von uns klar, daß militärisches Eingreifen die Ursachen für die Krise im Sozialismus nicht beseitigen kann. Paradeveranstaltungen, Druck von oben und Medienschwindel können es ebensowenig. Die Übernahme der offiziellen chinesischen Version über die Ereignisse durch unsere Führung läßt keine Einsicht erwarten. Sie besiegelt statt dessen in einem für die Perestroika Gorbatschows auf dem Kongreß der Volksdeputierten kritischen Augenblick die Abschottung und innere Trennung von seinem Kurs. Meine Proteste auf den Lesungen gegen die Medienpolitik sind sicher unzulänglich, aber es ist meine Möglichkeit, Änderungen zum Besseren herbeiführen zu wollen. Ich denke über den Verlauf ähnlicher Ereignisse wie jetzt in China während der Nachkriegsjahre in den sozialistischen Ländern nach, vertiefe mich in Dokumente und in Material, das ich gesammelt habe und das noch unter Verschluß gehalten werden muß. Immer kam es nach Kursänderungen zu Gewalt, begünstigt durch innere und äußere Konstellation. Für die sozialistische Macht entstanden daraus stets ernste Gefahren. Die Beschäftigung mit bekannten und noch geheimen Dokumenten zu Vorgängen des Jahres 1956 in Ungarn und Polen, deren Auswirkungen bei uns, dem lautlosen Krieg hinter den Kulissen zeigt die Kompliziertheit der Versuche einer Demokratisierung bei gleichzeitigem Erhalt der inneren und äußeren Stabilität. Und dennoch beweist gerade die Erfahrung jener Jahre, daß es zur Stabilisierung der sozialistischen Macht keinen anderen Weg gibt als den Gorbatschows: dem Volk ungeschminkt die Wahrheit sagen und ihm die von einer bürokratisierten Partei treuhänderisch vorenthaltene Macht wiedergeben! Die Machtfrage geht mir seit Kuba nicht mehr aus dem Sinn.

Müssen wir uns diesem Problem neu stellen, ist hier altes Denken am zählebigsten? Die Äußerungen und Handlungen westlicher Führer beweisen ebenso starre Denkweisen, aber wie raffiniert präsentieren sie sich! Sie ermutigen nicht die Reformer im Sozialismus, sondern sie betonieren das Rückgrat der Stalinisten. Fazit ist: Die »chinesische Lösung« bedeutet wieder einmal den Verlust von unzähligen Mitstreitern überall in der Welt.

6. 6. 1989

Beginn der Arbeit mit der Lektorin des Moskauer Progress-Verlages am russischen Manuskript.

Abends ein FDJ-Forum mit jungen Aufklärern. Dem Alter entsprechend kamen die meisten aus Diensteinheiten der Wache und der technischen Bereiche. Um so beachtlicher waren für mich die große Aufgeschlossenheit, das Interesse für Fragen, die sonst von ganz anderem Publikum gestellt werden. Man kann nur wünschen, daß eine solche Aussprache auch mit Mitarbeitern aus den operativen Bereichen stattfindet. Von den jungen Mitarbeitern gab es erstaunliche Fragen zur Geschichte, zum Beispiel wie das gewesen sei, als Berija in die DDR kommen wollte und Ulbricht ihn nicht hereinließ, oder wie der Minister für Staatssicherheit eine Fraktion bildete. Dabei fiel mir wiederum auf, wieviele weiße oder besser – dunkle Flecken unsere Geschichte noch hat. Wie war das denn 1953 tatsächlich mit Berija oder seinem Beauftragten, von dem Ulbricht bei der Auseinandersetzung mit der angeblichen Fraktion behauptete, der sei zwar von Zaisser, jedoch nicht von ihm empfangen worden? Ein weites Feld für die Historiker, sobald sie Zugang zu den Archiven erhalten!

Im Gespräch mit einem meiner engeren ehemaligen Mitarbeiter von der Leitungsebene konnte ich bei all seiner Fähigkeit zum kritischen Denken im Unterschied zu den jungen Leuten nicht überhören, daß er, wie andere Leiter, wie unter einer Glocke steckt und vieles von dem, was mich bewegt, nicht nachvollziehen kann.

Die Einzelheiten über die blutigen Ereignisse in China sind erschütternd. Schon schien sich in diesem Riesenland ein von oben sehr vorsichtig eingeleiteter Frühling anzudeuten. Die Wirtschaftsreform, in einigen Sondergebieten mit recht weiter Öffnung nach außen eingeleitet, zeigte erste Ergebnisse und, wie nicht anders zu erwarten, ernste

Probleme. In den großen Städten wirkte sich die Demokratisierung bei der Intelligenz und der Jugend unterschiedlich aus, bürgerliche Einflüsse und Lebensformen erfaßten vor allem Teile der studentischen Jugend. Nicht ohne äußere Einwirkung kam es zu einer Radikalisierung und zu Forderungen, die schließlich mittels einer Dauerbelagerung des Platzes des Himmlischen Friedens durchgesetzt werden sollten. Nach einer Phase der Ratlosigkeit, der Unentschlossenheit und nach Vermittlungsversuchen einzelner Führer, nach Tagen des Zögerns und dilettantischen Einsatzes bewaffneter Kräfte kam schließlich das blutig-brutale Finale.

So werde ich immer wieder auf das große Thema gestoßen, das mich schon seit vielen Jahren, lange vor dem Ausscheiden aus dem Dienst, beschäftigt. Es soll das Zentrum meines abenteuerlichen Versuches werden, Erfahrungen und Erkenntnisse von mehr als dreißig Jahren Tätigkeit an der Spitze eines Nachrichtendienstes vor dem Hintergrund wichtiger Schnittpunkte der europäischen Nachkriegsgeschichte aufzuschreiben und zu veröffentlichen, ergänzt durch interessante persönliche Begegnungen, Erlebnisse und wenig bekannte Interna. Schon sehr lange quälte mich die Frage, weshalb jedem Versuch eines Aufbrechens stalinistischer Verkrustungen stets der Abbruch solcher Bewegung mit Mitteln der Gewalt und ein Rückschlag folgten. Muß jede Demokratisierung zwangsläufig zur Destabilisierung der sozialistischen Staatsmacht führen? Sollte dies historisch gesetzmäßig sein? Warum? Damit wollte und konnte ich mich nicht abfinden. Meist standen am Anfang einer solchen Entwicklung das Bekenntnis begangener Fehler und die Absicht einer Kurskorrektur durch die alte oder eine veränderte Führung. Dadurch gerieten innere und äußere Kräfte in Bewegung, es kam zu Konflikten und nicht mehr beherrschbaren Gefahren für den sozialistischen Staat, schließlich zum Einsatz seiner Machtmittel. Keine der Ursachen von Krisen wurde dadurch beseitigt, die weiter anhaltenden Folgen blieben nicht aus, sondern wurden auf Dauer schwerwiegender.

Den Juni 1953 hatte ich selbst miterlebt. Die damaligen Ereignisse waren für mich das erste Glied in der Kette solcher Vorgänge, sie hinterließen tiefe Spuren im Gedächtnis. Immer wieder kam ich später im

Nachdenken über Ursachen und Wirkungen auf diese Zeit zurück. Sowohl die Deutung durch die DDR-Geschichtsschreibung als eine von außen gesteuerte »Konterrevolution« als auch die staatliche Glorifizierung zum »Volksaufstand« in der Bundesrepublik erschienen mir zu simpel, um die komplizierte Widersprüchlichkeit dieses Prozesses zu erfassen.

Unmittelbar nach dem Tode Stalins hatte sich die ohnehin angespannte Lage in der DDR durch willkürlich angeordnete Preis- und Normenerhöhung weiter zugespitzt. Diese Maßnahmen mußten nicht nur zurückgenommen werden, die politische Führung verkündete einen »Neuen Kurs«. Dadurch wurde aber die Unruhe weiter gesteigert, die Selbstkritik der Führung wurde als Eingeständnis des Versagens und der Schwäche ausgelegt. Nicht ohne aktive Einmischung westlicher Organisationen kam es zu den Ereignissen des 17. Juni und der folgenden Tage. Mit Verhängung des Ausnahmezustandes und Einsatz der sowjetischen Panzer wurde dieser Bewegung, in der viele Elemente zusammentrafen, ein abruptes Ende gesetzt, die eigentlichen Probleme allerdings blieben.

Noch krasser zeigte sich diese scheinbare Zwangsläufigkeit 1956 bei den Ereignissen in Polen und besonders in Ungarn nach dem XX. Parteitag der KPdSU und dessen erster Abrechnung mit den Verbrechen Stalins. Später sahen Ulbricht und seine Schüler die Schuld an diesen Ereignissen und anderen Erscheinungen in der internationalen kommunistischen Bewegung nicht beim Stalinismus und seinen Folgen, sondern bei den Enthüllungen Nikita Chruschtschows auf dem Parteitag der sowjetischen Kommunisten. Mir war bewußt, daß der DDR-Führung spätestens seit 1985 wieder die Furcht vor ähnlicher Destabilisierung der Macht zu schaffen machte. Sie verfolgte den Kurs Gorbatschows und seine Auswirkungen mit noch größerem Mißtrauen als seinerzeit das Auftreten Chruschtschows.

Für jeden Anhänger der kommunistischen Ideale schien nach dem XX. Parteitag der Kommunistischen Partei der Sowjetunion und der Aufdeckung jener schlimmen Folgen und Erscheinungen, die man vereinfachend als Personenkult um Stalin bezeichnete, klar zu sein: Nie durfte es zu einer Wiederholung dieser unseren Zielen zutiefst fremden Entartung kommen. Inzwischen waren die Themen des XX. Parteitages aus dem Bewußtsein mehrerer Generationen verdrängt, der Aufstand in Ungarn 1956 zu einem Versuch in- und ausländischer Kräfte degradiert worden, den Sozialismus zu beseitigen.

Das Jahr 1956 bedeutete für mich einen tiefen Einschnitt, damals begann ich, ebenso wie viele von denen, die diese Zeit bewußt erlebt haben, umzudenken. Immer wieder muß ich mich aber bis heute davon überzeugen, daß die politischen Filter in diesen Jahrzehnten größeren Schaden angerichtet haben als ich annahm. Nicht nur den erst in dieser Zeit herangewachsenen Generationen, sondern auch vielen der Älteren fehlt Wissen, um jenen Denkprozeß nachvollziehen zu können. Vermutlich hat es das Fehlen oder Verdrängen dieser Einsichten den Jüngeren in der Führung vor und nach der Wende im Herbst so schwer gemacht, Mut zu radikalen Konsequenzen zu finden. Von den Alten war er nicht zu erwarten. Heute besteht die Gefahr der vereinfachten Sicht auf jene Jahre unter umgekehrten Vorzeichen, einer Glorifizierung der am Volksaufstand in Ungarn beteiligten Kräfte, die – undifferenziert – genauso falsch ist wie die pauschale Verurteilung all jener, die sich gegen die Abschaffung aller Normen der sozialistischen Staatsmacht wandten. Aus meiner Zeit als Leiter der Aufklärung erinnere ich mich vieler Beispiele dafür, wie westliche Dienste tätig wurden und sich in die ungarischen Angelegenheiten einmischten. Das Land drohte im Herbst in blutiger Anarchie zu versinken, und Europa stand am Rande des Krieges.

Das war an der Nahtstelle beider Militärblöcke, an der damals ebenfalls offenen Grenze zwischen beiden deutschen Staaten und in Berlin deutlich zu spüren. Die über meinen Schreibtisch gehenden Informationen waren bedrohlich. Im Bereich der NATO herrschte Alarmbereitschaft. Glaubhaft berichtete eine Quelle, Verteidigungsminister Strauß habe beim NATO-Oberbefehlshaber Norstad angefragt, ob bei grenzüberschreitenden Unruhen in der DDR der NATO-Fall gegeben sei. Der Westberliner DGB-Vorsitzende Scharnowski hatte einen Aufruf zum Generalstreik in der DDR vorbereitet. Von Herbert Wehner gab es warnende Hinweise auf mögliche Unruhen in den Grenzbezirken. Eine andere Quelle berichtete über Aktivitäten einer von der Bundesrepublik aus operierenden Organisation, die sich »Aktion Grenzland« nannte.

Innerhalb der DDR waren nach dem XX. Parteitag die unterschiedlichsten Kräfte in Bewegung geraten, die eine Demokratisierung der Gesellschaft anstrebten. Konzeptionen wurden bekannt, die Ulbricht und seine Parteiführung als konterrevolutionär beurteilten. Die im Verlaufe der Ungarnereignisse zugespitzte internationale Lage und Einmischungen von außen schufen nicht gerade ein für Veränderungen im Inneren geeignetes Klima. Verbindungen des Verfassers eines solchen Denkansatzes zu westlichen Stellen lieferten gar den strafrechtlichen Vorwand für administratives Vorgehen gegen jedwede Initiative dieser Art. Für mich entstehen, obwohl ich es schon lange vorhabe, erst jetzt Voraussetzungen, mich gründlicher mit jener Zeit zu befassen, eigenes internes Wissen mit zugänglich werdenden Dokumenten und Aussagen anderer Zeugen jener Jahre zu vergleichen.

Nichtbearbeitet liegt noch das Kalenderbuch von 1968 mit seiner Unmenge Eintragungen. Wie widersprüchlich stellen sich darin die Ereignisse in der Tschechoslowakei dar. Es ist leicht, aus der Sicht von heute den Einmarsch vom August zu verurteilen und die eigene Haltung so darzustellen, als ob man das auch damals schon so gesehen hätte. Das wäre aber nur die halbe Wahrheit und nicht ehrlich. Zuerst erfüllte mich tatsächlich uneingeschränkte Sympathie mit dem Prager Frühling, dann kamen zunehmend Zweifel, Gespräche in Prag zur Situation im Lande, welche die Unruhe verstärkten; ein Treffen mit ungarischen Kollegen, die trotz oder gerade wegen ihrer Verstrickung in die Beseitigung der Regierung von Imre Nagy im Herbst 1956 jede Möglichkeit einer äußeren Intervention ausschlossen. Schließlich fand der Einmarsch der Armeen von Staaten des Warschauer Vertrages doch statt. Schon damals zeichnete sich mit den stärker werdenden Protesten im eigenen Land ein innerer Bruch ab, der sich 1989 wesentlich intensiver und immer offener in oppositionellen Bewegungen äußerte.

Das Thema von den verpaßten Gelegenheiten, von den Möglichkeiten, Sozialismus mit Demokratie zu vereinen, wird noch lange nicht erschöpft sein.

Auslöser für diese Abschweifung waren die Ereignisse in Peking, deren Beginn mit dem Chinabesuch Michail Gorbatschows zusammenfiel. Ganz anders verlief sein Besuch in der Bundesrepublik Deutschland. Dazu notiere ich: Der Empfang ist beeindruckend, offenkundig auch für ihn selbst. Er macht eine sehr gute Figur. Imponierend, wie er nach allen Strapazen und Belastungen im eigenen Land und auch eines solchen Programms sicher und souverän spricht und alles andere meistert. »Ein Glück, daß es ihn gibt«, hatte ich im ARD-Fernsehen gesagt und damit bei unseren Oberen Unwillen erzeugt. Derselbe Unwille war die Ursache für die wieder einmal schändliche Form der Berichterstattung im DDR-Fernsehen über dieses Ereignis. Die Aktuelle Kamera ist zum Kotzen. Natürlich liefert das wiederum Stoff für aufgeregte Diskussionen. Andererseits, und das ist noch viel schlimmer, wird die offizielle Darstellung der Chinesen über Gewaltanwendung auf dem Platz des Himmlischen Friedens in einer Aufmachung wiedergegeben, welche die Sympathie unserer politischen Führung mit diesem Verhalten deutlich macht.

13. 6. 1989
Endlich ist das Interview in der »Volksarmee« erschienen.

21. 6. 1989
Lew Hohmann erzählt von seiner Reise mit dem Film über den Vater nach Neuwied, Stuttgart und Hechingen. Überall wurde er freundlich aufgenommen, man würde auch mich gern dort begrüßen. Vorläufig allerdings ist daran kaum zu denken, die Hoffnung bleibt. Generalbundesanwalt Rebmann bestätigt bei jeder Gelegenheit, daß der gegen mich laufende Haftbefehl bei meiner Einreise vollstreckt würde.

22. 6. 1989
Meine Beschwerde über die Entscheidung des Sekretariats des Zentralrates der FDJ, mich vom Programm des internationalen Jugendlagers am Scharmützelsee zu streichen, hatte einen Anruf von Jochen Willerding, Mitglied des Zentralrates, zur Folge: Er finde eine solche Absicht gut. Um jede Position müsse gekämpft werden.

23. 6. 1989

Reise nach Schwerin. Eigentlich war nichts Besonderes zu erwarten – sie galt der Eröffnung einer Fritz-Eisel-Ausstellung zu dessen Sechzigstem, und doch wurde es aufregend und anstrengend. Im Kreis der Schweriner Vertreter zentraler Medien bei ADN entwickelte sich ein anregendes Gespräch. Die Journalisten packten sehr massiv ihre Sorgen auf den Tisch. Was kann man denn tun, damit sich etwas ändert? Und wie so oft waren sich alle einig. Mir blieb nur, die Passage von der Zivilcourage aus dem bewußten Brief an Koni zu zitieren und zu interpretieren, ergänzt durch das Bild vom Reiter des Königs. Schon einmal, bei einem Forum in der Leipziger Universität, hatte ich auf ähnlich resignierende Fragen gesagt, man dürfe nicht wie in einem alten Drama die Lösung der Konflikte von einem Boten des Königs erwarten. Wenn sich nicht jeder an seinem Platz mit Bürgermut zu Wort meldet und entsprechend seinem Gewissen handelt, können wir lange und vergeblich warten. Anschauliches Beispiel für das Mediendebakel: Die Fernsehleute konnten nicht zur Eröffnung der Eisel-Ausstellung kommen, weil sie Stimmen zur gerade zu Ende gehenden ZK-Tagung einholen mußten, ein Ritual, das sich immer wiederholt und bei allen nur mitleidiges Lachen auslöst. Ein Kameramann des Fernsehens berichtete von den Vorgaben für die Einstellung der Kameras, was sowohl Personen wie auch Objekte angeht. So durften Gemüseläden zum Beispiel im Bild nicht zu sehen sein, wegen des unbefriedigenden Angebotes!

Nach der Eröffnung der Eisel-Ausstellung ging es abends nach Hagenow. Vorher trafen wir uns im Wald im Haus des für die Lesung Verantwortlichen des Kulturbundes, Sanitätsrat Dr. Klaus Losch, Betriebsarzt bei der Deutschen Reichsbahn. Losch ist ein energiegeladener Mann, dem der Kulturbund genauso zur Passion geworden ist wie die Sorge um die Umwelt. Direkt vor seinem Waldgrundstück fließt das Flüßchen Sude. Von dieser Stelle öffnet sich der Ausblick über Wiesen zum Dorf und dem Waldrand auf der anderen Seite. Dieser mehr an einen Bach erinnernde Fluß ist gefährdet durch einen Plan, die Abwässer der Stadt Schwerin in erheblicher Menge über die Sude zur Elbe und damit in die Nordsee zu leiten. Das wollte Dr. Losch verhindern. Damit fing für ihn ein ungleicher Kampf gegen die Verwaltungsbürokratie an. Ich habe ihn trotz der Sorgen seiner Frau über mögliche Folgen darin bestärkt, an die Volkskammer zu schreiben. In seinem Brief, den er mir vorliest, beruft er sich auf genaue Faktenkenntnis und Gutachten, um schließlich festzustellen:

»Ich habe große Bedenken, daß durch nicht voll funktionsfähige und nicht der modernsten Technologie entsprechende sowie kapazitätsmäßig zu gering ausgelegte Anlagen der Fluß in seiner Qualität so geschädigt wird, daß Flora und Fauna, die bereits durch Landwirtschaftsbelastungen und Zersiedlung der Flußufer in den letzten zwanzig Jahren verändert wurden, vernichtet werden.« Dr. Losch verweist darauf, daß mit den Bürgern darüber keinerlei Aussprachen erfolgten und bezweifelt die Rechtmäßigkeit der bisherigen Beschlüsse des Rates des Bezirks.

Da wir zur Lesung aufbrechen müssen, der Mann und seine Probleme mich aber interessieren, verabreden wir einen möglichst baldigen Familienbesuch. Die Fragen nach der Lesung bestätigen erneut, daß wir überall, auch in solch abgelegenen Landkreisen, kluge, interessierte Menschen finden, die Offenheit, Ehrlichkeit und Antworten auf ihre Fragen erwarten. Darunter sind auch ältere Funktionäre, die selbst bekennen, daß ihnen das neue Denken nicht leichtfällt, daß sie es aber für notwendig halten. Als es um mein Honorar geht, veranlasse ich die Sekretärin, die vereinbarte Summe als erste Spende für die Erhaltung der Sude einzusetzen.

Als ich diese Kalendereintragung wieder las, hatte ich den Wunsch zu erfahren, was aus dem »Sude-Doktor« in den Turbulenzen dieser Zeit geworden ist. Die Hektik des eigenen Lebens hat es bisher zu keiner Auffrischung unserer Bekanntschaft kommen lassen. Doch ein Journalist aus Mecklenburg erzählte mir, Dr. Losch habe nicht aufgegeben, als er, nach seinen Eingaben, immer wieder vertröstet, von einer Stelle zur anderen geschickt, regelrecht verschaukelt wurde, bis die Ereignisse vom Oktober und danach den Parteifunktionären der Kreisleitung der SED, bei denen seine letzten Schreiben »zur Erledigung« gelandet waren, keine Zeit mehr zur Beantwortung von Eingaben ließen. Der »Sude-Doktor« engagiert sich später im Neuen Forum und wird zugleich in der neugegründeten SDP, der späteren DDR-SPD, aktiv, einige Zeit sogar als Kreisvorsitzender dieser Partei.

Der Mann, der am 9. November 1989 als Sprecher der Öko-Gruppe des Neuen Forums auf dem Hagenower Marktplatz zu einer Aktion zur Rettung der Sude auffordert und dies aus heutiger Sicht schon wieder als Illusion ansieht, ist vom Verschwinden der DDR enttäuscht.

Im Gespräch mit dem Journalisten erinnert er sich an die Lesung vom Juni und an meine Spende für die Sude. Eine Menge sei dazwischengekommen, »aber ich warte immer noch auf einen zweiten Besuch... «

Erst gegen 23.00 Uhr landeten wir wie versprochen in Langen-Brütz bei Eisels. Dort saßen die stramme Lisa vom Schweriner Museum und der ganze Anhang noch recht munter beisammen. Fritz wäre es wohl lieber gewesen, mich allein zu haben; so zog er mich immer wieder ins Atelier, wo nicht nur zwei sehr unterschiedliche Porträts von mir zu sehen waren, sondern auch seine spanischen Phantasielandschaften, die gar nicht an den beschaulich ruhigen Eisel erinnern. Auf dem schönen Innenhof seines Gehöfts gab es bei kugelrundem Vollmond Gespräche bis früh um drei, natürlich immer wieder um dasselbe Thema, und alle waren wie immer der gleichen Meinung.

Nach dem Frühstück zeigte mir Paul, der Eisel-Junior, seine neuen Bilder, die mich tief beeindruckten: Phantasievisionen in Kofferräumen von Autos, vor allem aber das Bild »Druckanzug«. Obwohl der eigentliche Inhalt des Anzugs, der Pilot, fehlt, wirkt der Anzug gespenstisch lebendig, erfüllt das Bild den Betrachter mit Unruhe, überläßt es seiner Phantasie, dieses Symbol der Entfremdung zu deuten. Paul hat es sich mit der Suche nach eigenem Standort und eigener Handschrift nicht leichtgemacht, er hat beides anscheinend gefunden.

Von Eisels fuhren wir zu Kurt Mätzig, dem DEFA-Regisseur, nach Wildkuhl bei Röbel. Auf das wechselvolle Programm vom Vortag folgte hier ein angenehm besinnliches Gespräch, ohne Hektik, in völliger Übereinstimmung. Wieviele unserer Künstler und Schriftsteller haben sich auf solch abgelegene Anwesen zurückgezogen? Das ist kein Zufall.

Kurt, den mit Vater und Bruder vieles verbunden hatte, entpuppte sich als echter EDV-Mann. Er wird mich bei meiner Absicht, mir die zukünftige Arbeit beim Umgang mit einem umfangreichen Material zu erleichtern, sicher gut beraten.

26. 6. 1989
Briefe an Honecker und Herrmann über Mielke abgeschickt. Ich protestiere entschieden gegen das weiterwirkende Verdikt gegenüber meiner Person und fordere eigene Entscheidungsmöglichkeiten bei Interviews für westliche Medien, besonders aber stärkere Präsenz in den Medien der DDR. Gleichzeitig schicke ich an Mielke die von ihm geforderten »Vorstellungen über meine weitere Arbeit«.
Vermutlich wird sich das bekannte Spiel wiederholen: erst liegenlassen, dann ein Gespräch bei Mielke, dann Aufschub bis nach der Tagung des Warschauer Vertrages in Bukarest und dem sich anschließenden Urlaub Honeckers. Aber das interessiert mich jetzt eigentlich nicht mehr sonderlich.

27. 6. 1989
Es ist, als sei der ewige Friede an diesem unvorstellbar schönen Sommertag ausgebrochen. Nichts stört die Ruhe in meiner Hängematte, die zwischen einer Kiefer und einer der Birken unseres Waldgrundstückes schaukelt. Der Blick in die Wipfel der Bäume, der blaue Himmel – wirklich, es scheint eine neue Lebensphase angebrochen. Hier soll ein neuer Abschnitt begonnen werden. Die Grashalme mit ihren feingliedrigen Rispen und den unterschiedlichen Samenbüscheln, die unzähligen kleinen, dem Löwenmaul ähnelnden Blumen, »Wiesen-Wachtelweizen« heißen sie laut Pflanzenbestimmungsbuch, die trotz der extremen Trockenheit den Waldboden bedecken und deren Farbe nur vom kräftigeren Gelb des Löwenzahns übertroffen wird, diese stille Harmonie eines Sommermorgens läßt alles zurücktreten, was gestern noch wichtig schien. Für meine neue Gelassenheit, an der sicher die Stimmung dieses Sommertages Anteil hat, spricht, daß mich die Reaktionen auf diese Briefe kaum noch interessieren und ich mich frage, weshalb ich sie überhaupt geschrieben habe.

28. 6. 1989

Kurz nach 6.00 Uhr geht es mit Claudia und Sascha zum kühlen See. Sascha durfte einen der letzten Schultage schwänzen. Er ist glücklich mit seiner geliebten Schwester Claudia. Es tut gut, bei dem kräftigen Anstieg bis hoch zur Autobahn die Leistungsfähigkeit der Beine und des Herzmuskels zu spüren. Das Baden im klaren See, der nach wochenlanger Hitze auch früh eine angenehme Temperatur hat, ist unbeschreiblich. Auf dem Rücken liegend, schaue ich auf die schönen alten Eichen am Ufer und in den wolkenlosen Himmel.

Das Frühstück auf der Terrasse ist wie der Anfang eines langen Sommerurlaubes. Warum soll man nicht jeden Tag, an dem einem danach ist, zum Urlaubstag erklären? Ob wir das jemals schaffen werden? – Genießen wir den schönen Junitag. Noch können wir es!

Dann liege ich wieder in der Hängematte, betrachte die Bäume und den Himmel. Ich wüßte schon, womit beginnen, wenn ich, Gott bewahre, tatsächlich noch einmal in der Politik mitreden sollte.

Solcherart Nachdenken ohne tagespolitische Hektik ist bei unserer Führung sicher unüblich, mit der Zeit wird es wegen fehlender Übung verlernt. Zu neuem Denken gibt es dann nicht einmal mehr einen Ansatz.

Abends stellte einer meiner ehemaligen Mitarbeiter, der uns besuchte, die Frage, was ein anderer an Honeckers Stelle, wenn er an die Spitze käme, neu und besser machen könne. Ich antwortete ihm: Er müßte zu allen Fragenkomplexen, zu jedem Problemkreis kleine Arbeitsgruppen aus dem Heer kluger und kompetenter Menschen, die es in allen Bereichen und auf allen Ebenen gibt, bilden, und zwar zu jedem mehrere. Die müßten mit der eindeutigen Vorgabe, nur nach eigenem Wissen und Gewissen und ohne Hemmungen und Bindungen an Aufträge strategische Vorschläge und kurzfristige Alternativen erarbeiten. Daraus würden sich mit Sicherheit richtige Lösungen ergeben.

30. 6. 1989

Im Berliner »Haus der jungen Talente« kam es zu der bisher interessantesten Lesung mit einem bunt zusammengesetzten, meist jugendlichen Publikum. Diesmal waren auch mir gegenüber kritisch eingestellte

Zuhörer in deutlicher Zahl vertreten. Die Bezirksleitung der FDJ versucht dort in einer Art Hyde Park Dampf abzulassen. Von meinem Auftreten erwartete man offenbar keinen zu großen Ärger, hatte doch zum Beispiel Stefan Heym trotz wiederholter Anträge in diesem Haus bisher noch nicht lesen dürfen. Die doppelte Zahl der sonst gezählten Besucher saß eng gedrängt um das Podium im Saal und auf der Bühne. Als erste meldeten sich Vertreter der um einige Kirchen gruppierten oppositionellen Kreise mit Fragen und Erklärungen zu den Vorgängen in China. Zur selben Zeit fanden in der Samariterkirche Protestaktionen statt.

Für mich war dies in Anbetracht der Haltung der Führung ein schwieriges Thema: Hätte ich mich darauf eingelassen, wäre die Diskussion an diesem Abend allein in diese Richtung gegangen, und es wäre vermutlich mein letzter Auftritt gewesen. Einer der Protestierer aus der Samariterkirche machte für die dort laufende Aktion Reklame, zitierte Fidel Castro gegen Deng Xiaoping und Mielke mit entsprechendem Lob für die sowjetische Staatssicherheit. Die Art seiner Fragestellung und seine Argumentationen fanden keinen großen Anklang. Dagegen gingen Berichte mehrerer Frauen über erlebte Drangsalierung und Repressalien unter die Haut. Am liebsten hätte ich ihnen in allem sofort zugestimmt. Aber ich ließ ihre Ausführungen einfach wirken, auch den Bericht der Mutter eines relegierten Schülers von der Ossietzky-Schule und den einer Lehrerin aus Potsdam, die wegen ihres Eintretens für Umweltprobleme mit ihrer Schuldirektorin extreme Schwierigkeiten hatte. Die Mutter eines schwer körperbehinderten Kindes beschwerte sich über die Absetzung einer Fernsehsendung, an der mitzuwirken sie sich nach langem Zögern bereit erklärt hatte. Die Leitung des Fernsehens hatte, wie üblich, für ihren Schritt keine Begründung gegeben. Meine Stellungnahmen zu allen diesen Fragen erlaubten es mir, mich mit einigem Anstand aus der Affäre zu ziehen; es blieb aber ein unbefriedigendes Gefühl. Auf alle diese berechtigten Fragen, die Schilderungen der Sorgen und Nöte konnte ich nicht so eingehen, wie ich das gerne getan hätte. Ich versuchte dem Publikum zu erklären, weshalb ich bei meinen Auftritten die Kritik mit dem eigenen Gewissen vereinbaren muß und doch auch gezwungen bin abzuwägen, was ich wann und wo sage, um mir die Möglichkeit zu erhalten, tatsächlich weiterhin etwas zu bewirken.

Ergiebiger war das offenere Gespräch nach Schluß der Veranstaltung, als ich um Autogramme gebeten wurde. Bald bildete sich eine Gruppe von 25 bis 30 jungen Leuten um das Podium herum. Aus Fragen und Antworten entwickelte sich ein Gespräch, wie es vor einem großen Forum nur schwer möglich ist. Dabei hatte ich den Eindruck, in der gebeutelten und von ihrem harten Los gezeichneten Potsdamer Lehrerin eine aufmerksame und interessierte Gesprächspartnerin zu finden.

Später, viel später, sollte ich mehr über sie erfahren. Die Eltern der jungen Frau von Mitte Dreißig engagierten sich als Lehrer für den Sozialismus, opferten sich auf für die Schule und die Gesellschaft. Der Großvater, Bauer, war wegen nichterfolgter Ablieferungen in der Stalinzeit zu Zuchthaus verurteilt worden, verließ die DDR und kämpfte nach seiner Rückkehr lange um die Rückgabe seines Eigentums. Er verzieh der Tochter nie, daß sie einen Kommunisten geheiratet hatte und selbst in die SED eingetreten war.

Diesen Konflikt, die harten Auseinandersetzungen in der Familie verdrängt das heranwachsende Mädchen. Im Elternhaus begegnen ihr nur Menschen, die gleiche Meinungen haben. Sie bemerkt wachsende Selbstgefälligkeit, Arroganz, zunehmende Privilegien im Bekanntenkreis der Eltern. All das hat nichts mit ihren anerzogenen sozialistischen Idealen zu tun. Für sie ist Sozialismus Gleichheit aller, Mitbestimmung, Basisdemokratie. Nach zwanzig Jahren als Abgeordneter in der Volkskammer hat der Vater offenbar das Gefühl, selber die Regierung zu sein. In der Schule will sich keiner mit der Tochter des Schuldirektors politisch anlegen.

Die Schwierigkeiten stellen sich auf der Internats-Oberschule ein. Ein Artikel von ihr hängt an der Wandzeitung: »Ist Lernen wirklich unser Barrikadenkampf?«

Der Bruch erfolgt während des Studiums in Berlin. Sie schreibt und jobbt bei NARVA, kommt dort mit Arbeitern zusammen, die sich nicht als herrschende Klasse fühlen. Eine alte Frau erzählt ihr, wie sie und ihr Mann Anfang der dreißiger Jahre aus Überzeugung in die Sowjetunion gegangen waren. Sie schildert Verhaftung und Arbeit im sibirischen Straflager. Bis dahin sah das Mädchen in der Sowjetunion das Land ihrer sozialistischen Ideale. Begegnungen mit einfachen Soldaten der in Mecklenburg stationierten sowjetischen Truppenteile, deren natürliches menschliches Wesen, deren Heimatliebe sah sie als Ausdruck neuer Lebensformen in diesem Land an, über das sie viel Gutes gelesen hatte. Nun zerbricht diese Wunschvorstellung, die Studentin ist zerstört, sie meint, alles sei erlogen. Sie erkennt, daß Gleichaltrige diese Wahrheit kennen, aber mit zwei Zungen reden. Dann stellt sie, die bis zu ihrem Studium kein Westfernsehen eingeschaltet hatte, alles in Frage: Was ist Wirklichkeit, wenn so ein wichtiges Thema unter den Tisch gekehrt wird? Sie fühlt sich mit ihren bohrenden Fragen in die Ecke der Opposition gedrängt. Sie hat nicht gelernt, sich anzupassen.

Für die Eltern ist sie vom Klassenfeind beeinflußt, die Verbindung bricht fast völlig ab.

Sie glaubt, der Sozialismus könne nicht kaputtgehen, aber sie ist fast kaputt.

Mit Gorbatschow kommt das große Aufatmen. Da ist sie schon einige Jahre Lehrerin für Russisch und Geschichte. Irgend jemand wird der Rüstungsspirale ein Ende setzen, der wird aus dem sozialistischen Lager kommen, hatte sie vor Jahren gedacht. Statt Vokabeln einzupauken, erzählt sie den Schülern von Perestroika. »Das kommt irgendwann, Kinder, auch bei uns, und wir müssen darauf vorbereitet sein.« In der DDR-Führung rührt sich nichts, und für den Vater hat Gorbatschow den Sozialismus verraten.

1987 gründet sie eine Umweltgruppe, wird deren Vorsitzende. Nach den Vorhaltungen in der Schule beginnen nun die komplizierten Schwierigkeiten mit der Staatsmacht. Von allen Seiten im Kreuzfeuer. Noch hat sie ein relativ großes Vertrauen in den Staat. Die Direktorin bestellt sie zu sich, will Auskunft, weshalb sie mit der Kirche in Kontakt ist. Die Information ihrer Vorgesetzten muß über die Staatssicherheit zugetragen worden sein. Später wird der Verdacht zur Gewißheit. Für April 1989 bereitet sie mit anderen eine Tagung von Umweltgruppen aus der DDR vor, das Verbundsystem steht nun schon fast konspirativ. Der Vorsitzende der Gesellschaft für Natur und Umwelt erklärt im Februar: »Kein Treffen, Verbot von ganz oben!« Die Frau ist fertig, sie heult. Am

Abend sieht sie im Theater Heiner Müllers »Wolokolamsker Chaussee 4 und 5«. Sie sagt sich: Wenn sich ein Theater das traut, mußt du dich auch trauen! Sie fährt mit einem Freund nach Berlin, sucht den »Verbieter«: Unkenntnis und Ahnungslosigkeit bis ins Zentralkomitee der SED hinein. Der Bundessekretär für Natur und Umwelt beim Kulturbund freut sich über »sein Volk«, bislang für ihn eine Ansammlung imaginärer Vereine. Er hilft. Die Teilnehmer des Treffens sind nicht die langhaarigen Typen, vor denen gewarnt wird, auch keine Kommunistenfresser, es sind Leute, die etwas Konstruktives machen wollen. Jetzt aber wird abgehört, überwacht. An der Schule häufen sich die »Vorladungen«. Im Gegensatz zu anderen, die Gefängniserfahrungen sammeln, hat sie noch Glück. Man will den Namen des Vaters reinhalten: »Mißbrauchen Sie den Vertrauensbonus nicht!« Das sagt ihr ein nichtgemeldeter Besucher. Für sie ist das alles unverständlich: Damals an den Mecklenburger Seen, zu Hause, kannte sie Leute von der Staatssicherheit, die waren freundlich gewesen, fast Freunde des Hauses. Das können die nicht machen.

Nach den Wahlen im Mai stellen sie in der Gruppe fest, daß manipuliert wurde. Früher hatte sie von derartigem keine Ahnung gehabt, jetzt weiß sie es, und sie muß etwas unternehmen.

Sie geht zum Oberbürgermeister. Die Paragraphen kennt sie nun schon. Sie wird nicht empfangen. Immer noch denkt sie, es klärt sich, sie wird Antwort auf ihre Eingabe erhalten. Aber auf ihre Eingabe zum »Sputnik«-Verbot hat sie auch nie etwas gehört.

Sie ist verbittert, ratlos. Drei Kinder sind zu versorgen. Die Direktorin legt ihr nahe zu kündigen. Am besten gleich »nach drüben« zu gehen. Das kennt sie schon vom Vater. Da kommen Aggressionen hoch. Genau an dem Punkt ist sie angelangt, als sie zu der Lesung ins »Haus der Jungen Talente« geht. Sie sucht den Widerstreit im großen. Durch Offenheit sieht man klarer. Sie ist neugierig: Da steht einer, »der es eigentlich gar nicht nötig hat« sich zu stellen. So meldet sie sich zu Wort, redet vom Umweltschutz und von der Empfehlung der Direktorin, das Land zu verlassen.

Völlig unverhofft traf ich diese Frau bei einer Lesung in Potsdam ausgerechnet am 9. November wieder. Wir wußten beide noch nichts von der inzwischen bekanntgegebenen Öffnung der Grenze. Sie war jetzt wie ausgewechselt, fröhlich, optimistisch. Sie hatte den Schuldienst gekündigt, lebte von Ersparnissen und ging ganz in Aktivitäten für das Neue Forum und in der Arbeit einer Initiativgruppe zum Schutz der Umwelt auf. Zu meiner Überraschung erinnerte sie sich gern an die Begegnung in Berlin, das Gespräch mit mir habe ihr Mut gemacht. An unserem aufgeschlossenen Gespräch nahmen noch andere Mitglieder des Neuen Forum teil, und ich fragte mich damals wohl zum erstenmal, weshalb wir nicht eigentlich schon früher zusammengefunden hatten.

Als dann, nach jenem 9. November, die Entwicklung in der DDR eine neue Richtung erhielt und in vielem nicht mehr den Vorstellungen jener entsprach, die im Oktober und am 4. November auf dem Alexanderplatz freiheitliche Veränderungen im Zeichen des Sozialismus angestrebt hatten, stellte ich mir diese Frage wieder und wieder, auch noch in Moskau, als ich dort an diesem Manuskript arbeitete. Während ich mich schon mit meinen Notizen beschäftigte, die auf das Jahresende 1989 zugingen, schickte mir meine Frau die Sammlung von Befehlen und Lageberichten des MfS von Januar bis November 1989, die in Berlin unter dem Titel des in die Geschichte eingegangenen Mielke-Spruchs »Ich liebe euch doch alle!« gerade erschienen waren. Dort las ich, daß Mielke genau am Tag meiner Lesung im »Haus der Jungen Talente«, am 30. 6. 1989, eine »Information über die Durchführung kirchlicher Solidaritätsveranstaltungen im Zusammenhang mit den konterrevolutionären Ereignissen in der VR China« an Honecker und einige weitere Empfänger gegeben hatte. Erst aus dieser Information erfuhr ich mehr darüber, was sich Ende Juni in einigen Kirchen aus Protest gegen die Vorgänge in Peking tatsächlich abgespielt hatte und wer daran beteiligt gewesen war.

Ich fand in dieser »Information« neben den mir damals schon bekannten Namen von Pfarrer Eppelmann und Bärbel Bohley den des Stadtjugendpfarrers Hülsemann, der mir zu dieser Zeit noch unbekannt war. Beim Lesen des Berichts über seine damaligen Aktivitäten fiel mir sofort die Begegnung am 19. Januar 1990 ein, vier Tage nach jenem Ereignis, bei dem mehrere tausend Demonstranten in das zentrale Dienstgebäude der Staatssicherheit in der Normannenstraße eingedrungen waren und dabei eben auch die in der Broschüre veröffentlichten Akten des MfS der weiteren Geheimhaltung entzogen hatten. Der Volkszorn gegen die Stasi hatte seinen ersten Höhepunkt erreicht.

Für den 19. Januar war geplant, daß ich an einer Talk-Show im »Theater im Palast« teilnehmen sollte. Und so kam es, daß ich an jenem Abend, es war mein Geburtstag, gemeinsam mit dem Stadtjugendpfarrer und einigen anderen Teilnehmern einem Publikum gegenübersaß, das zum großen Teil in mir nicht mehr den Hoffnungsträger vom Sommer 1989 sah, sondern den ehemaligen General der gehaßten Staatssicherheit. Pfarrer Hülsemann war in einer wesentlich günstigeren Position. Er forderte zur Toleranz auch mir gegenüber als einem Andersdenkenden auf.

Ebenso nachdenklich wie diese Begegnung mit dem Publikum stimmte mich auch das Gespräch, zu dem wir vor unserem öffentlichen Auftritt in der Garderobe Gelegenheit hatten. Erst da wurde mir bewußt, wie wenig wir voneinander wußten. Nicht nur ich hatte keine oder nur wenig Kenntnis über die Aktivitäten der unter den Dächern der Zions-, Samariter-, Gethsemane- und anderer Kirchen tätigen Friedenskreise, der Ökologie- und Umweltgruppen, der Initiativen für Menschenrechte. Der Jugendpfarrer seinerseits schien nur lückenhaft über all das informiert, was sich an oppositionellem Denken unter dem Dach meiner Partei heftig geregt hatte. Seine Fragen zeugten davon. Sie waren auch an André Brié gerichtet, der ebenfalls Teilnehmer dieses Podiumsgesprächs war und der sich zu diesem Zeitpunkt sehr für eine Erneuerung der Partei des demokratischen Sozialismus exponierte. Im Sommer 1989 und davor gehörte er zu jenen in der SED, die aktiv und öffentlich für Veränderungen eintraten. Es gab Bewegungen in unserem Land, die nicht zueinander gefunden hatten.

Innerhalb des etablierten Systems drängten viele auf ähnliche Veränderungen wie jene, die völlig ausgegrenzt und wesentlich härteren Verfolgungen ausgesetzt waren. Zwischen den verschiedenen Strömungen gab es kaum Brücken. Erst nach dem Oktober hatte ich immer wieder für mich aufschlußreiche Begegnungen und Gespräche, zum Beispiel mit Vertretern des Neuen Forum, der Sozialdemokraten, des Demokratischen Aufbruchs, die tiefere Einsichten in die Vielfalt der Aktivitäten vermittelten, Aktivitäten, die meist in enger Verbindung mit der evangelischen Kirche standen. Bei diesen Begegnungen öffnete sich eine mir bis dahin verschlossene Welt. In welchem Umfang die Kirche oppositionellen Strömungen nicht nur ihre Häuser zur Verfügung stellte, sondern Menschen unterschiedlichster Denkart Kraft und Mut zum Durchhalten gab, war mir damals so nicht bewußt. Nur einzelne der mir bekannten Intellektuellen, wie Christa Wolf, waren in den Kirchen zu finden. Sicher liegt in dieser Isolierung eine Tragik unserer Entwicklung.

Das ausführliche Gespräch mit der Lehrerin aus Potsdam kam erst im Mai 1990 zustande. Die Begegnung im Juni 1989 war eine der vielen verpaßten Gelegenheiten, mit solchen Menschen aus den zersplitterten Gruppierungen in engeren Kontakt zu kommen. Wir hätten gewiß eine gemeinsame Sprache gefunden. War es mangelnde Kenntnis, Enge des eigenen Denkens oder zu große Rücksichtnahme auf das wachsame Auge des Apparats?

7. 7. 1989

Interessante Lektüre, unter anderem eine Rede Gorbatschows an der Sorbonne, in der er solche Probleme aufwarf wie die Entfremdung des Menschen vom Eigentum und von der Macht. Diese Kategorien sind unseren grauen Oberen viel zu hoch. Ob sie begreifen, daß die Formeln zur sozialistischen Demokratie nur noch Worthülsen sind, die mit der Realität überhaupt nichts mehr zu tun haben und bei den Menschen nicht mehr ankommen? Einigen fehlt inzwischen sicher der Sinn dafür, andere, die es besser wissen, haben sich zu Zynikern entwickelt.

8. 7. 1989

Mit meinen Briefen kam es wie erwartet: Früh Anruf von Mielke und seine Abmeldung in den Urlaub: »Mach erst mal selbst Urlaub.« Honecker mußte mit einer Gallenkolik frühzeitig von den Sitzungen des politisch-beratenden Ausschusses aus Bukarest zurückkehren. «Mach also erst selbst Ferien, aber keine Dummheiten! Nichts Unabgestimmtes! Ich wünsche Dir gute Erholung!« Auf meinen Einwand und meine Forderung, daß es so nicht gehe und ich mich damit nicht abfinden würde, er solle die Briefe weiterleiten, ging er nicht ein: »Ja, ja – nach deinem Urlaub reden wir über alles.«

Gerade hatte mir meine ehemalige Schwiegertochter etwas mitgeteilt, was zum Thema der Briefe paßte. Sie, die Journalistin, hatte entsprechend ihrer medizinischen Spezialisierung für das »Neue Deutschland« einen Artikel über Asthma geschrieben. Dabei war sie eingehend nach ihrer Verwandtschaft mit mir befragt worden. Zweifel waren geäußert worden, ob die Veröffentlichung ihres Beitrages überhaupt opportun sei. In dieselbe Richtung paßte die Ablehnung der von einem Redakteur von Jugendradio DDR geplanten Sendung mit Stephan Hermlin, Dieter Lattmann und mir.

10. 7. 1989
Aus Ferien wird wohl nichts. Die letzten Tage mit unwahrscheinlicher Hitze, selbst hier im Wald, waren fast unerträglich. Auch das Wasser der Seen brachte kaum noch Abkühlung. In der Stadt war es unter der dunklen Staub- und Dunstglocke noch unerträglicher.

Tage voller Hektik rauben in der Nacht den Schlaf.

Interessantes Telefongespräch mit dem LDPD-Vorsitzenden Manfred Gerlach, der mich nach hartnäckigen Bemühungen schließlich auf dem Grundstück aufgestöbert hat. Angeblich ging es um eine Lesung aus der »Troika« vor dem Hauptvorstand seiner Partei. Er war gleich per Du, erinnerte sich an unsere Begegnung in Moskau im Jahre 1949 oder 1950. Dann feuerte er ohne Rücksicht gegen die Führung der SED, besonders gegen Herrmann, aber auch gegen seinen alten Freund und Gönner Honecker. Er berichtete über mehrfache Vorstöße im Sinne einer Umgestaltung entsprechend unseren Bedingungen, es tue sich nichts. Die Blockparteien seien weiterhin nichts als Anhängsel der SED, sie würden zur Beratung von Beschlüssen überhaupt nicht hinzugezogen. In Vorbereitung auf den XII. Parteitag der SED wolle er nun, gestützt auf seinen Vorstand, massivere Vorstöße unternehmen. Gerlach wirkte fest entschlossen und zur Konfrontation bereit. Das geplante Forum um eine »Troika«-Lesung gehört vermutlich zu diesen Aktivitäten; er sucht Verbündete. Seine Courage ist anzuerkennen, ohne Courage wird nichts geschehen.

11. 7. 1989
Ein erstes Leserforum im Ministerium für Staatssicherheit außerhalb der Aufklärung. Weitere sollen folgen. Kleiner Kreis, handverlesene Genossen aus verschiedenen Generationen und von unterschiedlichen Stufen innerhalb der dienstlichen Hierarchie. Und dennoch verlief das Ganze wider Erwarten ohne Krampf. Besonders die Jüngeren stellten ungezwungen ihre Fragen, meist andere als in den bisherigen Lesungen, aber gerade solche, die mir Gelegenheit zu Antworten gaben, die sie sonst so im Ministerium nicht hörten. Zum Beispiel sprachen wir über Grenzen der Toleranz im Umgang mit Andersdenkenden. Ich kam direkt zu den Auseinandersetzungen mit den diffamierten Oppositionellen, dem Problem der zunehmenden Ausreiseanträge mit der grundsätzlichen Aussage, daß derartige Probleme nicht mit administrativen Mitteln, sondern nur politisch zu lösen seien. Meine scharfe Kritik an der Medienpolitik schien offene Ohren zu finden.

Diese Foren geben mir Gelegenheit, die Diffamierung durch die Kreisleitung zu kontern. Es wird sich hoffentlich herumsprechen, daß ich nicht klein beigebe und meine Ehre bei denen wiederherstelle, auf deren Meinung ich Wert lege.

12. 7. 1989
Anruf der sowjetischen Botschaft wegen Betreuung bei der bevorstehenden Moskaureise. Überraschende Mitteilung: Walentin Falin habe von meinem Besuch erfahren und veranlaßt, daß ich als Gast des Zentralkomitees im Gästehaus an der Uliza Dimitrowa untergebracht und betreut werde. Die Genossen Koptelzew und Portugalow vom ZK wollen mit mir reden, auch Falin, wenn es bei ihm klappt.

Herrje! Da sitzt man im Wald auf Rente, unternimmt fast gar nichts, wird von der Führung auf Eis gelegt, »und sie bewegt sich doch!«

Um das Kraut fett zu machen, brachte das ZDF um 21.00 Uhr in Studio 1 einen Beitrag über mich und »Troika«, von Professor Seiffert entsprechend kommentiert. Am Nachmittag war mir das Buch von Seiffert über »Gorbatschow und Deutschland« mit dessen Widmung übergeben worden.

Jetzt gilt es tatsächlich die Ohren anzulegen und keinen Fehler zu machen.

14. 7. 1989

Für die Moskaureise machte ich folgende Notizen: Lage in der DDR voller Widersprüche.

Genereller Eindruck: Führung nicht willens, notwendige Veränderungen zu analysieren, vorzubereiten und durchzuführen.

Für jeden sichtbar der Widerspruch zwischen Wort und Tat, zwischen widerlicher Verherrlichung in den Medien und der Realität. Kluft zwischen Partei und Volk, zwischen Parteiführung und Mitgliedern wächst ständig.

Trotz vielfältiger Berichterstattung, einschließlich durch das MfS, kennt Führung wahre Stimmung nicht, da sie sich selbst isoliert, Kontakte nur bei Jubelveranstaltungen und entsprechend vorbereiteten Besuchen pflegt.

Vorgänge in anderen sozialistischen Ländern stärken Selbstbewußtsein, wovon ich mich beim Gespräch mit Honecker am 18. 1. überzeugen konnte.

Hochstilisierte Wahlergebnisse, Pfingsttreffen der Jugend werden für Ausdruck der tatsächlichen Stimmungslage gehalten.

ZK-Tagungen ergeben keinerlei kritische Prüfung, verlaufen wie gehabt, nur Zustimmung.

Der Unmut der Bevölkerung, aber auch zunehmend innerhalb des Partei- und Staatsaktivs wächst ständig und hat viele Ursachen.

Gegenüber der Medienpolitik gibt es nur eine ablehnende Meinung, aber auch zu vielen anderen Fragen. Warum ändert sich nichts?

Gegenüber Andersdenkenden in Partei, im Staatsapparat, auch in den Medien selbst wird zunehmend administrativ vorgegangen. Repressive Maßnahmen gegen oppositionelle Demonstranten, wie am 7. 7. auf dem Alexanderplatz, bringen die Bevölkerung gegen die Polizei und das MfS auf. Alle diese Maßnahmen funktionieren nicht mehr wie früher.

Am stärksten äußert sich der Widerspruch bis in die Partei hinein im Bereich Kultur. Der Gegendruck zwingt manchmal zum Abgehen von repressiven Maßnahmen und zu Zugeständnissen im Einzelfall. Dies wird aber nur ganz oben entschieden, wie beim Dokumentarfilm über Friedrich Wolf, den Nationalpreisen für Professor Mittenzwei und Volker Braun, so auch in manchen Seiten der Verlagspolitik.

Ähnlich ist es mit der Berichterstattung über Perestroika in der UdSSR und zu Fragen der Geschichte – meist restriktiv, ablehnend, aber unter dem Druck der Realität und von Diskussionen manchmal doch zögernde Wiedergabe entsprechender Veröffentlichungen in der UdSSR. In diesem Bereich besteht der Eindruck einer Konzeptionslosigkeit, eines hilflosen Krisenmanagements, durch das manche Ventile geöffnet werden, Hoffnungen und Illusionen entstehen. Genossen, die in diesen Fragen eine klarere Position beziehen, sind der Kulturminister Joachim Hoffmann, Klaus Höpcke, Manfred Wekwerth und andere. Solche klugen Genossen, die nach Möglichkeiten suchen, Gedanken über notwendige Veränderungen einzubringen, gibt es überall, auch im Zentralkomitee und seinen Instituten, in Kommissionen zur Vorbereitung des Parteitags. Sie sind aber in Kenntnis der gewünschten und erwarteten Linie meist sehr vorsichtig. Auch Manfred Gerlach in der LDPD vertritt solche Ansichten. Deshalb gibt es nur in engen Kreisen Diskussionen über mögliche Alternativen, zum Beispiel zur Preispolitik, zur Rolle der Volkskammer, der Blockparteien, zum Wahlsystem und zur Notwendigkeit einer tiefgehenden Analyse über die zunehmenden Ausreiseanträge.

Es gibt keinerlei Anzeichen dafür in Veröffentlichungen der zentralen Medien, in den Tagungen des Zentralkomitees. Nach außen gibt es nur Paradeveranstaltungen wie zum Beispiel den Pädagogischen Kongreß im Juni. In der Ökonomie entsteht für jeden Bürger eine absolute Diskrepanz zwischen der Darstellung in den Medien und der Realität. Die Ausreisen aus der DDR werden dadurch direkt gefördert (1989 sind etwa 80.000 zu erwarten). Zugeständnisse bei Reisen oder in der Kulturpolitik sind Ventile, aber keine Lösungen.

Wie könnten notwendige Veränderungen bei Aufrechterhaltung der Stabilität und des sozialistischen Weges herbeigeführt werden? Es muß gründlich über die Genese der Ereignisse in den sozialistischen Ländern vom 17.Juni 1953, von 1956, 1968, 1980/81 nachgedacht werden.

In der DDR bestehen relativ gute Voraussetzungen für eine planmäßige Erneuerung, da die Ökonomie noch reparabel erscheint, da es gute Köpfe in allen Bereichen gibt und selbst der Apparat bei richtiger Orientierung noch brauchbar ist. Notwendig wäre die Erarbeitung einer entsprechenden Strategie und erforderliche Sofortmaßnahmen auf allen wichtigen Gebieten. Dazu muß neues Denken gefordert und gefördert werden, Kopien sind nicht notwendig. Die SED könnte so bei einer Weiterentwicklung des Sozialismus und seiner Ausstrahlung eine positive Rolle spielen. Von dieser Führung ist aber kein Anstoß mehr zu erwarten. Woher also?

Antwort ist schwierig. Erfahrungen bei Leserforen, Interviews, vielen Gesprächen zeigen die Bereitschaft, einer neuen Linie zu folgen. Vorläufig nur die eigene Möglichkeit des Kampfes auf diesem Sektor erkennbar. Viele suchen Kontakt untereinander, sind aber nicht formiert. Übereinstimmend besteht die Meinung: Es muß sich etwas ändern, sonst wird es schlimm, kann zur Katastrophe führen.

Eine ausführliche Darstellung der eigenen Lage und Erfahrungen soll diese Gedanken ergänzen.

17. 7. 1989
Flug nach Moskau, wo wir vom Flugplatz von alten Bekannten abgeholt und wie vorgesehen im ZK-Hotel »Oktjabrskaja«, nur wenige Minuten von Schwester Lena entfernt untergebracht werden.

Am Abend kommt es mit ehemaligen Kollegen des Partnerdienstes nach kurzer Begüßung sofort zum Gespräch über die Hauptfragen. Ich schildere ganz ungeschminkt die Lage mit dem Resümee, daß von dieser Führung keine Erneuerung mehr zu erwarten und eine Alternative nicht in Sicht ist. Die Freunde hören sehr aufmerksam zu und stellen am Schluß die für mich etwas überraschende Frage, wie ich die Perspektive der westdeutschen Konzeption einer Wiedervereinigung und des Abbaus der Mauer sehe. Dieses sei doch schon im Gange.

18. 7. 1989
Vormittags im Progress-Verlag, wo ich die Lektorin mit meiner Kritik der russischen Übersetzung schocke. Beim künstlerischen Leiter gab es

positive Gedanken zur Gestaltung. Der Direktor Alexander Awelitschew stimmt meinen Vorschlägen zur Bearbeitung des russischen Textes, zur Gestaltung und zur Verwendung von Leserbriefen als Nachwort zu.

Bei Schwester Lena gab es große Aufregung: Die nun schon weit über 80jährige Saja, engste Freundin der Familie, von Lena wie eine Mutter verehrt, ist am Schwarzen Meer ins Zentrum der Unruhen in Abchasien geraten. Die Frauen drängten mich so lange, bis ich bei Freunden anrief und um Hilfe bei der Klärung der Lage Sajas bat.

Abends waren Andrea und ich Gäste der sehr freundlichen und aufmerksamen ZK-Mitarbeiter Portugalow und Koptelzew, mit denen es ein mehrstündiges offenes Gespräch gab. Ich wurde alles los, was ich mir notiert hatte. Mehrmals kam Falins Lieblingsthese von der Einheit der Nation zur Sprache, auf welche die SED leichtfertig verzichtet habe. Die Frage nach personellen Alternativen wurde gestellt, ich konnte sie nicht beantworten. Honecker habe beim letzten Besuch gegenüber Michail Gorbatschow überraschend festgestellt, in Teilen der Partei und der Bevölkerung sei die Bedeutung der Perestroika anfänglich vermutlich unterschätzt worden.

Beide sprachen von der DDR als dem schwächsten Glied des sozialistischen Lagers, da es für dieses Land eine albanische Perspektive nicht gebe.

19. 7. 1989

Auf der Fahrt zu Lenas Datscha hörte ich die Rede Gorbatschows vor Parteifunktionären vom Vortag. Eine sehr wichtige Rede, auch für uns. Wie immer die Frage, was davon in der DDR veröffentlicht wird. Erstaunlich, wie er eine derart grundsätzliche und auch theoretisch fundierte Rede zu einer Zeit halten kann, da es im Lande rundum brennt (Streiks der Bergarbeiter im Kusbas und Donbas, Aufruhr in Abchasien, katastrophale Versorgungslage). Hier im Lande kann man tatsächlich zweifeln, ob dieser Weg zu Veränderungen gangbar ist und bleibt. Dagegen verläuft bei uns scheinbar alles noch ruhig und geordnet. Doch dieser Schein trügt.

20. 7. 1989

Vormittags in dem traditionellen Gebäude des Zentralkomitees der KPdSU an der Staraja Plostschadj bei Walentin Falin. Er ist mir gegenüber wie stets sehr freundlich, aufmerksam und aufgeschlossen. Hinweis auf Gorbatschows ständige Belastung durch Termine. Dann eine kurze Information zur Beratung des Generalsekretärs mit Parteifunktionären, in der es kontroverse Diskussionen gegeben habe. Es wurde mir klar, wer der eigentliche Adressat meiner Einschätzung sein würde. Falin hielt sich nicht lange bei der Vorrede auf und stellt wie immer präzise Fragen. Dazu wurde ich, noch einmal, in Kurzfassung meine DDR-Analyse los, ungeschminkt, ohne personelle Alternative. Seine beiden Mitarbeiter, mit denen ich am Vorabend ausführlicher gesprochen hatte, schrieben eifrig mit. Danach Falin: es gebe zwei Möglichkeiten – entweder habe Gorbatschow Erfolg, oder er scheitere. Auf die zweite Alternative kam er nicht mehr zurück. Wenn er Erfolg habe, werde die Abrüstung vorankommen, das würde auch die Sowjettruppen in der DDR betreffen. Wie stehe die Führung der DDR dazu?

Ich meinte, diese Führung mache sich darüber kaum ernste Gedanken, nicht einmal angesichts der immer komplizierter werdenden Ausreiseproblematik und anderer sehr akuter Fragen sei dies der Fall. Obwohl immer noch eine Möglichkeit bestehe, die Erneuerung ohne Destabilisierung systematisch anzugehen. Festzustellen sei nur ein gewisses Krisenmanagement und das Öffnen einzelner Ventile.

Falin wies darauf hin, daß die Westdeutschen Veränderungen im Hinblick auf die nationale Einheit mit langem Atem betreiben würden. Ein westdeutscher Politiker habe ihm gesagt, sie könnten die DDR innerhalb von zwei Wochen destabilisieren, wenn sie es wollten. Sie wollen dies aber nicht, da die Entwicklung, so wie sie verlaufe, für sie aussichtsreicher sei. Wir vereinbarten, weiter in Kontakt zu bleiben.

Beim Rückflug in der Linienmaschine der Interflug ließ ich mir die Moskauer Gespräche durch den Kopf gehen. Ich muß zugeben, daß mir die starke Betonung der nationalen Frage im Sinne der deutschen Einheit durch meine sowjetischen Gesprächspartner damals mehr als theoretisch angelegte Betrachtung erschien. Da ich solche Überlegungen aus früheren Begegnungen mit Valentin Falin kannte, glaubte ich in seinem Exkurs in die Geschichte seiner Differenzen mit Honecker die Rückkehr zu einem seiner Lieblingsthemen zu erkennen. Die tiefgründigen Analysen sowjetischer Außenpolitiker zur deutschen Frage, zur Notwendigkeit ihrer Lösung als folgerichtige Konsequenz des neuen Gorbatschow-Kurses auf Entspannung in Europa und in der Welt waren mir nicht bekannt. Meine Sorge galt der sich weiter zuspitzenden Lage innerhalb der DDR, dem starrsinnigen Widerstand unserer Führung gegen die dringend notwendigen Reformen in Politik und Wirtschaft, ihrer offenkundigen Ablehnung des mutigen Kurses Michail Gorbatschows zur revolutionären Erneuerung des Sozialismus.

Noch im Jahr zuvor hatte ich bei einem ähnlichen Gespräch in Moskau die Meinung vertreten, daß in der DDR günstigere Bedingungen für eine Umgestaltung bestünden als in der Sowjetunion, wenn sie von der Partei- und Staatsführung mit klarem Konzept, Umsicht und Konsequenz angegangen würde. Die Probleme unseres relativ kleinen Landes schienen überschaubar, Wirtschaft und Versorgung im Vergleich zur Sowjetunion relativ stabil, den kompetenten und erfahrenen Leitern, Wissenschaftlern, Technikern und Ingenieuren, den Arbeitern und Bauern fehlte nur ein Anreiz zu guter Leistung. Die großzügigere Gewährung von Reisemöglichkeiten wäre eine weitere Motivation. Im Verhältnis zur Bundesrepublik schien mir die weitere Normalisierung der Beziehungen die Stabilität eines solchen Prozesses absichern zu können. Zu einer solchen Wende war allerdings zum Zeitpunkt unserer Gespräche die Bereitschaft der Führung in Berlin nicht mehr zu erwarten. Das mußte ich den Freunden in Moskau leider mit aller Deutlichkeit sagen.

Damals hatte ich keine Vorstellung davon, daß sowjetische Experten genauso wie einige Wissenschaftler bei uns das Nachlassen des Wachstumstempos der Wirtschaft der DDR und ihres technischen Standes im Vergleich zur BRD sehr gründlich verfolgt und die Konsequenzen einer DDR-Perestroika für alle Lebensbereiche analysiert hatten. So die Notwendigkeit der Einführung von Marktmechanismen für die Wirtschaft im Zusammenhang mit der Demokratisierung der Gesellschaft. Sie sahen nicht nur den Willen vieler Menschen in der DDR nach Überwindung der Trennung der deutschen Nation und damals noch die Möglichkeit, durch einen kontrollierten Prozeß über Reformen in der DDR und eine allmähliche Annäherung der beiden deutschen Staaten bis hin zu einer Konföderation die deutsche Frage zu entschärfen. Allein das Nachdenken darüber galt in Berlin als Ketzerei und Todsünde.

Jetzt leuchten mir die Gedanken Walentin Falins ein:

Die DDR-Führung hat mit der Lossagung vom in der ersten Verfassung der Republik noch verankerten Ziel der deutschen Einheit die Chance auf das Einbringen einer sozialistischen Alternative in diese Option preisgegeben. Die sowjetische Politik hatte, aus welchen Gründen auch immer, bis zur Gründung der DDR große Anstrengungen unternommen, die von den USA und ihren Verbündeten angestrebte Spaltung Deutschlands zu verhindern. Die Entstehung der BRD und die Politik Adenauers trugen lange Zeit das Kainsmal der Spaltung und der Wiederaufrüstung. Die Befreiung der Sowjetzone sollte durch Stärke und Konfrontation erreicht werden. So war die Einheit nicht zu erreichen. Diese Politik mußte scheitern. Ende der fünfziger Jahre erwuchsen aus dieser Erkenntnis neue Konzeptionen, auch die der Bildung einer Konföderation. Der von mir geleitete Dienst erhielt erste Hinweise dazu über eine Verbindung zu dem damaligen Finanzminister Fritz Schäffer. Obwohl uns manches an den vertraulich behandelten Informationen und der Bereitschaft Schäffers, dazu Gespräche in der Hauptstadt der DDR zu führen, recht unwahrscheinlich erschien, wurde der Kontakt gepflegt bis schließlich die Kontaktperson einen Termin für die Berlin-Reise des CSU-Politikers benannte. Zweifel erweckte die Mitteilung, Schäffer wolle von Westberlin aus allein mit der S-Bahn kommen und müsse zum angegebenen Zeitpunkt am Ausgang des Bahnhofs Marx-Engels-Platz empfangen werden. Dies erschien so wenig glaubhaft, daß die gewünschten Gesprächspartner, der Ministerpräsident der DDR und der sowjetische Botschafter, über diesen Termin, der auf ein Wochenende fiel, noch nicht in Kenntnis gesetzt waren.

Obwohl wir mit dem Erscheinen des Ministers von drüben überhaupt nicht rechneten, die DDR war ja für Bonn als Staat noch nicht existent, muß ein Nachrichtendienst stets auch unwahrscheinliche Vorgänge einkalkulieren. Der von mir beauftragte Oberst wartete zur vereinbarten Zeit am angegebenen Ort, ich hielt mich zu Hause bereit. Und das Unerwartete geschah – der Mann mit seiner kleinen Statur, dem unverkennbaren, hageren Gesicht, dem schmalen Schnauzer, der Brille und seiner im Mantelaufschlag erkennbaren, charakteristischen Fliege betrat pünktlich und an einer besonders unansehnlichen Stelle das Gebiet der Hauptstadt der DDR.

Der Oberst begleitete den Finanzminister zunächst noch zur Wohnung des Generals a. D. Vincenz Müller, einem Bekannten der Familie Schäffer. Während dort das erste Gespräch stattfand, wurde ich benachrichtigt, ich erhielt die Mitteilung, daß der Gast in wenigen Stunden zurückfliegen müsse. Die von ihm gewünschten Gesprächspartner standen so kurzfristig nicht zur Verfügung, und es wurde entschieden, ich solle gemeinsam mit einem Mitarbeiter der Sowjetbotschaft die Vorschläge Schäffers entgegennehmen.

So kam es zu der für mich denkwürdigen Begegnung mit dem Finanzminister der BRD in unserem kleinen Gästehaus in Rauchfangswerder am Zeuthener See. Dem alten Herrn aus Bayern saßen zwei Mittdreißiger gegenüber, ein Deutscher und ein Russe, nicht sehr protokollgemäß. Fritz Schäffer war die Enttäuschung anzusehen, dennoch trug er seinen Plan zur Bildung einer deutschen Konföderation sehr präzise vor. Diese Gedanken deckten sich mit den uns vorher bekannt gewordenen Informationen. Die Kontaktperson hatte dazu mitgeteilt, die Idee habe Schäffer seit dem Zeitpunkt beschäftigt, da Bundeskanzler Raab aus Moskau den Staatsvertrag für Österreich mitgebracht hatte. Abzug der Besatzungstruppen und Schaffung eines neutralen Vereinigten Deutschland – das war der Kern der Vorschläge des bayrischen Politikers. Sie waren Bundeskanzler Adenauer vermutlich genauso bekannt wie der Reiseplan Schäffers und stimmten kaum mit dessen Vorstellungen von der deutschen Zukunft überein. Doch der alte Taktiker, der sich gerade zu einer USA-Reise anschickte, mischte diesen Vorstoß sicher unter seine Karten im politischen Spiel. Schlimmstenfalls konnte sich dabei ein unbequemer Partner in der Regierung kompromittieren, denn der Finanzminister war unbequem.

Mit unserer Niederschrift über das Gespräch erhielten die Vorschläge Schäffers Gewicht, sie gelangten zu Walter Ulbricht, der kurz danach mit seinem Konföderationsplan aufwartete. Als der von Adenauer brüsk abgelehnt wurde, erklärte Ulbricht, diese Gedanken seien doch von einem Mitglied der BRD-Regierung ausgegangen. Das entsprach der Wahrheit. Was danach geschah, stimmte jedoch mit meinen Vorstellungen über die Einhaltung vereinbarter Vertraulichkeit keineswegs überein. Vincenz Müller und ein weiterer Partner dieses vertraulichen Kontakts wurden angehalten, vor den Kameras des DDR-Fernsehens die Richtigkeit der Behauptung Ulbrichts zu bestätigen.

Soweit die kleine Abschweifung zum Thema einer deutschen Konföderation. Auf jeden Fall schienen meine sowjetischen Gesprächspartner gründlicher als wir über diese fast schon vergessene Gelegenheit nachgedacht zu haben. Als Ende der sechziger Jahre die sozial-liberale Koalition unter Willy Brandt eine neue Ostpolitik mit der Formel »Wandel durch Annäherung« einleitete, waren die Jahre zuvor von Ulbricht gemachten Vorschläge zur Bildung einer deutschen Konföderation in Berlin bereits ad acta gelegt: Es begann die Ära Honecker. Der Text der DDR-Hymne »Deutschland, einig Vaterland« sollte vergessen werden.

Sicher waren dem ehemaligen Sowjetbotschafter in Bonn, Valentin Falin, bei seiner weitsichtigen Analyse die guten Kontakte zu führenden Sozialdemokraten zugute gekommen. Die Vordenker der sowjetischen Außenpolitik sahen bei einer Trennung der DDR vom administrativen Kommandosystem und einer Bewegung hin zum demokratischen Sozialismus auch die historische Chance der Annäherung der beiden größten Arbeiterparteien in Deutschland. Auch diese Chance wurde vergeben.

Doch selbst die weitsichtigsten Analytiker konnten sich Ende Juli 1989 den 9. November mit seiner bedingungslosen Grenzöffnung, diese unter dem Zwang der Ereignisse getroffene Entscheidung und ihre Folgen, nicht vorstellen. Mit »Deutschland, einig Vaterland«, zunächst auf Plakaten und von Tausenden bei den Montagsdemos in Leipzig und anderen Städten skandiert, bekam die Entwicklung zur deutschen Einheit eine nicht mehr steuerbare Dynamik. Die nun noch vom Einbringen einer sozialistischen Alternative sprachen, wurden kaum gehört. Da waren gerade dreieinhalb Monate seit meinem Abflug aus Moskau vergangen.

22. 7. 1989
Zur Premiere des Stücks von Sergej Tretjakow »Ich will ein Kind haben« im Berliner Ensemble, gespielt wird im »Prater« in der Kastanienallee. Das Stück ist eine Reminiszenz an die zwanziger Jahre und eine Verbeugung vor dem Autor, einem Opfer stalinistischer Repressalien, es gibt Besseres aus jener Zeit und über sie.

24. 7. 1989
Lesung und Gespräch im internationalen Ferienlager des Zentralrates der FDJ in Wendisch Rietz am Scharmützelsee. Damit war das Verdikt wieder in einem Punkt durchbrochen. Vor mir saß ein interessantes, gemischtes Publikum aus der DDR, der Bundesrepublik und Westberlin. Ein Videoteam der Sozialistischen Deutschen Arbeiterjugend machte Aufzeichnungen, anschließend gab ich ein Interview. In meiner Antwort auf die Frage nach der Schwarzweißmalerei, wenn es um die Aufarbeitung unserer eigenen Geschichte ginge, sprach ich vom Nachholbedarf unter dem Einfluß von Glasnost. Und gefragt, was ich den Jugendlichen in der Bundesrepublik zum Thema des Vertrauens in den Sozialismus sagen könne, antwortete ich: Ich habe alles, was mir vorschwebte, in die Entwicklung dieses Landes investiert; im Guten und auch im Schönen, alles was es für mich gibt. Auch im Nichtgelungenen steckt etwas von mir, von der Vätergeneration. Ich glaube schon, daß es sich lohnt, in diesem Land zu leben, daß sich junge Menschen bei allen Schwierigkeiten und Hindernissen, teils objektiver Natur, teils selbstverschuldet, in diesem Land schon eher verwirklichen können, als das im kapitalistischen System möglich ist. Das mögen viele nicht so sehen, auch bei uns nicht.

25. 7. 1989
Die bedeutsame Rede Gorbatschows, von der in Moskau auch im Gespräch mit Falin die Rede war, wurde in der DDR nur über das

interne ADN-Material bekannt, ebenso die Diskussion mit den Beiträgen Ligatschows und Ryschkows.

26. 7. 1989
Elmar Faber will auf der Grundlage einer Leserbriefauswahl einen Beitrag für die »Wochenpost« schreiben. Viele Briefe haben es in sich. In die ruhige Ecke darf ich mich nicht drängen lassen, nach Moskau schon gar nicht.
Ein Anruf von Egon Krenz kommt mir gerade recht. Krenz beginnt: »Mein lieber Mischa...« Er wäre gern mit mir zum Essen gegangen, müsse aber als amtierender Generalsekretär den Platz am Schreibtisch hüten. Wir vereinbarten für den 3. August ein Gespräch, gemeinsam mit Wolfgang Herger. Viel verspreche ich mir davon nicht, will mich aber gründlich vorbereiten. Man muß jede Möglichkeit nutzen, immerhin amtiert er als Generalsekretär.

30. 7. 1989
Das vom Aufbau-Verlag seit längerem vorbereitete Manuskript mit Reaktionen zu Jürgen Kuczynskis »Dialog mit dem Urenkel« könnte Aufsehen erregen. Daß sich Menschen so unterschiedlicher Herkunft in unserem Lande derart offen zu den Problemen und Nöten der Gesellschaft äußern, läßt hoffen. Einen krasseren Kontrast zu den Mediendarstellungen kann man sich kaum vorstellen. Die Veröffentlichung wäre unter den gegenwärtigen Bedingungen eine Sensation.

31. 7. 1989
Zur Vorbereitung auf das Gespräch mit Egon Krenz schreibe ich auf:
Kernfrage: Entwicklung einer sozialistischen Demokratie.
Beginnt in der Partei: Die Praxis des demokratischen Zentralismus muß von der Meinungsbildung bis zur Beschlußfassung geändert werden, also von unten nach oben erfolgen. Dabei sind Alternativen und Meinungsstreit zu fördern. Es muß auch das Recht auf Meinungsäußerung nach Beschlußfassung geben. Als Sicherung gegen den Subjektivismus ist echte Kollektivität anzustreben. Dabei die Rolle des Zentralkomitees (nicht des Apparates!) ändern.

Die führende Rolle (Autorität, Ansehen) kann nur durch Überzeugung, nicht durch Administrieren und Kommandieren erworben werden. Das Verhältnis zwischen Partei und Massen ändern bedeutet, zu den Menschen zu gehen, sie anzuhören. Gegen Paradeveranstaltungen und -besuche, gegen Hofberichterstattungen.

Die Medien müssen eine öffentliche Behandlung aller Probleme sichern, ihre Beratung und Diskussion, auch der Mängel als Mittel zur Einbeziehung der Öffentlichkeit in deren Lösung. Überzeugungsarbeit heißt: keine Tabus, keine Sprachregelungen zuzulassen. Von uns nicht behandelte Themen überlassen wir der anderen Seite.

Einbeziehung breiterer Kreise der Gesellschaft in die Führungsarbeit. Echte Zusammenarbeit mit den Blockparteien, mit FDGB, FDJ und anderen. Rolle der Verbände (Schriftsteller usw.) verändern. Forderung selbständiger Initiativen auch grundsätzlicher Art, unter anderem in Volkskammer, Räten der Bezirke, Kreisen und Gemeinden. Grundsätzliche Probleme, die stärker, offener und auch alternativ beraten werden sollten:

Wirtschafts- und Sozialpolitik – Relation zwischen zentraler Planung und Markt, Preispolitik, Arbeitsproduktivität – was behindert die stärkere Wirkung des Leistungsprinzips, Probleme der Arbeitsmoral, der Ehrlichkeit.

Umweltprobleme.

Gesellschaftswissenschaften – neue Fragen der Theorie des Kapitalismus und des Sozialismus.

Kulturpolitik – Rolle der Partei kann sich nicht durch Bremsen oder Krisenmanagement bei der Behandlung akuter Probleme und Widersprüche in der Gesellschaft durchsetzen.

Fragen der Geschichte.

Analyse der Ausreisen aus der DDR.

Gibt es für die DDR-Bürger nicht einen ähnlichen Begriff wie Lebensqualität? Im Konsum und Konsumdenken ist der Westen in überschaubarer Zeit nicht einholbar. Was dann?

Umgang mit Andersdenkenden, keine administrativen Repressalien.

Stellung zur Sowjetunion – wie nutzen wir die seit langem so nicht dagewesene Sympathie? Wirkt doch für den Sozialismus! Wir grenzen uns ab mit allgemeinen Erklärungen über Verständnis und Negativberichterstattung in den Medien. Wir wollen nicht kopieren, aber wo wollen wir aus Erfahrungen lernen?

Können sich SED und DDR wie Albanien abgrenzen? Nein! Das Recht der Parteimitglieder auf Informationen.

Vor dem XII. Parteitag notwendig: Arbeitsgruppen zu Hauptfragen müssen Alternativvorstellungen entwickeln – nicht auf gewünschte Vorgänge festgelegt sein (keine Jasager, auch Querdenker!).

Erneuerung und Kontinuität müssen aufgeschlüsselt und erläutert werden.

Die Parteimitglieder und die Öffentlichkeit müssen in die Vorbereitung der Beschlüsse einbezogen werden, das heißt auch die Blockparteien und die gesellschaftlichen Organisationen. Dabei Diskussionen nicht ausweichen.

Sachliche Auseinandersetzung mit anderen Konzeptionen, mit Angriffen bürgerlicher Ideologie und westlicher Medien.

3. 8. 1989

2 1/2 Stunden bei Krenz im Beisein von Wolfgang Herger, den Krenz als völlig Gleichdenkenden bezeichnete. Sehr freundlich und aufgeschlossen.

Mein eigentliches Anliegen (ich hatte ihm Kopien meiner Schreiben an Honecker und Herrmann vom 26. 6. geschickt) erwähnte ich gar nicht und legte ohne Umschweife alle meine Sorgen und Gedanken um unsere Lage dar, den Zustand der Partei, die Stimmung in der Bevölkerung, meine Meinung zur Medienpolitik, die uns mehr schade als alle westlichen Medien zusammengenommen.

Krenz erwiderte, daß er dies kenne und im wesentlichen nicht anders sehe. Er schilderte Äußerungen eines jungen Mitarbeiters des Ministeriums für Staatssicherheit bei seiner Hochzeitsfeier, der die Einsätze am Alexanderplatz nicht verstehe, weil er gar nicht wisse, ob die Leute, die sich gegen die Wahlfälschung äußern, nicht recht hätten. Dies sei doch eine politische Angelegenheit und Sache der Partei, nicht der Staatssicherheit.

Als ich nach etwa einer dreiviertel Stunde sagte, man höre allenthalben die gleiche Meinung, immer bleibe die Frage, warum sich nichts ändere, ich wüßte, was man ändern müßte, wisse aber nicht, ob es Sinn habe, darüber zu sprechen, sagte Krenz, er habe Zeit und sei daran interessiert. Daraufhin holte ich meine Notizen aus der Jackentasche. Zu meinen Vorschlägen machte er sich Notizen. An einzelnen Beispielen erläuterte ich meine Thesen.

Wir hätten doch auf allen Ebenen Leute mit guten Vorstellungen und könnten ohne Destabilisierung eine Erneuerung einleiten, wenn man solche Leute ermutige, offen und ohne Hemmungen ihre Gedanken zu entwickeln. Geschehe dies nicht in Vorbereitung des XII. Parteitages, sähe ich Schlimmes auf uns zu kommen.

Krenz gab immer wieder zu verstehen, daß er ähnlich denke, daß ich mir aber von diesem Gespräch nicht zu viel erhoffen dürfe. Solch offene Äußerungen von ihm in seiner »Parteigruppe« wären für ihn sicher die letzten. Auch Gorbatschow sei nur deshalb Generalsekretär geworden, weil er unter drei seiner Vorgänger Parteidisziplin gewahrt habe.

Diese Feststellung war seine direkteste Antwort, für mich der Schlüssel für seine Haltung. Ansonsten verwies er auf die Denkweise der älteren Genossen, die wie Honecker mit den jetzigen Vorgängen alles gefährdet sähen, wofür sie ihr ganzes Leben lang gekämpft hätten. Bei Honecker komme noch hinzu, daß er in außenpolitischen Fragen (geplante BRD-Reise, Normalisierung der Beziehungen zu China) von demselben Gorbatschow kritisiert und gebremst worden sei, der ihn nun rechts überholt habe.

Mein Ansehen in der Partei sei groß. Würde ich mich öffentlich in solchem Sinne äußern, wie jetzt hier bei ihm, müßten die Menschen sagen: Wenn der das schon so sieht, dann muß tatsächlich vieles anders werden.

Ich erwiderte, die nach dem 9.3. an mich ergangene Weisung, im Westen keine Interviews zu geben, sei nicht mehr aufrechtzuerhalten. Besonders gehe es mir aber um Präsenz in den DDR-Medien. Er machte dazu den Vorschlag, mit Honecker zu telefonieren und dazu eine Notiz zu fertigen, in der mein Dank für die Unterstützung bei der Herausgabe der zweiten Auflage der »Troika« zum Ausdruck gebracht würde.

Publikationen in westlichen Medien solle ich in eigener politischer Verantwortung entscheiden. Mit Geggel, dem Abteilungsleiter im ZK für Agitation, wolle er wegen meiner Präsenz im Fernsehen der DDR und im »Neuen Deutschland« beraten. So gesehen kann das Gespräch ein gewisses Ergebnis haben, allerdings machte es die ganze Misere der Führung deutlich. Also keine große Hoffnung, aber doch eine gewisse moralische Rechtfertigung, etwas versucht zu haben. Mit diesem Gefühl konnte ich, zwar nicht beruhigt, für ein paar Urlaubstage an die Ostsee fahren.

8. 8. 1989

Auch bei einem ausgedehnten Spaziergang auf Hiddensee mit einem unserer ehemaligen Kundschafter, zu dem mich eine jahrzehntelange Freundschaft verbindet, beherrschte unser Standardthema die Unterhaltung. Er war es von früher her gewöhnt, daß ich mich stets bemüht hatte, unserer eigenen Politik im größeren Rahmen der Weltpolitik positive Akzente abzugewinnen. Diesmal war es anders: Wir nahmen beide kein Blatt vor den Mund. Seine Aktivität ist für mich bei seinem Alter und Schicksal erstaunlich, er weiß viel, trifft sich mit alten Bekannten, teilt meine Sorgen, ohne zu resignieren. Auch wegen dieser Menschen dürfen wir nicht aufgeben. Zwischendurch erreichte mich ein Anruf von Wolfgang Herger, der bestätigte, es sei so entschieden worden, wie im Gespräch mit Egon Krenz vorgeschlagen.

Urlaubslektüre: »Spycatcher« von Peter Wright. Ein aufschlußreiches Buch des britischen Abwehrmannes mit der »Goldenen Fünf« des sowjetischen Nachrichtendienstes im Mittelpunkt und einem Verdacht gegen den MI-5-Chef Hollies, für die Sowjets gearbeitet zu haben. Ein Buch mit stark antikommunistischer Tendenz. Um die Zweckmäßigkeit einer Veröffentlichung zu beurteilen, sollte ich es für den Verlag Volk und Welt einschätzen. Das müßten eigentlich die sowjetischen Genossen tun; aus meiner Sicht wäre eine Veröffentlichung erst dann zweckmäßig, wenn schon eine große Zahl ähnlicher Bücher verlegt wäre. Vielleicht sollte man eher mit Büchern des John le Carré beginnen. Sie sind unterhaltsam, und der Mann versteht etwas vom Geschäft. In »Der Spion der aus der Kälte kam« soll ich ihm als Vorbild für eine Gestalt des Buches gedient haben, aber dem lag wohl weniger echtes Wissen als Phantasie zugrunde.

Wichtig ist mir »Nachruf« von Stefan Heym. In weiser Voraussicht, daß mir nur dieser Urlaub Zeit für ein so dickes Buch lassen würde, beginne ich in der Mitte etwa mit dem Jahr 1950 bei seiner Rückkehr nach Europa, als er in Warschau auch unseren Vater, den dortigen DDR-Botschafter, aufsuchte. Das Buch weckt Erinnerungen an fast vergessene Vorgänge, gemeinsame Bekannte, wie Eva und Emi Siao, die er in einer völlig anderen Situation wie ich erlebt hat. Beim Hineinlesen schwindet die in mir seit »Collin« immer noch vorhandene Voreingenommenheit. Mit der eigenen Erfahrung von heute wächst auch die Anerkennung für seine Standfestigkeit in schwierigen Zeiten.

19. 8. 1989
Kaum wieder auf dem Grundstück im Wald angekommen, klingelt das Telefon. Das Kulturmagazin des DDR-Fernsehens will nun nicht zu den letzten gehören und schon kommenden Montag ein Gespräch mit mir aufnehmen. Ein Sieg? Was ist er wert?

Ich suche Sätze aus »Troika«, vor allem auch von den Lesungen, um mich in der jetzt durch die Massenflucht über Ungarn angeheizten Atmosphäre im Gespräch nicht in Unverbindlichkeiten zu verlieren. Es bleibt noch immer eine Gratwanderung zwischen den Erwartungen denkender Menschen und den wachen Ohren der Mafia, ihren lauernden Experten und den Medien im Westen.

Jetzt muß die Chance genutzt werden, da sich in den Vertretungen der BRD in Berlin, Prag und Budapest Tausende DDR-Bürger sammeln, die auf eine Ausreisemöglichkeit in den Westen warten.

21. 8. 1989
Bei der Fernsehaufnahme konnte ich vieles von dem, was ich sagen wollte, loswerden. Überraschend wurde der Beitrag von den üblichen acht bis neun Minuten auf siebzehn Minuten erweitert und uneingeschränkt akzeptiert. Es gab nicht die sonst übliche Abnahme durch die Leitung, woraus die Beteiligten schlußfolgerten, daß dies nur auf ein Kommando von ganz oben erfolgt sein konnte. Schon meldete sich auch

der Rundfunk. Wir vereinbarten, zwei Sendungen vorzubereiten. Starke Eskalation der Massenflucht vor allem jüngerer DDR-Bürger über Ungarn. Vorgestern sind 6000 DDR-Bürger durch ein offenes Tor über die Grenze nach Österreich gestürmt. Das ist ein Paukenschlag, der eigentlich nicht mehr überhört werden dürfte. Kaum vorstellbar, daß sich ganz oben niemand mit den Ursachen beschäftigt!

23. 8. 1989
Bei der »Wochenpost« zum Signieren des Buches für den Solidaritätsbasar der Berliner Journalisten am 25. 8. auf dem Alexanderplatz. Die Chefredakteurin Brigitte Zimmermann, weist auf den möglichen Ursprung der positiven Äußerung Honeckers über das Buch hin: Von seiner Tochter Sonja weiß sie deren sehr gute Meinung zur »Troika« zu berichten.

Sinnigerweise fand ich im Briefkasten einen Brief von Margot Honecker mit Äußerungen, die ebenfalls der Meinung der Tochter entsprechen. Warum gerade jetzt so ein Brief?

Nachmittags ein Anruf von Mielke. Er habe einen Antrag des Rundfunks zu einem Gespräch mit mir erhalten und es genehmigt. Ich solle aber klug überlegen, was ich sage und keinen Ärger machen. Es ist wie ein Witz: Kein Wort über die ganz sicher noch immer bei ihm liegenden Briefe und Vorschläge zu meinen Medienaktivitäten. Ich antwortete trocken, er könne sich am nächsten Tag im Fernsehen eine Kostprobe meiner Äußerungen anhören.

24. 8. 1989
Im 2. Programm des DDR-Fernsehens im Kulturmagazin der Beitrag. Die Bilder der zunehmenden Flüchtlingsströme vor Augen, befragt zur Botschaft der »Troika« über den Umgang mit Andersdenkenden, antworte ich: »Die Freundschaft der Helden der Geschichte bleibt über einen langen Zeitraum über Ländergrenzen, auch über ideologische Trennlinien hinweg, die sich entwickelt haben, erhalten. Man ist miteinander im Gespräch, kann trotz großer Meinungsunterschiede vernünftig miteinander umgehen, übt Toleranz. Das Wort Toleranz taucht in Gesprächen nach den Lesungen häufig auf, und es ist für mich erfreu-

lich, daß die Geschichte des Buches auch im Westen, ausgedrückt in Leserzuschriften, aber auch in Buchbesprechungen oft als ein Vorgriff auf die Politik der heutigen Zeit gesehen wird, einer Zeit, die ja auch in mancher Hinsicht von der Hoffnung erfüllt ist, vernünftig miteinander umzugehen, die Geschichte unseres Erdballs nun nicht tragisch enden lassen zu wollen. Menschen unterschiedlicher Denkweise, auch solche, die keine überzeugten Sozialisten sind, sollten in unserer sozialistischen Republik ihre Heimat sehen und die Möglichkeit erkennen, ihre Träume hier zu träumen, ihre Wünsche im persönlichen, im beruflichen, im geistigen Leben, sich hier zu erfüllen. Alles das hat meinen Bruder in seinen fünf letzten Lebensjahren, die ich im Epilog beschreibe, sehr beschäftigt.«

Es ist kaum zu glauben, daß solche, eigentlich allgewöhnlichen Äußerungen, den gängigen, abgedroschenen Klischees entgegengestellt, fast sensationell für viele Zuschauer klingen, die mich nach dieser Sendung, wie ich immer wieder höre, weiterhin als eine Art Hoffnungsträger für dieses Land erscheinen lassen.

27. 8. 1989
Besuch bei den Scheels auf deren Grundstück. Heinrich mit seiner historischen Bildung und politischen Erfahrung und Edith sind angenehme Gesprächspartner. Natürlich wieder das unvermeidliche Thema: Wie soll es weitergehen und wie anders werden? Hinzu kommen seine Sorgen mit der Arbeitsgruppe zur Erforschung der Geschichte der »Roten Kapelle«, die für ihre vielfältigen interessanten Projekte bei den Behörden keinen richtigen Partner findet. Seit mehreren Jahren hat sich zu diesen Überlebenden jener Berliner antifaschistischen Widerstandsgruppe, an deren Spitze Harro Schulze-Boysen, Arwid Harnack und Adam Kuckhoff gestanden hatten, ein enges und freundschaftliches Verhältnis entwickelt. Das Thema von der »Roten Kapelle«, die diesen Namen während des Krieges von der deutschen Funkabwehr als Kodebezeichnung erhalten hatte, beschäftigt mich schon lange. Veröffentlichungen, mir zugängliche Akten der Gestapo, Notizen über Begegnungen warten auf eine Aufbereitung. Leider wurde mir das gesamte Archiv-Material auf Weisung Mielkes vorenthalten. Die »Ästhetik des

Widerstands«, das umfangreiche Werk von Peter Weiss bleibt für mich eine Herausforderung. In der DDR bisher dazu erschienene Publikationen und ein Spielfilm geben in ihrer Summe zwar annähernd ein Bild vom Wirken dieser weitverzweigten Organisation, in der es einige Mitglieder gab, die in der Übermittlung von Informationen an den sowjetischen Nachrichtendienst eine unverzichtbare Möglichkeit sahen, den Hitler-Krieg zu verhindern, später wenigstens zu verkürzen. Diese Versuche blieben aber weit hinter der Arbeit von Peter Weiss, zurück. Besonders interessierte es mich, mehr über jeden einzelnen jener Menschen zu erfahren, die aus so unterschiedlichen Lebenssphären kamen, ihre Beweggründe, ihr Inneres zu erforschen.

Manche Antwort deutete sich bei den Begegnungen mit Heinrich Scheel, Hans Lautenschläger, Ina Ender an, in ihren Erzählungen über die Freunde, deren Leben in Plötzensee ein so grausames Ende fand.

Zu diesen neuen Freunden gehörte auch Hans Coppi, der im Gefängnis geborene Sohn von Hilde und Hans Coppi, die beide unter dem Fallbeil gestorben sind. Hans Coppi, der Vater, war für Peter Weiss das Vorbild für die Hauptfigur des Romans. Der Sohn hatte sich von seiner Arbeit im Parteiapparat freigemacht, er entwickelt und pflegt bis dahin vernachlässigte Verbindungen zu deutschen und ausländischen Angehörigen und Bekannten der »Roten Kapelle«, darunter auch solchen, die von den Apparaten mißtrauisch beargwöhnt wurden.

Für die Aktivitäten Hans Coppis gab es kein Verständnis; es wurde mehr gebremst als ermutigt. Wichtige Unterlagen für die Aufarbeitung dieser Seiten der Geschichte stehen der Arbeitsgruppe Scheel trotz mehrfacher Versprechungen nicht zur Verfügung. Es ist ein Jammer, daß ich wenig helfen kann, hier wirkt die von Mielke verhängte Restriktion weiter.

30. 8. 1989

In der Sendung »Kennzeichen D« des Westfernsehens wurde eine Videoaufzeichnung mit dem jungen Pfarrer Friedrich Schorlemmer aus Wittenberg gezeigt, als illegal aufgezeichnet angekündigt.

Eigenartig: Ich hätte jedes Wort dieses Mannes unterschreiben können. Die Gedankennähe eines SED-Mitglieds mit einem in die Opposition gedrängten Pfarrer kann man auch dann besser verstehen, wenn man solche von Ignoranten geschriebenen Artikel im »Neuen Deutschland« liest, wie den des Direktors der Parteihochschule, Kurt Tiedtke. Nur abgedroschene Phrasen über »die neue Epoche auf deutschem Boden«, die »überzeugende Überlegenheit des Sozialismus«. Der Artikel endet mit dem von Honecker benutzten und nun ständig zitierten Wort: »Den Sozialismus in seinem Lauf halten weder Ochs noch Esel auf.« Zu der Parole »Kontinuität und Erneuerung« heißt es lapidar, wir brauchen »keine soziale Marktwirtschaft, nicht irgendeine Wandlung, nicht irgendeine Reform, sondern die komplexe Entwicklung unserer Gesellschaft... und erneuern werden wir all das, was erforderlich ist, um das strategische Ziel Zug um Zug zu erreichen«. Das soll alles sein? Was ist denn zu erneuern, wie und wann?

Leider ließ die Zeit ein gründlicheres Nachdenken über eine der wichtigsten Seiten notwendiger Reformen in unserer Gesellschaft nicht zu. In meinem Umfeld gab es wenige Bekannte, die sich ernsthaft mit dem auch von Michail Gorbatschow theoretisch begründeten Weg zum eigentlichen Sozialismus befaßt hätten. Viel wurde über die Mißstände und Disproportionen in der Wirtschaft gesprochen. Das Fehlen echter Motivation zu höherer Leistung in der Produktion, Beispiele mancherorts erschreckend niedriger Arbeitsmoral, als Folge die im Vergleich zur BRD weiter sinkende Arbeitsproduktivität – all dies war offenkundig.
Bis zur Ebene der Minister und der Abteilungsleiter im Zentralkomitee wurde über den bösen Geist Günter Mittag lamentiert, offen hoffte man auf eine Änderung in der Folge von dessen Krankheit und einer Beinamputation, der eine zweite folgen sollte. Mittag behielt aber selbst im Krankenhaus die Zügel fest in der Hand, wachte eifersüchtig darüber, daß ohne seine Unterschrift kein Papier zum Generalsekretär gelangte. Honecker, selbst weiter krankgeschrieben, durchkreuzte die Absicht von Krenz, die Geschäfte der Partei und des Staatsrats zu führen: Er übertrug diese Aufgabe in der Zeit des Massenexodus unserer Bürger über Ungarn ausgerechnet Günter Mittag. So ging alles im gewohnten, immer schwerer zu ertragenden Trott weiter, die nur noch Wut

und Hohn auslösende Medienpolitik, die Vorbereitung der Leipziger Herbstmesse, der eine Beratung der Generaldirektoren mit Günter Mittag voranging, seit Jahren eingeübte Praxis des Befehlsempfangs. So schien auch mir keine andere Möglichkeit zu bleiben, als auf dem nun selbstgewählten Feld um Offenheit und Ehrlichkeit zu streiten, anderen Menschen Mut zu machen, an ihrem Platz dem Gewissen zu folgen, die Meinung zu sagen und für notwendige Veränderungen einzutreten. Andere, wie Pfarrer Schorlemmer oder Stefan Heym, gehen in ihren Äußerungen weiter. Ich habe das Gefühl, daß wir an einem Strang ziehen. Ob sie es auch haben? Wohl kaum.

31. 8. 1989

Anruf bei Wolfgang Herger, um wegen der Medien, insbesondere dem »Neuen Deutschland« nachzuhaken. Er hatte die Sendung im Kulturmagazin gesehen und fand sie gut. Zum Westen könne ich nach eigenem Ermessen alles einleiten, vorausgesetzt es werde entsprechend den Regeln beim Ministerium für Auswärtige Angelegenheiten beantragt. Er war freundlich, stöhnte aber wie alle über die allgemeine Lage.

Abends mit den ehemaligen Kundschaftern zum Probe-Essen vor der Eröffnung des neuen Restaurants »Peking« in der Nähe des Checkpoint Charlie. An unserem Tisch saßen Erika und Dieter, die viele Jahre im Ausland Gelegenheit hatten, chinesische Restaurants zu besuchen, ihre enge persönliche Bindung dabei aber stets tarnen mußten. Auch Margarete, die ebenfalls mit uns am Tisch saß, hatte solche Einrichtungen bei Reisen mit ihrem großen Chef nicht nur in Bonn kennengelernt. Ruth Werner kannte China durch ihren jahrelangen Aufenthalt und ihre dortige Kundschaftertätigkeit natürlich aus völlig anderer und intimerer Sicht.

Die Gespräche drehten sich wieder um die nicht vermeidbaren Themen der Selbstdemontage der Partei und des Landes. Bei jedem in unserer kleinen Runde spüre ich ein starkes politisches Engagement und völliges Unverständnis gegenüber dem Verhalten der Parteiführung. Keiner kann es mehr ertragen. Ruth berichtete von einer Parteiversammlung im Schriftstellerverband mit entsprechender Diskussion. So wird auch ein solcher Abend, der zwangloser Geselligkeit gelten sollte, zur Fortsetzung jener zermürbenden, endlosen Diskussion, die nichts bewirkt.

1. 9. 1989

Heute präsentiert die »Bild«-Zeitung sieben Kandidaten für die Funktion des Generalsekretärs, als aussichtsreichsten mich!

Wie soll das Ganze enden? Immer mehr schwindet die Hoffnung, daß es sich zum Besseren wenden könnte. Dabei warten die meisten der bisher noch aktiven Genossen doch nur auf ein Zeichen, eine Orientierung und eine Konzeption. Noch wäre die dringend notwendige Wende vielleicht ohne zu große Erschütterungen möglich, sehr bald bestimmt nicht mehr.

3. 9. 1989

Die Ausreisewelle über Ungarn und die Botschaften der BRD in Budapest, Prag und Berlin schwillt weiter an und entwickelt sich zum Dauerkrimi im Westfernsehen. Unsere Führung ist wie gelähmt. Honecker krank, die Medien reagieren mit Krampf, sie bringen Treuebekundungen und angebliche Leser-Proteste gegen einen Vorgang, über den sie bislang gar nicht berichtet haben. Dazu die immer verwirrendere Entwicklung in der Sowjetunion, die Regierungsbildung in Polen mit Solidarnosc-Premier Mazowieczki an der Spitze, die Auflösung der USAP in Ungarn.

Was Wunder, daß der Glaube vor allem junger Menschen an die Zukunft des »real existierenden Sozialismus« schwindet und Bundeskanzler Kohl wie ein Sieger der Geschichte schwadroniert.

Helmut Kohl muß ich mit dem Blick auf den 18. März 1990 Abbitte tun. Ich habe ihn, wie sicher viele andere, im Vorfeld dieser Wahlen unterschätzt, so wie ich, Jahrzehnte früher, ganz zu Beginn meiner Tätigkeit im Nachrichtendienst, Konrad Adenauer unterschätzt hatte. Heute muß ich sagen, daß Kohl, trotz sicher großer Unterschiede, seinem Vorbild nach dem 9. November gerecht geworden ist. Auch bei Adenauer waren mir die scheinbare Schlichtheit seiner Rhetorik, die manchmal fast primitiv wirkte, und die Wiederholung sehr weniger, schlagwortartiger Argumente aufgefallen. Andere sprachen später von dem großen Vereinfacher. Ich hatte damals schon Möglichkeiten, Interna aus der CDU-Führung und der Bundestagsfraktion der CDU unter Konrad Adenauer zu erfahren. Auch dort benutzte er oft eine fast simpel anmutende Argumentation. Ich erinnere mich, daß er bei der Begründung der Perspektiven der Wiedervereinigung oder, wie er einmal sogar öffentlich sagte, der »Befreiung der Sowjetzone« stets von zwei immer wiederkehrenden Beurteilungen der Lage ausging: Die Sowjetunion bewältigt ihre Probleme in der Landwirtschaft mit ihrem System nie; Rußland und Rotchina finden nicht zueinander. Deshalb klappt es mit dem sozialistischen Lager nicht. Von den Widersprüchen zwischen der UdSSR und China hatten wir damals noch nichts bemerkt.

Von heute aus kann man sagen, daß sich Kohl, nachdem der Ruf »Deutschland, einig Vaterland« auf den Straßen der DDR erst einmal ertönt war, durch nichts davon abbringen ließ, diesen Druck von dort im Sinne seiner Zielvorstellungen und der Stärkung der Position seiner Partei zu nutzen. Seine Einmischung in den Wahlkampf in der DDR, das direkte, von vielen als brutal bezeichnete Auftreten dabei, spielte für den Ausgang der Wahlen sicher eine nicht zu unterschätzende Rolle.

Die politische Wertung einer solchen Einmischung, für die es international kaum Vergleichbares geben dürfte, wenn man von der etwas anderen, nicht weniger brutalen Einmischung der USA in Südamerika absieht, steht auf einem anderen Blatt.

Zu den Eigenschaften Kohls, mit denen er auf seine Weise dem großen Vorbild Adenauer nahekommt, gehört sicher auch die Fähigkeit, hartnäckig nur wenigen Zielen nachzugehen und sich an bestimmte Grundsätze strikt zu halten; auch bei inneren Auseinandersetzungen und bei Kritik innerhalb der eigenen Partei oder der Regierungskoalition, wie natürlich auch bei der Auseinandersetzung mit politischen Gegnern. Es wurde schon oft durch die Medien festgestellt, sein Stern sei dabei zu sinken. Manchmal schien es auch so, wenn er sich gegenüber Angriffen oder in bestimmten schwierigen innenpolitischen Situationen in Schweigen hüllte und scheinbar nicht reagierte, bis der richtige Zeitpunkt kam, zu dem er seine schlichten Argumente stereotyp anbrachte, und nicht selten mit scharf vorgetragenen Angriffen auf seine

Gegner das Feld behauptete. Nicht ohne die Resignation des mehr oder weniger Intellektuellen, ist dazu in Abwandlung des bekannten Satzes von Bertolt Brecht zu sagen, daß Kohl das Einfache, das so schwer zu machen ist, meisterlich beherrscht!

4. 9. 1989

Begegnung mit einem alten Freund aus Ungarn. Dort kampieren inzwischen mehr als 7000 DDR-Bürger in drei Lagern. Für Ungarn selbst sieht die Zukunft düster aus. Traurig zu sehen, wie die alten Genossen in Ungarn, die ihr Leben für die Sache eingesetzt haben, an die sie glaubten, jetzt ohne jede Hoffnung sind.

Die Meldungen der »Bild«-Zeitung über das angebliche Ende Erich Honeckers und die möglichen Nachfolger verbreiten sich bei uns in erstaunlichem Tempo. Die Prognose der »Bild«-Zeitung, ich sei der Favorit, ist völlig aus der Luft gegriffen, aber in solcher Situation wird alles geglaubt.

5. 9. 1989

Im Haus meiner alten Dienststelle scheint das Geschäft zu laufen »as usual«, aber nun scheint auch mein Nachfolger die Dinge allmählich ähnlich zu sehen wie ich. Zu meinen bevorstehenden öffentlichen Auftritten meint er: »Bitte kein Harakiri.« Egon Krenz habe seinen Urlaub verschieben wollen, um angesichts der Lage präsent zu sein. Honecker habe aber anders entschieden.

6. 9. 1989

Überraschend war der Moskauer Schwager Wolodja auf der Durchreise nach Westberlin zu einem Kolloquium der Europaakademie für USA-Journalisten zu Besuch. Als renommierter Kommentator von APN hielt er dort ein Referat. Natürlich gingen wir die großen Themen durch, und er meinte, wie schon im Juli in Moskau, ich solle die Chance nutzen und mit meiner Konzeption ganz nach vorne gehen. Er meinte dies im Sinne einer späteren politischen Position. Gott bewahre!

8. 9. 1989

Bei der Fahrt zur Lesung nach Hiddensee holen uns an diesen schönen Spätsommertagen auf der unbeschreiblichen Insel die Nachrichten aus Ungarn und die immer unverständlicheren Reaktionen unserer Medien ein. Das Land mit seinen guten, zum Engagement bereiten Menschen treibt führungslos auf ein fatales Desaster zu. Die Katastrophe ist abzusehen, wir sehen ihr fast hilflos entgegen. In solcher Situation vergeht die Lust zu Lesungen.

Im Hauptmann-Haus fanden wir in der dortigen Leiterin wieder einen Menschen, der sich trotz größter Schwierigkeiten mit viel Liebe seiner Aufgabe und den Menschen widmet, die bei Veranstaltungen in diesem Haus Antworten auf Fragen suchen.

Ein auf Hiddensee arbeitender Biologe schickte mir Abzüge von Autographen Friedrich Wolfs von dessen Besuch auf der Insel am 21. 9. 1948. Ein Wissenschaftler, der sich vor allem dem Schutz der Umwelt verschrieben hat. Seine Tochter lernte ich dann mit sehr kritischen Fragen bei der Lesung kennen.

Die 90 Karten waren seit langem vergriffen, es wurden über 100 Teilnehmer, von denen einige in der abendlichen Kälte auf der Veranda sitzen mußten. Wieder das gleiche Phänomen: Die Menschen sind begierig nach Offenheit, so daß sie für das Selbstverständlichste im Gespräch dankbar sind.

9. 9. 1989

Hier auf der Insel, nach dem Besuch im Haus Ernst Buschs, reagierte Andrea heftig auf die Situation, auf die mit mir erlebte Hektik, auf die vielen Gespräche, auf alles, was sie doch sehr belastete. Sie würde am liebsten mit mir allein »weit weg« sein. Auf dem Weg durch die Heide zum Strand kam unweigerlich die Erinnerung an unseren Abschied nach meiner Rückkehr von der anderen Kubareise, als wir unsere Trennung beschlossen hatten und sie im Briefkasten mein Gedicht gefunden hatte. Zwischen den Dünen und dem Haus der Buschs hatten wir im Nieselregen eines Augusttages ein, abgelegenes Fleckchen Erde gesucht, um mit unserem Schmerz allein zu sein und Kraft für die unausweichlich scheinende Entscheidung zu finden. Monate später war es dann doch anders gekommen. Bei aller Belastung, nicht zuletzt für unsere Kinder, wurde unsere Bindung uns zur Erfüllung. Ich empfand das große Glück, eine solche Liebe zu erfahren und einen Partner zu haben, der bereit ist, alle Prüfungen und Schicksalsschläge, die das Leben bereithält, mit mir zu teilen. Dadurch bin ich in einer weit besseren und glücklicheren Lage als die meisten anderen, auf denen ähnliche Sorgen und Gedanken lasten. Hiddensee bleibt ein Ort voller schöner Erinnerungen. Beim Spaziergang über den Dornbusch zum Leuchtturm bin ich stets versucht, den Aufstieg zu unterbrechen, mich umzusehen und den Blick über die Insel schweifen zu lassen. Die Sicht auf den schmaler werdenden Landstreifen zwischen Meer und Bodden verändert sich mit zunehmender Höhe ständig, bietet immer neue Reize, ebenso der Himmel, gleich, ob die weißen Wolker, ruhig über ihn hinwegziehen oder ihn eine schwarze Gewitterwand im aufkommenden Wind drohend bedeckt. Und jeder Sonnenuntergang ist ein Erlebnis, das man festhalten möchte.

Irgendwo hinter Vitte glauben wir das kleine Fleckchen Heide zu erkennen, das uns gehört, ein Stück der Heimat, die uns niemand nehmen kann.

11.9. 1989
Nachts öffnete Ungarn die Grenze. Damit wurde die anstehende Entscheidung wirksam, sich über die Verträge mit der DDR hinwegzusetzen und unsere dort angesammelten Bürger einfach ausreisen zu lassen. Wer wollte dies den Ungarn verübeln? Sollen sie noch länger die Geschäfte unserer Regierung besorgen?

Natürlich wieder aufgeregte Reaktionen bei unseren Oberen. Von »Silberlingen« ist in den Kommentaren die Rede und von Verrat. Kein Wort darüber, daß vorwiegend junge Facharbeiter und Ingenieure dem Sozialismus und unserem Land den Rücken kehren, keine Frage nach den Ursachen. Als ob dieser Ausdruck von Enttäuschung und Verzweiflung nur das Ergebnis bösartiger Hetze und einer »gesteuerten Abwerbung« ware. Es sollen aber Zehntausende sein.

Am Abend treffe ich mit dem FDJ-Aktiv der Humboldt-Universität zusammen, zirka 300 Jugendliche sind anwesend. Im Anschluß eine

Begegnung mit dem Sekretariat der FDJ-Kreisleitung. Diese jungen Genossen sind in ihrem Denken genauso kritisch und offen wie meine Freunde. Ihnen sollte man die Führung überlassen – so schnell wie möglich. Immer wieder staune ich über das Phänomen, diesen Menschen mit meinen offenen Antworten etwas Wichtiges zurückzulassen.

12. 9. 1989

Ein Lese- und Entspannungstag im Wald. Vieles geht mir durch den Kopf. Es ist schlimm, daß die meisten Betrachtungen in der Westpresse über unsere Lage zutreffen. Dies tut deshalb besonders weh, weil man genau weiß, daß alles ganz anders sein könnte, die greisen Starrköpfe müßten endlich ihre Sessel freimachen. Aber solcher Wechsel ist dem System fremd, das sich seit Stalin entwickelt hat. Sollten wir noch eine Chance erhalten, müßte das ganze System grundlegend verändert werden.

Ich beschäftige mich in dieser Situation mit den bevorstehenden Lesungen im Theater im Palast, in der Akademie der Künste und besonders an der Kunsthochschule Weißensee. Kann man überhaupt noch Erwartungen erfüllen und offen sein, ohne sich seiner Wirkungsmöglichkeiten ein für allemal zu berauben? Darf man darauf noch Rücksicht nehmen?

13. 9. 1989

Für die Lesung im TiP habe ich gründlich über meine Antwort auf die zu erwartende Frage über den Ungarn-Exodus nachgedacht. Die offizielle Leseart kann und werde ich nicht bedienen. Über äußere Faktoren wird vieles geschrieben. Dazu werde ich nicht aus unserer Presse, sondern aus der westdeutschen »Zeit« vom 8. 9. mit dem Appell des Autors an die Vernunft zitieren. Was die eigentlichen, die inneren Ursachen angeht, hilft mir der sehr aussagekräftige Brief einer Lehrerin aus Quedlinburg. Dieser Brief paßt genau in die Situation und trifft den Kern.

Die Lesung wurde so, wie es kommen mußte. In der Form blieb ich zurückhaltend, inhaltlich suchte ich die Konfrontation mit der offiziellen Linie. Ich las aus dem Brief der Lehrerin:

»Ich selbst bin 57 Jahre alt, mein Vater hat 1921 in dem Ort meiner Kindheit im Kreis Gablonz/Neiße (heute Jablonec n. N.) eine Wohngruppe der KPC gegründet. Es gab ab 1938 Repressalien, die ich als Kind auch schon mehr oder weniger bewußt mitempfand. 1946 kamen wir mit einem Antifa-Transport in die sowjetische Besatzungszone, wo 1948, bedingt durch die Kriegs- und Nachkriegsereignisse, mein Vater 46jährig verstarb.

Für uns gab es also auch eine echte Befreiung, und für mich war Stalin das Synonym für Frieden und ein sicheres Leben. Ich wollte ihn mir auch nicht nehmen lassen, als wir Ende der fünfziger Jahre, während meines Studiums an der Humboldt-Universität, von seinen Verbrechen hörten. Eine Frage war für mich immer, warum man uns das verschwiegen hatte. Viel später sagte mir eine Genossin, sie habe sich nicht getraut, mir meine Illusionen zu rauben. Nun gut, damit bin ich fertig geworden. Aber wichtiger ist die Gegenwart...

Ich habe den Eindruck, wir lernen immer weniger, unsere wissenschaftliche Weltanschauung als revolutionäres Instrument zur Gestaltung unserer Gesellschaft zu nutzen...

Wesentlich sind die inneren Ursachen, und man muß sie ergründen, um sie zu berücksichtigen...

Wo aber bleiben diese Erkenntnisse bei dem, was sich gegenwärtig an der Grenze zwischen Ungarn und Österreich und andernorts abspielt...?

Menschen, die kritisch und konstruktiv verändern wollen, werden an die Seite gedrängt...

Die Stärke eines Menschen oder einer Partei besteht doch gerade darin, daß er oder sie Fehler erkennt, sich offen zu ihnen bekennt und sie gemeinsam mit Freunden oder Kampfgefährten überwinden will.«

Solche Menschen wie diese Lehrerin bezeichnete ich als Hoffnung für unser Land. Einige der Bekannten im Zuschauerraum wie Sonja und Moritz Mebel, Gisela Karau fanden die Aussprache gut. Viele Unbekannte dankten, drückten die Hand. Und doch stellt sich keine Befriedigung mehr ein. Man könnte solche Lesungen jeden Tag machen – aber es reicht!

14. 9. 1989
Besuch der Schriftstellerin Helga Königsdorf, die mir eine Arbeit überreichte, an der ihr viel liegt. Sie will damit möglichst viele Probleme unserer Zeit von den moralischen Werten her erfassen.

Im Herbst werde ich mehrmals erleben, wie Helga Königsdorf in einer für mich überraschenden, unbedingten Art um die Erneuerung unserer Partei kämpft, junge Genossen zum radikalen Handeln ermutigt, wie ihr Herz dafür blutet, bis sie schließlich resigniert und, ohne die Gesinnung zu ändern, ihren Austritt aus der Partei erklärt.

15.9. 1989
In der »Prawda« erscheint auf einer dreiviertel Seite mit großem Bild der Artikel »Michail Fridrichowitsch und seine Klassenkameraden«, das Gespräch des hiesigen Prawdakorrespondenten Sergej Baigarow mit mir. Dieser Artikel wird den Auguren so kurz nach den Spekulationen im Westen über den favorisierten Honecker-Nachfolger neue Rätsel aufgeben. Allein die Tatsache des Erscheinens muß Aufsehen erregen. Für die Sowjetleser kam pikanterweise hinzu, daß auf der gleichen Seite Auszüge aus einem Interview Boris Jelzins in den USA zitiert wurde; ein anstößiger Text, der, wäre er authentisch, von Naivität oder großer Anpassungsfähigkeit des Sowjetpolitikers zeugen würde.

19. 9. 1989
Lesung in der Kunsthochschule Weißensee. Ich ging mit Herzklopfen hin, immerhin hatten mehr als die Hälfte der Studenten, wie sie selbst sagten, bei den Kommunalwahlen im Mai gegen die Einheitsliste gestimmt, und das Thema Wahlbetrug hatte in den zurückliegenden Wochen viel Zündstoff geliefert. Der Saal war voll. Die Fragen kamen aber überraschend fast nur von den Lehrkräften, die sich sehr massiv zur Medienpolitik und mit Forderungen nach Veränderungen meldeten. Von Studenten kam wenig. Die Prorektorin sprach mit großer Sorge über die zunehmende Abkapselung der Studenten von unserer Politik. Es war zu spüren, wie sehr sie unter dieser Situation litt und daß das Wort Leiden mit Leidenschaft zu tun hat. Selbst Klaus Höpcke, der am

Vortage gesprochen hatte und dessen von der offiziellen Linie abweichende Äußerungen zur Frage des Exodus junger Menschen in der »Jungen Welt« abgedruckt waren, komme bei den Studenten nicht mehr an. Die Parteileitung der Hochschule kenne die Probleme, rede darüber, berichte an die Kreisleitung, alle seien der gleichen Meinung, aber nichts ändere sich. Was solle oder könne man denn noch tun? Diese Frage stellt sich beinahe jeder.

Das vor etwa einer Woche in Grünheide, dem Wohnort der Havemanns, gegründete »Neue Forum« findet mit seinen Aktivitäten und Flugblättern trotz oder gerade wegen des Verbots seiner Zulassung Anklang bei den Studenten.

Gestern demonstrierten in Leipzig nach dem schon traditionellen Montagsgebet in der Nikolaikirche mehr als tausend Menschen durch die Innenstadt, über hundert Festnahmen. Anruf Mielkes zu meiner Mitteilung über das vorgesehene Interview mit der »Süddeutschen Zeitung«. Wozu ich dies gerade jetzt wolle. Er habe darüber mit Egon Krenz gesprochen, der sei auch seiner Meinung. Ich antwortete: Gerade jetzt, im Westen müßten auch vernünftige Stimmen von Mitgliedern unserer Partei zu hören sein. Dabei blieb es.

21. 9. 1989

Nach dem Interview mit der »Süddeutschen« im Internationalen Pressezentrum hatte ich das Gefühl, etwas Wichtiges getan zu haben. – Was dann geschah, war so nicht vorauszusehen.

22. 9. 1989

Früh bekam ich den Text zur Korrektur und Autorisierung, kurz vor 14.00 Uhr ging er per Telefax nach München. Schon am selben Abend schockierten sämtliche Fernseh- und Rundfunknachrichten aus dem Westen mit einer Vorankündigung dieses Interviews unter der Schlagzeile »Markus Wolf für Reformen in der DDR!«. So erschien dann auch die Zeitung am 23. 9. mit einem großen Bericht auf Seite eins.

Bezeichnenderweise stand daneben ein Bericht über das »Neue Forum« nach seinem Verbot durch das Innenministerium der DDR mit einem Bild von Bärbel Bohley. Dann auf der gesamten Seite zehn der

Wortlaut des Interviews mit Bild. Solche Publizität hatte ich nicht erwartet.

Nolens volens werde ich in den politischen Strudel zu einer Zeit hineingezogen, in der das Wort im eigenen Lande fast nicht zu vernehmen ist und solche Gedanken machtlos scheinen. Aber es bleibt eine Herausforderung.

Sie setzt sich fort bei der gut besuchten Lesung in der Akademie der Künste. Wir müssen weiterkämpfen und die Courage zeigen, die ich ständig gepredigt habe.

In der gesamten Partei scheint die Grenze zwischen Disziplin und Ungehorsam erreicht zu sein; neben den Austritten häufen sich offene und öffentliche Stellungnahmen. Nichts geht mehr.

Mein früherer sowjetischer Partner als Leiter des Nachrichtendienstes, Wladimir Alexandrowitsch Krjutschkow, ist ins Politbüro des ZK der KPdSU gewählt worden. In meinem Glückwunschschreiben habe ich versucht, einiges zu unserer schwierigen Lage auszusagen; auch über die Verbundenheit mit Gorbatschow, dessen Kurs von meinen Gesinnungsfreunden unterstützt wird und von dessen Erfolg auch der Ausgang unserer Bestrebungen abhängt.

Schlimm ist, daß man den fast übereinstimmenden Prognosen im Westen über das Fehlen jeder Perspektive für die SED und die DDR, wenn sich nicht bald Grundlegendes ändert, zustimmen muß. Von Erhard Eppler bis Außenminister Genscher sind sich dort alle einig. Nur unser Politbüro und Teile des Apparates scheinen von dem dramatischen Fortgang, von der Flucht junger Menschen, von der Entwicklung im sozialistischen Lager nicht beeindruckt zu sein. Selbst in der gespaltenen DKP sind keine Lobpreisungen für die DDR mehr zu hören.

Dafür kommen die Hofrituale im Vorfeld des 40. Jahrestages wie gehabt auf Touren. Unser Kinder und Jugendlichen üben für den Fackelzug am 6. 10., für den sich bei einer genehmigten Befragung von Teilnehmern des Pfingsttreffens der FDJ durch Studenten der Humboldt-Universität nur acht Prozent ausgesprochen hatten. Kaum vorstellbar, aber diese von Partei und Volk isolierte Schicht will oder kann nicht mehr erfassen, daß sie mit ihrer Ignoranz alles gefährdet, wofür sie selbst einmal gekämpft hat und vorgibt, weiter zu kämpfen.

25. 9. 1989
Kurz bevor wir zur Premiere eines chinesischen Films gehen, schaltete ich die »heute«-Sendung ein und hörte Hans Modrow, der zum Besuch in Baden-Württemberg eingetroffen war und gleich auf die erste Frage für mich überraschend antwortete: »Ich teile die Meinung meines Freundes Mischa Wolf... « Es ging um eine Passage aus der »Süddeutschen Zeitung« zur Massenflucht über Ungarn. Natürlich hat dies fast die ganze DDR gehört, und es wurde von unseren Oberen sofort und kritisch registriert. Mielke kommentierte es am nächsten Tag, wie mir berichtet wurde, entsprechend bissig. An einem der Folgetage wurde mitgeteilt, Hans Modrow habe auf besonderen Wunsch das Haus besichtigt, in dem die Familie Wolf in Stuttgart gewohnt hatte. Sein Satz war kein zufälliger Zungenschlag gewesen!

28. 9. 1989
Mielke zum Interview in der »Süddeutschen«: »Mußtest du das gerade jetzt machen?« Auf mein energisches: »Gerade jetzt!« sagte er unbeirrt: »Und der Modrow? Mußte der gerade das sagen?«

Ich fragte Mielke nach Einladungen zu den zentralen Veranstaltungen zum 40. Jahrestag der DDR. Das Verteilen von Ehrenkarten und Einladungen gehörte zu den Geschäften, mit denen sich Mielke gern persönlich beschäftigte, um den Angehörigen seines Hofstaats Gunst oder Mißgunst zu zeigen. Dies galt auch für ausgeschiedene Mitarbeiter. Für Derartiges hatte ich mich schon lange nicht mehr interessiert, diesmal jedoch legte ich Wert darauf, bei diesen Veranstaltungen mit Mitgliedern des Zentralkomitees und der sowjetischen Delegation sprechen zu können. Mielke meinte abweisend, ich solle es doch selbst über das ZK versuchen; ich hätte ihn ja bei den Presseinterviews auch ignoriert. Also bemühte ich mich über Wolfgang Herger um Einladungen. Mit jedem, dessen ich habhaft werden würde, wollte ich offen und massiv die Probleme der Führung angehen und ihn zum Handeln auffordern. Herger deutete an, nach dem 7. Oktober solle im Politbüro eine Grundsatzdiskussion beginnen.

Sollte Gorbatschow am 7. Oktober die übliche Frage nach dem Befinden stellen, muß man ihm antworten: Der Zug zur Umgestaltung ist abgefahren, nur ist weder ein Zugführer noch ein Weichensteller in Sicht und keiner weiß, wohin die Reise geht.

Es hat sich eine amorphe Koalition der Vernunft herausgebildet: Von Jürgen Kuczynski über Klaus Höpcke bis zu Manfred Gerlach, der auf der Tagung des Hauptvorstandes der LDPD und zum 100. Geburtstag Carl von Ossietzkis für unsere Verhältnisse fast Sensationelles erklärt und in seiner Zeitung »Der Morgen« veröffentlicht hat. Auch die Unterhaltungskünstler haben eine Erklärung unterschrieben, die der ernsten Sparte ebensogut zu Gesicht stehen könnte. Allerorts beginnt sich der Unwille selbst bisher geduldig Abwartender zu artikulieren. Am Montag will mir Manfred Wekwerth eine Entschließung der Akademie der Künste zeigen, die er an Honecker mit der Forderung nach Veröffentlichung absenden will. Ähnliches tut sich im Berliner Ensemble.

All dies und die kaputte Braunkohlenlandschaft liefert Stoff für Gespräche auf der Fahrt nach Hoyerswerda, auf der mich neben Andrea mein Lektor Günther Drommer begleitet. Er hatte bei mir erreicht, doch noch eine Lesung beim dortigen Kulturbund zuzusagen, mit dessen Leiter Martin Schmidt ihn langjährige Beziehungen verbinden. Für mich kam die Möglichkeit einer Wiederbegegnung mit den Schülern und den Mitarbeitern der Körperbehinderten-Schule hinzu, die den Namen meines Vaters trägt und denen ich das seit langem versprochen hatte.

An der Schule treffen wir genau vor dem Start zum »Friedrich-Wolf-Gedenklauf« ein und sehen in erwartungsvolle Gesichter. Nach meiner kurzen Ansprache gehen, laufen oder fahren mit dem Rollstuhl die Schüler auf die jeweiligen Strecken, die nach dem Grad der Behinderung unterschiedlich ausgelegt sind. Alle sind ernsthaft bei der Sache, besonders auch jene, die am schwersten behindert sind und die nur ein symbolisches Stück Weg zurücklegen können. Bei der Führung durch das Haus beeindruckt, was Erzieher und medizinisches Personal trotz der nicht geringen eigenen Probleme Aufopferungsvolles für diese Kinder leisten. Wie schon vor einem Jahr an der Körperbehinderten-Schule »Friedrich Wolf« in Karl-Marx-Stadt ist diese für viel Geld vom Staat errichtete und liebevoll eingerichtete Schule auch ein Stück DDR, eines von ihrer Sonnenseite.

Abends im Kulturbund ein brechend voller Saal. Nach der Lesung kamen die Zuhörer zuerst etwas zögernd, doch dann immer offener mit ihren Fragen. Die knisternde Spannung und die allgemeine Stimmung der Unzufriedenheit und des Aufbruchs waren auch hier zu spüren. Viele Fragen waren meine eigenen, und ich sagte dies genau so: »Ich wollte, ich säße unter Ihnen und könnte die Fragen an jene richten, die sie zu verantworten und zu beantworten hätten.«

Die Lesung hatte ein symptomatisches Vor- und Nachspiel. Zuvor gab ich der Bezirkszeitung ein Interview, nachdem der Reporter sich zu der Bemerkung veranlaßt sah, die Veröffentlichung werde natürlich von der Redaktion entschieden. Mein Lektor erzählte später, daß der Veranstalter, Martin Schmidt, anschließend noch Besuch von der Staatssicherheit hatte. Man erkundigte sich genau nach den Fragern. So wurde der ehemalige Stasi-General quasi auch auf lokaler Ebene observiert. Daß er in seiner Wohnung auf Weisung des Ministers abgehört wird, hatten ihn sympathisierende Mitarbeiter der zuständigen Diensteinheit schon frühzeitig wissen lassen. Als wir ziemlich müde auf der Heimfahrt waren, erinnerten mich Gedanken über den Machtmißbrauch an einen Traum, von dem ich erzählte. In diesem Traum von der Macht muß ich, völlig entgegen meinen tatsächlichen Ambitionen, an die Spitze der Partei geraten sein. Als erstes veranlaßte ich den Rausschmiß der für die Medien Verantwortlichen und die Auflösung der dafür zuständigen Abteilung im Zentralkomitee. Als mir entgegengehalten wurde, es müsse doch jemand für die Anleitung der Parteipresse da sein, stimmte ich zu und benannte Brigitte Zimmermann für diese Funktion. Sie dürfe aber höchstens zwei Mitarbeiter haben. Daß gerade sie mir einfiel war logisch, hatte sie doch als Chefredakteurin der »Wochenpost« die Veröffentlichung der »Troika« betrieben. Was ich natürlich auch im Traum nicht ahnen konnte, war die kurze Zeit unserer gemeinsamen Tätigkeit im Arbeitsausschuß zur Vorbereitung eines Außerordentlichen Parteitages im Dezember, in dem sie tatsächlich unsere Sprecherin für die Medien wurde. Und daß ich kurz davor im November bei einer vom Fernsehen der DDR übertragenen Matinee im Deutschen Theater Gelegenheit haben würde, meine Traumvorstellung von der Auflösung dieser ZK-Abteilung unter dem Beifall des Publikums bekanntzugeben.

30. 9. 1989
Die Medien berichten über die Nacht- und Nebelaktion mit den Zügen, welche die DDR-Flüchtlinge aus den Botschaften in Prag und Warschau abtransportieren. Wieder eine dieser Ad-hoc-Aktionen, die nur Konfusion, Hilflosigkeit zeigen und keine wirkliche Lösung des Problems bringen können.

BRD-Außenminister Hans-Dietrich Genscher läßt sich die medienwirksame Gelegenheit nicht entgehen, vom Balkon der Bundesdeutschen Botschaft in Prag, die bevorstehende Ausreise von 3500 DDR-Bürgern bekanntzugeben, die sich auf das Botschaftsgelände geflüchtet haben.

1. 10. 1989
Die Dauerfernsehshow mit unseren Flüchtlingen geht über die Nervenkraft nicht nur der schwachen Gemüter. Mit Verbal-Artistik versuchen unsere Oberen das Gesicht zu wahren, indem sie von einem »humanistischen Akt« sprechen. Die Transporte der mehr als 5000 müssen über das Gebiet der DDR gehen, als ob damit irgend etwas anders würde; im Gegenteil, es lassen sich gerade dadurch neue Eskalationen voraussehen. So erreichen diejenigen, die formal ein Gesetz verletzt haben, schnell ihr Ziel, während die braveren Antragsteller das Nachsehen haben. Dies wird Schule machen. Schöne Feiertage stehen ins Haus, eine gelungene »Jubelwoche«! Ganz schlimmer ADN-Kommentar zum Exodus der DDR-Bürger. Der Kernsatz lautet: »Man soll ihnen keine Träne nachweinen.« Zynischer geht es nicht mehr. Es tut weh und man schämt sich, als trage man selbst dafür die Verantwortung.

2. 10. 1989
Bei Manfred Wekwerth – das gleiche Thema. Beratung einer Stellungnahme der Akademie, die massiv für öffentlichen Dialog eintritt und deren Veröffentlichung gefordert wird.
　Anschließend Aufnahme für eine Sendung am 7. Oktober in Radio DDR II: »Musikalische Weltliteratur«. Daß ich in dieser Zeit ausgerechnet eine Musiksendung moderiere! Gerechtfertigt ist das Vorhaben vielleicht durch das am Schluß der Sendung von Ernst Busch gesprochene Gedicht von Brecht »Das Brot des Volkes«. Es hat für diese Tage einen unvorstellbar aktuellen Klang.
　Die Nachrichten werden immer unerträglicher. Es eskaliert weiter. In Leipzig demonstrierten 15 000.

3. 10. 1989
Die Zeit rennt davon, sie treibt zum Handeln.
　Ein junger Mann gab einen Brief von Dr. Rainer Land von der Philosophischen Fakultät der Humboldt-Universität ab. Junge Wissenschaftler haben Material zur Reformierung des Sozialismus erarbeitet, klar und deutlich. Der Schluß des an mich gerichteten Schreibens lautet: »Ein Führungswechsel scheint mir unerläßlich zu sein. Wir sollten den Mut haben, uns dafür einzusetzen.« Das beigefügte umfangreiche Material, zum Teil schon 1988 datiert, enthält eine ausführliche Analyse, für deren Publizierung gekämpft werden muß.
　Am 6. und 7. 10. will ich jede Gelegenheit nutzen, um vor allem ZK-Mitglieder, aber auch andere zu beeinflussen. Jeder muß jetzt sein Gewissen befragen und handeln. Von dieser Führung ist nichts mehr zu erwarten, sie hat das allerletzte Vertrauen verspielt.
　Verabredung mit Volker Braun für den 11. 10.

4. 10. 1989
Von allen Seiten Fragen – von Ratlosigkeit, Verzweiflung bis Empörung, Anschläge und Flugblätter in den Institutionen. Von unseren Medien nur das unerträgliche und immer zynischer wirkende Gerede.
　Mundspitzen nützt nicht mehr, jetzt muß gepfiffen werden. Aus Prag und Warschau die nun schon fast gewohnten Bilder: 7600 warten auf

den Abtransport. Nach »technischen Problemen«, in Dresden mußte der Bahnhof »geräumt« werden, stellt die DDR wieder Züge »im Zeichen des Humanismus«, um die jungen Menschen auszuweisen, »denen man keine Träne nachweinen soll«.

Wenn es nach dem 7. Oktober im Politbüro tatsächlich zu einer wirklichen Aussprache kommen sollte: Von dieser bankrotten Führung sind höchstens eine verbale Änderung und kosmetische Korrekturen zu erwarten. Damit wird nichts erreicht. Deutliche Signale durch personelle Veränderungen müssen gesetzt werden!

5. 10. 1989
Paps sechsunddreißigster Todestag. Bei der Fahrt zum Friedhof früh im Auto beim Blättern im »Stern« ein doch wieder überraschender Beitrag: »Aus der Erstarrung...« Auf vier Seiten zwei Fotomontagen: Honecker, Mielke und Krenz mit Stalin im Hintergrund; auf der anderen Doppelseite mit Gorbatschow: Wolf, Höpcke und Modrow, dazu die Frage: ... ein Aufbruch der Reformer?«

Am Friedhof begegnen uns die großen schwarzen Volvo-Limousinen: Die Partei- und Staatsführung war an den Gräbern der Gründer der Republik – es geht auf den Jahrestag zu, als ob nichts wäre...

Anschließend in der Akademie für Gesellschaftswissenschaften Verteidigung seiner Promotion durch Henning Müller.

Viel Interessantes zu Friedrich Wolf, etwas überraschend die starke Betonung des Themas »Judentum«.

In den Dankesworten ging Müller auf das akute Thema unserer Lage ein und zitierte dazu mein Interview in der »Süddeutschen«.

Abends Fahrt nach Dessau zur Uraufführung der »Schwarzen Sonne«, einem frühen expressionistischen Drama des Vaters. – Aber der völlig verzweifelte Intendant erklärte, eine demonstrative Aktion beteiligter junger Schauspieler sei zu »befürchten« gewesen, deshalb war statt dessen ein Strauß-Konzert angesetzt worden. Warum so ängstlich? Zum Abschied sagte er: »Tun Sie etwas, Sie sind ein einflußreicher Mann. Ich war so viele Jahre in der Kampfgruppe und will nicht zur Waffe greifen müssen.«

6. 10. 1989
Ankunft von Michail Gorbatschow.
Der Tag hinterläßt zwiespältige Gefühle. Die Festveranstaltung und alles drum herum waren schlimmer als befürchtet, Honeckers Rede unerträglich.

Michail Gorbatschow agierte wie erwartet staatsmännisch, so daß Honecker in seiner Denkweise diesen Besuch vielleicht sogar als Bestätigung und Ermutigung für die Fortsetzung des verfahrenen Kurses auslegen kann. Es sei denn, daß Gorbatschow beim internen Gespräch am 7. deutlicher wird. Das ist sehr zu hoffen. Dann hängt vieles davon ab, ob sich im Politbüro doch noch ein paar Mutige finden.

Abends wird mein Name auch im ZDF als Hoffnungsträger für die SED genannt. Es handelt sich um eine Sendung mit Außenminister Genscher, für die mich Herr Schmitz, der schon erwähnte hiesige ZDF-Vertreter, als »Überraschungsgast« gewinnen wollte.

Im ersten Programm der ARD waren Herrmann Kant und Kurt Mätzig mit ihren klaren kritischen Positionen zu sehen und zu hören. Leider sind es eben doch nur die Intellektuellen.

7. 10. 1989
Festempfang zum vierzigsten Jahrestag im Palast der Republik.

Diese feudale Feier, bei der sich die Spitze bis zuletzt im großen Saal eingeschlossen hatte, war makaber, wie sich Jan Koplowitz ausdrückte, als wir uns unterhielten. Jan, den ich noch von der Rundfunkzeit her kenne, hat Komplexe, zu diesem Jahrestag noch den Nationalpreis angenommen zu haben.

Gekommen waren wir wegen Gorbatschow und der Gelegenheit, mit seinen Begleitern und möglichst solchen ZK-Mitgliedern zu sprechen, von denen noch Mut zu einer Wende erhofft werden kann. Erstaunlich, wie fast alle Gesprächspartner bei meinem Auftauchen reagierten. Selbst einer der gestandenen Abteilungsleiter des Zentralkomitees, den ich kaum kannte, umarmte mich und gratulierte: »Du bist uns ein Beispiel!« Jeden, auf den ich traf, forderte ich zum Handeln auf. Auch Otto Reinhold, den Akademiedirektor, der versicherte, fünfunddreißig Ausarbeitungen der Akademie für Gesellschaftswissenschaften mit vielen neuen Ideen vorbereitet zu haben. Fast emphatisch lud mich Helmut Kocziolek, der Direktor der anderen Denkfabrik des Zentralkomitees, zu einem privaten Gespräch ein. Am bewegendsten war die Begegnung mit Hans Jendretzky, dem Senior aller noch lebenden alten Kommunisten und ZK-Mitglieder. Mit ihm sprach ich am eindringlichsten: »Hans, es ist höchste Zeit! Du mußt den Anfang machen und als erster nach vorn gehen. Dann folgen die anderen, als nächster Gerhard.« Der neben ihm stehende Außenhandelsminister, Gerhard Beil, blickte mich erschrocken an. Allen, das spürte ich, war das Gefühl gegenwärtig, daß etwas passieren würde. Auch bei Lene Berg, bei Gesundheitsminister Mecklinger, dem Minister für Handel und Versorgung, bei jedem.

Bruno »Jordanowitsch« berichtete, Hartmut König und Jochen Willerding hätten als ZK-Mitglieder beim Generalsekretär die sofortige Einberufung einer ZK-Tagung beantragt. Von Honecker sprach er nur als seinem »Betriebsleiter«, für den er keinerlei Achtung mehr empfinde. Ein Glückwunschtelegramm an Deng Xiaoping sei symptomatisch. Das Wort »segenswert« habe Honecker selbst eingefügt. Margot Honeckers Brief an mich mit ihrer positiven Wertung der »Troika« deutet Bruno ganz einfach: Ihr gehe es ums Überleben. Sie habe das Beispiel der Witwe Maos vor Augen.

Hanna Wolf hingegen habe sich auf der Tribüne beim Fackelzug über Hans Modrows Berufung auf mich im Westfernsehen aufgeregt; als ZK-Mitglied müsse er sich nicht auf einen Mann wie mich, sondern auf ZK-Beschlüsse berufen. Bei der nächsten ZK-Tagung wolle sie dies zur Sprache bringen. Käme es nur dazu, diesmal würden sicher einige antworten! Der Protokollchef, der sonst die Zurückhaltung und die Korrektheit in Person war, äußerte sich mit fast aufgeregter Begeisterung über mein Buch und ließ sich demonstrativ mit mir fotografieren. Ich bat ihn, Falin und Koptelzew von mir zu grüßen. Der Aufbruch Gorbatschows mußte unmittelbar bevorstehen. Die sowjetische Delegation war in dem für uns »einfache« Gäste verschlossenen Raum der Führung. »Die hole ich sofort!«, er eilte davon. Tatsächlich kamen die beiden Mitglieder der sowjetischen Delegation beinahe sofort aus dem anderen Raum. Es wurde ein kurzes, sehr herzliches und freundschaftliches Gespräch. Falin erwähnte, bei Begegnungen mit führenden SPD-Leuten in Bonn habe die »Troika« eine Rolle gespielt. Ich gab eine kurze, sehr drastische Darstellung unserer Lage, der Kessel habe Überdruck. Geordnete Veränderungen, wie ich sie noch bei unseren letzten Begegnungen für möglich gehalten hätte, seien mit dieser Führung nicht mehr möglich. Personelle Veränderungen wären dringend geboten. Falin berichtete über das Gespräch Michail Gorbatschows mit Honecker, der ausgerechnet Günter Mittag hinzugezogen hatte und erst danach das Politbüro. Michail Sergejewitsch sei so weit gegangen, wie dies bei einem solchen Anlaß überhaupt möglich wäre. Nun hinge es von diesem Politbüro ab. Falin: »Was können wir noch tun?« Da Schabowski gerade vorbeikam, sagte ich, daß man auch mit diesen Leuten einzeln sehr offen reden müsse. Die Zeit laufe jetzt davon. Da kam Gorbatschow an uns vorbei, um sich zu verabschieden. Keiner von uns wußte, daß zur selben Zeit einige tausend Demonstranten am Palast vorbeimarschierten, von dort zum Alexanderplatz zogen, von wo aus sie zur Schönhauser Allee »abgedrängt« wurden. Beim massiven Einsatz der Sicherheitskräfte gab es zahlreiche Verletzte. Davon hat M. S. G. sicher nichts bemerkt.

So standen wir an diesem Abend inmitten des politischen Wirbels, der jetzt endgültig begonnen hatte.

Noch am Abend setzte ich mich hin und schrieb folgendes auf:

Für eine dringend einzuberufende ZK-Tagung nach dem 7. 10. Feststellung der Krisensituation.

Im Vordergrund: Vertrauen zur Politik der Partei und ihrer Führung weiter rapide gesunken. Entzündet sich u. a. an Medienpolitik.

»Ohr an den Massen halten« – danach Lage real einschätzen. Wiederholung Losung von Einheit Wirtschafts- und Sozialpolitik kann immer weniger angestaute ökonomische Probleme zudecken, die durch Aufzehren aller Reserven und auf Kosten stabiler Produktion immer weiter verschärft werden. Können nur langfristig gelöst werden, aber auch dazu offene Diskussion über Kernfrage nötig: Entwicklung der sozialistischen Demokratie.

1. Muß mit demokratischer Meinungsbildung in Partei, d. h. offener Beratung im ZK beginnen. Unverzüglich. Demokratischen Zentralismus im Leninschen Sinne praktizieren, Meinungsbildung von unten,

Kritik ohne Ansehen der Person, Meinungsstreit, Diskussion über alternative Lösungen fördern.

Erst dann Beschlußfassung.

Rolle des ZK anheben, Übermacht des Apparats einschränken.

Führende Rolle nur durch Überzeugung, nicht durch Administrieren und Kommandieren. Gegen Subjektivismus.

2. Radikale Wende in Medienpolitik. Muß Wirklichkeit realistisch widerspiegeln, keine Schönfärberei; öffentliche Behandlung, Mittel zur Einbeziehung der Öffentlichkeit in die Lösung.

Offenheit.

Gegen administrativ angeordnete Tabus und Sprachregelungen.

Klärung der Rolle des ZK-Apparates gegenüber den Leitungen der Medien.

Personelle Konsequenzen. Verantwortung für Entgleisungen der letzten Zeit, die Vertrauensschwund bewirkten.

3. Einbeziehung breiterer Kreise der Gesellschaft.

Änderung der Stellung der Blockparteien, FDGB, FDJ, Verbände.

Förderung selbständiger Initiativen auch grundsätzlicher Art, u. a. in Volkskammer, Räten der Bezirke, Kreise und Gemeinden.

Beratung von Veränderungen des Wahlsystems (mehrere Kandidaten).

4. Offene Behandlung der Umweltprobleme. Von grundsätzlichen gesellschaftlichen Dimensionen – Sozialismus – Kapitalismus bis zu den akuten Problemen, die in der Bevölkerung in Diskussion sind. Als Beispiel der Offenheit.

5. Fragen der Wirtschaft, Kultur, Geschichte.

Rolle der Partei muß sich im Stellen grundsätzlicher Probleme, ihrer theoretischen Durchdringung über ihre Mitglieder in den einzelnen Bereichen durchsetzen, nicht in der Rolle eines administrativen Bremsers oder Krisenmanagers.

6. Grundsatzberatung über längerfristig gangbare rechtliche Regelungen der Reisen in den Westen. Damit im Zusammenhang Prüfung der Möglichkeiten für einen Zugang der Bürger zu Valutamitteln.

7. Grundsätzliche Beratung Wirtschafts- und Sozialpolitik auf Grundlage vorhandener Untersuchungen in Instituten, der Akademie der Wissenschaften, der Hochschulen und Universitäten.

In Arbeitsgruppen zur Vorbereitung des Parteitages muß zur Offenheit und Erarbeitung alternativer Lösungsvorschläge aufgefordert werden.

8. Diskussionen über solche die Bevölkerung brennend interessierende Fragen wie Umweltprobleme, Automarkt, Ersatzteile etc., Wohnungsfrage, Miethöhen, Zustand der Häuser und Wohnungen müssen öffentlich geführt werden.

Die Behandlung akuter, von der Bevölkerung diskutierter Umweltprobleme ist als Beispiel der Offenheit von grundsätzlicher Bedeutung. Gleichzeitig gibt sie die Möglichkeit, grundsätzlicher die unterschiedlichen Voraussetzungen bei der Lösung solcher Fragen im Sozialismus und im Kapitalismus darzustellen.

Das waren Gedanken, entsprechend meinem damaligen Erkenntnisstand. Wenige Wochen später waren wir alle klüger. Immer noch baute ich, wie andere, auf eine nach sowjetischem Vorbild erfolgende Wende von oben, eingeleitet durch eine sich erneuernde Partei unter neuer Führung. Noch vor Ende des Jahres machte die Entwicklung auch mir klar, daß eine sozialistische Demokratie, die das Wort verdient, ohne revolutionären Druck von unten, ohne radikale Zerschlagung der über Jahrzehnte entstandenen und verfestigten Strukturen in Staat und Partei nicht oder nicht mehr zu erreichen war. Den 7. Oktober sah ich noch viele Wochen lang als den Beginn einer revolutionären Veränderung in Richtung auf sozialistische Demokratie. Öffentlich vertrat ich die Meinung, eine auf solche Weise erneuerte Deutsche Demokratische Republik werde diesen, ihren Nationalfeiertag dann mit neuem Inhalt feiern können. Heute liest sich das seltsam, so schnell hat sich danach alles verändert. Doch beim Aufbruch in jenen Tagen waren es nicht nur meine Freunde, es waren viele, wohl die Aktivsten in allen auf Veränderung drängenden Strömungen und Gruppierungen, die an die Erneuerung einer sozialistischen DDR glaubten.

Beim Schreiben dieser Zeilen, es ist Monate später, ich bin in der verschneiten Umgebung von Moskau, drängt sich mir im Rückblick auf das Geschehen in der DDR ein anderer Gedanke auf: Viele der unsäglich schweren Probleme in der Sowjetunion, die den Glauben vieler Menschen an Perestroika schmelzen lassen wie den Schnee im März, alle die Widerstände gegen den Kurs Gorbatschows kommen daher, daß dort dieser Prozeß von der Führung initiiert und eingeleitet, aber nicht von radikaler Erneuerung und entsprechendem Druck von unten begleitet wurde. Dadurch blieben viele der Hauptfragen lange verdeckt, sie wurden verschleppt, es kam zu oft lange schwelenden Konflikten, die überraschend und dann mit elementarer Gewalt ausbrachen. Es dauerte zu lange bis die Erkenntnis heranreifte, daß ohne tiefgreifende politische Reform des ganzen Systems, ohne Erneuerung der Partei selbst auf demokratischer Grundlage, ohne Überwindung der Trägheit und der Widerstände aller bürokratischen Apparate eine effektive Wirtschaft nicht zu erreichen sei. Die konzipierte Wirtschaftsreform sah nur einige Schritte, aber noch keine radikale Wende zur Marktwirtschaft vor. Das konnte so nicht funktionieren.

Von Beschlüssen auf dem Papier, von der Idee zur materiellen Gewalt, zur Tat, bewegt sich dieses von der Natur so reich beschenkte Riesenland immer noch im Tempo seiner Symbolfigur, des Bären. Damit ist ihm bisher manches von der halsbrecherischen Dynamik unserer deutschen Entwicklung erspart geblieben, dafür bleiben aber auch die Regale in den Geschäften weiterhin leer. Nach fünf Jahren Perestroika hat sich in dieser Hinsicht für die Menschen noch nichts geändert. Sie sind des Wartens müde. Glasnost bedeutet viel, sehr viel, gemessen an der Vergangenheit, aber nicht alles.

Am 7. Oktober 1989 verband sich für mich wie für viele mit dem Besuch Gorbatschows die Hoffnung auf einen Neubeginn. Um die Welt gingen seine fast beiläufig vor dem Ehrenmal für die Opfer des Faschismus und Militarismus unter den Linden zu den dort Anwesenden gesprochenen Worte: »Wer zu spät kommt, den bestraft das Leben.«

Diese Worte wurden als heftige Kritik an den Machthabern in der DDR verstanden, im nachhinein als der Anfang des Endes der Ära Honeckers.

Aber waren diese Sätze tatsächlich auf die DDR und Honecker gemünzt oder dachte Gorbatschow vielmehr an seine eigenen Probleme zu Hause? Dachte er an seine Widersacher in der eigenen Führung, die ihn daran hindern, seine Erkenntnisse konsequent und radikal durchzusetzen? Dachte er an die Widerstände in der eigenen Partei, im Staats- und Wirtschaftsapparat in den nichtrussischen Gebieten, zunehmend aber auch in Rußland selbst? Dachte er damals schon an sein neues Amt des Präsidenten, den Versuch, mit diesen Widerständen fertig zu werden? »Wer zu spät kommt, den bestraft das Leben.«

Konnte er mit seiner Kritik bei dem Vieraugengespräch am 7. Oktober, das keines war, und anschließend vor dem Politbüro wirklich deutlich genug werden? Wohl kaum. Und dennoch gab sein Besuch den Anstoß, gab sich Egon Krenz endlich den lang überfälligen Ruck. Die Grundsatzdiskussion im Politbüro war vorgesehen, Wolfgang Herger hatte sie mir Ende September angekündigt. Sie hätte ausgehen können wie das Hornberger Schießen. Nun aber hatte die Begegnung mit Gorbatschow stattgefunden; Gespräche mit anderen Politbüromitgliedern, seine Kontakte zu Bezirkssekretären und die anschließenden Sitzungen stärkten Krenz den Rücken.

Auf dem Tisch des Politbüros lag ein entsprechendes Papier. Es war ein sehr zahmes Papier. Draußen im Land hätte es keinen Hund mehr hinter dem Ofen hervorlocken können. Und dennoch wußte Egon Krenz nicht, so sagte er mir später, wie er aus der Sitzung herauskommen würde – erfolgreich oder als geprügelter Parteifeind. In der Denkweise dieses Zirkels hatte er sich tatsächlich zu einer mutigen Tat mit ungewissem Ausgang aufgerafft, die «Wende» eingeleitet, von der er später sprach. Sein Vorstoß fiel genau mit dem Zeitpunkt zusammen, da die oppositionellen Kräfte die schützenden Mauern der Kirchen verlassen und sich in Leipzig nicht mehr Tausende, sondern Zehntausende gegen die brüchig gewordene Macht des autoritären Regimes erhoben hatten. Der Ruf »Wir sind das Volk!« bedeutete den Aufbruch von unten. Aber das war in jenen Tagen so deutlich noch nicht zu erkennen. Krenz sah sich in der Rolle eines deutschen Gorbatschow und glaubte, die Revolution von oben eingeleitet zu haben. Nur so sind seine wirklichkeitsfremden Äußerungen nach der Wahl zum Generalsekretär zu erklären, die Partei habe die Wende eingeleitet und herbeigeführt. Er war gefangen in den Denkstrukturen des Systems und blieb es.

Dennoch war das zeitliche Zusammentreffen des Aufbruchs der Volksmassen mit der Ablösung Honeckers durch die Führung selbst eine wichtige Voraussetzung für den weiteren friedlichen Verlauf der Ereignisse, für die »sanfte Revolution«. Der Umschwung von der Niederknüppelung der Demonstrationen am 7. und 8. Oktober in Berlin zur Verhinderung des Einsatzes der in Leipzig zusammengezogenen bewaffneten Kräfte bei der bis dahin größten Demonstration am 9. Oktober wird noch monatelang Untersuchungskommissionen und ganze Journalistenheere beschäftigen. Waren es die um Kurt Masur versammelten mutigen Leipziger, darunter drei SED-Sekretäre, die ohne Segen von oben den Appell zur Vernunft verfaßten, oder war es Egon Krenz, der entsprechende Weisungen gab? Er selbst, der für beides so oder so Verantwortung hatte, sowohl für den Einsatz der Sicherheitskräfte in Berlin als auch für den Stop des Einsatzes in Leipzig und in der Folgezeit auch anderswo, wird vermutlich in seiner Erinnerung kaum imstande sein, eine reale Schilderung der damals wirkenden Faktoren, der objektiven wie der subjektiven, zu geben, einschließlich seiner eigenen psychologischen Befindlichkeit. Wer wollte es auch von ihm verlangen. Die Peking-Variante entsprach nicht seinen Vorstellungen. Das ist ihm zu glauben, davon bin ich überzeugt. Die künftigen Historiker werden es mit jenen Oktobertagen schwer haben, sie werden sich in den Ursachen und Wirkungen kaum zurechtfinden, geschweige denn wird es ihnen gelingen, sie zu deuten.

Wie dem auch sei: Der Kessel war am Überkochen. So bekam jedes der Ereignisse eine Wirkung, die zu anderer Zeit undenkbar gewesen wäre. Das Niederknüppeln einer Demonstration, die Zuführung einiger hundert Teilnehmer und zahlreicher Unbeteiligter – hatte es nicht früher Ähnliches und Schlimmeres gegeben; in anderen Ländern mit unzähligen Toten und Schwerverletzten? Oder die Wahlfälschung im Mai? War hier anderes geschehen als bei den vielen vorangegangenen Wahlen? Welche Bedeutung hatten die wenigen geschönten Prozente, da doch die ganze Wahl mit den fast durchweg offen abgegebenen Stimmzetteln, auf denen es nichts zu wählen gab, eine einzige Farce war? Und doch sollte gerade diese Wahl von 1989 bis in das folgende Jahr hinein Hunderte von Bürgermeistern, Ratsvorsitzenden und Parteisekretären Amt und Ansehen kosten. Dabei soll Egon Krenz als Vorsitzender der Wahlkommission noch vor der Wahl schriftlich empfohlen haben, keine Korrekturen des Wahlergebnisses zuzulassen, selbst wenn dies ein um Prozente schlechteres Ergebnis bringen würde. Honecker soll dieses Schreiben mit seinem bekannten »Einverstanden. E. H.« abgezeichnet haben. Als wir uns im Dezember im Arbeitsausschuß zur Vorbereitung des Außerordentlichen Parteitags der SED mit der Untersuchung dieser Wahlfälschung beschäftigten, wurde uns nicht klar, wie dieses früher praktizierte System trotz des völligen Widersinns solcher Fälschung und trotz anderer Orientierung dennoch funktioniert hat.

Man könnte die Aufzählung solcher Ausgeburten fortsetzen, an die sich die Menschen schon fast gewöhnt hatten – von der Staatssicherheit wird noch die Rede sein –, an denen sich nun beim beginnenden Zerfall des Systems der Volkszorn entzündete, nicht ohne Zutun der Medien von jenseits der Grenze und Mauer. Die Zerfaserung der Staatsmacht und der Zerfall der sie tragenden Partei sollte viel schneller vor sich gehen als selbst ihre schlimmsten Feinde erwarten konnten.

Der 7. Oktober 1989 bleibt ein Markstein der Geschichte:
Die Wende von oben, der Aufbruch unten hatte begonnen.

10. 10. 1989
Das Politbüro tagt den zweiten Tag ohne Pause. Die alten Herren verzichteten sogar auf die Mittagspause, ließen sich Brötchen kommen. Es soll sehr offen zugehen.

Interessanterweise hat Mielke an alle Mitglieder und Kandidaten ziemlich aufschlußreiche Informationen des MfS gegeben, in denen die Lage unumwunden eingeschätzt und die Stimmung auch in der Partei mit den entscheidenden Forderungen real wiedergegeben sein soll (natürlich ohne personelle Konsequenzen).

Bemerkenswert, wie dieser Fuchs versucht, nun doch noch die Kurve zu bekommen.

Bei Horst E., den ich ermutigte, seine mir gegenüber geäußerte Meinung auch vor dem Zentralkomitee zu bekennen, sprach ich die Befürchtung aus, daß im Politbüro doch noch ein Konsens gefunden werde, der dann, zu Papier gebracht, im Zentralkomitee die dringend notwendige Auseinandersetzung zu den Grundfragen in einen langwierigen Prozeß verwandele. Von dieser Führung sei eine wirkliche Wende nicht mehr zu erwarten. Ihr dürfe keinerlei Vertrauen mehr entgegengebracht werden.

12. 10. 1989

Da ich mein Papier vom 7. 10. auch an Mielke geschickt habe, klingelte noch am Abend des 11. gleich nach Beendigung der Politbüro-Sitzung das Telefon. »Du willst dich wohl profilieren?« Wie früher, massiver Versuch einer Einschüchterung. »Es ist schon alles geklärt. Warte ab, nichts weitergeben. Schau im Fernsehen die Aktuelle Kamera an.« Dann der übliche Versuch, mich von einem geplanten BBC-Interview und dem Treffen mit dem Schriftsteller Michel Tournier in der französischen Botschaft abzubringen.

In der »Aktuellen« dann lediglich eine enttäuschende Verlautbarung. Einige Änderungen sind in die hinreichend bekannte Verpackung gebracht worden, daß Neues nicht sichtbar wird. In den westlichen Medien gab es sofort Deutungen, auch personeller Art.

Früh wieder ein Anruf von Mielke, ich konterte diesmal sehr massiv, nannte die Erklärung Blech und erklärte, nur eine offene Aussprache im ZK könne in der Partei Vertrauen herstellen. Auf seine Erwiderung sagte ich:»Ihr hättet früher den Mund aufmachen sollen. Seit zwei Jahren habe ich dir gesagt, was passiert, wenn sich nichts ändert. Genau so ist es gekommen. «

Immerhin stimmte er der Weitergabe meines Papiers an Egon Krenz und überraschend auch dem BBC-Interview mit Ben Bredshow zu. Dieses Interview wurde in Teilen schon am Abend gesendet. Ausgerechnet aus meiner englisch gesprochenen Antwort wurden die Sätze übernommen, in denen ich mich weigerte, die Frage zur weiteren Perspektive Honeckers zu beantworten.

13. 10. 1989
Die Bedeutung der Entwicklung seit dem 7. Oktober wird von Tag zu Tag sichtbarer. Selbst in der »Aktuellen Kamera« klingen neue Töne an: Äußerungen von Arbeitern und Hinweise auf die Offenheit fordernde Erklärung der Akademie der Künste, eine ähnliche des Kulturbundes, die beide heute im Wortlaut in der Presse zu finden sind. Später wird es einmal interessant sein, nachzuspüren, wie sich dieser Prozeß angebahnt und entwickelt hat. Vieles vorher Gedachte spielt dabei eine Rolle, manches ist schon in Konis soeben neu erschienenem Schriftenband »Konrad Wolf – Direkt in Kopf und Herz« nachzulesen.

Jetzt kommt es darauf an, nicht locker zu lassen, den Prozeß intensiv weiterzutreiben und nicht zuzulassen, daß die Schuldigen an der Krise mit Anpassung und Scheinerneuerung alles beim alten lassen. Bei der Sekretariatssitzung des ZK der SED soll sich das im Beisein der Bezirkssekretäre bereits angedeutet haben.

14. 10. 1989
Anruf von Egon Krenz, der mein Papier erhalten hat. Er habe es gelesen, wolle es sich übers Wochenende noch genau ansehen und mich dann Anfang der nächsten Woche anrufen. Da ich ihm meine bevorstehende Abwesenheit von Berlin mitteilte, verblieben wir so, daß ich oder er nach meiner Rückkehr sich melden. Es gab noch einen kurzen Disput wegen der Interviews. Ich erinnerte an das immer noch ausstehende Gespräch mit dem »Neuen Deutschland«.

Ein Kontrast zu diesem Umgang mit dem Parteiapparat war das Mittagessen mit Michel Tournier im Beisein der mir gegenüber schon bei früheren Begegnungen immer aufgeschlossenen französischen Botschafterin, Madame Joel Timsit, und des Leiters des französischen Kulturzentrums.

Es wurde ein sehr angeregtes Gespräch mit diesem Autor, einem hochgebildeten Mann, mit dem zu reden und Gedanken auszutauschen Spaß macht. Ein Mann, mit dem ich die Beziehung gern fortsetzen möchte. Wir verabreden, dies zu tun.

15. 10. 1989

Abfahrt in die »Provinz«. Es wird eine in jeder Hinsicht turbulente Woche. Auf dem Weg nach Erfurt fahren wir zu Werner Tübkes Panorama über den Bauernkrieg in Bad Frankenhausen. Es ist ein Erlebnis, das gewaltige Gemälde wird vermutlich für Generationen ein Reiseziel bleiben. In Erfurt sind wir zu einer lang geplanten Lesung auf Einladung des neu etablierten Hauses der Kultur, werden aber wie Gäste der Bezirksleitung behandelt und sind entsprechend nobel untergebracht. Der Erste Sekretär, Gerhard Müller, ist als Mitglied des Politbüros an diesen Tagen dauernd in Berlin, in den dortigen Sitzungen braut sich etwas zusammen, sonst hätten wir ihn vermutlich gesehen. Dafür erschien zum Abendessen der Chef der Bezirksverwaltung des MfS mit Frau, der für unsere früheren Verhältnisse sehr offen über alle Probleme sprach. Man spürte auch bei ihm Nachdenklichkeit.

17. 10. 1989

Die Stunden vor der Lesung benutzten wir zu einem Ausflug nach Sömmerda, wo ich schon seit längerem den Betrieb besuchen wollte, über den öfter Erfolgsberichte zu lesen waren.

Bei den Mikroelektronikern in dieser thüringischen Kleinstadt angekommen, wurden wir von dem dynamischen, engagierten Betriebsleiter empfangen. Er schien an den Grenzen seiner Leistungskraft angelangt, das war mein Eindruck nach einigen Stunden, während derer er im Gespräch allmählich auftaute. Was das Bauen der vielgerühmten Computer anbelangt, glaube ich zu erkennen, daß wir uns gegenüber dem Weltstandard fast noch auf Manufakturniveau bewegen. Unter diesen Umständen wird von den dreizehntausend Beschäftigten Erstaunliches geleistet. Die Mikroelektronik frißt den Löwenanteil unserer Investitionen, zu Lasten anderer Industriezweige, deren Ausrüstungen und Maschinen immer hoffnungsloser veralten. Wir sprechen beim anschließenden Essen über die Grundübel der Wirtschaftspolitik, die diese hart arbeitenden Menschen zur Verbitterung treibt. Meine Andeutung über mögliche Änderungen nach der bevorstehenden ZK-Tagung wird kaum wahrgenommen. Der Direktor erhofft sich von dieser Tagung nichts mehr; seine Resignation ist deutlich.

Als ich dem Direktor im späten Frühjahr 1990 wieder gegenübersitze, kommt mir der hochgewachsene, schlanke Mann mit den energischen Gesichtszügen – der fest verschlossene Mund mit den sich schon senkenden Mundwinkeln paßt so gar nicht zum lebendigen Ausdruck der dunklen Augen – unverändert vor. Jetzt ist er in Radeberg Direktor, in dem Betrieb, wo er nach seinem Studium praktisch zu arbeiten begonnen hatte. Leicht ist es ihm nicht gefallen, aus Sömmerda wegzugehen. Die Direktoren vor ihm hatten dort nur eine durchschnittliche Amtszeit von anderthalb Jahren, er war acht entscheidende Jahre geblieben, in denen er bei hohem geistigem, physischem und moralischem Verschleiß die Mikroelektronik unseres Landes mit ungeheurem Aufwand zur Weltspitze vorstoßen wollte. Dabei war es immer sein Wunsch gewesen, an diesen Ort zurückzukehren. Der Mensch verwächst mit seinen Aufgaben, Bindungen zu den Leuten, mit denen er arbeitet und sich auseinandersetzt, festigen sich. So entsteht ein Stück Heimat. Offensichtlich kommt er gern mit mir zusammen, ist am Gedankenaustausch über das interessiert, was sich bei uns getan hat. »Ich bin also nicht aus deinem Telefonbuch gestrichen«, scherzt er. Schalck-Golodkowski hätte ihm das Vergessen angedroht, damals, 1985, falls zehntausend zusätzliche Computer nicht produziert würden. Sie wurden gebaut; Schalck erinnerte sich nicht an ihn.

Dann kommt Bitterkeit hoch: Die Herren aus dem Westen, die uns gestern noch lobten, obgleich wir wußten, wie sehr wir hinterherhinkten in unserer Entwicklung, die uns Mut machten, halten heute nichts mehr für wert: Schmeißt das weg, tiefstes Mittelalter. Wir hatten die falschen Mittel und Methoden, um effektiv sein zu können. Wir hatten eine Vorgabe, hinter der wir einfach herliefen, und wollten nicht mehr erkennen, daß die Welt um uns eigentlich etwas ganz anderes brauchte. Jetzt ist unklar, wie es weitergeht. Eine große westdeutsche Firma will einsteigen, fordert aber, alle Arbeiter bis auf einen verschwindend geringen Teil von Fachkräften zu entlassen. Wenn es nicht gelingt, die Regierung dafür zu interessieren, uns Aufträge für die Richtfunktechnik im Rahmen des Zwei-Milliarden-Kredits für die Deutsche Post zu geben, statt sie den Großen der Welt zu offerieren, ist nach der Währungsunion kein Lohngeld mehr da. Vielleicht können wir in eine

Partnerschaft mit einer westlichen Firma unsere Erfahrungen mit dem sowjetischen Markt einbringen. Wenn wir im Sommer fusionieren sollten, läuft alles ganz anders. Im BRD-Konzern wird irgendwo an der Spitze, im Hauptsitz, entschieden, knallhart, ohne mit jemandem zu sprechen.

Der Betrieb in Sömmerda wurde 1870 gegründet, der Radeberger 1900. Habe ich das moralische Recht, zum Werk von Generationen zu sagen: so, das war's? So weit bin ich eben noch nicht, daß ich in die Geschichte eingehen möchte als der Mann, der hier ein Vierteljahrhundert arbeitete und dann die Bude dicht macht.

Beide erkennen wir im Gespräch: Wir haben uns in einer Sicherheit gewiegt, die gar keine Sicherheit war. Vielleicht gab es einen politischen Grund für die Mauer. Aber dieses Abkapseln, das Ziehen der Mauer nicht nur physisch, sondern auch wirtschaftlich und geistig, hat sich für uns ins Gegenteil des Gedachten verkehrt. Jemand sagte einmal, mit der Mauer käme die Zeit neuer Ideen. Wir haben aber nur abgetrennt und nichts Neues entwickelt hinter der Mauer.

Jetzt sind Ideen gefragt, sagt er, man ist dabei, vielleicht erlebt man doch noch was ganz Exklusives. Aber um welchen Preis? »Warum haben wir, du und ich, nicht gesehen, wo es hingeht? Von dem Gespräch mit dir im Oktober war ich angetan. Aber was ich danach erleben mußte, auch von deiner ehemaligen Arbeitsstelle hörte, daran ist mir vieles unverständlich. Warum wir jetzt solchen bitteren Weg gehen, alles das wegwerfen müssen, was wir eigentlich einmal ausgestalten wollten? Die Menschen sind kaputt. Das ist das Schlimmste. Wut überfällt mich, wenn ich darüber nachdenke, wie das zustande kommen konnte.

Ich dachte, die Menschen hier kenne ich gut. Aber ich habe sie nicht wiedererkannt, als ich nach acht Jahren zurück war. Die Thüringer schliefen noch, da waren die Sachsen schon ganz durcheinander.«

Er erzählt von seinem ersten Arbeitstag, dem ersten Februar, in Radeberg. Zuerst hörte er, wie sein Vorgänger über den Betriebsfunk unmäßig persönlich und gehässig beleidigt wird. Dessen Frau und Sohn arbeiten im Werk. Als er später im Werk unterwegs ist, ruft ihn die Sekretärin zurück. Anonym ist angedroht worden, die mitten im Werk befindliche Sparkasse zu sprengen. Als Kriminalpolizei und Mitarbeiter aus der Tür waren, dachte er: Wo bist du bloß hingekommen, du gehst am besten gleich zurück.

Aber auch Sömmerda ist nicht das alte. Zum Richtfest der neuen Poliklinik, für deren Bau er mit einigen anderen »wie ein Stier« gegen alle Widerstände von oben gekämpft hatte, war er nicht eingeladen worden. Er denkt: Soviel wert bist du anscheinend doch nicht. Das ist eben die Zeit. Er hat den Niedergang der Genossen dort erlebt. Der erste Kreissekretär war ein einfacher Mann, keine Privilegien. Auf sechs Bürgerforen ist er aufgetreten. Schon auf dem dritten wirkte er wie ein zweimal zu Boden gegangener Boxer, bei der sechsten Runde war er sozusagen tot.

Im Betriebsrat, mit dem er nach unserem Gespräch zusammenkommt, sind Menschen, die das Werk erhalten wollen, sich nicht persönlich für vergangenes Unrecht rächen wollen, solche gibt es allerdings auch. Da sind Leute mit vernünftigen Ideen. Man fragt sich, warum hat man diesen Mann früher in seiner Nische gelassen? Es fiel gar nicht auf, daß er sich heraushielt. Der behauptet jetzt: Ich habe es euch immer gesagt, ihr habt ja nur nicht hingehört.

So ist auch er wie ich zu dem Schluß gekommen, zu sehr in den engen eigenen Kreisen gelebt zu haben. Wir meinten, die Menschen zu kennen, in ihrem Sinn zu handeln. Wir hatten aber wohl verlernt, sie richtig zu verstehen. Haben wir es immer versucht? Heute sehen wir, die Menschen waren zum großen Teil gar nicht bei uns. Das ist der größte, der historische Fehler unserer vergangenen Gesellschaft.

Was wird in den Menschen vorgehen, wo stehen sie heute, die an jenem Oktoberabend zur Lesung in den restaurierten Barocksaal des Statthalterpalais von Erfurt kamen, in dem Goethe Napoleon getroffen hat? Für die Erfurter offenbar ein Großereignis, der Saal ausverkauft, viele Fragen. Einer der Fragensteller zieht sarkastisch über das feudale Gehabe unserer Landesfürsten bei den Diplomatenjagden in diesem Bezirk her.

Nach der Veranstaltung höre ich, daß der Bezirkssekretär Gerhard Müller, nachdem er am Abend aus Berlin zurückgekommen war, sofort seine Leitung zusammengerufen hat. Größere Ereignisse kündigen sich an.

18. 10. 1989

Auf der Fahrt von Erfurt nach Mühlhausen hören wir im Radio die Nachricht über die ZK-Tagung und die Absetzung Erich Honeckers. Egon Krenz ist neuer Generalsekretär.

Kurz schießt mir der Gedanke durch den Kopf: Ist Krenz der Richtige? Ein Gorbatschow ist er wohl nicht. Aber wer aus diesem Kreis sonst sollte es werden? Ein anderer ist bei diesen bestehenden Strukturen kaum vorstellbar.

In der LPG »Thomas Müntzer« in Mühlhausen lernen wir mit dem Direktor einen kompetenten Wissenschaftler kennen, der seinen Betrieb mit viel Sachverstand leitet, seine Sorge gilt den Menschen, die er zu hohen Leistungen befähigt. Soweit das in wenigen Stunden zu beurteilen ist: diese Genossenschaft macht einen gesunden Eindruck. Ihr Leiter hat klare Vorstellungen, was zentral in Richtung marktwirtschaftlicher Bedingungen und Preispolitik zu ändern wäre, um allen landwirtschaftlichen Betrieben wirklichen Anreiz für eine bedarfsgerechte Produktion zu bieten.

Dieser Mann hatte mich an dem bemerkenswerten 18. Oktober 1989 beeindruckt, und ich hätte später, als ich das Buch schrieb, seine heutige Sicht auf jenen Tag und das Geschehen danach gern von ihm erfahren. Das ist mir leider nicht gelungen.

Erst auf der Fahrt von Mühlhausen nach Leipzig geht mir das Ereignis dieses Tages durch den Kopf. Erinnerungen purzeln in bunter Folge durcheinander, Andrea stellt pausenlos Fragen, ich muß auf der schwierigen Landstraße höllisch aufpassen und mich nicht allzusehr ablenken lassen. Meine Gedanken sind in Berlin. Wie wird es weitergehen?

Natürlich überwog das Gefühl der Erleichterung, und die Erwartung stieg, daß sich in unserem Land nun vieles zum Besseren wenden würde. Dazu kam ein Gefühl der Genugtuung, in bestimmter Weise an dieser Wende mitgewirkt, Menschen Hoffnung und Mut gegeben zu haben. Klar war, daß im Gegensatz zur raschen Öffnung der Schleusen für die Wahrheit in den Medien und in der Kunst und Literatur der Weg zur Gesundung der Wirtschaft schwer und lang sein würde. Aber er schien nun frei zu sein. Ein wichtiges Signal war, daß mit Honecker gleichzeitig Mittag und Herrmann abgelöst wurden.

Mit engagierten und klugen Menschen, wie ich sie in Sömmerda und Mühlhausen kennengelernt hatte, mußte es zu schaffen sein, sobald die Fesseln des Kommandosystems gefallen wären. Davon war ich damals überzeugt.

Erst am Abend im Gästehaus in Leipzig, kamen wir dazu, die Ereignisse des Tages und unsere Gedanken zu ordnen. Ich hatte, da ich am folgenden Tag an der Universität sprechen sollte, nach alten Gewohnheiten angefragt, ob wir dort übernachten könnten. Diesmal waren wir die beiden einzigen Gäste, obwohl gut zweihundert betreut werden könnten. Das repräsentative Haus, eigentlich ein Hotel der Regierung in Leipzig, war bei meinen paar früheren Besuchen zur Messezeit sehr viel belebter gewesen. Alles funktionierte wie immer: Empfang durch den Chef des Hauses. Zum Abendbrot gingen wir in den großen Speiseraum, wo zwei, drei Bedienstete bereit waren, unsere Wünsche entgegenzunehmen. Andrea sah beim Essen auf die große Frontwand des Saales, sie stutzte. Ich wurde aufmerksam und da fiel es auch mir auf:

Etwas war doch anders als sonst. Das große, farbige Bild des entmachteten Generalsekretärs hing nicht mehr da. Seit seine Ablösung bekannt wurde, waren erst wenige Stunden vergangen. Rasche Vergangenheitsbewältigung!

Ich weiß nicht mehr, ob ich schon dort oder erst später sagte:

Ich nehme an, ein Bild des neuen Mannes wird nicht mehr dahin kommen. Nicht, weil ich voraussah, daß die Zeit des Nachfolgers so kurz bemessen sein würde, sondern weil ich annahm, daß die Wende diesen Bilderkult beendet habe. Im übrigen kam dieser Tag für mich nicht überraschend. Viele hatten auf ihn gewartet. Aber nicht alle, die sich für Veränderungen eingesetzt hatten, verspürten Erleichterung. Sie durchlebten Stunden des bangen Abwartens. Die Lehrerin aus Potsdam, nun arbeitslos, saß am Tag der Wende, wie sie den achtzehnten Oktober sofort bezeichnete, in einer Gesprächsrunde des Arbeitskreises Natur und Umwelt in Wustrow an der Ostsee. Viele der anwesenden Schriftsteller, Künstler und Umweltschützer hatten ihre negativen Erfahrungen mit der Staatsmacht. Sie sprachen mit einem Funktionär vom Kulturbund über Geschichten, die eigentlich niemanden richtig interessierten, als auf einmal das Fenster aufging und ein Dachdecker, der den Tag über auf dem Haus gewerkelt hatte, seinen Kopf ins Zimmer schob und rief: »Olle Egon iss jetzt dran!« Die Veranstaltung wurde abgebrochen; fast alle hatten Angst. Es war kein Radio, kein Fernseher in der Nähe. Alle hatten sie nur gehört »Egon«. Krenz war für sie derjenige, welcher in Peking nach dem blutigen Geschehen auf dem Platz des Himmlischen Friedens dort einen Kranz niedergelegt und das Vorgehen der chinesischen Führung gutgeheißen hatte. Schon sahen sie überall Panzer. Sie liefen zum Telefon, versuchten, ihre Angehörigen zu erreichen, sie in Sicherheit zu wissen.

Kurz vor dem Oktober hatte ein Anwalt die ehemalige Lehrerin aufgesucht. Er war bereit, ihre Prozeßvertretung zu übernehmen, träte eine solche Situation ein. Er hatte auch gefragt, wo im Falle einer Verhaftung ihre Kinder untergebracht werden sollten. Dieser Vorgang und der Hinweis von anderer Seite, ihr Name stünde auf einer Liste von Leuten, die im Krisenfall für eine Deportation irgendwohin vorgesehen waren, verstärkten ihren Schrecken. Sie lief den Strand entlang und fand endlich eine Familie, bei der sie die abendliche Erklärung von Krenz am Bildschirm ansehen durfte. Die dreißig oder vierzig Leute im nicht gerade sehr geräumigen Wohnzimmer waren nach der Erklärung unheimlich erleichtert.

Die sogenannte Brodowiner Erklärung zu neuer Gesellschaft und Umwelt strahlte Euphorie aus. Diese Zuversicht ebbte zwei, drei Wochen nach dem neunten November ab, als klar wurde, daß mit der Wende und Öffnung nicht die Chance zu einer besseren Gesellschaft genutzt wurde, über die man sich in jenen Tagen und Nächten mit Gleichgesinnten nun auch schon aus Westberlin und der Bundesrepublik die Köpfe heiß redete. Sie merkten nicht, daß es schon da vorbei war, etwas Eigenständiges in der DDR aufzubauen.

Was die Professoren, Dozenten und Studenten der Karl-Marx-Universität anging, zu denen ich nach Leipzig gekommen war, glaubte ich deren Erwartungen zu kennen. Schon ein Jahr zuvor hatte ich offene und kritische Ablehnung muffigen Obrigkeitsdenkens wie auch die

Hoffnung auf Verwirklichung solcher Veränderungen in der Gesellschaft kennengelernt, die den ursprünglichen sozialistischen Idealen unserer Vorbilder entsprachen. Sie wollten Sozialismus, aber einen anderen, besseren, als den bisher erlebten.

Am Folgetag hatte ich ein Gespräch mit dem Chef der Bezirksverwaltung des MfS, den ich seit der Buchmesse im Frühjahr nicht mehr getroffen hatte. Seine Schilderung verdeutlichte mir das lawinenartige Anschwellen der Montagsdemos bis hin zum neunten Oktober, sie zeigte mir aber auch die widersprüchlichen Reaktionen der für die Sicherheitskräfte Verantwortlichen in Berlin und Leipzig. Die Leitung des MfS in Berlin, die damals operativ schon in den Händen des Generals Mittig lag, habe von vornherein auf eine möglichst gewaltlose Beherrschung der Situation orientiert. Irrtümlicherweise bezog ich seine Darstellung des Besuchs von Krenz in Leipzig, als dieser jede Gewaltanwendung gegenüber Demonstranten untersagte, auf den neunten Oktober. Diese klare Weisung erfolgte aber erst später. Wie dem auch sei: In Leipzig war kein Blut geflossen, und der dortige Chef der Staatssicherheit mußte sich darauf einstellen, in den Demonstranten auch vor seinem Dienstgebäude an der »runden Ecke« nicht schlechthin Konterrevolutionäre zu sehen. Ich glaube, er war dazu bereit. In welcher Weise sich der Volkszorn in der Folgezeit gerade an diesem Gebäude und seinen Mitarbeitern entladen würde, konnten er und ich am Tag nach der »Wende« nicht voraussehen.

Über den Führungswechsel am 18. Oktober ist inzwischen viel publiziert worden, auch von Egon Krenz, der Ablauf und Hintergründe natürlich am besten kennt. In seinem Erinnerungsablauf erwähnt er nicht die Rolle des Ministers für Staatssicherheit Mielke, sicher aus gutem Grund. Mielke wird gewiß einer derjenigen, wenn nicht derjenige allein gewesen sein, mit dem die Ablösung Honeckers besprochen wurde. Das mag viele, auch aus der damaligen Parteiführung überraschen, die von einem engen Vertrauensverhältnis zwischen Honecker und Mielke ausgingen. Aber entgegen der Vorstellung von der »Tafelrunde«, um ein Wort Christoph Heins zu gebrauchen, waren und blieben die beiden Erichs bis zuletzt feindliche Brüder. Bei der Ablösung Ulbrichts hatte Mielke den Zug der Zeit erkannt und sich mit Honecker zusammengetan. Dennoch kam Mielke lange Zeit nur schwer damit zurecht, in Honecker seinen Chef zu sehen. Zu der Zeit betrachtete er eher Juri Andropow als seinen großen Meister, wenngleich der dem Bild eines Chefs nicht so recht entsprach. Andropow war im Grunde ein sehr ziviler Mensch, ein Denker, der sogar Gedichte schrieb. Honecker gegenüber kam sich Mielke traditionsbeladener und in Sicherheitsfragen kompetenter vor. Er war mit Erfolg darum bemüht, die für Sicherheitsfragen zuständige Abteilung des Zentralkomitees, solange sie Honecker unterstand, von der eigentlichen Tätigkeit des Sicherheitsapparates fernzuhalten. Der Minister für Staatssicherheit betrachtete diese Abteilung als überflüssige Zugabe, die man nur der Form halber respektieren mußte. Die Mitarbeiter dort durften allgemeine Vorlagen für den Nationalen Verteidigungsrat mit vorbereiten und entsprechend den Nomenklaturbestimmungen auch Kader zur Bestätigung einreichen, die allerdings waren zuvor schon von Mielke bestätigt worden. Mielke behandelte die Mitarbeiter jener Abteilung, die zumeist aus seinem Ministerium gekommen waren, ungeniert grob. Bei Honecker selbst mußte er natürlich die Spielregeln einhalten. Bis zu Ulbrichts Sturz informierte er Honecker aber kaum oder gar nicht über Vorgänge, die er an Ulbricht herantrug. Er hatte über Honecker wie über jeden anderen in der Parteiführung Material gesammelt. So wie er Hermann Matern verdächtigte, dieser habe für die Gestapo gearbeitet, und uns ständig anhielt, dafür Beweise aus westlichen Archiven beizubringen, waren die Umstände der Flucht Honeckers aus dem Zuchthaus Brandenburg und der Rückkehr dorthin zurück kurz vor Kriegsende Gegenstand seines größten Interesses. Später war Honecker nicht ohne sein Zutun zum ersten Mann in Partei und Staat geworden. Ich beobachtete, wie Mielke in einer nicht ganz kurzen Übergangsphase bei obligaten Trinksprüchen und Ansprachen immer einige Schwierigkeiten hatte, die Partei, das Zentralkomitee und seinen Generalsekretär in üblicher Weise hochleben zu lassen. Anfangs ließ er einfach den Namen weg, auch später hat er ihn nie ganz richtig ausgesprochen. Dann kam die Zeit, als beide gemeinsam, meist im Anschluß an die Dienstagssitzung des Politbüros, Sicherheitsfragen erörterten. Da akzeptierte Mielke ihn schon. Das weihevolle Gehabe verstärkte sich, wenn während eines Gesprächs im Zimmer des Ministers das besondere Telefon läutete. Aber es entstand nichts als eine Gemeinschaft, gegründet auf der gemeinsamen Erkenntnis, aufeinander angewiesen zu sein. Wenn Honecker ihm und dem Ministerium gegenüber anders reagierte, als er es erwartete, brach Mielke sofort in heftige Mißfallensbekundungen aus. So ungehobelt und hart er anderen gegenüber sein konnte, so mimosenhaft reagierte er auf Kritik des einzigen Vorgesetzten. Vor allem in Margot Honecker sah er den absolut bösen Geist. Es war etwas wie Haß zu spüren, wenn er die abendliche Situation beim Generalsekretär ausmalte, wenn die Honeckers, gar noch in trauter Gesellschaft mit Manfred Feist, dem Schwager, die Staatssicherheit, wie er annahm, gemeinsam schmähten. Mielke hielt sich an dem Gedanken fest, er sei nicht nur der treueste Freund, sondern geradezu der Vertreter der Sowjetmacht in der Partei. Das hatte er nach seiner ersten Wahl ins Politbüro vor den Parteitagsdelegierten des MfS unumwunden ausgesprochen.

Perestroika und Glasnost verunsicherten ihn gewiß, aber auch hier war er der Hochseilartist. Während dieser Zeit bekundete er bei Auftritten im Ministerium seine Treue zur Sowjetunion und zu Michail Gorbatschow, ohne sich gleichzeitig von der ablehnenden Haltung der Politik und der Person Gorbatschows gegenüber durch die Parteiführung unter Honecker zu distanzieren. Ich denke, Mielke empfand die Perestroika, auch in ihren internationalen Aspekten, als notwendig. Mit Glasnost hatte er seine Schwierigkeiten, das rührte an sein Machtverständnis und an seine Sicherheitsauffassung. Aus dieser Haltung heraus und weil er meine Nähe zu Moskau kannte, verwendete er sich für die »Troika«, so wie er es vorher, wenn auch zögernd, beim Film über Friedrich Wolf getan hatte. Er akzeptierte mein Argument, daß man sich nicht von der Sowjetunion entfernen dürfe, die unser Hauptverbündeter sei, selbst wenn man andere Auffassungen zum Kurs der KPdSU habe. Diese Haltung mag ihn, als es mit Honecker abwärts ging, an die Seite von Krenz geführt haben. So hat er zum Beispiel ganz zuletzt die weniger verfälschten und immer klarer werdenden Berichte seines Ministeriums, die die Gesamtlage behandelten, an alle Mitglieder des Politbüros verteilt. Mit Krenz als dem zuständigen Sicherheitssekretär und kommenden Mann arbeitete er schon anders zusammen als seinerzeit mit Honecker.

19. 10. 1989

Nach der Lesung gab es im Auditorium der Karl-Marx-Universität neue Fragen. So fragte ein Student, ob ich mir eine parlamentarische Kontrolle der Sicherheitsorgane vorstellen könne. Dies bejahte und begründete ich ausführlich.

20. 10. 1989

64. Geburtstag von Koni. Fahrt zum Konrad-Wolf-Regiment der Nationalen Volksarmee in Ludwigsfelde. Vor dem Regimentseingang soll ein Relief eingeweiht werden, das Werner Stötzer geschaffen hat. Ich fuhr selbst. Als ich aus dem Auto stieg, noch in Zivil, rückte mir eine Kamera unseres Fernsehens auf den Leib, und ein junger Reporter stellte in für unsere Verhältnisse völlig unkonventioneller Weise und ohne Vorwarnung Fragen zu den Ereignissen der letzten Tage. Da hatte ich plötzlich das Gefühl, über Nacht habe sich im Land etwas Wesentliches geändert. Meine Antworten waren spontan, frei, so wie der Schnabel gewachsen ist. Da ich zum Regimentsappell die Uniform anlegen sollte, mußte ich mich aber beeilen. In der Nachmittagssendung der »Aktuellen Kamera« bemerkte der Reporter zu den Bildern und der Uniform, die mir nachgetragen wurde: »Das ist wohl das einzige, was man ihm nachtragen kann« ... Hoffentlich merkt er sich diesen Satz.

Im Anschluß an die Einweihung der Gedenkstätte gab ich, nun in Uniform, Autogramme und ein etwas längeres Interview. Meine Unterschrift, ich bin Linkshänder, kommentierte der Reporter: »Daß der Generaloberst a. D. eine durchaus eigene und eigenwillige Handschrift hat, ist der Öffentlichkeit spätestens seit seinem Buch ›Die Troika‹ bekannt«. Von den Gedanken meines Interviews war in der »Aktuellen Kamera« am Abend nur ein Satz zu hören: »Ich finde den Eindruck immer wieder bestätigt, daß hier wirklich Menschen leben, die zu hohen Leistungen bereit sind, die aber oft auf Grenzen, auf Hindernisse stoßen, welche sie nicht allein überwinden können. Jetzt gilt es, der Verantwortung gerecht zu werden, die mit den neuen Entscheidungen übernommen wurde, auf allen Ebenen; je höher die Ebene, desto härter muß gearbeitet werden.« Die alten Befehlsstrukturen und Denkweisen der Leitung des Fernsehens hatten noch gewirkt, die alte Rechnung war noch nicht vergessen. Andere wichtige Sätze waren Opfer der Zensur geworden. Dennoch schien ein neuer Abschnitt begonnen zu haben. Die Begegnung mit diesem jungen Fernsehteam setzte hoffnungsvolle Zeichen. Daß mein Einstieg in die Wende für das Fernsehpublikum ausgerechnet in Uniform erfolgen mußte, bleibt eine Ironie des Schicksals.

23. 10. 1989
In einem Telefonat mit Wolfgang Herger erinnere ich an das immer noch ausstehende Interview mit dem »Neuen Deutschland«.

24. 10. 1989
Abends im Haus der Jungen Talente ein bemerkenswerter Auftritt vor gedrängt sitzendem Publikum, ein Abend, der schon ganz im Zeichen der angebrochenen neuen Zeit stand. Rock-Künstler hatten dazu eingeladen, und sie bestritten auch die erste Stunde: turbulent, mit frechen Sketchen und Texten, allerdings auch ziemlich laut. Danach hatte eine auf andere Weise bunte Runde auf dem Podium Platz genommen: Stefan Heym, Christian Hartenhauer, der Stadtrat für Kultur, Dietmar Keller, stellvertretender Kulturminister, der Schriftsteller Christoph Hein, der stellvertretende Kulturminister und Mitglied des Zentralkomitees der SED Hartmut König, Bärbel Bohley vom Neuen Forum, ein Sekretär des Zentralrates der FDJ, die Professoren Dieter Seegert und Michael Brie von der Humboldt-Uni, dann ich, neben mir Gisela Steineckert und schließlich Professor Jens Reich vom Neuen Forum. Fernsehen Ost und Fernsehen West waren vertreten.

Jeder sollte sich mit ein paar Gedanken darüber einführen, wie er die Zukunft sähe. Zwei Texte aus zuvor gehörten Songs gaben mir die Anregung. Der von Gerhard Schöne vorgetragene Titel »Mit dem Gesicht zum Volke« sollte von da an häufig zitiert werden. Ich sagte sinngemäß, ich wünschte mir, unsere führenden Leute stünden künftig stets mit dem Gesicht zum Volke und nicht erst dann, wenn sie mit dem Rücken an der Wand seien. Mein zweiter Zukunftswunsch lautete, die Mitglieder des Politbüros sollten, wie auch unsere Kinder in der Schule, stets den Mut haben, offen und ungeschminkt ihre Meinung zu sagen.

Es wurde ein turbulentes, aber interessantes Gespräch; »Dialog« war das Modewort jener Tage. Man sprach nur vom Dialog, normale Gespräche gab es nicht mehr. Das war eine Nachwirkung unserer Gewohnheit, selbst die besten Worte so zu strapazieren, bis sie zum hohlen Begriff wurden und sie keiner mehr hören wollte. Schon glaubte ich das Staatssicherheitsthema an diesem Abend ausgespart, doch da hatte ich mich geirrt. Die Fragen kamen und rückten mich in den Mittelpunkt herber Kritik. Meine Antworten fanden Gehör..., noch...

Froh war ich über die Anwesenheit der beiden Professoren von der Humboldt-Universität, drohten doch viele Fragen und Antworten eine populistische Wendung zu nehmen. Nach einer Bemerkung von Christoph Hein, man sollte nicht einfach appellieren, nun wieder glaubwürdig zu werden, wir hätten auch in der Vergangenheit geglaubt und seien bitter enttäuscht worden, brachte ich die beiden jungen Professoren mit ihren Denkmodellen für einen modernen Sozialismus und die von ihnen vorausgedachten Reformen ins Spiel. Es erstaunte mich, wie engagiert deren trocken vorgetragene Stichpunkte über Wege zu solchen Reformen von dem aufgewühlten, unruhigen Publikum zur Kenntnis genommen wurden. Argumente zählen immerhin noch.

Die neue Jugend-TV-Sendung ELF 99 sendete 45 Minuten von dieser Veranstaltung. Auch das Westfernsehen brachte große Ausschnitte. Die Teilnehmer der Gesprächsrunde wurden einzeln interviewt. Anschließend hielt ich vergeblich nach Bärbel Bohley Ausschau, der ich gern die Hand gedrückt und mein Bedauern über das ihr zugefügte Leid ausgesprochen hätte.

25. 10. 1989
Gespräch mit Irmtraud Gutschke vom »Neuen Deutschland« zur »Troika«. Es war so eine Art Wiedergutmachung und seit meinem Gespräch mit Krenz im August von der Redaktion verschleppt worden. Der Redakteurin war die Genugtuung über den frischen Wind anzumerken. Bei der Beantwortung ihrer Fragen nahm ich die Redaktion des Parteiorgans, die immer noch in alter Besetzung mitsamt dem stell-

vertretenden Chefredakteur Harald Wessel agierte, aufs Korn. Es sei unerträglich, daß diese Chefredaktion das Blatt weiterführe, als ob nichts geschehen sei, daß sie es nicht einmal für notwendig halte, sich bei den Lesern zu entschuldigen.

Anruf von Mielke mit der Frage, ob ich bei einer Veranstaltung am vierten November sprechen würde. Ich weiß von keiner solchen Veranstaltung.

26. 10. 1989
Das Interview für das »Neue Deutschland« empfinde ich als kleinen, sichtbaren Sieg in meinem ganz persönlichen Kampf um den menschlichen Sozialismus. Der verschlungene Weg der »Troika« endet mit einem moralischen Erfolg für mich. Dennoch folgte noch eine letzte erbärmliche Episode:

Die Interview-Partnerin rief an und teilte mit, die Chefredaktion halte den Beitrag noch nicht für zeitgemäß, schon gar nicht ohne Abstimmung mit dem »großen Haus«. Für ihr Vorpreschen habe sie einen Rüffel einstecken müssen.

Also griff ich erneut zum Telefonhörer und erreichte nach einer kurzen Diskussion mit Wolfgang Herger, dem ich bei dieser Gelegenheit den Abend im Haus der Jungen Talente schilderte, daß er sich bei Geggel, dem Abteilungsleiter im ZK, für die Veröffentlichung verwenden wolle. Ich befürchtete nun das bekannte Hin und Her, durch das der Artikel zum vorgesehenen Termin nicht erscheinen würde.

Nach einem Gespräch mit meinen Verlegern aus Ost und West holte ich die ND-Redakteurin zur Autorisierung des Interviews ab. Strahlend teilte sie mit, schon anderthalb Stunden zuvor habe die Chefredaktion zähneknirschend die Weisung gegeben, den Beitrag unverändert zu veröffentlichen. Wessel koche vor Wut und habe martialische Drohungen ausgestoßen. Diese Truppe sei es aber von früher her gewohnt, Befehle auszuführen, sie sehe nun in der Weisung von oben ein Zeichen ihrer bevorstehenden Ablösung. Bei dieser Gelegenheit berichtete die Redakteurin, früher sei für diese Zeitung buchstäblich alles durch Joachim Herrmann und die Abteilung des ZK angeordnet worden, sogar die Leserbriefe seien fix und fertig von dort geliefert worden.

Wir tranken ein Glas Wein auf diesen Teil der Wende, blieben aber gespannt auf die Ausgabe am nächsten Tag. Man mußte ja noch mit allem rechnen.

27. 10. 1989
Spät abends Anruf von Krenz, der als neuinstallierter Generalsekretär und Vorsitzender des Staatsrates am Tage mit Kohl telefoniert hatte und dem es natürlich nicht an Terminen und Arbeit mangelte. Er führte das Gespräch »von Freund zu Freund«, ohne Hektik, anscheinend für ihn keine Formsache. »Du hast sicher gesehen, daß ich aus deinem Papier ganze Passagen wörtlich verwendet habe. Du hast doch in unserem Gespräch gespürt, wie ich denke.« Ich erwiderte, daß ich mich ja gerade deswegen für ihn einsetze. »Im Haus der Jungen Talente gab es bei der Erwähnung deines Namens ein Pfeifkonzert und Buh-Rufe. Hartmut König und ich waren die einzigen, die um Vertrauen für dich warben, weil du Gewaltlosigkeit durchgesetzt hast.« Er antwortete, daß er mir danke.

Ich erwähnte das ND-Interview, und daß die immer noch agierenden Träger der alten Politik in den Medien sehr schnell verschwinden müßten, anders sei Vertrauen nicht zu gewinnen. Er stimmte dem zu.

28. 10. 1989
Heute erfuhr ich von dem Wunsch Berliner Künstler, auf der Protestdemo am vierten November auf dem Alexanderplatz sprechen zu sollen. Daher also Mielkes Anruf. Dieses Ansinnen macht mir Kopfschmerzen. Wie soll ich in meiner Position auftreten als langjähriger Mitarbeiter des MfS? Schwer wird es sein zu erreichen, daß überhaupt zugehört wird. Andererseits ist es gerade jetzt wichtig, das Nötige zu sagen. Die vielfach undifferenzierte Empörung und die Verbitterung über das Geschehen nehmen von Tag zu Tag zu.

30. 10. 1989
Immer noch überschlagen sich die Ereignisse, unsere Medien sind wie ausgewechselt, der Westen kommt kaum noch mit. Und selbst stehe ich inmitten eines gewaltigen Strudels. Manchmal schaut man ungläubig,

wie vom Rang eines Zuschauerraums, zu den Akteuren auf der Bühne des Zeitgeschehens. Einer davon bin ich selber. Was hast du bloß getan, um von vielen als »Hoffnungsträger« gesehen und behandelt zu werden? Können und wollen mich die Teilnehmer der Demo am vierten November so sehen? Der Gedanke daran hat mir eine schlaflose Nacht bereitet.

Ein weiterer, diesmal aufgeregter Anruf von Mielke wegen der Demo. Am Nachmittag hat unser Kulturminister zu sich gebeten. Er will den Rücktritt der Regierung verlangen und den Bauminister zum Nachfolger Stophs vorschlagen. Wieder komme ich mir vor wie im Theater, wie in einem Verschwörerdrama aus der Zeit der Medici. Eindringlich werde ich gebeten, Staatssicherheitsminister in der neuen Regierung zu werden, um das Vaterland vor Schlimmerem zu bewahren. Es fällt mir nicht schwer, standhaft abzulehnen, obwohl ich der Einschätzung zustimmen mußte, daß das neue Politbüro einschließlich seines Generalsekretärs Egon Krenz nichts begriffen hat. Darin hatte die in dem schönen alten Palais versammelte Runde recht.

Die Vorstellung ging weiter: Das Abendprogramm des Fernsehens bot Alexander Schalck-Golodkowski. Seinem Selbstbewußtsein war anzumerken, daß die Gerüchte, er sei für ein neues Politbüro vorgesehen, stimmen müssen, jedenfalls gab er sich so. Um etwas gegen solche Nachfolge Günter Mittags zu unternehmen, sprach ich im Zusammenhang mit dem Namen Schalck vom »Raschidow-Syndrom«. Allerdings mußte ich einigen erklären, wer Raschidow ist: ehemaliger Erster Sekretär der Kommunistischen Partei Usbekistans und Mitglied des Politbüros der KPdSU, dessen Name in der Sowjetunion zum Synonym für Machtmißbrauch und Korruption geworden war.

31. 10. 1989
Beim Lesen und Anhören vieler nun an die Öffentlichkeit dringender Stimmen könnte man wirklich an revolutionäre Erneuerung glauben. Von den Trittbrettfahrern abgesehen, hat die Parteiführung am allerwenigsten begriffen. Die bevorstehende Tagung des Zentralkomitees wird vom gleichen Apparat vorbereitet, der die vorangegangene Führung bedient hatte. Auf Druck von unten werden die Greise und

wohl auch Harry Tisch aus dem Politbüro ausscheiden müssen. Doch das soll erst nach der ZK-Tagung bekanntgegeben werden! Die Massen sind aufgebracht, auch die Parteibasis ist es.

Beeindruckende Dokumentarfilme von Helke Misselwitz in der Akademie der Künste. Vor längerer Zeit hatte ich mich verpflichtet, die Laudatio aus Anlaß der Verleihung des Konrad-Wolf-Preises an sie zu halten. Dazu mußte ich neben dem Film »Winter ade«, zu dessen Premiere wir gewesen waren, noch einige andere ihrer Filme gesehen haben.

Abends ein paar Mitarbeiter aus dem Zentralkomitee in unserer Wohnung, die sich schon lange in Opposition zur Führung befinden und seit dem 7. Oktober um Kontakt zu mir bemüht sind. Mit einem Bündel von Vorschlägen, darunter solchen zu einschneidenden personellen Veränderungen, hoffen sie, etwas in der Partei bewirken zu können. So gut ich kann, gebe ich Ratschläge, nenne andere ZK-Mitglieder, die für eine solche Aktion zu gewinnen wären. Ihre Vorschläge behalte ich, um sie zu studieren.

1. 11. 1989

Das Telefon steht nicht mehr still: Mielke ist am Telefon wie ausgewechselt, sein Abschied steht fest. Wäre er doch vor zehn oder wenigstens vor sechs Jahren gegangen! Ich sage ihm sehr offen meine Meinung über die Notwendigkeit weiterer Auswechslungen in der Parteiführung.

Danach im Deutschen Theater zum Gespräch mit Johanna Schall über die Demo am 4. 11. Im Beisein von Heiner Müller sage ich zu. Jutta Wachowiak, die Schauspielerin, kam an meinen Tisch in der Theaterkantine des DT und fragte, ob sie mich für die Untersuchungskommission zu den Ereignissen am 7. und 8. Oktober benennen könne.

Die Ansprache am 4. November soll fünf Minuten dauern, müßte aber einige nicht leicht aussprechbare Gedanken enthalten, die starken Widerspruch finden werden. So zu sprechen bin ich aber jenen meiner ehemaligen Mitarbeiter schuldig, die jetzt, ohne Unterschied und unabhängig von ihrer Tätigkeit im Kreuzfeuer stehen, das auf das MfS gerichtet ist. Mit Hans Coppi, der zur bevorstehenden ZK-Tagung ebenfalls ein Schreiben verfaßt hat, gehe ich meine Gedanken zum 4. November durch. Mir wird die Bereitschaft eines ehemaligen Mitarbeiters übermittelt, über Gesetzesverletzungen im MfS und schon vor Jahren erfolgte Beseitigung von Akten auszusagen.

2. 11. 1989

In der Wohnung von Stephan Hermlin Aufzeichnung eines durch Manfred Engelhard geführten Gesprächs für den Berliner Rundfunk mit Christa Wolf, Christoph Hein, Stephan und mir. Vorher gab es ein Gespräch in dieser Runde zu den Vorgängen am 7. und 8. Oktober und über die Rolle der Staatssicherheit. Vieleicht ist es mir gelungen, deutlich zu machen, daß bei zunehmender Hetze gegen sämtliche Mitarbeiter des MfS große Gefahren entstehen könnten.

Nachrichten über die Rücktritte von Tisch, Hohmann, Götting und anderen überschlagen sich.

3. 11. 1989

Laut Mitteilung eines Mitarbeiters aus dem ZK soll Gorbatschow zu Krenz bei dessen Besuch in Moskau gesagt haben, jetzt von der führenden Rolle der Partei zu sprechen, sei ein Verbrechen. Die Führung müsse zurücktreten. Achtzig Prozent des Parteiapparates müßten weg.

Die Information scheint mir in dieser Form unwahrscheinlich, ihre Verbreitung ist aber bezeichnend für die Stimmung im Apparat.

Unsere gemeinsamen, fast konspirativen Aktionen erhalten eine neue Richtung. Gemeinsam bereiten wir für die bevorstehende Tagung des Zentralkomitees Alternativen vor: die Forderung nach Rücktritt des gesamten Politbüros und der meisten Abteilungsleiter des ZK gehört dazu. Nach längerer Diskussion wird der Vorschlag für die unverzügliche Einberufung einer Parteikonferenz unterbreitet, da nach Meinung der Kenner des Parteistatuts ein Außerordentlicher Parteitag schwer durchzusetzten sein würde. Moritz Mebel soll als Vorreiter gewonnen werden. Die vorbereiteten Papiere stapeln sich bei mir.

Abends das lange geplante Forum bei der LDPD am Scharmützelsee. Neben Kulturfunktionären dieser Partei aus dem ganzen Lande war fast die gesamte Parteispitze erschienen. Manfred Gerlach, einer der Vordenker einer DDR-Perestroika, saß bei der Lesung neben mir. In dieser angespannten politischen Situation sah mich niemand mehr allein als Autor eines Buches. Ich las deshalb nur kurz, anschließend gab es kaum Fragen zum Buch, dafür um so mehr Beiträge der Anwesenden zur Lage im Lande. Interessant war für mich, wie sich liberales Gedankengut bei fast allen, die sprachen, mit einem Bekenntnis zum Sozialismus verband.

Mitten in das Forum hinein wurde eine Ansprache von Egon Krenz angekündigt. Wir machten eine Pause und sahen uns diesen Auftritt von Egon Krenz gemeinsam am Fernsehgerät an. Wieder hinkte er mit Halbheiten hinter der Entwicklung her. Bei den LDPD-Leuten gab es sarkastische Bemerkungen, fast Hohn. Sie fühlen sich mit ihren, von Manfred Gerlach ausgesprochenen Vorschlägen viel weiter vorn. Um Mitternacht telefonierte ich mit Moritz, um nochmals den Inhalt meines Auftritts am nächsten Tag zu beraten. Ich hatte große Lust, Krenz bei dieser Gelegenheit direkt anzugreifen. Moritz riet zur Zurückhaltung.

4. 11. 1989
Die Demo am 4. November läßt sich kaum beschreiben. Dieser Tag, ein Sonnabend, war für alle, die auf dem Berliner Alexanderplatz dabei waren, ein auf sehr unterschiedliche Weise überwältigendes, unvergeßliches Erlebnis.

Vor dem Berliner Verlag stießen wir auf die Spitze des sich dort unter der Regie von Theaterleuten formierenden Zuges. Von der befürchteten Spannung war kaum etwas zu spüren. Die Stimmung der Menschenmassen, die von den Künstlern durch die Liebknechtstraße in die vorgesehene Runde dirigiert wurden, war beinahe heiter: alle in Aufbruchstimmung, gut gelaunt, übermütig und doch diszipliniert. Einsatzkräfte der Staatssicherheit und der Polizei fehlten. Ein Meer von Plakaten und Spruchbändern mit Pfeffer und Witz. Begrüßung durch Bekannte und Unbekannte; erste Interviews. Eine strahlende Käthe Reichel: »Kümmert euch um Robert!«, sie mahnte die Rehabilitierung von Robert Havemann an. Wir gingen durch eine lockere Kette, gebildet aus Ordnern, die Schärpen mit der Aufschrift »Ohne Gewalt« trugen, zum Haus des Reisens, dort, im »Espresso«, trafen sich die Beteiligten.

Von der Rednertribüne aus, der Ladefläche eines LKW, dirigierten Johanna Schall und ein anderer Organisator die Massen mit erstaunlichem Erfolg. Die von der Rathausstraße auf den Platz drängenden Demonstranten wurden vom Auto aus in verschiedene Richtungen dirigiert, und die Massen folgten den Weisungen prompt. Für die Nachrückenden war Platz geschaffen. Später sagte ich zu der lächelnden Johanna Schall: »Sie könnten einen guten Innenminister abgeben.«

In dem abgesperrten Raum zwischen Rednertribüne und Café gab es eine Riesenansammlung von Medienvertretern, ich zählte mindestens ein Dutzend Fernsehanstalten, deren Reporter bemüht waren, Interviews zu führen. Das nervte jeden vor seinem aufregenden Auftritt. Nur mit Mühe konnte ich die Ansprache von Gregor Gysi verfolgen, der als erster Redner nach den Schauspielern sprach, die mit ihrem Exkurs durch die DDR-Verfassung und das Strafgesetzbuch dem angekündigten Motto der Demo, »Für Meinungsfreiheit, Pressefreiheit, Versammlungsrecht«, gefolgt waren. Gysi, dem Rechtsanwalt, der sich stets für Verfolgte eingesetzt hatte, und der die Gabe hat, auch komplizierte Gedanken einfach und verständlich auszudrücken, fiel es nicht schwer, dieses Motto aufzugreifen. Seine Feststellungen, Krenz habe sich am 9. Oktober in Leipzig nicht für die chinesische Lösung, sondern für die demokratische Wende entschieden und damit einen Beitrag für die Rettung des Landes geleistet, lösten zwar keine Begeisterung aber auch keinen Protest aus. Gregor, den ich an diesem Tag kennenlernte, hatte zu dieser Zeit noch einen hohen Vertrauensbonus.

Die pfiffigen Regisseure hatten den bekannten Liedermacher Kurt Demmler mit seinen spitzen Versen über diejenigen, »die immer dabei« sind, direkt vor mir plaziert. Nach seinem, durch stürmischen Beifall quittierten Schlußakkord: »...brauchts Sicherheit auch vor der Sicherheit«, mußte ich nach oben.

Bei den ersten Sätzen überwog der Beifall, doch als ich das Wort »Kommunisten« benutzte, brach das Pfeifkonzert zum erstenmal los. Es wurde zum Sturm, als ich mit meinem zweiten Gedanken dazu aufforderte, nicht alle Mitarbeiter der Staatssicherheit zu den Prügelknaben der Nation zu machen. Von da an glaubte ich einige Male, nicht weiterreden zu können. Als ich mir später die Demo auf Video nochmals ansah, war die auf der Tribüne empfundene Atmosphäre nicht wiedergegeben. Vermutlich, weil die vom Redner deutlich wahrzunehmenden Emotionen der Menge auf dem Platz, auch einzelne Zwischenrufe über das Rednermikrofon nur sehr abgeschwächt wiedergegeben wurden. Es gab auf dem Platz keine weiteren Mikrofone. Mit immer trockner werdendem Mund brachte ich meine Ansprache zu Ende. Das ohrenbetäubende Pfeifkonzert eines Teils der Menge, lauter werdende Sprechchöre »Auffhören«, auch einzelne Rufe »Auffhängen«, wurden zur Herausforderung. Es gab aber auch bis zuletzt Beifall.

Als ich vom Pritschenwagen herunterging, brachte ich vor den vielen TV-Kameras und Mikrofonen keinen weiteren Satz heraus. Mir war tatsächlich die Spucke weggeblieben. Christa Wolf umarmte mich spontan, andere drückten mir die Hand.

Immer noch blieb das Gefühl der Solidarität, das mich vom Beginn der Demo in der Liebknechtstraße und seit dem Zusammentreffen mit den Organisatoren und den anderen Rednern begleitet hatte. Doch als ich kurz nach Abschluß auf die Gruppe des »Neuen Forum« zuging, um mich mit einem Händedruck zu verabschieden, wandte sich Bärbel Bohley ab. Fotoreporter in der Nähe schienen der Grund dafür zu sein. Sie wollte sich nicht »vereinnahmen« lassen, schon gar nicht von mir, was ich natürlich verstehen konnte.

Auf dem Nachhauseweg über den Alexanderplatz und die Rathausstraße im Strom der friedlich auseinandergehenden Menschen – kein unfreundliches Wort, kein böser Blick. Ein junger Westberliner bat um ein Autogramm und erzählte von der politischen Orientierung, die er als Jungsozialist von seiner Partei, der SPD, erhalten habe.

Erst am späten Nachmittag kam ich dazu, mir die Videoaufzeichnung anzusehen, die mein Sohn von der Demo gemacht hatte. Ich sah und hörte erst jetzt die Ansprachen von Christa Wolf, Stefan Heym, Lothar Bisky, die mir auf dem Platz entgangen waren. Vor dem Bildschirm entsteht eine Distanz, die zwingt, intensiver mitzudenken. Ich bemerkte auch, wie manchmal Emotionen bedient wurden, die leicht hätten überschwappen können. Darum war mir die Aufforderung zur Toleranz in den Reden Friedrich Schorlemmers und Christophs Heins besonders nahe.

Noch einmal erlebte ich meinen eigenen Auftritt, die Reaktionen der Fünfhunderttausend hatten sich mir viel intensiver und als nicht so anonym eingeprägt. Was hättest du anders sagen sollen? – fragte ich mich. Ich hörte meine Ansprache und hatte das Gefühl: So war es richtig. Für diese Worte mußt du in Zukunft geradestehen:

Nicht ohne zu zögern nutze ich die Möglichkeit, an dieses Mikrofon zu treten. Aus mehreren Gründen. Es war nicht meine Partei, die Sozialistische Einheitspartei, die mit der Macht der Medien zu dieser Demonstration aufgerufen hätte, es war die fast leise Stimme von Berliner Künstlern mit der Forderung nach Freiheit des Worts und der Versammlung.

Trotz zunehmend mahnenden Stimmen in unseren eigenen Reihen konnten wir nicht verhindern, daß unsere Führung bis zum 7. Oktober in einer Scheinwelt lebte und selbst dann noch versagte, als die Menschen anfingen, mit den Füßen abzustimmen. Das war bitter für uns Kommunisten.

Der Fackelzug am Abend des 6. Oktober und die Militärparade am Morgen den 7. wirken heute schon wie ein Abschied von einer längst vergangenen Zeit. Und doch liegt diese Zeit erst vier Wochen zurück. Wir dürfen ihre Rückkehr nie wieder zulassen! Am 7. Oktober gab uns die Anwesenheit Michail Gorbatschows neuen Mut, und am Abend kam es zu den blutigen Zwischenfällen. Seitdem hat sich unser Volk auf den Straßen und Plätzen die Freiheit des Wortes selbst geholt. Aber nun darf sich der Dialog nicht mehr in Worten erschöpfen. Von der in der nächsten Woche angesetzten Tagung des Zentralkomitees der SED werden eindeutige und mit Substanz erfüllte Aussagen erwartet, auch ein Bekenntnis zur Verantwortung und zu den Ursachen des Geschehen mit entsprechenden personellen Konsequenzen.

Um für die eigentliche, noch nicht begonnene Wende und Erneuerung in meiner eigenen Partei eine klare Orientierung zu geben, sollte das Zentralkomitee entsprechend Artikel 47 des Statuts der Partei unverzüglich eine Parteikonferenz einberufen.

Hunderttausend Kommunisten, die ehrlich und aktiv gearbeitet haben, erwarten einen klaren Kurs. Viele haben schon lange um Lösungen gekämpft, haben auch weitreichende konzeptionelle Vorschläge für grundlegende Reformen eines erneuerten Sozialismus gemacht.

Diese Vorschläge gehören jetzt in den Dialog und an die Öffentlichkeit.

Damit wird noch deutlicher werden, daß es in dieser, meiner Partei nicht an engagierten und couragierten Menschen auf allen Arbeitsebenen und Feldern mangelt, nicht an klaren und konzeptionell kompetenten Köpfen fehlt. Nicht durch Pochen auf festgeschriebene Artikel, nur so, durch Überzeugung und harte, sehr harte Arbeit kann diese Partei ihre Rolle in der neuen Etappe unserer gesellschaftlichen Entwicklung spielen.

Nun zu dem zweiten Punkt meines Zögerns, hier zu sprechen, und da erwarte ich noch viel weniger Beifall. Ich habe ein Buch geschrieben, in dem ich mich für offenes Aussprechen der Wahrheit, für Zivilcourage, für menschliches Umgehen miteinander, auch mit Andersdenkenden ausspreche. So, nun wird der Beifall gleich aufhören, denn ich kann und will natürlich nicht verschweigen, daß ich davor dreiunddreißig Jahre General im Ministerium für Staatssicherheit war, und ich bekenne mich zu meiner Verantwortung für diese Tätigkeit bis zu meinem Ausscheiden vor drei Jahren aus diesem Dienst.

Wenn wir diesen Weg der Erneuerung mit Vernunft und Besonnenheit weitergehen wollen, dann muß ich mich hier dagegen wenden, daß viele Mitarbeiter dieses Ministeriums, die ich aus langen Jahren kenne, nun zu Prügelknaben der Nation gemacht werden sollen. Es liegt gerade im Interesse dieser Mitarbeiter, daß jede Anschuldigung, jedes Unrecht, jede Verletzung der Gesetze unparteiisch untersucht wird, die Verantwortlichkeit festgestellt und Betroffenen öffentlich Gerechtigkeit widerfährt. Das gilt natürlich auch für den 7. und 8. Oktober. Die Aufgaben dieses Ministeriums entsprachen stets der Politik der Führung dieses Landes.

Wenn jetzt die politische Führung von einer Wende spricht, dann muß dies natürlich auch zu einer Überprüfung der Tätigkeit der Schutz- und Sicherheitsorgane führen, und auch die parlamentarische öffentliche Kontrolle dieser in jedem entwickelten Land vorhandenen Einrichtung wird dabei zu berücksichtigen sein. Neues Denken ist in diesem Bereich genauso gefragt wie überall, besonders im Umgang mit Andersdenkenden. Verantwortliche dieses Ministeriums sollten sich der Öffentlichkeit stellen, um damit auch den Dunst des Geheimnisvollen zu beseitigen, das bei vielen Menschen Angst verbreitet.

Aber die Gegner der Erneuerung, die müssen wir überall dort suchen, wo sich Dünkel, Arroganz, elitäres Denken, Machtanmaßung breitgemacht haben.

Nun zum dritten Grund, weshalb ich mit Zögern an dieses Mikrofon vor einer solchen Massenveranstaltung getreten bin. Dieser Grund liegt in Erfahrungen der Geschichte. Immer wenn es in sozialistischen Ländern in der Vergangenheit nach dem Krieg einen Kurs- und Führungswechsel gegeben hat und die Menschen emotionsgeladen mit ihren Forderungen auf die Straßen und Plätze gegangen sind, gab es eine Eskalation, ist Blut geflossen, und es gab Tote, oft viele Tote. Man kann vor der Besonnenheit unserer Menschen, auch hier auf dem Platz, nur den Hut ziehen.

Seit dem 9. Oktober ist kein Blut mehr geflossen, und wir wollen es dabei bewenden lassen. Sorgen wir doch alle dafür, daß die Vernunft die Oberhand behält. Nutzen wir gemeinsam die einmalige Chance, Sozialismus mit Demokratie, die das Wort verdient, zu verbinden. Vielleicht können wir damit Michail Gorbatschow und den Menschen in der Sowjetunion etwas vom Mut und der Hoffnung zurückgeben, die sie mit Perestroika und Glasnost in dieses Land gebracht haben.

Auch aus dem Abstand der seit dem 4. November vergangenen Zeit, in der vieles von dem nicht mehr stimmt, was wir gedacht, gesagt und gewollt haben, stehe ich zu jedem damals auf dem Berliner Alexanderplatz gesprochenen Wort.

Die Demo vom 4. November ist auf besondere Weise in die Chronik der »sanften Revolution« eingegangen. Im Rückblick stellt sie sich als eine Art Zäsur dar. Auf dem Alexanderplatz, an jenem Sonnabend konnte noch keiner ahnen, daß schon wenige Tage später, am Donnerstag der folgenden Woche, die ganze Entwicklung eine neue, eine andere Richtung nehmen würde. Von jenem Donnerstag, dem 9. November, an dem die Grenze geöffnet wurde, führte der Gang der

Ereignisse in atemberaubendem Tempo über die Märzwahlen und die Währungsunion im Juli 1990 zum Ende der Deutschen Demokratischen Republik. In keiner der Ansprachen, von niemandem auf dem Platz war am 4. November der Ruf »Deutschland, einig Vaterland« zu hören, auf keinem Plakat war dieser Satz zu lesen gewesen. Von der sozialistischen Protestdemo auf dem Alexanderplatz ging der Ruf nach Freiheit der Rede, Freiheit der Meinung, Freiheit der Presse aus, es war eine Abrechnung mit der zu Ende gehenden Vergangenheit, mit den für diese Zeit Verantwortlichen. Und trotz der Woge von Emotionen, der Unterschiede der politischen und moralischen Haltungen und Wertungen gab es bei den Veranstaltern, den Rednern und bei vielen Teilnehmern eine gemeinsame optimistische Aufbruchstimmung. Es ging um unser Land, die Deutsche Demokratische Republik, die Neugestaltung seiner Zukunft. So empfand ich jenen 4. November.

Natürlich konnte ich die Pfiffe nicht überhören, auch nicht den Haß, der mir von Gruppen auf dem Platz entgegenschlug. Diese Reaktion war zu erklären, sie war zurückzuführen auf das Regime der Unterdrückung. Das Ministerium, dem ich lange angehört hatte, war dafür zum Symbol geworden. Und dennoch glaubte ich zu wissen, daß der überwiegende Teil der Menschen auf dem Platz, die gegen mein Auftreten Protestierenden genauso wie die Beifallspendenden, genauso wie die große Mehrheit der Bürger dieses Landes, die die Wende ersehnt hatten, damals bereit waren, an einem Neubeginn mitzuwirken. Auch von vielen Mitarbeitern des Ministeriums, für die ich mich eingesetzt hatte, nahm ich dies an. Von einer großen Zahl wußte ich es. Wie tief der Zorn des Volkes gegen die Staatssicherheit war, dem Kernstück einer allein durch Repressalien aufrechterhaltenen Politik der alten Führung, sollte ich erst in der Folgezeit erfahren. An jenem Tag glaubte ich, meinen Weg vom Stasigeneral zum Fürsprecher von Glasnost und Perestroika gegangen zu sein. Daß mich die Entwicklung der Dinge zu meiner Verantwortung für die Vergangenheit zurückholen würde, zu der ich mich auf dem Platz bekannt hatte, ahnte ich damals nicht.

In meiner Ansprache hatte ich von der Chance gesprochen, Sozialismus mit Demokratie zu verbinden. Ich fühlte mich eins mit den Künstlern, die diese Protestkundgebung organisiert hatten, mit denen, die von der improvisierten Tribüne herab ihre so verschiedenen Gedanken und Gefühle ausgedrückt hatten.

Wieder und wieder denke ich über die Begegnungen in diesem »Espresso« hinter der Tribüne nach, an jenem Tag, die Begegnung mit Stefan Heym, Bärbel Bohley und Jens Reich, mit Pfarrer Schorlemmer, später mit Ibrahim Böhme oder Pfarrer Rainer Eppelmann. Bei diesen Begegnungen brauchte ich keine Feindbilder abzubauen. Dennoch, wir hatten in unserer Ablehnung des überlebten Systems keinen Weg zueinander gefunden. Zu wenige Brücken gab es zwischen der Intelligenz in meiner Partei zu anderen oppositionellen Strömungen, die wesentlich stärkeren Repressalien seitens des Machtapparates ausgesetzt gewesen waren. Gerade diese Menschen bestimmten mit ihren Forderungen zunehmend die Volksbewegung gegen die Strukturen und die Träger der alten Macht. Ablehnung und Haß hatten sich angestaut. Zuerst traf es die alte Führung, dann zunehmend auch uns. Das vorher Versäumte ließ sich nicht nachholen. Erst nach den Erschütterungen, die dem 9. November folgten, wurde der Weg zu den Runden Tischen gefunden und mühselig um Konsens zur Erhaltung der elementaren Lebensfähigkeit des Landes gerungen.

Als mich im Januar des folgenden Jahres ein Podiumsgespräch im Theater im Palast mit dem Berliner Jugendpfarrer Hülsemann zusammenführte, äußerte der Pfarrer einen Gedanken, der in mir haften blieb und mir immer wieder durch den Kopf ging. Er sprach über den Ursprung des Sabbat und seine Bedeutung als Zeit der Ruhe und Besinnung für die Menschen nach der Hektik ihres Alltags. Und er sagte, in den Wochen, als alles zusammenzubrechen drohte, fehle den Menschen in unserem Lande die Pause des Sabbat.

Wie recht er hatte. Doch niemand gönnte uns diese Pause. Wenn ich an den 4. November und an die Entwicklung nach dem 9. denke, in der sich die Ströme der Volksbewegung des Oktober zu teilen begannen, dann scheint mir die Tragik gerade im Fehlen der Brücken zueinander und im Fehlen einer Pause zur Besinnung zu liegen.

5. 11. 1989

Jäcki Wagenstein zu Besuch. Er kam von einer Vortragsreise in der BRD. Natürlich drehte sich das Gespräch um unsere Entwicklung, unsere Lage. Mit großem Interesse sah er die Videoaufzeichnung von der Demo und nahm eine Kopie nach Sofia mit. Er wollte sie seinen Freunden in Bulgarien zeigen, die sich schon seit geraumer Zeit, allerdings nur in kleineren Gruppen, zu regen beginnen. Dort geht die Miliz noch hart dazwischen.

Fast den ganzen Nachmittag lang war Jäcki Zeuge unserer »Stabsberatungen« und der Versuche, eine konzentrierte Aktion zur bevorstehenden ZK-Tagung zu erreichen. Vielleicht gelingt etwas, aber zu viele sind in die verdammten Strukturen eingebunden, dringend notwendige Entscheidungen sind kaum zu erwarten.

Es ist zum Verrücktwerden: Im Gespräch mit Michail Gorbatschow gab Egon Krenz eine recht realistische und offene Darstellung unserer Lage und der Vorgänge im Lande. Völlig unverständlich, wie er am Folgetag vor der Presse die Stirn besitzt, zu erklären: Das Zentralkomitee der SED hat die Wende herbeigeführt...

6. 11. 1989

Das »Neue Deutschland« und die »Berliner Zeitung« brachten kontrastierende Berichte über die Demo am 4. Im ND kein Wort über meinen Vorschlag, eine Parteikonferenz einzuberufen; in der »Berliner« ein korrekter Bericht.

Mit Moritz Mebel dessen ZK-Diskussionsbeitrag durchgegangen, Beratung mit weiteren Genossen.

Daneben Interviews, früh ein Interview mit einer britischen Fernsehstation, anschließend mit Frau Coudenhove-Kalergi vom österreichischen Fernsehen. Es soll abends eine halbe Stunde über den Sender gehen.

Am Abend Empfang in der sowjetischen Botschaft zum 72. Jahrestag der Oktoberrevolution. Ich werde beinahe wie ein Star herumgereicht. Die Demo am 4. hatten anscheinend alle verfolgt. Freundschaftliche Umarmung mit Siegmund Jähn. Wolfgang Herger: Das Politbüro muß geschlossen zurücktreten. Er sprach sehr offen.

Eigenartige Episode kurz vor dem Gehen: Schon am Ausgang des großen Festsaales stehend, machten wir Platz für die aufbrechende »Spitze«. Egon Krenz kam auf mich zu und sagte, mich umfassend: »Hast du gut gemacht«. Ich: »Mach es besser«. Er: »Ich sagte: Hast du gut gemacht«. Ich sagte: »Mach es besser«. Er: »Wenn ich das vor zwei, drei Wochen gewußt hätte, hätte ich das nicht gemacht«. Die Umstehenden hörten dies staunend. Vor der Garderobe gab es ein Gespräch mit Botschafter Kotschemassow, der über die Lage in der Parteiführung kaum informiert ist. Er will mich zum Essen einladen.

Am späten Abend Anruf von Helga Königsdorf, die einem jungen Parteisekretär an der Akademie der Wissenschaften, Christian Rempel, den Hörer übergab. Der informierte über die Absicht, zur bevorstehenden ZK-Tagung am 8. November eine Demo der Parteimitglieder, die mit dem Kurs der Führung nicht einverstanden sind, vor dem ZK-Gebäude zu organisieren. Er fragte mich um Rat, weil die Kreisleitung der Akademie der Meinung sei, man müsse eine solche Demo bei der Polizei anmelden, und ob ich daran teilnehmen wolle. Ich riet ihm, das zu tun, was sie selbst für richtig und notwendig hielten. Sie brauchten dazu niemanden weiter zu fragen.

7. 11. 1989

In ein Gespräch mit Professor Dieter Seegert hinein platzte ein Anruf Mielkes: »Du willst schon wieder reden?« Der erste Anruf seit vierzehn Tagen. Kein Wort dazu, daß ich mich am 4. vor einer tobenden Menge für die Mitarbeiter seines Ministeriums eingesetzt hatte, die Dank seiner Politik nun solcher Hetze und Verfolgung ausgesetzt sind. Sein System scheint noch immer in gewohnter Weise zu funktionieren, und so hat er etwas von der Demo vor dem ZK mitbekommen. Sicher empfindet er all diese Vorgänge zu Recht als Niederlage und kann nun nicht verwinden, daß ein moralischer Anspruch über Machtdenken zu triumphieren beginnt.

Kurz danach ein Anruf von Christian Rempel. Ich solle am 8. vor dem ZK sprechen. Auf meine Bemerkung, daß ich mich im gleichen Sinn positioniere, dort aber Vertreter der Basis zu Wort kommen sollten, meinte er, ich wolle wohl kneifen.

Vom 8. November 1989 gab es in meinem Kalenderbuch keine Eintragung. Während dieser Wochen passierte mehr als in Jahrzehnten davor. Viele einst gesicherte Ansichten purzelten über den Haufen, neue Erkenntnisse mußten neu verarbeitet werden – alles in der unbeschreiblichen Hektik jener Tage. Dutzende von Interviews und Gesprächen, gewissermaßen bei laufendem Motor.

Von welchem Sozialismus kommen wir, war das überhaupt einer, zu welchem wollen wir? Die gleiche Frage auf die Partei bezogen. Welche wollen wir? Geht das mit der auf dem 10. Plenum in so blamabler Weise zustande gekommenen provisorischen Führung unter Egon Krenz überhaupt noch? Der tiefe Graben zwischen Führung und Parteimitgliedschaft tat sich sinnbildlich auf vor dem gewaltigen Bau des Zentralkomitees, dem »Großen Haus«. Im Innern: Von der Führung nur Halbheiten, und auch die nur unter dem Druck der Parteibasis draußen. Dieser Druck kam auch in einem Brief zum Ausdruck, der ungefähr 200 Unterschriften trägt, darunter auch die meine: Krenz hat entgegen allen Empfehlungen Dohlus, Böhme und andere zur Wiederwahl ins Politbüro vorgeschlagen, die willfährigsten Helfer der alten Führung. Dagegen protestierten wir. Schließlich war am Ende die Hälfte der gerade neu gewählten Politbüromitglieder wieder weg. In diesem Hick-Hack ging die Nominierung Hans Modrows zum Ministerpräsidenten unter. Das spielte sich hinter verschlossenen Türen ab.

Über das Fernsehen war der andere Teil der Partei live zu sehen und zu hören. Noch in der Nacht hielt ich meine Gedanken in einem kurzen Kommentar fest, den ich an die Medien verschickte:

Die Avantgarde der Erneuerung der Partei sind unsere jungen Genossen. Das für mich Entscheidende spielte sich am 8.11. vor dem Gebäude des ZK ab. Hier sprach die Zukunft der Partei. Im Tagungssaal waren die Genossen noch in die alten Strukturen und die meisten in die alten Denkweisen eingebunden. Die alt-neue Führung setzte das traurige Spiel der letzten Wochen fort, wich, mit dem Rücken an der Wand, Schritt um Schritt vor den drängenden Forderungen der Parteibasis zurück, wie vorher dem Druck der Straße. Mit Mühe wurde ihr ein Bekenntnis zur Verantwortung und zu den Ursachen dieser schweren

Krise unserer Partei und des Landes abgerungen. Von diesem ZK war mehr nicht zu erwarten. Es ist zu hoffen, daß mit dieser provisorischen neu-alten Führung die Zeit bis zum Parteitag ohne weiteren Vertrauensschwund überbrückt werden kann. Die unter diesen Umständen zustande gekommenen Beschlüsse des Zentralkomitees müssen von der gesamten Parteibasis, vor allem von den jungen Genossen, die als erste eine wirklich andere Sprache gefunden haben, auf dem Weg zur Parteikonferenz angefüllt und mit zunehmendem Druck zur echten Erneuerung der Partei und ihrer Strukturen ergänzt werden.

Der Aufbruch braucht neuen Atem und neue Kräfte. Sie sind überall. Wir haben sie gesehen und gehört. Sicher lag es am Ausgangspunkt der Initiative des 8. 11. und am Ort, daß die jungen Wissenschaftler und Studenten in der Überzahl waren. Junge Arbeiter, die gesprochen haben, drückten auf ihre Art eindrucksvoll das Gleiche aus. War es nicht in der Geschichte der Arbeiterbewegung immer so, daß im revolutionären Aufbruch der beste Teil der Intelligenz die Interessen der Arbeiterklasse formulierte und vertrat? Wie stolz war ich am 8. November auf unsere jungen Wissenschaftler, die einer nach dem anderen ans Mikrofon traten. Von vielen weiß ich, daß sie über durchdachte und ausgereifte Konzeptionen eines modernen Sozialismus verfügen, welche die Interessen der Arbeiterklasse genauso beinhalten wie die Notwendigkeit eines Bündnisses mit der Intelligenz und allen anderen Schichten des Volkes.

Wie sehr haben diese Genossen auf den Generalsekretär und sein Wort gewartet. Und wie sehr wurden sie enttäuscht. Weiter wirken wird ihr Ruf »Wir sind die Partei«. Sie haben die Sprachlosigkeit überwunden und werden nun auch auf den Straßen und Plätzen, wo der Ruf erschallt »Wir sind das Volk«, um die Position ihrer Partei kämpfen. Sie haben für die Genossen im ganzen Land ein Beispiel gegeben. Diese Partei ist mit dem Volk im Aufbruch.

Diese jungen Genossen müssen den Verlauf und den Ausgang der Parteikonferenz bestimmen, gemeinsam mit jungen Delegierten der Arbeiterklasse und der Bauern. Wir Älteren werden ihnen mit Rat und Tat zur Seite stehen, ihnen aber den Vortritt lassen. Einen Jürgen Kuczynski oder Markus Wolf braucht man nicht in ein neues ZK zu wählen. Wir sind auch so da.

In unseren Zeitungen war dieser Beitrag nicht zu finden. Die Westberliner Tageszeitung taz hat ihn am 16. November veröffentlicht.

Am Abend des 8. sahen wir bei der Geburtstagsfeier von Eva Siao im Fernsehen einen Appell von Christa Wolf namens einer ganzen Reihe der alternativen und oppositionellen Gruppierungen an unsere Bürger, im Lande zu bleiben. Der Flüchtlingsstrom nach Westen war nicht abgerissen. Seit dem Sommer sind mehr als 150 Tausend DDR-Bürger ausgereist. Da Christa in der unmittelbaren Nachbarschaft wohnt, hatte ich das Bedürfnis, ihr nur einmal fest die Hand zu drücken. Sie saß noch mit Gerhard, ihrem Mann, und einer Bekannten zusammen. Sie forderte uns trotz der späten Stunde auf, Platz zu nehmen. Unser Dauerthema fand natürlich auch in ihrer Wohnung seine Fortsetzung. Keiner von uns konnte ahnen, was am nächsten Tag bevorstand. Die den Beschluß faßten, der das Land und die gesamte politische Landschaft verändern sollte, wußten es vermutlich zu jener Stunde selbst noch nicht.

9. 11. 1989

Trotz aller Turbulenzen zwingen längst vereinbarte Termine zur Fahrt nach Potsdam. Drei Lesungen sind geplant. Offen blieb, ob ich doch noch die Gelegenheit erhalten würde, in der »Aktuellen Kamera« des Fernsehens den Kommentar zum 8. November zu sprechen.

In Potsdam waren etwa 500 Studenten der Pädagogischen Hochschule dicht gedrängt in einem Saal versammelt. Wir befürchteten, allesamt in den Kesseln der darunter liegenden Küche zu landen. In diesem alten Gebäude, Teil des neuen Palais von Sanssouci und Sommerresidenz des preußischen Königs und deutschen Kaisers, kam die bisher lebendigste Veranstaltung zustande. Auf meine zu Beginn gestellte Frage: »Soll ich lesen, oder wollen wir gleich anfangen?« kam die einhellige Antwort: »Gleich anfangen!«

Jetzt, in dieser explosiven Situation, kamen andere Fragen als bei vorausgegangenen Lesungen. Manche der Fragensteller hatten eigene, schlechte Erfahrungen mit der Staatssicherheit gemacht. Sie machten aus ihrer Haltung kein Hehl mehr. Und dennoch wurde es kein feindselig geführtes Gespräch. Ich gewann den Eindruck, daß diese Jugend noch für unseren weiteren Weg zu gewinnen sein würde, aber nicht mit den alten Leuten und schon gar nicht mit den alten Denkweisen. Mitten aus dem Publikum meldete sich ein Kursant der Juristischen Hochschule des MfS von nebenan, hier sicher eine der meist befehdeten Einrichtungen. Dieser junge Mensch bekam für sein ehrliches Auftreten großen Beifall, der mir besonders nahe ging. Anders als bei der Demo auf dem Alexanderplatz vermochten die Zuhörer in diesem Kreis zu differenzieren, sie erfuhren, daß auch Mitarbeiter der Staatssicherheit die Politik der ehemaligen Führung und die daraus erwachsenen Praktiken des Ministeriums genauso ablehnten wie sie selbst.

Beim anschließenden Gespräch im Klub der Filmschaffenden hörte ich von Kameraleuten der DEFA abstoßende Einzelheiten über das Wirken von Mitarbeitern des Apparates vor dem Gebäude des ZK am Vortage. Druckgruppen hatten dort in alter Manier versucht, junge Vertreter der Basis niederzuschreien.

Bis zum späten Nachmittag war unklar, ob ich zur »Aktuellen Kamera« aufbrechen müßte. Immer noch wirken im Fernsehen die alten Strukturen, meine Kritik an der neu-alten Führung war genausowenig gefragt wie früher. So nahm ich auch meine letzte Verpflichtung im Klub der Kulturschaffenden wahr. Mitten in die Diskussion nach der Lesung hinein öffnete ein Mann die Saaltür und sagte laut: »Die Grenze ist auf« und verschwand. Von da an waren meine Gedanken und die meiner Zuhörer nicht mehr bei der Sache. Was war geschehen?

Trotzdem kam es noch zu einem Gespräch mit der ehemaligen Lehrerin, die mir vor Wochen im Haus der Jungen Talente in Berlin ihr Schicksal geschildert hatte. Ihr Gesicht hatte sich mir tief eingeprägt.

Als sie mir wesentlich später ausführlicher ihre Situation nach dem Ausscheiden aus dem Schuldienst schilderte, erinnerte sie sich, mir die offenkundige Überwachung durch die Staatssicherheit beschrieben zu haben. Ich hatte ihr angeboten, sollte sich das fortsetzen, mich anzurufen. Von diesem Angebot hat sie Wochen danach Gebrauch gemacht, allerdings ohne daß ich davon erfuhr.

Die Potsdamer Grünen hatten für den 14. November die erste Umweltnacht Ost und West organisiert. Zusammen mit einem Regisseur der DEFA hatte die Lehrerin am Zaun des Glienicker Schlosses ein großes Transparent angebracht: »Für grenzenlos saubere Luft – Einladung zur ersten Potsdamer Umweltnacht!« Sie hatte etliche Meter Schnur vernäht und Schlaufen befestigt. Auch der Schloßdirektor hatte dabei geholfen. In der Nähe der Glienicker Brücke stand ein weißer Lada, und niemand stieg aus, die Stasi war da, wie früher. Eine Stunde später war das Transparent fein säuberlich aus der Befestigung herausgeschnitten. Da packte die Lehrerin die Wut. Sie wollte mich anrufen, erreichte mich aber nicht. »Da habe ich einfach in allen Umweltgruppen angerufen und gesagt, ich habe mit Markus Wolf telefoniert und dem das erzählt. Der hat gesagt, wir sollen das ›Schiff‹ fotografieren. Das verfehlte seine Wirkung nicht! Von dem Tag an ist kein einziger von uns mehr beschattet worden. Unser Transparent hing dann fast bis Weihnachten, wir hatten einfach vergessen, es abzunehmen. Und das war ein großer Erfolg.«

Auf der Heimfahrt am späten Abend hörten wir aus dem Autoradio die Sensation: Die Grenzen waren plötzlich geöffnet worden. Während im Rundfunk dazu noch Regelungen angesagt wurden, liefen die Menschen, die diese Nachricht genauso wenig fassen konnten wie wir, einfach über die Grenzkontrollpunkte. Wie wir sahen, wurden die Leute schon vor dem eigentlichen Grenzbereich durch Volkspolizisten abgefertigt. Über Fernsehen und Rundfunk konnte man immer wieder auch an den folgenden Tagen das wohl meistbenutzte Wort aus dem Munde völlig überraschter DDR-Bürger gegenüber westlichen Reportern hören: »Wahnsinn!« Die historische Dimension dieses Ereignisses war weder an diesem Abend noch in den folgenden Wochen in ihrem vollen Umfang zu erfassen.

Auch wie es zu diesem Beschluß der Parteiführung kam, blieb noch lange Zeit im dunkeln. Schabowski hatte im Anschluß an die an diesem Tag weiter fortgesetzte Sitzung des Zentralkomitees, auf der die Einberufung eines Außerordentlichen Parteitags für Mitte Dezember festgelegt wurde, jene sensationelle Entscheidung gegen Ende einer Fragestunde im Internationalen Pressezentrum fast beiläufig von seinen Notizen abgelesen. Es entstand der Eindruck, ihm sei die Bedeutung dieser Nachricht selbst gar nicht bewußt gewesen.

Sicher ist dieser Beschluß, wie viele Entscheidungen vorher, unter dem Druck der Ereignisse aus der Situation heraus gefaßt worden, ohne seine Konsequenzen abzuwägen. Bei einer Begegnung mit dem nordrhein-westfälischen Ministerpräsidenten Rau am Nachmittag hatte ihn Krenz mit keinem Wort erwähnt. Erst später war von Teilnehmern der ZK-Tagung zu erfahren, Krenz habe dort kurz vor der Mittagspause mitgeteilt, man müsse die Grenze öffnen. Forderungen der tschechoslowakischen Führung, für die der Ansturm von DDR-Bürgern auf die BRD-Botschaft in Prag immer unerträglicher geworden war, ließen keinen anderen Weg. Man habe sich mit der sowjetischen Seite beraten, mit den Blockparteien solle der Schritt noch abgestimmt werden, damit er am Abend durch Schabowski der Öffentlichkeit bekanntgegeben werden könne. Sowjetdiplomaten bestritten später, über diese faktisch bedingungslose Öffnung der Grenzen vorher unterrichtet gewesen zu sein. Analysen und politische Konzeptionen in Ost und West waren in wenigen Stunden über den Haufen geworfen.

Am nächsten Tag war ich im Internationalen Pressezentrum zu vier Interviews verabredet. Jedesmal auf die Ereignisse angesprochen, wiederholte ich immer wieder, daß mir dieser so außerordentlich bedeutsame Schritt mehr als ein Ausdruck der Kopflosigkeit unserer Führung erschien. Es ginge wohl mehr darum, mit dem Rücken an die Wand zu kommen. Der Gesamtablauf aller Entscheidungen seit Beginn des Exodus an der ungarischen Grenze im Sommer zeuge davon, welche Riesenmöglichkeiten die ehemalige Führung während des gesamten Jahres tatenlos vergeben habe. Wären rechtzeitig Schritte in Richtung auf eine schon längst und allgemein geforderte Reisemöglichkeit für alle Bürger eingeleitet worden mit dem genau fixierten Ziel einer umfassenden Lösung des Problems – wie hätte dies gewirkt und wie unsere Menschen motivieren können. Mit allgemeinem Verständnis für notwendige Vorkehrungen zur Sicherung der Wirtschaft, vor allem der Währung wäre zu rechnen gewesen.

Nun fand eine Art spontane Wiedervereinigung statt, und die neue Regierung Modrow mußte zusätzlich zum ohnehin katastrophalen wirtschaftlichen Erbe noch kaum absehbare Folgen dieses nicht vorausgeplanten Schrittes übernehmen. Selbst Vertreter des Neuen Forums,

Künstler und Schriftsteller, die stets für uneingeschränkte Reisefreiheit eingetreten waren, äußerten nun ihre Vorbehalte.

Plötzlich meldete sich doch noch unser Fernsehfunk, um mir Gelegenheit zu ein paar Äußerungen in der neuen aktuellen Sendung »AK Zwo« zu geben. Für dieselbe Sendung wurde, unmittelbar vor mir, ein Gespräch mit dem designierten Ministerpräsidenten Hans Modrow aufgenommen. Nach der Aufzeichnung hatten wir ein Vieraugengespräch über die bevorstehende Regierungsbildung und auch über seine Gedanken zu meinem ehemaligen Tätigkeitsbereich. Er sagte abschließend, daß wir an unserem freundschaftlichen Kontakt festhalten sollten.

Sehe ich zurück, erinnere ich mich nicht an allzu viele Begegnungen in den früheren Jahren. Aber wir waren uns, so meine ich, doch recht nahe, wir verstanden aus wenigen Worten, daß wir im Grundsätzlichen geistesverwandt waren.

Im Sommer 1988 war der letzte Punkt im Manuskript der »Troika« gesetzt. Ich hatte dort – natürlich nicht unbeabsichtigt – erwähnt, daß an der Dresdner Tagung der Akademie der Künste in Konis und unserer Kultur-Krisenzeit 1978 der Freund Hans Modrow teilgenommen hatte. Da ich die Anwürfe der Parteiführung ihm gegenüber kannte, wollte ich mich vergewissern, daß ihm die Brisanz des Epilogs keine zusätzlichen Schwierigkeiten bereiten würde. So verabredeten wir 1988 einen Besuch in Dresden. Auch diese Begegnung war, wie stets, offen und freundschaftlich. Ich las ihm etwa zwei Seiten aus dem Manuskript mit den Passagen vor, die heute in ihrer damals aktuellen Problematik kaum noch zu erfassen sind. Auf meine Frage, ob ihm das schade, antwortete er nur: »Sieh zu, daß das Buch so schnell wie möglich erscheint.« Natürlich sprachen wir über die Lage im Lande. Er als Wirtschaftler schilderte die unerträgliche Situation, er brachte Beispiele aus dem Verkehrswesen, der Industrie und der Landwirtschaft. Schnell kamen wir auf das für uns alle nicht mehr zu akzeptierende Verhältnis zur Sowjetunion, die fast unverhüllte Distanzierung vom Kurs Michail Gorbatschows. Hans sagte sinngemäß, daß sein Spielraum in dieser Frage sehr eng sei. Dennoch versuche er, ihn voll zu nutzen. Es gebe eine Weisung, die Parteibeziehungen nicht zu forcieren. Dresdens Partnerstadt war

Leningrad. Auf Parteiebene durften in diesem Zusammenhang keinerlei Vereinbarungen getroffen werden. Hans bemühte sich, diese Festlegung dadurch zu umgehen, daß er die direkte Zusammenarbeit auf staatlicher Ebene und zwischen Produktionsbetrieben förderte. Kurz vor unserem Gespräch hatte er den neuen Parteisekretär von Leningrad getroffen. In Berichten über solche Kontakte bündelten andere Bezirkssekretäre zumeist negative Feststellungen, um die Erwartungen der Führung zu bedienen. Dafür war Hans nicht zu gewinnen. Sicher habe er Kritikwürdiges gesehen, sagte er, wichtiger aber sei das Neue. In der Folgezeit wurde sein Name in westlichen Medien immer wieder im Zusammenhang mit oppositionellen Haltungen gegenüber der DDR-Führung erwähnt.

Problemlos gestaltete sich die kurze Zeit unserer späteren Zusammenarbeit nach dem November 1989 nicht. Manches, was er tat oder veranlaßte, blieb mir unverständlich, erschien mir ein Ausdruck des Zögerns und Zurückweichens, auch in Fragen meines ehemaligen Dienstes. Vielleicht tat ich ihm Unrecht. Sein Anliegen war die Erhaltung des inneren Friedens; er blickte voraus, suchte den Konsens, wichtiger noch, er blieb der integre, aufrechte Mann, auch an der Spitze der Regierung und unserer sich erneuernden Partei.

Jahre zuvor waren wir einmal gemeinsam zur Kur gewesen. Morgens sahen wir uns im Schwimmbad. Ich halte mich für keinen so schlechten Schwimmer, aber wenn ich meine zehn Bahnen auf der 25-m-Strecke zurückgelegt hatte, war Hans schon bei der sechzehnten oder achtzehnten. Und stieg ich eine halbe Stunde später nach tausend Metern aus dem Wasser, dann folgte er erst geraume Zeit später. Hans war hart in den Anforderungen an sich selbst. Ich beobachtete, daß er immer Kontakt zu unkomplizierten, einfachen Patienten suchte. Fast alle dort kamen aus dem Partei- und Staatsapparat. Hans war meist bei denen aus der Bezirks- und Kreisebene zu finden.

Die letzte Begegnung mit Hans Modrow als Ministerpräsident in dieser Zeit fand in Moskau statt. Ich hatte mich Anfang 1990 zu meiner Halbschwester dorthin zum Schreiben dieses Buches zurückgezogen, abseits der Wirren mit ihrem nun schon entschiedenen Ausgang in der DDR. Da es seitdem zu Hause viel Spekulationen und Veröffentlichungen über meine Abwesenheit gegeben hatte, fühlte ich mich moralisch zu einem klärenden Gespräch mit ihm verpflichtet. Wegen seiner begrenzten Zeit schlug er mir vor, gleich am ersten Tag des Besuchs am Abendessen im Kreis der von ihm geleiteten Regierungsdelegation teilzunehmen.

Es war für mich wie für die um die festlich gedeckte Tafel versammelten Stellvertreter des Vorsitzenden des Ministerrats, die zahlreichen Minister und ihre Berater gleichermaßen überraschend, den »geflüchteten« schreibenden Rentner auf dem Platz links neben dem Regierungschef vorzufinden. Rechts von ihm saß die einzige Dame in der Runde, Tatjana Böhm. Hans wirkte nicht gerade ausgeruht, aber gelöster, als ich ihn von Berlin her in Erinnerung hatte. In der gerade erst durch Vertreter bis dahin oppositioneller Parteien und Organisationen des Runden Tisches erweiterten Runde wurde er offenbar respektiert.

Während des Essens begründete mir Hans sein Schwanken, sich für die Volkskammerwahl im März 1990 als Spitzenkandidat der PDS nominieren zu lassen, er sprach über seine Motive, die Kandidatur und den Ehrenvorsitz in der Partei schließlich doch anzunehmen. Der damit schon angekündigte Abschied von der Bürde seines Amtes war vielleicht der Grund für die entspannte Atmosphäre, die mir an diesem Abend auffiel. Sie war typisch für seine unkonventionelle Art, mit der er jedes Protokoll mied und Steifheit und Trennendes beiseite schob. Das kam auch zum Ausdruck, als er beim Dessert einfach den Platz mit Minister Eppelmann wechselte, der ihm vorher sein Interesse an einem Gespräch mit mir signalisiert hatte.

Dieses leider nur kurze Gespräch in Moskau mit dem Pfarrer und späteren Minister für Abrüstung und Verteidigung verschaffte mir weitere Erkenntnisse in meinem Nachdenken über die von uns verpaßten Gelegenheiten. Mit Rainer Eppelmann saß neben mir ein Mann, dem viele Jahre von dem Ministerium, dem ich angehörte, Unrecht geschah, der verfolgt und verketzert wurde. Und dennoch, wir hatten keine Schwierigkeiten, miteinander zu reden.

An dieser Tafel hat mich Hans Modrow mit Menschen zusammengebracht, die sich trotz allem, was vordem im Lande passiert war, gefunden hatten, um Schlimmes abzuwenden. Sehr spät, zu spät, um die DDR noch in Ordnung zu bringen. Der Ausgang der Volkskammerwahl stand an jenem Tag zwar noch nicht fest, man rechnete eher mit einem Wahlsieg der Sozialdemokraten, aber das Ende der in dieser Runde zusammengekommenen Koalition der Vernunft war gewiß. Der Ministerpräsident der kommenden Regierung würde nicht mehr Hans Modrow heißen.

11. 11. 1989
Ständige Beratungen mit Genossen über die Vorgänge im Apparat des Zentralkomitees und die Möglichkeit, doch noch auf Krenz einzuwirken. Leider bedient sich dieser nicht der guten Vorschläge, die es auch von Mitarbeitern des Parteiapparates gibt, er stützt sich auf die alten Strukturen und Denkweisen.

Inzwischen ist auch Bulgarien in Bewegung geraten. Todor Shiwkow wurde abgesetzt. Riesenmanifestation in Sofia. Unser Freund Jäcki Wagenstein ist dort aktiv. Wie er am Telefon mitteilt, habe die Video-Aufzeichnung am 4. November, die er aus Berlin mitgenommen hatte, wesentlich zur Aktivierung seiner Freunde beigetragen. Vom 5. an habe er sie allabendlich vielen Freunden gezeigt.

Vorbereitung auf die Lesung im Deutschen Theater und die Laudatio für Helke Misselwitz.

12. 11. 1989
Da an diesem Wochenende alles nach Westberlin strömte, erwartete ich zur Lesung im Deutschen Theater nur wenige Besucher. Doch der Zuschauerraum war voll besetzt. Das Fernsehen zeichnete auf. Die schon so oft gelesenen Ausschnitte aus der »Troika« klangen gerade vor dem Hintergrund der atemberaubenden Veränderungen um uns herum besonders aktuell. Von dem mir durchweg wohlgesonnenen Publikum kamen auch harte Fragen, sicher deswegen, weil in diesem Theater kurz zuvor eine Lesung aus Walter Jankas Buch »Schwierigkeiten mit der Wahrheit« stattgefunden hatte. Jankas Schicksal mußte Fragen an den ehemaligen General der Staatssicherheit und zu seiner Verantwortung geradezu provozieren. Der Kritik an der Parteiführung der SED, an den Vorgängen vor dem ZK am 8. November und an der nach alten Mustern

inszenierten Kundgebung am 10. November im Lustgarten schloß ich mich mit den Worten an: »Das ist unerträglich, wollen wir weiter gemeinsam als Mitglieder einer Partei wirken, dann muß dies aufhören!«

Ich nutze die Gelegenheit, Probleme vertiefend darzustellen, die am 4. auf dem Alex nur stichwortartig gesagt werden konnten. Anhand der anderthalbstündigen Aufzeichnung des Fernsehens, die in der folgenden Woche gesendet wurde, konnte ich einiges zu diesem Thema rekapitulieren: An vielen Fragen ist zu spüren, wie sehr jede Öffentlichkeitsarbeit meines ehemaligen Ministeriums fehlte. Verlautbarungen gingen meist nicht über Enthüllungen von Spionage- und Sabotageaktionen oder über Kundschafterstories hinaus. Viele Menschen identifizieren aufgrund eigener Erfahrungen oder von Gehörtem den gesamten Apparat mit dem inneren Bespitzelungssystem. Ich weise deshalb darauf hin, daß die Arbeit des Ministeriums, insbesondere des Bereiches, für den ich unmittelbar verantwortlich war, mit dazu beitrug, daß wir 45 Jahre nach dem Krieg hier so zusammensitzen und diskutieren können: Aufklärer ersetzen große Militärapparate in einer noch nicht geeinten Welt, indem sie sie transparent machen. Die Arbeit war nicht gegen irgendwelche Pappkameraden gerichtet, die sich irgend jemand ausgedacht hatte, sondern es gab handfeste, nachweisbare Bestrebungen, das Kräfteverhältnis in der Welt zu verändern. »Wenn ich an solche historischen Schnittpunkte denke wie den 17. Juni 1953 oder die Ereignisse von 1956, die sich nicht nur auf Ungarn konzentrierten, oder 1968 in der Tschechoslowakei und mehrfach in Polen, sehe ich eine komplizierte Wechselwirkung. Nur, und das ist nicht nur mein Gefühl, ich glaube, das kann man jetzt schon mit Sicherheit sagen – die Möglichkeiten für Aktivitäten uns feindlicher Kräfte, die 1956 über die offene österreichische Grenze nach Ungarn strömten, haben wir selbst geboten. Ich war, um bei den beiden zurückliegenden Jahren zu bleiben, in denen ich wie viele an unserer Medienpolitik verzweifelte, der festen Überzeugung, und habe sie überall, auch bei jenen Mitgliedern unserer Führung, mit denen ich Kontakt hatte, ausgesprochen: Die eigene Medienpolitik hat unserem Land mehr geschadet als sämtliche westliche Propaganda zusammengenommen.

Ein Zuhörer ist entsetzt darüber, daß ich den Stasi-Apparat, so wie er ist, aufrechterhalten wolle und spricht mich heftig auf die Mitschuld für die Bedrohung von Andersdenkenden, Verhaftungen bei kleinsten Vergehen an. Andere wollen mich an der Spitze eines erneuerten Apparates sehen.

Ich bejahe die Tendenz zur Erneuerung in der stürmischen Entwicklung der jüngsten Zeit, die den Bestrebungen meiner Freunde und der Familie entspricht. Es ist für viele nicht so einfach zu verstehen, wie ich Amt und Verantwortung vereinen konnte. Ich glaube, so sagte ich, daß ich so ziemlich alles verantworten kann, was unter meiner Leitung geschah, einschließlich der Erziehung und Beeinflussung der mir anvertrauten Mitarbeiter zu ähnlichem Denken, auch kritischem Denken.

Wenn ich mich am 4. November auf dem Alexanderplatz dagegen verwahrt habe, unterschiedslos alle Mitarbeiter dieses Ministeriums zu Prügelknaben der Nation zu machen – dann deshalb, weil ich viele kenne und weiß, daß sie keine Bestien sind, die willkürlich irgendeinen Andersdenkenden mundtot machen wollen, sondern, daß der große Teil wie viele andere, die im Dienst dieses Staates standen und stehen, in gutem Glauben gehandelt haben und handeln, entsprechend der Politik der Führung dieses Staates, von der sie glaubten, daß sie gut sei. Ich will mich nicht vor irgendwelche Maßnahmen dieses Ministeriums stellen, die in die Richtung gingen wie bei der Behandlung von Walter Janka. Ich habe auf dem Alexanderplatz auch gesagt: Die Mitarbeiter des Ministeriums, für die ich mich einsetze, sind am meisten daran interessiert, daß alle Fragen ihrer Verantwortung unparteiisch und bis ins kleinste geklärt werden. Ich bin bereit, mich vor jeden Mitarbeiter dieses Ministeriums zu stellen, der entsprechend seiner Verpflichtung und der Aufgaben, die ihm übertragen wurden, gearbeitet und sich dabei die Hände nicht schmutzig gemacht hat. Ich würde mich niemals vor einen Mitarbeiter des Ministeriums für Staatssicherheit stellen, der einen Demonstranten, der am Boden liegt, mit einem Knüppel schlägt. Ich bin nicht bereit, die Verantwortung für jene Übergriffe aus diesem Ministerium heraus zu übernehmen, bei denen Andersdenkende, die nichts mit staatsfeindlicher Tätigkeit zu tun haben, zum Gegenstand von Bearbeitungen, von Überwachungen oder sonst etwas wurden. Deswegen habe ich auf dem Alexanderplatz die Forderung erhoben: Neues Denken muß einziehen, insbesondere im Bereich, der sich mit innerer Sicherheit befaßt. Daß es ein Organ auch in diesem Land geben muß wie in jedem anderen entwickelten Land der Erde, das dafür zuständig ist, die staatliche Sicherheit so zu gewährleisten, die auch die Sicherheit des einzelnen Bürgers ist, dafür trete ich ein, und dabei bleibe ich...

Ich bin der Meinung: auch in diesem Ministerium gibt es viele, gerade unter den Jüngeren, die einen klaren Kopf, ein heißes Herz und saubere Hände haben, um jetzt dieses Dzierzynski-Wort zu benutzen...«

13. 11. 1989
Wegen verschiedener Treffen mit Journalisten, mit Professoren der Humboldt-Universität und abends mit einem westdeutschen Rechtsgelehrten, der einen eindrucksvollen Exkurs über das Wahlrecht abhielt, verpaßte ich den spektakulären Volkskammer-Auftritt Mielkes im Fernsehen. Alle waren entsetzt, selbst die bisher noch nicht angetastete Führung des Ministeriums. Jedoch: Die Auswirkungen dieses Auftritts haben die meisten ehemaligen Mitarbeiter des Ministeriums nicht verdient.

Später sah ich mir die Aufzeichnung der Volkskammertagung an. Als Mielke auf die Ablehnung, die lautstarken Proteste im Saal verständnislos reagierte und beschwörend ausrief »Ich liebe euch doch alle!«, erkannte ich ihn wieder. So bitter und beschämend es klingen mag: Das war er, so habe ich ihn viele Male erlebt.

Er war überzeugt davon, daß er die Menschen liebe. Seine schon immer übermäßige, in den letzten Jahren ins Unerträgliche gesteigerte Egozentrik verblendete ihn und ließ ihn bei aller mißtrauischen Schläue wirklich glauben, auch er werde von allen geliebt. Mielke selbst sah sich verehrt von »seinen Mansfelder Kumpels«, von den Menschen in seinem Wahlkreis Zeitz. »Die Jungs vom Wachregiment« betrachtete er als seine Zöglinge, er behandelte sie, wie viele der Leiter im Ministerium, die er zumeist ausgesucht hatte, väterlich streng, absolutistisch. Weihevoll führte er »seinen Soldatenchor«, »seine« wirklich exzellenten Solisten vor. Das immer wiederkehrende Ritual, die Zelebration der wundervollen Hubertusmesse vor müden und leicht angeschlagenen Gästen und Förstern – eine Aufzeichnung aus Notre Dame de Paris – spätnachts nach den Jagden, jedes Fernbleiben vermerkte er kritisch und nachtragend, wirkte so peinlich wie der Volkskammerauftritt. Ich sehe ihn vor mir, wie er auf den hochbegabten Klaviersolisten zugeht und ihm tiefbewegt die Hand schüttelt, nachdem Chopins Musik verklungen ist – immer das gleiche Stück, immer gleich tiefbewegt. Was mag dem Solisten durch den Kopf gegangen sein?

Mielke war ein Dienender, der sich stets auf einen Herren fixierte. So sah ihn der Erste Staatssicherheitsminister Zaisser, der unter dem Namen General Gomez die XIII. Internationale Brigade im Spanischen Bürgerkrieg befehligt hatte. Mielke diente unter ihm als Adjutant. Ihr späteres Verhältnis war distanziert und kühl. Da war Ulbricht schon der Chef, dem Mielke diente. Zaisser bemerkte mir gegenüber einmal bissig, Mielke verschwinde so schnell im Allerwertesten seines Chefs Walter Ulbricht, daß man nicht einmal mehr die Stiefelspitzen wahrnehmen könne. Gustav Szinda, auch Spanienkämpfer, kurze Zeit mein Vorgesetzter im Nachrichtendienst, erzählt oft, Mielke sei stets tadellos gewichst und geschnürt aufgetreten, habe Befehle akkurat ausgeführt und sich durch Andienen und Anschwärzen ausgezeichnet. Der Hang zum straff Militärischen und zu Auszeichnungen ist geblieben. Wurde er einmal mit einer Medaille bedacht, selbst aus so fremden Bereichen wie dem der Landwirtschaft, wußte er scheinbar im Scherz, aber doch nachdrücklich, darauf hinzuweisen. Im engeren Kreis wurde schon erwogen, ob nicht, trotz seiner beachtlichen Brustweite, die Rückseite der Uniform mitbeansprucht werden müßte.

Sein Geltungsbedürfnis nährte seinen Hang zur Aufschneiderei. Ich wurde Zeuge, wie Arbeitsergebnisse nicht nur aufgebauscht, sondern schlichtweg erfunden wurden.

So galt das Ostbüro der SPD lange Zeit als besonders wichtige und gefährliche Feindzentrale. In irgendeiner Weise unterstand dieses Büro Herbert Wehner und unterhielt konspirative Verbindungen in die DDR. Die Aufklärung, damals eigentlich nicht zuständig, hatte einige Möglichkeiten zur Bearbeitung des Büros, ich kannte in etwa die Quellenlage. Von einem Mitarbeiter der Abwehr wußte ich, daß das Telefon in

Westberlin abgehört wurde. Wie es aber so ist beim Abhören: Da auch die andere Seite weiß, wie man mit dem Telefon umgeht, erfährt man zwar einiges, aber nicht alles und zumeist nicht das Wichtigste; und in diesem Falle sicher nicht zu viel. So war es schon erstaunlich, wie Mielke Ulbricht versicherte, es gäbe im Ostbüro nichts, was wir nicht erführen, nichts, was wir nicht wüßten.

In der letzten Phase der Arbeit habe ich diese Aufschneiderei manchmal im Bereich der Aufklärung erlebt, die nun für ihn schon Renommierobjekt war. Gegenüber ausländischen Verbündeten wurden Ergebnisse in einer Weise geschönt, wie es nicht dem tatsächlichen Stand, geschweige denn dem Wesen der Arbeit entsprach. Peinlicher war, wenn solche Gäste staunend die markigen Sätze Mielkes im Anschluß an offizielle Veranstaltungen im Foyer des Wachregimentes vernahmen: »Genossen, wenn die Parteiführung die Weisung erteilt, wachen die Westberliner am nächsten Morgen mit dem Personalausweis der DDR auf. Dazu brauchen wir überhaupt keinen anderen, das macht das Ministerium mit eigener Kraft.« Sicher nur eine Hyperbel, um die vorgebliche Allmacht des Ministeriums zu demonstrieren. Vermutlich nahm er das selbst nicht ernst. Allerdings bin ich mir heute nicht mehr ganz so sicher, ob er nicht tatsächlich einem Wunderglauben erlag. Mich überraschte, was an Zahlen am Runden Tisch bekanntgegeben wurde. Die angegebene Stärke des Ministeriums einschließlich des Wachregiments war um ein Vielfaches höher als ich auf Grund meiner Kenntnisse angenommen hatte. Allerdings wurden solche Angaben dem Kollegium, dem ich angehörte, niemals vorgelegt. Mielke hatte Wunschvorstellungen, die er auch durchzusetzen trachtete, und so war es nicht immer leicht, auseinanderzuhalten, was ernst zu nehmen und was Teil seines Bramarbasierens war. Eine andere Eigenart bestand in seiner großen Geschäftigkeit: Der Apparat muß immer in Bewegung gehalten werden, der Chef muß immer präsent sein. Letzteres schon aus dem Grund, daß bei zu langer Abwesenheit schnell jemand anderes auf dem eigenen Stuhl sitzen kann. Wenn ich mich recht erinnere, sagte Mielke das einmal beinahe wörtlich einem Partner aus Südjemen, einem jener Länder, in denen ein Minister tatsächlich nicht weiß, ob er nach der Zeit seiner Abwesenheit noch Zugang zu seinem eigenen Ministerium hat. Anfangs war Mielke nach sowjetischem Vorbild wirklich rund um die Uhr im Ministerium anzutreffen. Das Licht im Zimmer des Ministers brannte ununterbrochen – wie im Kreml zu Stalins Zeiten.

Den Apparat hatte Mielke bis zum Schluß im buchstäblichen Sinne des Wortes an der Strippe. An seinem Telefon mehrten ständig sich die Knöpfe, die man nur zu drücken brauchte, um den jeweiligen Partner sofort an seiner Seite zu haben. Es war eine Leistung für sich, sich damit zurechtzufinden. Im doppelten Wortsinn kosteten ihn die Apparatfragen die meiste Zeit. Die Chefs der Bezirksverwaltungen, der ihm unterstellten Abteilungen – alle mußten sich bei ihm persönlich an- und abmelden, wenn sie ihren Bereich betraten oder verließen. Das galt natürlich erst recht für den Urlaub, bei Erholungskuren und so weiter. Oft dachte ich, daß an ihm ein Dispatcher verlorengegangen sei. So hatte ich mir immer die Arbeit eines Eisenbahndispatchers vorgestellt. Ich weiß natürlich nicht, was Mielkes Einsatz bei der Eisenbahn tatsächlich bewirkt hätte. Denn strategisches Denken, Planung auf längere Sicht, in den Abwehrbereichen gewiß nicht minder wichtig als in der Aufklärung, waren ihm fremd. Deshalb schuf er sich über die Jahre riesige Denkapparate, die ihm Mengen von Papier zuarbeiteten, auf denen aus Beschlüssen der Partei abgeleitete Konzeptionen vermerkt waren. Die trug er mit zunehmender Befriedigung auf Dienstkonferenzen vor, die sich aus Beratungen in der Zeit der Aufbaujahre zu Monologen entwickelt hatten. Der längste Vortrag auf einer solchen Konferenz, an den ich mich erinnere, dauerte mehr als siebeneinhalb Stunden.

In dieser sterilen Atmosphäre konnte die Eitelkeit, die keinen Widerspruch duldete, extrem feudale Züge annehmen. Deren Auswüchse sind jetzt allgemein bekannt. Mir gegenüber tat Mielke oft so, als seien ihm diese überzogenen, peinlich untertänig wirkenden Ehrenbezeugungen schon lästig. Sicher tat der »Hofstaat«, bestehend aus Subalternen, ein übriges. Aber Mielke bemerkte es sofort, wenn eine Gunstbezeugung ausblieb. Das mißbilligte er sichtbar. Leider wurde seine Eitelkeit von vielen Partnern, auch aus dem Ausland, im Interesse der guten Beziehungen genutzt. Ansprachen oder Trinksprüche wurden stereotyp eingeleitet mit »Verdienstvoller Staatsmann, hervorragender Funktionär der internationalen Arbeiterbewegung...« Warum sollte ein Mann mit solchen Anlagen in diesem System nicht glauben, daß auch ihn alle liebten?

Ich bezweifle, daß Mielke zum Zeitpunkt seines Auftritts in der Volkskammer überhaupt begriff, was im Lande vor sich ging. Dazu war er viel zu sehr dem vereinfachenden Freund-Feind-Schema vergangener Klassenkämpfe verhaftet.

14. 11. 1989

Interview mit dem »Spiegel«-Chefredakteur Erich Böhme und zwei Redakteuren. Die Herren schenkten mir natürlich keine Frage zur Staatssicherheit.

Erst mit der Pensionierung hätte ich mich, der stellvertretender Minister einer Behörde war, die für vierzig Jahre Unterdrückung steht, als Oppositioneller bekannt. Zweifel, ob ich wirklich zum Paulus geworden sei. Meine Grundhaltung zum Stalinismus, im Apparat des Ministeriums schon des öfteren ausgesprochen, wird mir nicht abgenommen. Wenn Mielke, der alle liebe, wenn ich es nicht gewesen sei, wer hat dann die Repressionen veranlaßt, die das Volk in Angst versetzten? Wollen sich alle auf Befehlsnot berufen wie nach 1945? Und dann, nachdem ich auf meine Worte vom 4. November verwiesen hatte, die direkte Frage, ob ich mir persönlich Vorwürfe zu machen, Menschen auf dem Gewissen, Leichen im Keller hätte? Neben der immer wieder aufgewärmten Story auf Liebesbasis von den armen, durch »Romeos« erpreßten Sekretärinnen, nun nahezu zum angedichteten Markenzeichen für meinen früheren Dienst geworden, wird mir als eine Kellerleiche natürlich der Sturz Kanzler Brandts vorgehalten. Auch in meinen Weggang aus dem Amt wird viel hineingeheimnist. Dem sei nachgeholfen worden, weil ich im Hause des DDR-Verteidigungsministers Keßler den Gorbatschow-Kurs eingeklagt hätte. Das dementiere ich energisch.

Mein Weg zu der Erkenntnis, ich könne innerhalb des Ministeriums für Gorbatschows Erneuerung nichts mehr tun, war ein schwieriger Prozeß, und für Außenstehende aus einer anderen Welt ist sicher schwer nachvollziehbar, wie ein Mensch, der die Deformation des Sozialismus erkennt, auf seinem Platz bemüht ist, die humanistischen Ideale dieser Gesellschaftsidee dennoch durchzusetzen, und wie er gerade jetzt, wo es mit der Entmündigung der Bürger vorbei ist, dafür eine Chance sieht, wirklichen Sozialismus mit wirklicher Demokratie, die den Namen verdient, zu vereinen. Lernfähigkeit und Selbstreinigung wird den Linken kaum, den Kommunisten gar nicht zugestanden, es sei denn als Renegaten. Die Übergriffe am 7. und 8. Oktober werte ich als Folge einer falschen Sicherheitsdoktrin. Ich stelle fest, daß diese Doktrin, die sich aus der Politik der alten Partei- und Staatsführung ergab, schädlich war und der Abschied von altem Denken unbedingt erforderlich ist.

Damit bin ich auf die Begegnung mit dem vorgesehenen Leiter des nunmehrigen Amtes für Nationale Sicherheit, General Wolfgang Schwanitz, eingestimmt, die am selben Tag stattfindet.

In dem von mir dazu festgehaltenen Positionspapier schrieb ich zum Thema Sicherheitsdoktrin:

»Für eine Neuorientierung der Staatssicherheit ist ein schonungsloser kritischer Blick auf die Ursachen des Geschehens und die Verantwortung dafür erforderlich. Die Mehrheit der Mitarbeiter erfüllte ihre Pflicht und leistete ihre Arbeit im Glauben, dies im Interesse der Partei und des sozialistischen Staates zu tun. Doch so wie die Parteiführung die 10. ZK-Tagung nicht mit einer Bilanz echter Leistungen einleiten konnte, steht nicht dies im Vordergrund. Es ist eine Tatsache, daß große Teile der Bevölkerung bei ihrer Ablehnung der bisherigen Politik in der Staatssicherheit das schlimmste Macht- und Unterdrückungsinstrument dieser Politik sehen.

Dies auf die ›Hetze westlicher Medien‹ zurückzuführen, wie es im Interview Rudi Mittigs im ›Neuen Deutschland‹ geschah, ist falsch. Es erinnert sehr an die völlig abwegige Medienbehauptung der alten Führung, der Massenexodus unserer Bürger über Ungarn sei eine Folge westlicher Hetze gewesen.

Es geht auch nicht nur um Übergriffe oder Verletzungen der Gesetze durch einzelne Mitarbeiter der Schutz- und Sicherheitsorgane am 7. und 8. Oktober. Wenn die dazu geführten Untersuchungen zu einem die Öffentlichkeit befriedigenden Ergebnis führen sollen, müssen die eigentlichen Ursachen untersucht und schonungslos aufgedeckt werden:

1. Es beginnt mit der Sicherheitsdoktrin und der daraus abgeleiteten Praxis der operativen Tätigkeit. Trotz aller in Befehlen und Weisungen enthaltenen Orientierung auf die tatsächliche Feindtätigkeit begann sich die Philosophie des Ministers immer mehr durchzusetzen: Die Staatssicherheit muß alles wissen, was im Staat geschieht oder nicht funktioniert, in der Industrie, in der Landwirtschaft, in der Wissenschaft, im Sport – kein Gebiet wurde ausgenommen. Auch nicht die Partei und ihre leitenden Organe. Entsprechend wuchs und wuchs der Apparat in Dimensionen, die jeder Großmacht spürbare Belastungen auferlegen würde.

Stimmungsberichte wurden zu allen Fragen eingeholt, analysiert, weitergeleitet. Mit welchem Ergebnis? Welche Berichte wurden wann an welchen Verteilerkreis weitergegeben, wer legte ihn fest, mit welchem Recht? Ich rede von der Zeit, als ich noch begrenzten Einblick hatte.

2. Was wurde alles operativ bearbeitet – mit welchem Recht? Minister Mielke ist stolz auf die Erfindung des Begriffs ›ideologische Diversion‹ – diesen im rechtlichen Sinne verschwommenen Kautschukterminus, der später strafrechtlich untersetzt wurde und die Möglichkeit schuf, jede Abweichung von der Politik der Partei- und Staatsführung, die mit irgendwelchen Absichten westlicher Stellen zu korrespondieren schien, zu kriminalisieren und zum Gegenstand operativer Maßnahmen zu machen. Eine Folge war auch der Standardbegriff ›feindlich-negative Kräfte‹.

Die Folge war ein so dichtes Gefüge der Präsenz, operativer Maßnahmen und unterschiedlicher repressiver Schritte, daß beim Bürger der Eindruck der Allgegenwart der Staatssicherheit entstehen mußte, der bei vielen Angst auslöste, die nun in Haß umschlägt.

3. Wenn solche Kräfte in einzelnen Situationen als konterrevolutionär bezeichnet wurden, die mit allen Mitteln der Staatsmacht zu bekämpfen sind – was Wunder, daß es dann auch zu Übergriffen kam, die nun das MfS so ungemein belasten. Wer hat den für den Einsatz zuständigen Leitern und Kommandeuren Orientierungen und Weisungen gegeben, mit denen die Einsatzkräfte aufgeheizt wurden? Welche Ausbildung gab es für solche Einsätze? Wurden in der ganzen Welt vorhandene Erfahrungen berücksichtigt, wie bei solch hochemotionalisierten

Veranstaltungen und Demonstrationen deeskaliert und die Einsatzkräfte, auch deren Emotionen, taktisch auf solche Möglichkeiten vorbereitet werden?

4. Die Denkstrukturen im Ministerium zu den Fragen der Macht waren praktisch auf die Erhaltung der Macht der politischen Führung, die des Ministers auf den jeweiligen Generalsekretär ausgerichtet. Innerhalb des Ministeriums auf die Alleinherrschaft des Ministers. Dies nahm anwachsend Formen eines absurden Absolutismus mit an byzantinischen Feudalismus erinnernden Zutaten an. Die Parteiorganisation wurde zum Erfüllungsgehilfen degradiert.

Jeder Widerspruch wurde unterdrückt. Dies setzte sich mit von politischen Einsichten und charakterlichen Eigenschaften bedingten Unterschieden in vielen Bereichen fort. Deshalb kann eine Gesundung des Ministeriums und Vertrauen bei den Mitarbeitern nur durch konsequente Auswechslung vieler Leiter und Einsetzung vor allem jüngerer Kader erfolgen, die das Vertrauen der Mitarbeiter genießen.

5. Bei einem Minister, der sich noch Jahre nach dem XX. Parteitag offen zum Stalinismus bekannte und Stalin vor Hunderten von Leitern hochleben ließ, ist anzunehmen, daß es Vorgänge gab, deren Aufdeckung jetzt nicht zu umgehen ist, die von hoher Brisanz sind und deren öffentliche Klärung mit namentlicher Festlegung der Verantwortung für die Wiederherstellung des Ansehens der Mehrheit der Mitarbeiter, die sauber geblieben sind, von großer Bedeutung ist.

Wenn von Walter Janka die Rede ist, tauchen andere Namen auf (Merker, Kreikemeyer, Ende, Baender usw.). Viele, die als Folge von Diffamierungen durch die politische Führung, aber auch durch operative Maßnahmen des Ministers und die Arbeit der Untersuchungsorgane mit unzulässigen Mitteln und Methoden Opfer von Repressalien wurden, werden sich jetzt zu Wort melden und öffentliche Rehabilitierung fordern. Die muß erfolgen.

6. Es gibt Hinweise, daß in der Vergangenheit Untersuchungen auf Beschwerden Betroffener hin erfolgten, deren Ergebnisse wurden systematisch wegmanipuliert. Vorgänge, Dokumente und Belege sollen auf Weisung beseitigt worden sein. Diesen Hinweisen muß durch eine integre Untersuchungskommission nachgegangen werden.

7. Dasselbe gilt für ungerechtfertigte Privilegien.
Die Rolle des Ministers und des Ministeriums bei der Schaffung nicht vertretbarer Privilegien für die kleine Gruppe der Führung wird unvermeidlich sichtbar werden. Wandlitz ist ein Reizwort für die Bevölkerung, aber nur die Spitze des Eisbergs.

8. Die Neustrukturierung des Organs darf nicht von alten Arbeitsorientierungen ausgehen, sondern von der klaren Neudefinierung des Auftrags.

Aus der Definierung des Auftrags und der Neufestlegung von Hauptrichtungen der Arbeit werden sich wesentliche Einschränkungen und Reduzierungen des Apparates ergeben. Diese sind ohne Destabilisierung und unvertretbare Härten nur längerfristig zu realisieren, müssen aber mit aller Konsequenz angestrebt und radikal durchgesetzt werden. Große Widerstände sind zu erwarten.

Wichtig ist die von einer solchen Konzeption ausgehende Räumung von Gebäuden, Freisetzung materieller Mittel etc. Komplizierte Fragen der Sicherung der Infrastruktur sind zu klären. Kurzfristig müssen der Öffentlichkeit entsprechende Absichtserklärungen und – wo möglich – Zahlen mitgeteilt werden.«

Obwohl Wolfgang Schwanitz die in diesem Papier festgehaltenen Gedanken und mein Angebot akzeptierte, Probleme bei der Realisierung gemeinsam zu beraten, wurde dieses Angebot ebenso ignoriert wie meine Empfehlungen. Damit war die Beschleunigung des Zerfalls der Staatssicherheit vorprogrammiert und eine differenzierte Darstellung von Schuld und Verantwortung verhindert. Die Folgen für den Teil der Mitarbeiter der Staatssicherheit, der bereit war, den Kurs auf Erneuerung zu unterstützen, waren verheerend.

Abends folgte ich einer Einladung von Staatssekretär Bertele, der in der Residenz des Leiters der BRD-Vertretung ein Essen für Günter Gaus gab. Herr Bertele, noch mehr seine Gattin, waren überrascht, daß meine Frau und ich dieser Einladung gefolgt sind. Beide waren sehr freundlich und zeigten sich verständnisvoll. Gaus war an diesem Abend erwartungsgemäß ein aufgeschlossener, gut informierter und selbstbewußter Gesprächsführer. Einen anderen interessanten Gesprächspartner fand ich auch in dem BRD-Botschafter aus Peking, der zufällig zu Gast war. Sachkundig und treffend beschrieb er die Widersprüche in China, die durch die Vorgänge in Peking zum einen und das objektiv notwendige Festhalten an Reformen zur Modernisierung der Wirtschaft zum anderen verschärft werden.

Weitere Gäste waren Christa Wolf und Otto Reinhold. Klaus Höpcke konnte der Einladung nicht folgen, weil er nicht sollte, wie er mir später sagte. Natürlich drehten sich alle Gespräche um unsere Situation, vor allem um mögliche Folgen der Grenzöffnung. Keiner der Anwesenden vermochte den Hergang und dessen Vorgeschichte richtig zu deuten. Nur Otto Reinhold konnte mitteilen, die Absicht zu dem Schritt sei dem Zentralkomitee am 9. November noch vor der Mittagspause mitgeteilt worden.

15. 11. 1989
Schon auf dem Sprung zu einem Termin erreichte mich zu Hause noch ein Anruf von Mielke. Seine Aussage war grotesk: Vor der Volkskammertagung habe er dummerweise auf den Rat anderer gehört und eine Pille eingenommen; nur dadurch sei ihm der Fehler unterlaufen, die Volkskammerabgeordneten als »Genossen« anzusprechen. Den Protest der Abgeordneten und das schallende Gelächter über seinen, in die Chronik des Jahres eingegangenen Ausruf: »Ich liebe euch doch alle!« konnte er nicht mehr begreifen. Nun bedauern manche, daß man den alten, kranken Mann habe ins Verderben laufen lassen. Mir scheint eher: Gut so! Die Staatssicherheit kommt nicht mehr aus der Ecke heraus, wenn sich das Ministerium nicht ganz radikal von allem trennt, was dieser Mann aufgebaut hat. Symbolhaft repräsentiert nun auch er das verflossene Regime im Untergang.

An diesem Novembertag war mir und meinen Freunden noch nicht bewußt, daß dieses Regime uns selbst und unsere Vorstellungen über die Umgestaltung des Landes, über die Reformen auf sozialistischer Grundlage, die Erneuerung der Partei in den Strudel ihres Untergangs mit hineinziehen sollte. Als die Grenzen geöffnet wurden und die Menschen nach dem Westen strömten, erfaßt von der Euphorie einer Befreiung, auch dem Schock eines überwältigenden Konsumangebots, brachten sie nur das Wort: »Wahnsinn!« heraus. Die Frage westlicher Reporter nach der Einheit Deutschlands wurde als nicht auf der Tagesordnung stehend angesehen. Das sollte bald anders werden.

Die führende Rolle der SED war Vergangenheit; das Festschreiben einer solchen Rolle in der Verfassung hatte meinem Verständnis von der Überzeugungskraft unserer Ideen immer widersprochen. Genau dem hatte auch die bisher gehandhabte Praxis bei unseren Wahlen widerstrebt, die dem Wähler keine Alternative bot. Deshalb antwortete ich auf zweifelnde Fragen westlicher Journalisten stets mit gutem Gewissen, meine Partei stehe zu freien Wahlen und werde jedes Ergebnis respektieren. Allerdings glaubten zu der Zeit einige in der Parteiführung noch an die Möglichkeit, bei Wahlen stärkste Partei zu werden. Manche Journalisten überraschte ich mit der Antwort auf ihre Frage nach den Wahlchancen der SED mit der Vision meines bulgarischen Freundes Jäcki Wagenstein, die der wenige Wochen zuvor in einem Vortrag vor der Goethe-Gesellschaft in der BRD so geschildert hatte: »Vielleicht wird mich eines Tages die Türklingel wecken, und die Postbotin wird mir sagen: Genosse, die neue Ausgabe des Hamburger Magazins ›Der Spiegel‹ ist da. Vielleicht wird eines Morgens das Telefon schellen, und ein Freund wird mir die gute Nachricht mitteilen, daß meine Kommunistische Partei in den gestrigen Wahlen hinzugewonnen hat und nun in Koalition mit zwei weiteren Linksparteien imstande ist, die Regierung zu bilden.« Eine solche Aussage erschien damals unvorstellbar, beinahe sträflich pessimistisch. Bald würde sie nur noch wie optimistische Zukunftsmusik klingen.

Auch ich glaubte noch an die Möglichkeit, die SED könne aufgrund der Zersplitterung der anderen Parteien und Organisationen, von denen sich viele noch gar nicht richtig formiert hatten, als stärkste Partei aus den Wahlen hervorzugehen. Obwohl ich mich in Interviews weigerte, Zahlen zu nennen, hielt ich 30 Prozent für durchaus möglich. Dies begründete ich mit der Kompetenz und der Erfahrung aber Tausender Mitglieder der Partei, die in allen Lebenssphären, in Wirtschaft und Kultur, in den kommunalen Bereichen als Bürgermeister, LPG-Vorsitzende, an den Schulen und Hochschulen, im Geistesleben überhaupt, bei den Menschen ihres Umfeldes hohes Ansehen genossen und die sich nicht kompromittieren ließen. Ich hatte im Laufe der Jahre viele solcher guten und ehrlichen Menschen kennen- und schätzengelernt. Wie schnell sollte sich diese Erwartung als falsch erweisen. Schon einen Monat später, als anstelle das Rufs »Wir sind das Volk« »Deutschland, einig Vaterland« über Straßen und Plätze hallte und die schwarzrotgoldenen Fahnen ohne DDR-Emblem die Demos zu beherrschen begannen, nahm die Stimmung gegen die SED und ihre Mitglieder beängstigende Formen an. Diese Stimmung wurde genau zu dem Zeitpunkt hochgeputscht, als der Außerordentliche Parteitag im Dezember die radikale Abkehr von der stalinistischen Politik der alten Führung und die Neuformierung unter neuem Namen beschlossen hatte. Im Zeichen des bevorstehenden Wahlkampfes sah sich die Partei und ihre neue Führung unter Hans Modrow und Gregor Gysi im Inneren und von außen unvorstellbar stärkerer Diffamierung ausgesetzt, als es dem alten Politbüro unter Honecker je widerfahren war. Damit hatte ich Mitte November nicht gerechnet. Die zum Parteitag drängende, vor allem aus jungen Menschen bestehende Basis der Partei ließ hoffen, es könne gelingen, die Last der Vergangenheit abzuwerfen und die Talsohle des verlorenen Vertrauens zu überwinden.

16. 11. 1989
Laudatio für Helke Misselwitz in der Akademie der Künste in Berlin.
Als ich vor Wochen im »Toni« zur Berliner Premiere von »Winter ADE« war, sah unsere Welt noch anders aus. Gestern konnten die Fernsehzuschauer den Film im Hauptprogramm des DDR-Fernsehens sehen. Damals kaum denkbar. Wir hatten zwei Realitäten in unserem Land – die der Wahrheit und die der Lüge. Nun hat die Wahrheit mit ungestümer, oft beängstigender Vehemenz die Dämme durchbrochen. Unsere Künstler dürfen darauf verweisen, daß sie mit ihren Mitteln schon vor dem 7. Oktober dieses Jahres dafür gekämpft haben. Einer der Vorboten dieser nun so stürmisch, oft schmerzlich vor sich gehenden Selbstreinigung und Erneuerung wird für mich dieses Signal des Dokumentarfilms bleiben.

Der Film bewegte mich bei der Premiere tief, stimmte mich für Stunden nachdenklich, die Bilder und das Gespräch mit der alleinstehenden Arbeiterin der Brikettfabrik brannten sich so tief in das Gedächtnis ein, daß mir heute scheint, ich hätte diese Frau gestern selbst gesprochen. Auf irgendeine Weise ließ der Film so vieles von dem anklingen, worauf ich bei den ständigen Begegnungen mit dem Bruder nach seinem Tode während der Arbeit an der Verwirklichung seiner »Troika«-Idee und bei zahlreichen Lesungen in diesem Jahr stieß. Unter diesem Eindruck erklärte ich mich spontan bereit, die Laudatio auf Helke Misselwitz zur Verleihung des Konrad-Wolf-Preises 1989 zu halten.

Beim Nachdenken über den Inhalt der Laudatio kam ich ins Stocken und schob die Sache so lange vor mir her, bis ich nun, wie wir alle, von den Ereignissen überrollt wurde.

Zum Dokumentarfilm habe ich im Grunde die Beziehung eines interessierten Zuschauers und keinerlei Wissen eines Insiders. Nach dem frühen Tod meines Bruders war ich in Wolfgang Kohlhaases und Lew Hohmanns Film »Die Zeit, die bleibt« einbezogen, später an dem Film über den Vater »Verzeiht, daß ich ein Mensch bin« beteiligt. Dabei erlebte ich, wie quälend, kräfte- und nervenzehrend der Kampf unserer Filmdokumentaristen um das Recht auf Wahrheit war. Es gab und gibt wohl auch heute keine einfachen Antworten auf die Fragen der Zeit, wie schwer mußte um sie gerungen werden in jener Zeit.

In jener Zeit...? Wie lange liegt sie eigentlich schon zurück? Tage erscheinen wie Jahre, in einem Monat geschah mehr als im letzten Jahrzehnt. Winter Ade?

Zurück zum eigentlichen Anlaß unseres Hierseins, zur Preisverleihung an Helke Misselwitz. Ihre Arbeiten wirken auf mich anders als die vorher von mir benannten. Sicher gehen auch sie, um den Titel des jüngst erschienenen Schriftenbandes meines Bruders zu zitieren, »direkt in Kopf und Herz«. Und doch erreicht sie mit ihrer nun schon unverwechselbaren Handschrift den Zuschauer so stark über das Gefühl...

»Winter Ade« ist der Titel des Films, den Helke Misselwitz 1988 gedreht hat. Damals war sie Meisterschülerin der Akademie bei Heiner Carow. Ihr Film ist ein Stück unserer Geschichte und unserer Wirklichkeit, ungeschminkt, wahrhaftig, erregend und ergreifend. In vielem nachdenklich, oft melancholisch stimmend und doch voller Hoffnung. schlicht und meist leise, so wie das von Heinrich Hoffmann von Fallersleben nach einem alten Volkslied geschaffene Lied, das den Filmtitel gab.

Ein Zug fährt durch eine kahle Landschaft unter verkrusteter Schneedecke. Sie ist fleckig und aufgerissen. Bahngleise kreuzen sich. Das Rumpeln des Zuges überdeckt zum Teil die Gespräche der Reisenden, auch jenes Gespräch, das Helke Misselwitz selbst mit einer jungen Frau führt. Signale markieren Haltepunkte, Stationen, Streckenabschnitte, Beginn und Ende einzelner Geschichten, die die Regisseurin mit der Kamera aufspürte. Geschichten auf ihrem Weg durch ihr Land, dessen Herkunft auch von der Vergangenheit ihrer Eltern mitbestimmt ist. Frauenschicksale aus unserem Land treten aus ihrer Anonymität. Authentizität und Wahrheitsliebe rühren an. Da ist die alte Frau, die die Aufführung des Films nicht mehr erlebt hat, mit ihrem zerstörten Traum von ehelicher Liebe, der sie mehr und mehr sprachlos machte, ihre mütterliche Güte aber nicht zu zerstören vermochte. Oder die Industriearbeiterin mit ihrem schwerbehinderten Kind, mit dem sie ihr Leben lebt, getröstet nur von ihrem noch nicht erwachsenen Sohn, weil Behinderte noch immer an der Grenze unseres öffentlichen Bewußtseins stehen. Und da ist schließlich auch jene junge Frau in verantwortungsvoller Position, die – selbst mit einem hohen staatlichen Orden geehrt – erlebt, daß nicht ihr, sondern der in den Saal eintretenden Partei- und Staatsführung stehend Beifall entboten wird. Ihr Amüsement darüber zerschneidet ein abfahrender Zug.

Dann zwei junge Mädchen im Habitus von Punks, die sich an den Händen halten und auf dem Schienenstrang entlang balancieren. Wieder ein abfahrender Zug für das eine Mädchen. Diesmal allein, ohne die Freundin. Ihnen machen die Lügen, die Anpassung und die Hilflosigkeit der Erwachsenen so zu schaffen, daß sie um keinen Preis so wie die werden wollen und ihren Protest im »Aussteigen« aus dem sogenannten ordentlichen Leben ganz grell und universell auszuleben versuchen, auch um den Preis, staatlich verordnete Umerziehung annehmen zu müssen, ohne sie akzeptieren zu können. Wieder die hilflosen Eltern auf dem Bahnsteig. Aber dann ist dort plötzlich eine ausgestreckt

Hand: Helke Misselwitz selbst streckt sie aus, baut dem Mädchen einen schmalen Steg Hoffnung und Verständnis...

Der diesjährige Konrad-Wolf-Preis wird in einer Zeit vergeben, in der die DDR verspätet erste Schritte zu »Glasnost« und »Perestroika« versucht. Erste Schritte nach einer staatlich verhüllten Stagnation, die von den Jungen zuerst als bedrückend und widersinnig empfunden worden ist. Auch hier: »Winter Ade«, zugleich aber auch die Frage, wie denn wieder eine Identifizierung der Bürger mit der Gesellschaftsform und dem Gesellschaftsinhalt des Sozialismus zu erreichen ist. Und schon gleich die nächsten Fragen: Von welchem Sozialismus kommen wir? Zu welchem Sozialismus wollen wir? Wissend, daß irdisches Leben ein Wert höchster Ordnung ist, müssen wir dazu auch wissen, daß Freiheit die Wahl von Möglichkeiten bedeutet, die wir uns nicht zuteilen lassen dürfen.

Wie sehr ist diese allgemeine Feststellung nun mit der Freiheit des Überschreitens der im Kalten Krieg scheinbar für sehr lange festgemauerten Grenze zu einer der großen Fragen unserer Tage geworden. Euphorie bestimmt genauso wie Skeptizismus und Mißtrauen die Stimmung der Menschen. Mit der Phase der Ernüchterung wird die Frage einhergehen, wie wir dies alles nach den Sünden der vergangenen Jahre verkraften sollen, wie, mit wem wir das tun werden. Werden wir es schaffen? Mit den Problemen unserer Wirtschaft, mit den Veränderungen der politischen Strukturen? Wie können wir die Mühen des Tages verbinden mit dem Blick in die Zukunft? Die Zeit läuft uns davon, und der Glaube an die Erneuerung des Sozialismus, seine Grundwerte, an Freiheit und Fortschritt, kann nicht angewiesen, nicht administriert werden. Nichts ist mehr so wie vorher. Mit der Selbstreinigung werden Voraussetzungen für die Wiedergewinnung von Vertrauen geschaffen. »Wir brauchen die Demokratie wie die Luft zum Atmen«, sagte Michail Gorbatschow in seiner berühmten Rede des Jahres 1987. »Demokratie muß sich in allen Lebensbereichen entwickeln und durchsetzen, auch im geistig-kulturellen Leben. Da gibt es Widerstände, aber es muß schnell gehen... «

Diese Laudatio stand für Koni und für vieles, was wir gedacht, vergeblich gewollt haben. Seine Filme und die von Helke Misselwitz sind Zeugnisse für kommende Generationen, Zeugnisse in einer Zeit, wenn die Spuren mancher uns jetzt so erschütternden Ereignisse verweht sind.

Abends zum »Donnerstagsgespräch« im DDR-Fernsehen bei Lutz Renner. Hans Modrow hat sich im Zusammenhang mit der Regierungsbildung entschuldigen lassen. Gesprächspartner blieben wie angekündigt Gregor Gysi und Manfred Gerlach. Ich war überrascht, als ich neben mir ausgerechnet den Politbüroveteranen Gerhard Schürer als Gesprächsteilnehmer sah. Bischof Leich wurde von Kirchenrat Dr. Ziegler vertreten, einem der Moderatoren des Runden Tisches. Star des Abends war Gregor Gysi, wie immer schlagfertig und als integerer Saubermann bei Bekanntwerden immer neuer Privilegiensensationen mit Zuschauerfragen überhäuft. Ich kam mir ziemlich überflüssig vor, konnte allerdings nochmals meine Sicht auf die Mielke-Doktrin bei der Staatssicherheit und die Notwendigkeit eines völligen Neubeginns artikulieren.

17. 11. 1989
Den ganzen Tag über Interviews, darunter mit zwei jungen Reportern der »Washington Post«. Diese Korrespondenten waren nicht die ersten, die mich zur Sache Guillaume befragten. Das geschah und geschieht bei fast jedem Interview, stets neu, oft mit dem Unterton, dies sei wohl der größte Erfolg in meiner nachrichtendienstlichen Laufbahn gewesen.

Stets war die Frage mit der Behauptung verbunden, der Fall Guillaume habe zum Sturz von Bundeskanzler Willy Brandt geführt. Ich habe in den zahllosen Interviews dazu stets gesagt, daß eine solche nachrichtendienstliche Panne niemals ein Erfolg sein könne und daß dieser Hergang schon aus der damaligen Sicht politisch außerordentlich zu bedauern war. Die Observation Christel Guillaumes war schon im Sommer 1973 bemerkt, aber nicht richtig gewertet worden. Dafür gab es eine ganze Reihe von Gründen. Die parlamentarische Untersuchung des Falls Guillaume nach dessen Verhaftung, die viele Monate beanspruchte, viele Protokolle der Ausschüsse und viele Zeitungsspalten füllte, brachte zutage, daß von der westdeutschen Abwehr, dem Bundesamt für Verfassungsschutz und seinem damaligen Leiter Günter Nollau, erstaunlich viele Fehler begangen worden waren, die eine klare Analyse sehr erschweren. Willy Brandt schildert in seinen Erinnerungen treffend, wie man Günter Guillaume erst nachdem der dringende Verdacht gegen das Ehepaar Guillaume aufgekommen war und entsprechende Abwehrmaßnahmen eingeleitet wurden – dazu gehörte die von uns festgestellte Beobachtung Christel Guillaumes – in die unmittelbare Nähe des Bundeskanzlers rückte. Guillaume begleitet Brandt zu dessen Urlaubsaufenthalt nach Norwegen, und erst dort sah er besonders geheimzuhaltende Aktenstücke ein. Wir gingen damals davon aus, wie wir in solcher Situation gehandelt hätten: In keinem Fall eine dringend verdächtige Person in der Nähe des ersten Mannes des Staates zu belassen.

Die Plazierung Günter Guillaumes im Bundeskanzleramt und schon gar in unmittelbarer Nähe des Bundeskanzlers war nicht das Ergebnis einer planmäßig gesteuerten Aktion unseres Dienstes. Das konnte es auch gar nicht sein, denn wie ja auch die spätere Untersuchung ergab, war den für die Überprüfung Guillaumes zuständigen Behörden von vornherein bekannt, daß der aus der DDR gekommen und dort Mitglied der Sozialistischen Einheitspartei Deutschlands gewesen war. Damit mußten wir rechnen. Eine Sicherheitsüberprüfung für die spätere Funktion hätte er normalerweise gar nicht überstehen dürfen. Diese Überprüfung zu provozieren, bedeutete ein nicht vertretbares Risiko, konnte die bis dahin von Guillaume gehaltenen Verbindungen gefährden. Die zahlreichen vorliegenden Zeugnisse des Untersuchungsausschusses, die Aussagen vor diesem Ausschuß, wie auch die Darstellung Willy Brandts selbst und die Erinnerungen Günter Guillaumes bezeugen allesamt, daß sein Weg von Frankfurt am Main nach Bonn ausschließlich durch Willen und Förderung bekannter und bedeutender Sozialdemokraten erfolgte, die selbst in der Regierung unter Brandt, darunter auch im Bundeskanzleramt wichtige Funktionen einnahmen. An erster Stelle ist dabei der spätere Verteidigungsminister Georg Leber zu nennen. Wenn wir diese Entwicklung aus den genannten Gründen auch nicht ohne Sorge verfolgten, so war Bonn doch eine Versuchung für uns. Im umgekehrten Fall wäre sie das sicher auch für jeden westlichen Dienst gewesen. Die Plazierung eines Kundschafters in der Spitze der Bonner Regierung gehörte zu unseren Zielen. Dazu wird in meinen späteren Erinnerungen, die mit meiner Tätigkeit als Leiter des Außenpolitischen Nachrichtendienstes der DDR zu tun haben werden, Näheres zu sagen sein. Nur eines sei, weil später, angeblich auch beim Zusammentreffen von Bundeskanzler Helmut Schmidt mit dem Staatsratsvorsitzenden der DDR, Erich Honecker, von gewissen Sperrzonen für Nachrichtendienste die Rede gewesen sein soll, noch hinzugefügt: Solche Sperrzonen waren für uns nicht festgelegt und ich bezweifle, daß es solche Festlegungen bei den Diensten gab, die wir zu jener Zeit als gegnerisch bezeichneten. Man darf nicht vergessen, daß der Weg Guillaumes nach Bonn zu einer Zeit begann, als der kalte Krieg seinen Höhepunkt noch nicht überschritten hatte, als die Rüstungsspirale sich weiter nach oben drehte und für uns der generelle Auftrag im Mittelpunkt stand, unseren Staat und die mit ihm im Warschauer Vertrag verbündeten Länder vor jeder Überraschung zu schützen und über jedes Anzeichen einer im Sinne unserer Politik negativen Entwicklung rechtzeitig zu informieren. Das Bundeskanzleramt gehörte naturgemäß zu den Objekten, in denen Anzeichen einer solchen Überraschung oder Entwicklung am frühesten entdeckt werden konnten. Selbst ein untergeordneter Mitarbeiter, der wie Guillaume am Anfang seiner Karriere im Bundeskanzleramt für die Verbindung zu den Gewerkschaften und anderen Organisationen zuständig war, hätte zum Beispiel jedes Zeichen einer Verlagerung für den »Verteidigungsfall« in die uns bekannten Ausweichquartiere der Regierung und des Bundeskanzleramtes in Aarweiler signalisieren können. Als die für uns recht vagen Anzeichen einer Bearbeitung festgestellt wurden, blieb dies der einzige Auftrag für Günter Guillaume, mit dem sämtliche Sicherheitsmaßnahmen besprochen waren, dem auch die Entscheidung überlassen war, bei eindeutigen Zeichen akuter Gefährdung sofort den Rückzug anzutreten.

Honecker werden Äußerungen unterstellt, er habe von der Existenz eines solchen Agenten in der Nähe des Bundeskanzlers nichts gewußt, hätte man ihm davon Mitteilung gemacht, wäre der Agent sofort abgezogen worden. Das erste stimmt und vermutlich werden auch andernorts keinem Staats- und Regierungschef vom Nachrichtendienst genaue Angaben über Agenten und ihre Plazierung mitgeteilt. Aus demselben Grund ist die zweite Äußerung ohne jeden Sinn. Sicher war der Fall Guillaume, und im Gefolge seiner Verhaftung der Rücktritt Willy Brandts, ein großer politischer Eklat. Der Zeitpunkt fiel mit der Ernte der ersten Früchte jener von Willy Brandt eingeleiteten Neuen Ostpolitik zusammen: Die Verhandlungen zwischen BRD und DDR waren in Gang gekommen. Es hatte das stark beachtete Treffen zwischen Honecker und Wehner gegeben. Der Rücktritt Brandts wurde auch von unseren Verbündeten auf das äußerste bedauert, und wir mußten der politischen Führung und danach auch bei zahlreichen Begegnungen mit unseren Verbündeten natürlich die Zusammenhänge wahrheitsgemäß und genau schildern. Es gab keinerlei politische Distanzierung vom Nachrichtendienst oder personelle Konsequenzen. Im Zentralorgan der Sozialisitschen Einheitspartei erschien im Zusammenhang mit der Pressekampagne im Westen ein Kommentar, der unter anderem den Satz enthielt, es sei keine Vereinbarung über die Einstellung der Tätigkeit solcher Dienste bekannt. In der Folgezeit gab es im Zusammenhang mit Jubiläen des Ministeriums verschiedentlich Ansprachen Honeckers, in denen die Tätigkeit der Kundschafter der DDR ausdrücklich gewürdigt wurde. Das konnten Christel und Günter Guillaume auch auf sich beziehen, denn sie hatten aus der Hand des Staatsratsvorsitzenden die höchste Auszeichnung des Landes erhalten.

Den Fall Guillaume in seiner fatalen Zwangsläufigkeit und, wenn man will, in der politischen Tragik seiner Folgen, vermögen wohl nur Menschen zu verstehen, die mit nachrichtendienstlicher Tätigkeit näher befaßt waren. Die amerikanischen Reporter der »Washington Post« haben bei der Übersetzung des Interviews meine Äußerung des Bedauerns nicht ganz richtig wiedergegeben. Ich hätte von einem »groben Fehler« gesprochen. Das konnte ich aus den geschilderten Gründen nicht. Das Bedauern aber ist ehrlich, denn die Folgen dieser Affaire, der Rücktritt Willy Brandts, standen völlig im Widerspruch zu unserer damaligen politischen Orientierung, alles zu tun, was im Interesse der Annäherung und Entspannung liegen könnte, alles aufzuklären, was einer solchen Politik zuwiderlaufe. Im übrigen habe ich damals und auch später der Behauptung stets widersprochen, Guillaume habe Kanzler Brandt gestürzt. Der Fall lieferte den Vorwand dazu. Das war tatsächlich zu bedauern. Willy Brandt schildert in seinen Erinnerungen die Situation, die sich für ihn schon vor der Affaire Guillaumes in der Regierung und in seiner Partei ergeben hatte. Er benutzt selbst das Bild des zerbröckelnden Denkmals, das auf einer Titelseite des »Spiegels« schon im Jahre 1973 zu sehen gewesen war. Brandt nennt sein schwierig gewordenes Verhältnis zu Herbert Wehner, über das noch einiges von unserer Seite aus zu ergänzen wäre. Er schildert vor allem die seiner Privatsphäre geltenden Untersuchungen der Behörden, die sich nach der Festnahme Guillaumes immer unerträglicher für den Kanzler gestalteten und die bei seiner Entscheidung über den Rücktritt keine untergeordnete Rolle spielten. Weder bei unseren Aufträgen an Günter Guillaume noch bei seinen Aussagen vor den Untersuchungsbehörden, auch nicht bei seinen veröffentlichten Erinnerungen spielte die Intimsphäre in irgendeiner Weise eine Rolle. Hier liegt tatsächlich eine Grenze, die solcherart Dienste respektieren müßten, auch wenn das nur eine persönliche Auffassung sein sollte.

Willy Brandt genießt als Politiker mit seinem Lebensweg, seiner auch von Widersprüchen begleiteten Entwicklung und als Mensch meine größte Hochachtung. In meiner jahrzehntelangen Tätigkeit an der Spitze des Nachrichtendienstes hat sich diese Einstellung entwickelt. Schließlich stand Willy Brandt zu seiner Zeit als Regierender Bürgermeister Westberlins unserer damaligen Politik nicht sehr nahe. Doch selbst zu jener Zeit gab es Menschen in seiner Nähe, zu denen ich persönlich Verbindung unterhielt, die diesem Mann persönlichen Respekt zollten.

Zwischen mehreren Interviews und einer Verabredung mit dem »Prawda«-Korrespondenten war ich so leichtsinnig, zu versuchen, einen Imbiß im Restaurant des Internationalen Pressezentrum einzunehmen. Ausgerechnet an jenem Tisch war ein Platz frei, an dem der Korrespondent der »Bild«Zeitung, Peter Brinkmann, saß. Das Ergebnis meiner wenigen, beim Essen gemachten Bemerkungen: Abends lief über sämtliche Medien die Meldung »Markus Wolf fordert – Honecker vor

Gericht«. Am nächsten Tag erschien diese Zeile in »Bild« in entsprechender Aufmachung mit einem Foto vom Mittagstisch. Daran war kein wahres Wort. Ich hatte im Gegenteil im Tischgespräch geäußert, daß bei einem möglicherweise nicht zu vermeidenden Gerichtsverfahren die politische Verantwortung für das Geschehene und die Aufdeckung der politischen Ursachen zu kurz kämen.

Ernster war die Reaktion von Krenz, der mich spät am Abend anrief. Mein Kommentar auf die Vorgänge rund um die ZK-Tagung am 8. November und entsprechende Äußerungen in zahlreichen Interviews hatten seinen Unwillen erregt. Er fragte, weshalb ich ihn und die Führung öffentlich als Provisorium bezeichne. In der Partei herrsche Unsicherheit. Die sowjetischen Genossen würden nach Öffnung der Grenze eine Konsolidierung erwarten; er bitte auch um meine Solidarität. »Ich bitte dich...«. Er bereite seine Rede vor dem Außerordentlichen Parteitag vor, wolle grundsätzliche Fragen des Sozialismus ausarbeiten und begründen, weshalb die Wende notwendig gewesen sei. Es gehe nicht nur darum, daß in den letzten Jahren die Probleme nicht gemeistert wurden, sondern daß weder nach dem XX. Parteitag der KPdSU noch nach der Wende in der UdSSR damit begonnen wurde, die stalinistischen Strukturen bei uns selbst zu beseitigen. Man habe keine Lehren gezogen. Unsere eigene Geschichte hätten wir in dieser Hinsicht nicht aufgearbeitet, das wäre aber eine wichtige Voraussetzung für die Erneuerung der Partei und des Sozialismus. Es sei notwendig, das administrative Kommandosystem zu überwinden. Da ich dieses Problem aus eigenem Erleben besser kenne als er, bitte er mich, ihm dazu einen Abschnitt auszuarbeiten. Man müsse mit der Vorbereitung des Parteitages einer sich verbreitenden Stimmung gegen die jetzige Führung entgegenwirken.

In meiner Antwort sagte ich ihm, daß er selbst während der 10. Tagung des ZK keinerlei Konsequenzen habe erkennen lassen, insbesondere in Kaderfragen, für die ich Beispiele nannte. Auch das Zustandekommen des Beschlusses über die Einberufung eines Außerordentlichen Parteitags sei ein einziges Jammerspiel gewesen, ein ständiges Zurückweichen unter Druck. Es sei unmöglich, den Apparat über den Parteitag retten zu wollen; begonnen werden müsse mit einer vollständigen

Erneuerung im Zentralkomitee. Krenz bat um personelle Vorschläge. Ich sagte, daß ich zu wenige Genossen von der Basis kennen würde. Es käme aber darauf an, vor allem jüngere Genossen hereinzunehmen. Man dürfe der Partei jetzt endgültig keine alten Gesichter mehr präsentieren.

Im Verlaufe des Gesprächs wurde seine Stimme immer belegter; schließlich schlug er vor, eine Stunde zu finden, in der man sich persönlich aussprechen könne. Wir einigten uns auf einen Termin in der folgenden Woche.

18. 11. 1989
Krenz hat den Marsch nach vorn in die Medien angetreten. Er sieht sich im Auftrag, um seine Position zu kämpfen: Versuch moderner Imagepflege, Fernsehplauderei in neuer Wohnung, in die er, von Wandlitz weg, gezogen ist. Die Sendung hatte allerdings eine eher umgekehrte Wirkung.

Von einem Moskauer Besucher erfuhr ich, seinerzeit sei im Komitee für Staatssicherheit ein Schreiben Erich Mielkes eingegangen, in dem er begründete, weshalb ich als sein Nachfolger nicht in Frage käme. Ich sei zu unentschlossen, wenn es darum ginge, Gewalt gegen oppositionelle Kräfte einzusetzen. Schade, daß mir diese Beurteilung nicht vorliegt.

21. 11. 1989
Weitere Interviews. Mittags Aufzeichnung eines Gesprächs mit Richter von der ARD im Aufbau-Verlag. Ich benutze die Gelegenheit, um die Ente der »Bild«-Zeitung zu Honecker zu dementieren, äußere noch einmal meine grundsätzlichen Ansichten zur Staatssicherheit und beschreibe meine eigene Position.

Die öffentlichen Angriffe gegen die Staatssicherheit nahmen immer schärfere Formen an. Sie wurden dadurch begünstigt, daß radikale Erneuerung weder dort noch im Apparat der Partei zu erkennen war. Im ZK, in anderen zentralen Einrichtungen und im MfS wurde deutlich, daß sich verändernde Strukturen, Reorganisation und Kaderveränderungen weiterhin durch die alten Leiter mit dem Ergebnis bestimmt wurden, daß diejenigen blieben, die ein konservatives Denken vertraten und andere auf der Strecke blieben. Das war schlimm und konnte nur schlimm enden. Krenz und sein Politbüro stützten sich auf den alten Apparat und waren bemüht, sich selbst bis zum Parteitag und über ihn hinweg zu bringen.

Im neuen »Amt für Nationale Sicherheit« waren gleiche Erscheinungen zu beobachten. Viele der vor allem jüngeren Mitarbeiter äußerten offen ihre Unzufriedenheit, forderten die Ablösung der alten Führung oder begannen zu resignieren.

Meine Forderungen wurden weiter ignoriert. Da mein Rat nicht gefragt war, konnte ich auch nicht helfen. Im Ministerium für Staatssicherheit gab es viele, die die Meinung des Schauspielers und Regisseurs Friedo Solter teilten, der bei der Lesung im »Deutschen Theater« sagte, für ihn stehe nach der Erklärung von Generaloberst Mittig am 12. November im »Neuen Deutschland« fest, daß dort nichts begriffen worden sei von dem, was die Bevölkerung eigentlich meine. In verschiedenen Diensteinheiten innerhalb des Ministeriums erschienen am Mitteilungsbrett persönlich gezeichnete kritische Anfragen und Stellungnahmen von einzelnen Mitarbeitern und ganzen Parteigruppen. Die ersten Erklärungen, in denen schnellste Veränderungen an der Spitze des Dienstes und neues Denken und Handeln gefordert wurden, hingen nur wenige Stunden. Nachfragen wurde mit dem Argument begegnet, persönliche Abzeichnung und Angabe der Diensteinheit oder Parteigruppe verletze die Konspiration. Trotzdem entwickelten sich die Mitteilungsbretter zu Wandzeitungen, und den immer schärfer und unduldsamer werdenden Forderungen war längere Lebensdauer beschieden, nachdem jemand meinen Kommentar zum 8. November dort angeheftet hatte. Ähnliches spielte sich auch in der von der Öffentlichkeit am meisten geschmähten Hauptabteilung XX ab, wo die Leiter in der vorherrschenden formalen Weise mit den Unterstellten umgingen, sie oft mit lapidaren Allgemeinplätzen abspeisten oder sich überhaupt ausschwiegen. Diese Hauptabteilung war in den meisten gesellschaftlichen Bereichen präsent, gerade sie war in die Ausführung der Dienstanweisungen zu »feindlich-negativen Kräften« eingebunden, vom Sport über gesellschaftliche Organisationen, staatliche Einrichtungen bis hin zur Kirche. Viele dieser Mitarbeiter hatten aber auch erheblich zu realistischen Lageberichten beigetragen, waren verbittert über fehlende Reaktionen oder gar Korrekturen.

Als auch unter der neuen Führung im inneren Leitungsstil Passivität anhielt, rief die verjüngte Parteileitung der Aufklärung in Absprache mit Parteileitungen anderer Diensteinheiten Ende November zu einer Demonstration auf dem Innenhof des zentralen Sitzes des Ministeriums auf und lud die obersten Führungskräfte ein. Die Demonstration war wenige Stunden nach dem Aufruf über den Leitungsweg abgesagt worden. Sie fand dennoch statt, und viele nahmen an ihr teil. Vertreter verschiedener Diensteinheiten wiederholten die Forderungen, unverzüglich im Ministerium Leitungen zu benennen, die zu radikaler Erneuerung in der Doktrin, in der inneren Führung und die zum Dialog mit der Öffentlichkeit, besonders am Runden Tisch, fähig waren. Schon im Dezember erreichte mich der Brief aus einer Kreisdienststelle. Der Absender schrieb:

»Die Stimmung ist durch den außerordentlichen Druck auf uns, durch provokative persönliche Angriffe, durch einen regelrechten Psychoterror gegen jeden einzelnen Genossen, seine Familie bis hin zu den Kindern bedenklich und außerordentlich deprimierend. Viele sind auf das tiefste verzweifelt. Seit gestern ist meine ehemalige Diensteinheit aufgelöst. Dem ging voraus, daß wir an den zurückliegenden vier Montagen vor unserer Diensteinheit aus Demonstrationen heraus unsagbaren persönlichen Angriffen, bösartigen Beleidigungen und Erniedrigungen ausgesetzt waren. Seit längerem werden einzelne Genossen von unbekannten Personen observiert.

Die Auflösung der Diensteinheit – unter bekannten Bedingungen (Mitwirkung von Superintendent, Bürgerforum, Volkspolizei und Staatsgewalt) - ist diszipliniert verlaufen ... Die Auflösung in der Realität aber war das letzte, wodurch die psychologischen Wunden im Mitarbeiterbestand vertieft wurden und am längsten nachwirken werden. Bei zwei Mitarbeitern mußte ich sofort medizinische Betreuung veranlassen, bis heute ist die Gefahr des Selbstmords nicht überwunden. Ich muß weitere Faktoren nennen, die zu dieser für die Mitarbeiter ausweglosen, verzweifelten Lage führten: Den Mitarbeitern blieb nicht unbekannt, daß sich Mitte November 1989 ein junger befähigter Referatsleiter aus Verzweiflung erschossen hat. Er sollte sich, trotz nachgewiesener Nichtanwesenheit während der Ausschreitungen am Dresdner Hauptbahnhof stellen, alles über sich ergehen lassen und sich für die ›Übergriffe‹ verantwortlich erklären.

... Viele haben ein Gefühl des ›Verbratenwerdens‹, des Im-Stichgelassenseins, des den ›Hunden zum Fraß Vorgeworfenseins‹.

Mein Anliegen und das meiner engeren Leitung war es, bis zur letzten Stunde unseres Beisammenseins am Tage der Auflösung der Diensteinheit, das Zusammengehörigkeitsgefühl zu erhalten.., und uns gegenseitig, wie es nur geht, zu helfen. Keinem meiner Mitarbeiter, vom Hausmeister bis zum Leiter, kann eine Unkorrektheit nachgesagt oder bewiesen werden... Stets einsatzbereite, ehrliche, fleißige und kluge Mitarbeiter haben unserem Staat, nicht Mielke und Honecker, gedient. Das trifft für die große Mehrheit der Diensteinheiten zu. Nun stehen aber diese Genossen, die vom operativen Bestand her zu über neunzig Prozent Hoch- und Fachschulabschlüsse haben – und nicht nur solche, die sie im Organ erworben haben – , vor dem Nichts und finden nur unter komplizierten Bedingungen neue Arbeit. Alle ehemaligen Mitarbeiter sind auf Arbeitssuche, und zum administrativen Entlassungsprozeß gibt es bis heute keine Orientierung.

Würden Mitarbeiter eines in der nahen Perspektive unerläßlich notwendigen Sicherheitsorgans aus dem Bestand meiner ehemaligen Diensteinheit in Erwägung gezogen, kämen höchstens fünfzehn Prozent in Frage. Dabei ist der Gesichtspunkt einer möglichen Bereitschaft dafür bedacht.

Lieber Genosse Markus Wolf, Dein Leben, Deine jetzige Rolle ist für viele Mitarbeiter – auch für mich – uneingeschränktes Vorbild. Deshalb schreibe ich Dir auch so offen...«

Briefe dieser Art mehrten sich, Mitarbeitern, von früher selbstsicheren Leitern allein gelassen, wird die Integration in das neue Leben verwehrt. Oft schon eingestellt in Arbeitsbereiche, in denen Arbeitskräfte fehlen, werden sie später wieder entlassen.

Meine Mahnung, daraus könnten sich Gefahrenpotentiale für die Gesellschaft ergeben, wird als Drohung aufgefaßt...

Im Frühjahr 1990 will ich den Verfasser des zitierten Briefes aufsuchen. Es gelingt mir nicht. In seinem ehemaligen Wohnort ist das Namensschild von der Haustür entfernt, das Haus augenscheinlich bewohnt. Nur ein älteres Ehepaar kann Auskunft geben: »Die mußten hier damals ganz schnell raus!«

21. 11. 1989
In der Versammlung meiner Grundorganisation wurde ich mit der Auflage zur Delegiertenkonferenz gewählt, mich zur Wahl als Delegierter zum Parteitag zu stellen in Erwartung, mich dort für das ZK nominieren zu lassen. Darauf ließ ich mich nicht festlegen, aber die Genossen bestanden darauf.

22. 11. 1989
Treffen mit Vertretern der Evangelischen Akademie Tutzing, die mich für Januar nach Augsburg einladen. Ich soll an einer Aufführung des »Beaumarchais«, einem Drama meines Vaters, teilnehmen. Ich mußte auf Rebmanns Haftbefehl verweisen. Andere hätten Ähnliches mit mir vor. Es gäbe auch den Hinweis auf ein Interesse aus meinen alten Heimatstädten Hechingen und Stuttgart.

In einem für die »Jerusalem Post« gegebenen Interview spielten Fragen der Herkunft und der Familie ebenfalls eine Rolle. Da steht: »Wolf hat sich immer stark für Israel interessiert, obwohl er sich nie als Jude bezeichnet hat. Dabei war der Vater jüdischer Herkunft und hat das bedeutendste Drama über Antisemitismus unter Hitler geschrieben...

Wolf erinnert sich seines Unbehagens im Nachkriegsberlin. Nach allem, was seine Familie in der Sowjetunion durchgemacht und nach allem, was er gesehen hatte, das Elend, den Hunger, nachdem er von den Konzentrationslagern erfahren und sie auch gesehen hatte, konnte er es nicht fassen, daß in Berlin, in den Trümmern, junge Leute – besonders junge Männer – noch auf Vergnügungen aus waren. Es schien, sie hätten nicht begriffen, was sie über die Welt gebracht hatten. Es gab kein Schuldgefühl... In jenen Jahren war er gegenüber jedem in Deutschland zutiefst mißtrauisch, der nicht zum Widerstand gehört hatte. Unter den Jungen dort aber war eine neue Bewegung des Antifaschismus im Entstehen, ein Wunsch nach Neubeginn. ›Das waren meine Freunde‹, sagte er...

Was denkt er über das Unterdrücken von Schuldgefühlen? Man solle nicht den Richter spielen wollen. Man müsse sehen, daß viel getan worden sei. In jenen Tagen des Anfangs seien viele bemüht gewesen, die Wurzeln des Nazismus zu analysieren. Er glaube, in den ersten zehn Jahren sei mehr gemacht worden als in den dreißig Jahren danach...

Er hegt einen gewissen Optimismus über die Energie der Basisbewegung. Man spreche von mehr als zwei Millionen Menschen, die überzeugte Sozialisten seien und gerade jetzt ihr Bestes gäben, um im ganzen Land Veränderungen und Reformen zu bewirken. Wenn diese Basisbewegung auf dem Parteitag am 15. Dezember ins Zentralkomitee einziehe, werde sich die Partei verändert haben und fähig sein, eine andere Rolle zu spielen...

In diesem jetzigen System werde das persönliche Wirken einzelner übertrieben. Darin liege die Gefahr: daß eine einzelne Person ohne demokratische Kontrolle einen Staat und ein Volk zerstören könne.«

Für das Gespräch mit Krenz am Nachmittag hatte ich folgendes notiert:

Wertung der Ereignisse vom 9. 10. bis 18. 10. Für die Zeit danach beginnt eine neue Wertung. Sie zeigt eine Kette von Halbwahrheiten, Zögern und falscher Lageeinschätzung. Darstellung inhaltlich und an den personellen Konsequenzen im 10. Plenum. Die Partei verliert rapide an Einfluß. Sie könnte schon im Aufbruch sein, wenn die Führung der Stimmung der Basis Rechnung getragen hätte. Dazwischen stehe der Parteiapparat mit seinen alten Strukturen, Personen und Methoden, die sich in schlimmer Weise am 8. und 10. 11. gezeigt haben.

Es nützt gar nichts, über Versäumnisse bei der Aufarbeitung der Lehren des XX. Parteitages der KPdSU und der Überwindung stalinistischer Strukturen bei uns selbst zu sprechen, wenn die Vorbereitung des Außerordentlichen Parteitags und die Erneuerung der Partei genau durch diese alten Strukturen, ihren Apparat und die Methoden gebremst werden. Bürokratische Formen, Subjektivismus, Formalismus, Lösungen von der Basis führen zu Unmut der Basis gegenüber diesem Apparat. Dazu namentliche Beispiele. Jede Manipulation bei der Wahl der Parteitagsdelegierten ist zu unterbinden. Die Wahl der besten neuen Kräfte muß durch Publizität und Vorstellung in den Medien unterstützt werden und zwar durch die Basis selbst. Die Einheit der Partei kann nicht durch Appelle und Disziplin, sondern nur im offenen Meinungsstreit erreicht werden, bei dem alle vorhandenen Strömungen zu Wort kommen. Wer erhält auf dem Parteitag das Wort? Toleranz muß dabei gesichert werden.

Die Einheit im alten Sinne gibt es nicht mehr. Es muß um Konsens gekämpft werden. In vieler Hinsicht ist die Partei schon gespalten. Der Weg führt nur über eine echte innerparteiliche Demokratie. Die Medien- und Informationspolitik verläuft noch in den alten Bahnen.

Der Kampf von Krenz um eigenes Image ist von der Absicht her gut, erreicht aber viele nicht. Ohne klare und offene Stellungnahme zum 7., 8. und 9. 10. und zur Fälschung der Kommunalwahlen bleibt alles offen.

Zum MfS müssen klare Aussagen erfolgen. Schuldbekenntnisse und differenzierte Wertungen sind notwendig. Die Mitarbeiter fühlen sich von der Partei im Stich gelassen. Der Staat hat eine Obhutspflicht gegenüber den Menschen, die ihm treu gedient haben und sich nichts zuschulden kommen ließen.

Meiner Ansicht nach ist die Partei von der Basis her stark, das von der Führung und über die Parteizeitungen Kommende weckt starke Zweifel. Deshalb müssen Zeichen für eine radikale Erneuerung vor dem Parteitag gesetzt werden.

Das Gespräch im Arbeitszimmer des Generalsekretärs, der von einer Sitzung gehetzt kam, dauerte länger als zwei Stunden und zeigte, daß Krenz auf die Erhaltung seiner Position und Parteifunktion eingestellt ist. Er fragte nach meiner Beurteilung seiner Chancen. Meine Antwort, ich wisse es nicht, konnte ihn genauso wenig befriedigen wie meine Gegenfrage nach seiner Meinung zu möglichen Alternativen für diese Funktion. Er wollte von mir Namen hören. Dieses Spiel ging eine Weile hin und her, bis ich auf Befragen sagte, man höre den Namen des Dresdner Oberbürgermeisters Berghofer, den ich selbst nicht kenne. Er antwortete, Berghofer sei sein Freund und längere Zeit Abteilungsleiter im Zentralrat der FDJ gewesen. Der Name schien ihn nicht zu schockieren. Ich sprach mich für die Abschaffung des Staatsrates und damit auch des Vorsitzenden aus. Ich hatte Veranlassung, eindeutig zu erklären, keinerlei Ambitionen für irgendwelche Funktionen zu haben.

25. 11. 1989
Gespräch mit dem Herausgeber und Chefredakteur von »US News and World Report«, Zuckermann, der die schwierigste Frage stellt: Da der Sozialismus in allen sozialistischen Ländern dem Kapitalismus nicht standgehalten hat, woher nehmt ihr die Überzeugung, die Menschen würden sich weiter für einen Weg entscheiden, der ihnen das schlechtere Leben bietet? Wie soll man diese Frage unter den jetzigen ungünstigen Bedingungen beantworten? Hatten wir überhaupt schon Sozialismus, was ist davon zu bewahren und wie?

Am Nachmittag Anruf bei Walter Janka in Kleinmachnow. Ein überfälliges Gespräch, denn bereits während der Arbeit an der »Troika« hatte mich Dieter Wolf, der Chefdramaturg einer Produktionsgruppe der DEFA, gefragt, ob ich nicht Janka in einigen Fragen konsultieren wolle.

Das war meine Absicht, seit ich mir vorgenommen hatte, über die Jahre 1956/57 zu schreiben, die so tief in das Leben von uns allen eingegriffen und das Denken verändert hatten. Die Folgen der Enthüllungen über Stalin hatten zu den Ungarn-Ereignissen geführt, zum dramatischen Herbst, jener Zeit, als auch die Meinungen innerhalb unserer Partei sich scharf zu trennen begannen. In deren Widerstreit war Janka geopfert worden.

Vor der Demonstration am 4. November war mir von mehreren Seiten mitgeteilt worden, Janka sei deshalb nicht aufgetreten, weil ich als Redner vorgesehen war. Das hatte eine gewisse Logik. Aber warum sollten wir, die wir im Grunde gleiche Hoffnungen in die Entwicklung nach dem Oktober setzten, uns nicht darüber aussprechen?

Ich hatte das Gefühl, Walter Janka habe auf den Anruf gewartet. In seiner nüchternen Art reagierte er aufgeschlossen. Er bestritt, was ich über seine Nichtteilnahme an der Demonstration am 4. November gehört hatte. Wichtiger sei für ihn mein Auftreten dort gewesen. Wir verabredeten ein ausführliches Gespräch im nächsten Monat.

Am 16. Dezember, während des Außerordentlichen Parteitages, gab Berghofer den Vorschlag bekannt, einen Rat der Alten zu bilden und nannte die Namen. Jankas Name war dabei. Janka setzte sich auf den freien Platz neben mir im Präsidium. Das war für die Medien beachtenswert: Das Opfer der Staatssicherheit, schon Wochen zuvor zur Symbolfigur für die Opfer des Stalinismus geworden, und neben ihm der ehemalige General der Staatssicherheit.

Das war unsere erste persönliche Begegnung.

Janka hatte eine freundschaftliche Beziehung zu meinem Vater und Bruder gehabt. Mit dem Vater war er als ehemaliger Spanienkämpfer nach Ausbruch des Zweiten Weltkriegs gemeinsam im französischen Internierungslager Le Vernet gewesen. Von meinem Bruder wußte ich, daß der mit Janka nach dessen Entlassung aus der Haft in Bautzen zusammengearbeitet hatte. Janka, ehemalig Leiter des Aufbau-Verlages, war bei der DEFA als Dramaturg untergekommen. Er war zumindest an einem von Konis Filmen beteiligt gewesen. Unser bulgarischer Freund Angel »Jäcki« Wagenstein hatte mir Janka als klugen »Querdenker« anempfohlen, mit Gedanken, die oft eigenartig und überraschend anmuten, sich aber später als scharfsichtig und weit vorausgedacht herausstellen.

Als Walter Janka Ende des Jahres 1989 rehabilitiert wurde, erschien er nicht vor Gericht. An diesem Tag sprachen wir beide ausführlich über die damalige Zeit.

Wolfgang Harich, 1956 Lektor im Aufbau-Verlag, war mit anderen in einem vom »Fall« Janka abgetrennten Verfahren der gleichen umstürzlerischen Verschwörung angeklagt und abgeurteilt worden. Janka kannte den Vorgang Harich besser als ich. Er ging davon aus, daß Harich im Auftrag Kontakte zu getarnten nachrichtendienstlichen Dienststellen der Bundesrepublik hatte. Unserem Dienst wurden die scheinbar konspirativen Verbindungen Harichs in den Westen bekannt, sie liefen zu den von uns bearbeiteten Objekten. Jankas Name tauchte dabei nicht auf. Harich kooperierte mit dem Untersuchungsorgan und dem Gericht. Als Zeuge belastete er Janka, der alles zur Sache bestritt, in dessen Prozeß schwer. Die Verstrickung von Johannes R. Becher, damals Kulturminister, und anderen in den Versuch, Georg Lukacs aus

Ungarn herauszuholen, und die nachfolgenden Ereignisse sind besser in Walter Jankas Erinnerungsband »Schwierigkeiten mit der Wahrheit« nachzulesen.

Ich entdeckte bei Janka viele Charakterzüge, die solche Kommunisten unter meinen Bekannten auszeichneten, die unter dem Stalinismus gelitten hatten. In der internationalen, auch der deutschen kommunistischen Bewegung gab es unzählige Beispiele, wie Menschen, die den Stalinschen Repressalien ausgesetzt gewesen waren, unsäglich Schweres durchgemacht hatten, dennoch ungebrochen überlebten. Viele dieser Menschen haben ihre Kraft auch später in das Experiment Sozialismus eingebracht. Sie begegneten uns oft mit sehr klarer und kritischer Sicht auf all das, was bis zum Oktober 1989 bei uns geschah. Dabei bleiben sie fest in ihren Grundhaltungen, weil sie sich den Glauben an eine gerechtere Ordnung der Dinge nicht nehmen lassen wollten. Janka ist einer dieser Menschen. Er sprach es wohl so nicht aus an dem Tag. Aber mit der sich erneuernden Partei, die ihn erst wieder in ihre Reihen aufgenommen hatte, als damit keine Privilegien verbunden waren, wollte er diese Ideale wieder befestigen, sie bewahren, auch dann, wenn diese Partei nun für längere Zeit nicht wieder eine Mehrheit würde gewinnen können. In der Zeit, als die meisten Mitglieder die Partei verließen, ist Janka, der Kommunist ohne Parteibuch, der Hartnäckige geblieben, als den ihn seine Freunde immer gekannt hatten. In solchen Zeiten wie den unseren zeigt sich, aus welchem Holz Menschen geschnitzt sind. Von denen, die so hart wie Janka von den angeblich eigenen Genossen angefaßt wurden, gibt es nicht mehr gar zu viele. Nach dem Außerordentlichen Parteitag sprach er sich vor dem »Rat der Alten« radikal für die Trennung vom Vergangenen aus, auch was das Parteieigentum betrifft und die Offenlegung aller Bereiche in diffusen Grauzonen.

Werner Eberlein teilt als Vorsitzender der Zentralen Parteikontrollkommission die Rehabilitierung Robert Havemanns mit, der 1964 aus der Partei ausgeschlossen worden war. Über den Rundfunk kommt die Nachricht, Generalbundesanwalt Rebmann halte an seinem Haftbefehl gegen mich fest. Diese Nachricht wurde im »Neuen Deutschland« vom 27. November im Fettdruck gebracht. Warum?

In der CSSR vollzieht sich beinahe der gleiche Prozeß wie bei uns, nur mit den historischen Erfahrungen des Nachbarlandes geordneter und friedlicher. Havel und Dubcek an der Spitze, wer hätte sich das vor Wochen auch nur vorstellen können!

26. 11. 1989
Literaturfest der FDJ im Kongreßzentrum. Gemeinsam mit Landolf Scherzer auf dem Podium. Es war unsere erste Begegnung nach unserem Suhler Treffen und seiner Rückkehr von der Erdöltrasse in der Sowjetunion, wo er die Perestroika an der Basis erleben wollte und so die entscheidenden Ereignisse bei uns verpaßte. Wir ergänzten uns gut: Landolf in seiner volkstümlichen »Bodenständigkeit«, ich mehr von der »Königsebene« her. Am Schluß Gespräche mit zwei verbitterten Mitarbeitern verschiedener Bereiche des MfS. Sie berichteten über das Beharrungsvermögen der alten Leiter, das Festhalten an überlebten Strukturen und Methoden.

27. 11. 1989
Der Parteitag steht vor der Tür mit seiner sich immer stärker abzeichnenden Hauptfrage: Wollen wir eine völlig neue oder eine erneuerte Partei anstreben? Kann ich mich, als gewählter Delegierter, in dieser Situation der Verantwortung entziehen?

Im Gespräch mit dem Leiter des neuen Amtes für Nationale Sicherheit spreche ich über die Haltung gegenüber den Untersuchungskommissionen, daß nur mit der vollen Wahrheit ein langanhaltender zersetzender Effekt zu vermeiden sei. Für den 7. und 8. Oktober in Berlin und möglichst auch in Dresden und Leipzig sei die Befehlskette unbedingt bis ganz oben zu verfolgen. Alle Weisungen und Befehle müssen offengelegt werden.

Ich versuchte, ihm die Stimmung innerhalb des MfS darzustellen. Das Festhalten an den alten Leitern und Strukturen blockiert, ähnlich wie im Parteiapparat, jede Erneuerung.

28. 11. 1989
Zu einem Termin bei Elmar Faber ging ich mit der Klarheit, mich auf dem Parteitag jedem Drängen zu einer eigenen Kandidatur zu verweigern. Nur so bleibe ich glaubhaft.

Im Gespräch mit dem Verleger wurde mir der Weg zu einem neuen Buch klar, das sehr subjektiv geschrieben werden muß. Ausgehend von den Kalendernotizen, ohne theoretisch-analytische Ambitionen – »wie es dazu kam« oder »wie ich die Oktober-November-Revolution erlebte«; schließlich meine eigene Sicht auf eine vielleicht noch denkbare sozialistische Alternative für die DDR.

Ich begann die ersten Notizen vom Januar als Arbeitsmaterial zu diktieren.

29. 11. 1989
Gut, daß auf das gestrige 10-Punkte-Programm von Bundeskanzler Kohl, das von SPD und FDP gebilligt wurde und das unverhüllt ein Konzept der Einverleibung der DDR beinhaltet, eine Erklärung bedeutender Persönlichkeiten der DDR an die Öffentlichkeit übergeben wurde: »Für unser Land«. Dieser Aufruf zeigt knapp und klar die Alternative:

Entweder Bewahrung der Eigenständigkeit der DDR und Entwicklung zu einer solidarischen Gesellschaft oder Ausverkauf und Vereinnahmung durch die Bundesrepublik. Der Text wurde von Christa Wolf abgefaßt und durch Stefan Heym der Presse übergeben.

Die Anmaßung der BRD-Politiker und der dortigen Medien ist kaum noch zu ertragen. Allerdings haben wir uns dies selbst zuzuschreiben, genauso wie die täglichen Sensationsberichte über Privilegien, mit denen das Ansehen der SED planmäßig demontiert wird.

1. 12. 1989
Auflösung des Ersten Panzerregiments »Friedrich Wolf«. Wie viele Jahre der Begegnungen und Erinnerungen verbinden sich mit diesem Regiment; dazu gehört auch eine gemeinsame Reise mit Koni dorthin, zur Vereidigung junger Soldaten. Eigenartig, daß der an sich hoffnungsvolle Schritt – die Auflösung eines Panzerregiments im Zeichen der Ent-

spannung und Abrüstung – zusammenfällt mit der Demontage des sozialistischen Staates und vieler unserer Hoffnungen. Wehmütige Gefühle.

Mit dem ersten Dezember setzen meine Kalendernotizen für drei Wochen aus. Hatten die Wochen vorher schon das Gewicht von Jahren, in den Dezembertagen lösten sich Hoffnung und Resignation, der Wille zum eigenen Handeln und der Zweifel am Sinn solchen Tuns unentwegt ab, fielen Gedanken und Emotionen wie in einem Kaleidoskop immer wieder durcheinander.

Der zunehmende Druck der Ereignisse, ein fortdauernder Zerfall in der politischen Führung, in den staatlichen Strukturen, das Schwinden von Autorität der noch halbwegs funktionierenden, halbwegs anerkannten Regierung Modrow zwangen zum Handeln. Die Unruhe auf den Straßen nahm ständig zu, begann in die Betriebe einzudringen. Menschen, die im Oktober den Aufbruch bestimmt hatten, die sich zur DDR und ihren sozialistischen Grundlagen bekannten und die weiterhin zu Besonnenheit und Vernunft mahnten, gaben immer weniger den Ton an. Es waren zunehmend andere Kräfte, die sich mit dem Ruf »Deutschland, einig Vaterland«, mit schwarzrotgoldenen Fahnen, aus denen das Wappen der DDR herausgeschnitten war, zur schnellen Vereinigung mit der Bundesrepublik bekannten. Die Erklärung des als neuem Leiter eines Amtes für Nationale Sicherheit vereidigten Generals Wolfgang Schwanitz, er habe von seinem Vorgänger Erich Mielke nur zwei leere Panzerschränke übernommen, kann nur böse Folgen haben. Das Land ist kaum mehr regierbar. In Karl-Marx-Stadt hat das Neue Forum zum Generalstreik aufgerufen.

Für Sonntag, den 3. Dezember, war eine neue Tagung des Zentralkomitees angesetzt. Informationen von Mitarbeitern des ZK-Apparats war zu entnehmen, daß Krenz an seiner vom Leben längst überholten Position festhalten würde, um seine Stellung kämpfen wolle. Uns war klar, daß seine Tage als Generalsekretär gezählt sind. Hans Modrow rief an und fragte, ob ich bereit wäre, zusammen mit einigen anderen Genossen die Lage in der Partei bei ihm zu beraten.

Doch dazu kam es nicht mehr. Die Ereignisse überschlugen sich. Noch vor Beginn der ZK-Tagung erreichte mich beim Frühstück der Anruf

Modrows: Alexander Schalck-Golodkowski sei verschwunden. Ich möge gleich zum ZK kommen. Hans vermutete, daß ich über tiefergehendes Wissen im Zusammenhang mit diesem schwer durchschaubaren Apparat verfüge, der in Teilen mit konspirativen Methoden arbeitete. Im Beisein des Generalstaatsanwalts, des Außenhandelsministers und des Stellvertreters von Schalck informierte er über die bis dahin bekannten Umstände. Nach einer Sitzung des Politbüros, in der gegen Schalck erhobene Anschuldigungen behandelt wurden, und der Rückkehr von einer offiziellen Reise nach Bonn zu Verhandlungen mit Minister Seiters habe er, nach Aussagen seiner Umgebung, vor der Wahl zwischen Selbstmord und Flucht gestanden. Er habe die Flucht ergriffen. Die Folgen seien unabsehbar. Der Fall Schalck könne für die Regierung Modrow eine ähnliche Bedeutung erhalten, wie seinerzeit der Fall Guillaume für Willy Brandt. Mit den Anwesenden, inzwischen waren die Finanzministerin und der Regierungssprecher hinzugekommen, wurden erste Maßnahmen und die offizielle Bekanntgabe besprochen.

Zu Hause wurde ich kurz danach von Wolfgang Herger angerufen; ich sollte mittags im Gebäude des ZK sein. Herger stellte die Frage, ob ich den geschlossenen Rücktritt des Politbüros, dem er seit der vorangegangenen ZK-Tagung selbst angehörte, für unvermeidlich halten würde. Ich bejahte. Zum angegebenen Termin fand dann dieses seltsame Ereignis statt, das allen Teilnehmern ganz unwirklich vorkommen mußte: die Gründung des Arbeitsausschusses zur Vorbereitung eines Außerordentlichen Parteitages.

Ich war selten im »Großen Haus« gewesen. Die letzten Male im Januar bei Honecker, dann bei Krenz, also im zweiten Stock, wo man, aus dem Paternoster tretend, gleich vom uniformierten Posten in Empfang genommen wurde. An diesem Nachmittag suchte ich den Weg von der großen, kalten Vorhalle durch eine lange Garderobe hindurch, dann einen endlosen Gang entlang – erst mit Teppich, hinter der nächsten Ecke ohne Teppich – bis ich wieder in einer großen Vorhalle landete. Später wußte ich, daß dahinter früher das Zentralkomitee getagt hatte.

Am langen Tisch des Sitzungssaals, neben dem Raum für das gerade zurückgetretene ZK fand sich eine bunt zusammengesetzte Truppe: von Bekannten Klaus Höpcke und Lothar Bisky, Rektor der Filmhochschule

Babelsberg, Gregor Gysi, der inzwischen zum Idol der rebellierenden Parteibasis geworden war, Brigitte Zimmermann, die als Chefredakteurin der »Wochenpost« mehr als andere Courage bewiesen hatte. Allmählich komplettierten die zum Parteitag gewählten SED-Bezirkssekretäre, zwei mir bis dahin nicht bekannte Frauen, Professor Dieter Klein von der Humboldt-Universität und Wolfgang Berghofer, dem sein Ruf vorausging und den ich da zum erstenmal sah, unsere seltsame Runde. Wie Teilnehmer einer Palastrevolution saßen wir beisammen, nur von unserem Ansehen bei der Basis und der eigenen Erkenntnis legitimiert, daß es mit der Politik der Halbheiten nicht weitergehen durfte. Wir hatten die Legitimation als gewählte Delegierte des Parteitags. Vorsitzender des Ausschusses wurde der kurz zuvor zum Ersten Sekretär der Erfurter Parteiorganisation gewählte Wirtschaftsfachmann Herbert Kroker. Der hatte in Auseinandersetzungen mit Günter Mittag Charakter bewiesen und deshalb seine Stellung als Generaldirektor eingebüßt.

Bis heute hat mich das Gefühl nicht verlassen, daß das alles gespenstisch wirkte. Ein riesiges Haus mit unendlichen Korridoren und mittendrin unser Häuflein, das nun eine im Niedergang befindliche Partei wieder aufrichten sollte, deren Führung gerade sang- und klanglos verschwunden war. Wir hatten das Gefühl, das Gebäude sei völlig leer; aber irgendwo hinter den Wänden um uns herum saß der Apparat – und arbeitete, lief –, wenn auch leer.

Draußen wurde lautstark immer wieder die Zerschlagung dieses Apparats und der Einbau von Sicherungen gefordert, damit nicht noch Unterlagen entfernt oder gar Schritte zur Restaurierung unternommen werden könnten. Die kurze Ära des Egon Krenz, mit dessen Namen sich noch wenige Wochen zuvor Hoffnungen verbunden hatten, war beendet. Inzwischen kam wieder Leben in den Raum und in die Vorhalle. Einige diensteifrige Geister, etwas eingeschüchtert, stellten ein paar Thermoskannen mit Kaffee und Tee auf die flachen Schränke, dann kamen auch mal belegte Brötchen dazu. Sonst aber sollten die alten Sitten nicht eingeführt werden. Später begegneten wir in den Gängen finster oder unmutig dreinblickenden Leuten. Als ich einen dieser Mitarbeiter des Apparats ansprach, platzte es aus ihm heraus: »Wir sitzen da und wollen etwas tun! Wir machen uns doch auch Gedanken!« Natürlich saßen in diesem Haus nicht nur übriggebliebene dienstwillige Gehilfen der alten Führung. Auch dort war der Kampf entbrannt Neu gegen Alt. Pflichtbewußt harrten die meisten auch der Widerstrebenden nun bis Mitternacht an ihren Schreibtischen aus, was manch bösen Anruf der alarmierten Basis einbrachte.

Die Arbeit begann in Chaos, es gab niemanden, der uns zugearbeitet hätte. Unsere erste Erklärung war das Ergebnis einer Diskussion, an der sich alle Ausschußmitglieder beteiligt hatten. Der Parteitag, den wir vorzubereiten hatten, sollte deutliche Zeichen für einen Neubeginn setzen. Da die Lage an der Parteibasis von den ersten Sekretären der Bezirke als sehr ernst eingeschätzt wurde und die Forderungen nach radikaler Veränderung schon bei der Frage des Namens der Partei vieles andere überschattete, war die Suche nach einem konsensfähigen Begriff nicht einfach. Wir einigten uns auf »Neuformierung einer modernen sozialistischen Partei von unten«, um der Entscheidung des Parteitages nicht vorzugreifen.

Das Papier war noch gar nicht richtig aus der Maschine, da eilte Gregor Gysi, den man an seiner Mütze erkannte, zu den Massen vor das Gebäude, verkündete die Bildung des Ausschusses, die Entmachtung des alten ZK und seines Apparates, den Beginn der Tätigkeit einer von ihm geleiteten Untersuchungskommission. Diese Kommission wies als erstes an, Zimmer und Schränke der alten Führung zu versiegeln, die Konten zu sperren und die zentrale EDV-Anlage zu kontrollieren. Der Ausschuß sprach der Regierung Modrow sein Vertrauen aus, nachdem Hans eine kurze Information gegeben hatte. Sein Resümee lautete: Die Probleme des Landes können nur mit der SED gelöst werden. Er teilte mit, daß er am nächsten Tag mit Außenminister Oskar Fischer nach Moskau fliegen werde, ohne Krenz. Er erhielt die Vollmacht des Ausschusses, mit Gorbatschow im Namen der Partei zu sprechen.

Die Diskussion im Ausschuß über die Tagesordnung des Parteitages, über inhaltliche und organisatorische Fragen gab einen Vorgeschmack auf die Schwierigkeiten der Beratung in solchem Kreis. Man hatte das Gefühl, der alte Apparat, abgeschaltet und verbittert, warte nur darauf, daß dieser selbsternannte Kreis seine Grenzen erreichen und der

Apparat wieder gebraucht würde. Damit sollte er recht behalten. Bei der Bildung von Arbeitsgruppen für die verschiedenen Probleme wurde ich für die Arbeitsgruppe »Ursachen der Krise« benannt. Auf dieses Thema war ich insofern ein wenig vorbereitet, da ich mich auf Bitten von Krenz eingehender mit Materialien zum Thema Stalinismus beschäftigt hatte.

Mit Verspätung kam ich zu den Berliner Parteitagsdelegierten, die auf Initiative des Werkes für Fernsehelektronik, der Humboldt-Universität und der Akademie der Wissenschaften in der Aula der Akademie tagten und mich erwarteten. Die Beratung dort war schon in vollem Gange, und ich erhielt eine erste Vorstellung von basisdemokratischer Diskussion. In das von der alten Führung hinterlassene Vakuum zerfallender und längst überlebter Dogmen stießen nun die unterschiedlichsten Plattformen und Vorstellungen über das künftige Antlitz einer sozialistischen Gesellschaft in der DDR, über Programm und Statut einer neuen Partei. Wie sollten diese Vorstellungen auf einem Parteitag, bei dem es darum ging, ob die Partei überhaupt sein wird, unter einen Hut gebracht werden?

Schließlich erhielt ich vom Tagungsleiter, dem mir von einigen Begegnungen in meiner Wohnung bekannten jungen Professor Dieter Seegert, das Wort. Die bis dahin ausgeschlossenen Medien durften den Saal betreten und zeichneten die von mir verlesene erste Erklärung des Arbeitsausschusses und meine Erläuterungen über die wesentliche Zielsetzung des Parteitages auf: Entscheidung über den Fortbestand der Partei und die Wahl einer legitimierten neuen Führung als Partner der Regierung Modrow im Interesse der Lebensfähigkeit des Landes.

Während ich im Anschluß noch einige Interviews gab, wurde mitgeteilt, daß sich Bärbel Bohley vom Neuen Forum mit zwei Begleitern bei der Anmeldung aufhalte und ganz dringend Gregor Gysi suche. Mir sagte sie auf meine Frage, sie dürfe nur ihm ihre Mitteilung überbringen. Gregor genoß offensichtlich mehr Vertrauen als ich, was verständlich war. Mit Hilfe der Genossen der Akademie, die in den Räumen ihrer Parteileitung einen Dauerdienst eingerichtet hatten und unserem Ausschuß sofort die basisdemokratische Mitarbeit anboten, trieb ich Gregor Gysi auf einer anderen Konferenz auf. Die Verbindung zu

Bärbel Bohley wurde hergestellt. Ihm teilt sie mit, daß während der Leipziger Montagsdemo am 4. 12. das Dienstgebäude der Bezirksverwaltung der Staatssicherheit angegriffen werden könne. Sie empfahl, mit dem verantwortlichen Mann des dortigen Neuen Forums Kontakt aufzunehmen, um Schlimmes zu verhindern. Die Vorgänge in Leipzig und andernorts sollten uns am Montag im Arbeitsausschuß, an unserem ersten »normalen« Arbeitstag, mehr beschäftigen als die Vorbereitung des Parteitages, unsere eigentliche Aufgabe.

So war ich an diesem ungewöhnlichen Sonntag im Dezember auf dem Stuhl des Mitglieds einer nicht legitimierten Quasiführung der schwer angeschlagenen Partei gelandet. Und mein ehemaliger Minister, der stets zu verhindern getrachtet hatte, daß ich je einen solchen Platz einnähme, saß zur selben Zeit als Untersuchungshäftling in einer Zelle des Polizeipräsidiums von Berlin und tobte. Einen Grund zur Genugtuung hatte ich dennoch nicht.

Am ersten Arbeitstag zogen wir um in ein Sitzungszimmer im geheiligten zweiten Stock. Als ich die großen Standbilder von Marx und Lenin sah, war mir klar, daß dies der Tagungsraum des Politbüros gewesen sein mußte. Um den langgestreckten U-förmigen Tisch hatten zu Honeckers Zeiten die 26 Mitglieder und Kandidaten des Politbüros gesessen und andächtig den Monologen des Generalsekretärs zugehört, in »Klassenzimmeratmosphäre«, wie Schabowski später bezeugte. Die meisten von uns fühlten sich gehemmt, es mißfiel uns, in die roten Sessel zu gleiten. Einfache Stühle wären uns in dieser Situation lieber gewesen. Herbert Kroker setzte sich als gestandener Mann in die Mitte des querstehenden Tisches an der Stirnseite. Es war vermutlich genau der Platz, von dem aus der Generalsekretär früher präsidiert hatte. Möglichst weit davon entfernt suchten wir unsere Plätze – nicht aus Ehrfurcht vor Herbert Kroker, im Ausschuß fühlten wir uns alle wirklich gleich, sondern aus diesem eigenartigen Gefühl der Nähe zur vergangenen Macht heraus. Da waren auch wieder die wenigen Hilfsgeister, einschließlich des ehemaligen Bürochefs im Politbüro, er soll bei den Veränderungen keine schlechte Rolle gespielt haben. Alte Gewohnheiten konnten im kleinen wieder einfließen. Das störte uns zunächst nicht, wir hatten keine Zeit für Formalien.

Die meisten der alten Mitarbeiter kannten wir von Angesicht nicht. Später wurde erst klar, daß viele der ehemaligen Abteilungsleiter, die an der rigorosen Durchsetzung der früheren Politik entscheidenden Anteil hatten, noch immer in ihren Zimmern saßen. Bei späteren Sitzungen, schon nach dem Parteitag, sah ich erschrocken wieder so eine Art Diplomatenkoffer, verplombt, mit den Tagungsunterlagen. Solche Koffer hatte ich ab und an im Vorzimmer meines Ministers bemerkt. Der Apparat fing schon wieder an, sich niederzulassen nach dem bekannten Bild: Man klatscht in die Hände, die Spatzen fliegen hoch und lassen sich auf dem gleichen Baum wiederum nieder, bestenfalls auf anderen Ästen. Gegenüber unserem Vorsatz als wir mit der Arbeit in unserem Ausschuß begannen, den Apparat völlig neu zu konstituieren und die Partei basisdemokratisch aufzubauen, erwarteten wir große Widerstände und Schwierigkeiten. Und so kam es auch. Ohne Apparat geht es anscheinend in einer großen Partei nicht, und die Partei war zu jener Zeit noch groß mit ihren vielleicht anderthalb Millionen Mitgliedern.

An diesem Montag, dem 4. Dezember, ging es im zweiten Stock des Riesengebäudes zu wie im Hauptquartier eines Krisenstabes eines vom Fieber geschüttelten Landes, je nachdem wie man das Geschehen betrachten wollte. Während der Ausschußvorsitzende in seiner ruhigen, beinahe gemütlichen Art unsere Dauersitzung immer wieder auf das eigentliche Ziel, die Vorbereitung des Parteitags, zu lenken suchte, liefen in den Sekretariaten und in der Zentrale des Hauses die Telefone heiß. Zum Informationszentrum im Erdgeschoß des Hauses kamen Hunderte von Menschen, die den einen oder anderen von uns sprechen wollten. Am meisten gefragt war der Vorsitzende des Untersuchungsausschusses Gregor Gysi. Zu viele Jahre hatten sich die Genossen in Partei und Staat daran gewöhnt, daß wichtige Vorkommnisse diesem großen Haus zu melden und Entscheidungen von dort zu holen waren. Hinzu kam, daß sich der Vorsitzende des Ministerrates außer Landes in Moskau befand. Wegen der beunruhigenden Nachrichten aus Leipzig, Erfurt und einigen anderen Orten, setzte ich mich, allein durch die Autorität meines Namens legitimiert, telefonisch mit dem Innenminister und dem Leiter des Amtes für Nationale Sicherheit in Verbindung, um ihre Einschätzungen zu hören. Beide bestätigten den Ernst der Lage und beklagten die Abwesenheit des Regierungschefs. Uns allen war klar, daß an diesem Tag eine Grenze erreicht werden könnte, bei deren Überschreitung die Autorität der Staatsmacht ernsthaft gefährdet wäre.

Im Ausschuß trat die Diskussion zu Inhalt und Ablauf des Parteitages über Stunden auf der Stelle. Die Einschätzungen der Ersten Sekretäre der Bezirksleitungen gaben weiterhin ein wenig hoffnungsvolles Bild über den Zustand an der Parteibasis. Dieses Lamentieren dauerte so lange, bis Wolfgang Berghofer zum erstenmal auf seine unnachahmlich drastische Art dazwischenging und sinngemäß sagte, der Druck der Bevölkerung werde bis zum Parteitag weiter wachsen, von der Regierung sei nichts zu sehen, der Staatsapparat beginne zu zerbröckeln, die Fluchtwelle wachse weiter an, Streiks würden zur Realität. Die Demos blieben und Gewalt werde zur unmittelbaren Gefahr. Die Partei sei kaum mehr zu retten, der Sozialismus vielleicht; es gehe im Grunde genommen nur noch um das Land!

Nach den alarmierenden Meldungen aus Leipzig und Erfurt, Bürgerinitiativen seien in die Gebäude der Verwaltungen eingedrungen, wurde die Sitzung des Ausschusses unterbrochen.

Zusammen mit zwei anderen Mitgliedern bemühte ich mich, über Christa Wolf, Stephan Hermlin, Jutta Wachowiak und Pfarrer Schorlemmer noch für denselben Abend in der Humboldt-Universität eine Initiative für einen »Appell an die Vernunft« ins Leben zu rufen. Die gelang zwar, hatte aber keinen Einfluß mehr auf den Gang der Dinge. In der Zwischenzeit berichteten die Westmedien, daß in Leipzig Teilnehmer der Demo zusammen mit dem Bürgerkomitee unter Absingen des Deutschlandliedes, schwarzrotgoldene Fahnen schwingend, Zutritt in das Dienstgebäude des Amtes für Nationale Sicherheit erzwungen hatten. Aufnahmen davon konnten wir später am Fernsehschirm betrachten. Als wir zu später Stunde noch im kleinen Kreis zusammensaßen, kam der Gedanke auf, den Parteitag so schnell wie möglich, noch am selben Wochenende, einzuberufen, Hans Modrow zur sofortigen Rückkehr nach Berlin aufzufordern und gegen die für uns überraschende Teilnahme von Krenz an dieser Reise im Namen des Ausschusses offiziell zu protestieren. In dieser Situation wurde uns aber auch klar, daß ohne den alten Apparat eine vorfristige Einberufung des Parteitages überhaupt nicht denkbar wäre. Die Grenze unserer physischen und psychischen Belastbarkeit schien erreicht. Wir warteten auf die Rückkehr von Hans Modrow. Als dieser gelandet war, sprach Herbert Kroker telefonisch mit ihm. Hans meinte, die Berichte des Innenministers und anderer wären nicht ganz so dramatisch wie unsere Einschätzung.

Am nächsten Morgen war ich mit einigen anderen Genossen zum Regierungschef in den Ministerrat bestellt. Er sah die Lage im Lande noch immer nicht ganz so kritisch, berichtete über die von ihm veranlaßte Entsendung von Beauftragten in die wichtigsten Krisenbezirke und wollte zunächst deren Berichte abwarten. Er sah auch noch nicht die Notwendigkeit einer vorfristigen Einberufung des Parteitages. Seine besondere Aufmerksamkeit war auf den für den 19. Dezember geplanten Besuch von Bundeskanzler Kohl in Dresden gerichtet. Sich auf die in Moskau geführten Gespräche berufend, darunter eins mit dem polnischen Ministerpräsidenten Mazowieczki, sagte Modrow, es komme jetzt vor allem auf eine handlungsfähige DDR-Regierung an.

Am Abend seien die Parteivorsitzenden in den Staatsrat geladen, Krenz werde als Staatsratsvorsitzender zurücktreten. Zur Entspannung der Lage im Strafvollzug werde er vorher noch eine Teilamnestie erlassen.

An das Amt für Nationale Sicherheit sei die Weisung ergangen, die Leitung sofort umzugruppieren. Zu Schalck informierte er, es gebe jetzt die Beweise für die Veruntreuung von Millionen. Schalcks Stellvertreter sei inhaftiert. In der Staatssicherheit habe es offenbar zwei Linien gegeben: Als Schalck davongefahren sei, sei eine Gruppe des Amtes mit PKW an ihm drangewesen, die ihn angeblich schützen sollte. Er habe diese Gruppe mit seinem schnellen Wagen abgehängt.

Am nächsten Tag trat Krenz von der Funktion des Vorsitzenden des Staatsrates zurück. Schon vorher hatte es in unserem Ausschuß eine Diskussion über die Wiedereinführung des Amtes des Staatspräsidenten und über mögliche Kandidaten gegeben. Dabei tauchten Namen auf wie Walter Janka, Kurt Masur, Stefan Heym, Gregor Gysi, Wolfgang Berghofer. Am häufigsten wurde Christa Wolf genannt. Die CDU hatte diesen Vorschlag am selben Tag veröffentlicht. Von Christa, die ich schon früher für diese Idee zu gewinnen versucht hatte, wußte ich ziemlich sicher, daß sie ablehnen würde. So geschah es dann auch.

Zur gleichen Zeit verhärtete sich im Arbeitsausschuß die Meinung, den Parteitag um eine Woche vorzuverlegen und zwar auf den 8. Dezember. Es blieben also ganze drei Tage. Die Berichte der Bezirkssekretäre zeugten von der sich immer weiter zuspitzenden Krise im Lande, die Angriffe und Drohungen gegen Dienststellen und Mitarbeiter des Amtes für Nationale Sicherheit nahmen ständig zu, während von den Delegierten des Parteitags wegen der Stimmung in der Partei vor allem eine Abrechnung mit der alten Führung und die Forderung nach sofortiger Namensänderung erwartet wurde. Herbert Kroker bezweifelte die Möglichkeit, nach der Vorverlegung des Parteitags und der Wahl eines Vorstands die Delegierten eine Woche darauf noch einmal zusammenzukommen, um Grundfragen der Politik zu behandeln.

Um der im Ausschuß wie in großen Teilen der Partei weiter auseinanderlaufenden Diskussion einen wenigstens einigermaßen konstruktiven Charakter zu geben, zogen sich Wolfgang Berghofer, Klaus Höpcke, Dieter Klein und ich zurück, um unter diesen hektischen Bedingungen ein Papier auszuarbeiten, das schließlich bestätigt und unter der Überschrift »Diskussionsstandpunkt des Arbeitsausschusses« veröffentlicht wurde.

So pragmatisch dieses Dokument wie auch die Tätigkeit des Ausschusses überhaupt waren, haben sie, wie mir scheint, dennoch ihren Beitrag dazu geleistet, daß der Außerordentliche Parteitag im Dezember 1989 anders verlief als befürchtet. Danach überlebte die SED/PDS einen unvorstellbaren äußeren Druck und die schwere innere Krise im Januar 1990 und ging aus den Wahlen am 18. März mit neuer Kraft hervor.

In einer der pausenlosen Ausschußsitzungen, das Essen hatten wir in diesen Tagen vergessen, und jeder machte eine unfreiwillige Abmagerungskur durch, schwang sich Gregor Gysi zu einer Rede auf, nach der wir übereinstimmend sagten: Da hat der Vorsitzende gesprochen. Bis dahin war er Mitglied des Ausschusses wie alle gewesen, sicher neben

Hans Modrow und Wolfgang Berghofer das populärste. Divergierende Meinungen zu Grundfragen der Macht, der Wirtschaft, zu den zu erhaltenden sozialistischen Werten, der Rolle und Lage der Partei waren aufeinandergeprallt. Sozialismus, den wir anstrebten, war ohne Eigenstaatlichkeit nicht denkbar. Dem stand der Wille großer Teile des Volkes nach Einheit entgegen. Die Vorstellungen der Mitglieder bewegten sich vom Festhalten an dem von der Regierung Modrow benutzten Begriff einer »Vertragsgemeinschaft mit der BRD«, über die Beschleunigung des Tempos zu einer Konföderation, bis zur Föderation bei gleichzeitiger praktischer Auflösung der Partei. Gregor bewies in seinem Beitrag die Fähigkeit, intellektuelles Erfassen der Probleme mit emotionalem Temperament zu verbinden: Ausgangspunkt müßten die Interessen der Menschen sein. Deshalb ist das Verständnis für die Wünsche nach Wiedervereinigung notwendig. Dabei gehe es auch um Lebensqualität. Dies dürfe man nicht verketzern. Die Wiedervereinigung sei schließlich einmal auch unser Ziel gewesen, und es gebe noch immer die eine deutsche Nation. Um auf dem vorverlegten Parteitag überhaupt zu einem tragfähigen Ergebnis zu gelangen, sollte Hans Modrow unmittelbar nach Eröffnung mit einem drastischen Bericht zur Lage begründen, weshalb Regierung und Volkskammer eine legitimierte Parteiführung der SED als Partner brauche, um handlungsfähig zu bleiben.

Da jene Tage mit der Konstituierung des Runden Tisches zusammenfielen, erhielt Gregor Gysi auch auf diesem schwierigen Feld die Gelegenheit, seine Fähigkeiten zu beweisen und als künftiger Parteivorsitzender an Profil zu gewinnen. Zur ersten Beratung trafen sich Vertreter von vierzehn Parteien, politischer Gruppierungen und Organisationen im Berliner Dietrich-Bonhoeffer-Haus.

Der Runde Tisch war aus der Einsicht hervorgegangen, daß zur Erhaltung der Lebensgrundlagen im Lande ein Konsens in Konfliktfragen gefunden werden müsse, solle nicht alles im Chaos versinken. Als Veranstalter trat die Kirche hervor. Ihre Moderatoren am Tisch, darunter Oberkirchenrat Ziegler, erwiesen sich als ausgezeichnete Diplomaten. Der Runde Tisch in Berlin verwandelte sich aus einem Ort anfänglich oft chaotischen Streits, auch um Prozedurfragen, bis zum Jahresbeginn in ein Gremium konstruktiver Arbeit, stets auf der Suche nach Ausgleich. Am ersten Beratungstag im Dezember einigten sich die Teilnehmer auf den 6. Mai 1990 als Termin für freie Parlamentswahlen.

Besonderen Konfliktstoff während der ersten Sitzungen lieferte die Auflösung der Staatssicherheit. Damit verbundene Vorkommnisse, die vielerorts die Gemüter erhitzten, ließen Blutvergießen und Selbstjustiz befürchten. Mein Telefon im Arbeitsausschuß und in der Wohnung stand nicht still. Die Mitarbeiter waren verzweifelt. Von der Regierung und dementsprechend von den jeweiligen Leitungen gab es keine Entscheidungen über ihr weiteres Schicksal. Ohne klare Weisungen wurde verbreitet, sie sollten sich selbst eine andere Arbeit suchen. Die ihnen nach Gesetz und den dienstlichen Bestimmungen zustehenden sozialen Rechte waren in Frage gestellt. In vielen Betrieben, in denen sie vorsprachen, herrschte gegenüber den Mitarbeitern der »Stasi« eine feindselige Stimmung, man wollte sie nicht haben. An einen Arbeitsplatz entsprechend der jeweiligen Ausbildung war meist nicht zu denken, und über die Zukunft noch verbleibender Dienste herrschte völlige Ungewißheit.

Während der Behandlung dieser Fragen am Runden Tisch zeigte sich bei allen Beteiligten, besonders den Vertretern der Regierung, solche Inkompetenz, daß ich drauf und dran war, mich als »Experte« zur Verfügung zu stellen. Alles wurde in einen Topf geworfen, keiner stellte auch nur die Frage nach dem Verbleib solcher Aufgabengebiete wie Äußerer Nachrichtendienst, Terror- und Spionageabwehr, Technische Dienste, zum Beispiel das Chiffrierwesen. Da diese Fragen nicht gestellt und der gesamte Apparat des ehemaligen Ministeriums weiterhin undifferenziert als Spitzelsystem im Dienst der alten Führung und der Sicherheitsdoktrin Mielkes dargestellt wurde, trugen die Fernsehübertragungen vom Runden Tisch und Fehlleistungen der Leitung des Amtes zum weiteren Aufheizen der Stimmung in den Betrieben, auf den Straßen und Plätzen, besonders um die Dienstgebäude des Amtes bei. Für mich überraschend, stimmten Gysi und Berghofer der am Runden Tisch geforderten Auflösung des Amtes für Nationale Sicherheit zu. Die Anerkennung der Notwendigkeit von Nachfolgeeinrichtungen blieb offen. An einigen Stellen kam es zu Exzessen, die bei einzelnen Mitarbeitern im Selbstmord oder in der Nervenklinik endeten. Mit Rechtsstaatlichkeit hatte dies nichts mehr zu tun. Die Demontage der Staatsmacht ließ Schlimmeres befürchten, denn auch das Innenministerium mit der Volkspolizei war verunsichert und vielerorts nicht mehr in der Lage, Gebäude, Waffen und Unterlagen vor unbefugten Zugriffen zu sichern.

Zu dieser Situation und zur Lage der Mitarbeiter der Staatssicherheit schrieb ich einen Brief an den Präsidenten der Volkskammer, den ich auch dem Ministerpräsidenten, dem Vorsitzenden unseres Arbeitsausschusses und den mir bekannten Persönlichkeiten des Neuen Forums, Bärbel Bohley und Professor Jens Reich zuleitete.

7. 12. 1989
Abwechslung brachte die Begegnung mit dem Präsidenten der Westberliner Akademie der Künste, Walter Jens und seiner Frau Inge in unserer Akademie der Künste am Robert-Koch-Platz. Es war sein Wunsch gewesen, mich kennenzulernen. Beide beeindrucken mich sehr. Sie sind engagiert, wenn auch nicht belastet durch unseren Schmerz, so doch mit Herzen, die links schlagen. Sie sympathisieren mit unserem verzweifelten Versuch, den Aufbruch in der DDR in die Bahnen eines neuen, sauberen und demokratischen Sozialismus zu lenken und haben dazu gute und wohlgemeinte Ratschläge.

Walter Jens erzählt, daß sie lange auf Zeichen von Veränderungen in der DDR gewartet und gedacht hätten, der Anfang davon würde irgendwo aus der Provinz kommen. Beim Ansehen meines ARD-Interviews im März hätten sie sich angesehen und Hoffnung geschöpft.

Solches Gespräch ist Trost in dieser wenig hoffnungsvollen Zeit. Freunde, die gewohnt sind, gegen den Strom zu schwimmen und auch bei kräftigem Gegenwind nicht aufgeben, werden wir in Zukunft dringend brauchen.

Die Eröffnung des Parteitags rückt näher. Die meisten sind für eine sofortige Namensänderung, deren rechtliche Konsequenzen unklar sind. Nicht ausdiskutiert ist das wichtige Problem der künftigen Organisation der Partei an der Basis, in den Betrieben oder in den Territorien.

Die Stimmung in der Bevölkerung wird durch unsere Medien immer mehr aufgeheizt. Laufend gelangen neue, manchmal nicht geprüfte

Berichte über Korruption und Privilegien unter das Volk. Dazu kommen Meldungen über die Festnahme von Politbüromitgliedern.

Es wird klar, daß der Beginn des Parteitages sehr stark von den Referaten und von einer klugen und entschlossenen Versammlungsleitung abhängen wird, das heißt Modrow, Gysi und Berghofer werden den Ausgang weitgehend bestimmen.

8. 12. 1989
Vormittags Beratung mit den Delegierten der bewaffneten Kräfte. Es gab zahlreiche Fragen, doch schließlich gelang es, deutlich zu machen, daß es in der Eröffnungssitzung des Parteitages nur um zwei Fragen gehe: um den Fortbestand der Partei und um die Wahl des Vorstandes als Voraussetzung dafür, Partei, Regierung und Volkskammer handlungsfähig zu halten.

Im Arbeitsausschuß ging es weiterhin um den neuen Namen für die Partei. Es gab die Idee, über vier Namen abstimmen zu lassen, was natürlich die Chance für die alte Bezeichnung »SED« erhöht hätte. Deshalb wurde davon abgesehen. Es gab Stimmen gegen die Unterbrechung des Parteitages. Der Erste Sekretär von Halle sprach sich für die Auflösung und Neugründung der Partei aus. Er forderte die Bildung eines Gründungsausschusses. Der Erste Sekretär von Karl-Marx-Stadt sprach davon, daß es keine abgeschlossenen Konzeptionen gebe, die konsensfähig seien. Er plädiere für einen neuen Namen, wenn Klarheit über die Rechtsnachfolge bestehe. Er sehe die Gefahr von Streiks. In der Partei müßten die Strukturen verändert und der Apparat zerschlagen werden. Nur so sei ein Aufbruch möglich.

Schließlich war wieder Berghofer mit seinem drastischen Lagebild am Zuge. Eine Streikwelle drohe. Die Auflösung der Partei bedeute das Ende der Selbständigkeit des Landes. Modrow müsse den Ernst der Situation darstellen. In seiner Funktion als Ministerpräsident solle er nicht innerhalb der Tagesordnung sprechen, sondern vor Eröffnung eine Information zur Lage geben. Sollte keine neue Führung gewählt werden, müsse Modrow mit seinem Rücktritt drohen.

Ich erhielt den Auftrag, Walter Janka zu fragen, ob er sich in den neuen Vorstand wählen lassen würde. Bei einem Telefonat lehnte er erwartungsgemäß ab, sprach aber von seiner möglichen Mitarbeit in einem Parteirat. Da dieser Begriff schon durch die westdeutsche SPD besetzt war und ich jede neue strukturelle Institution vermeiden wollte, suchte ich nach einem anderen Namen. Unser Senior Jürgen Kuczynski, den ich ebenfalls anrief, verwies auf seinen gerade in der »Weltbühne« erschienenen Artikel über »Räte der Alten«, die es schon in der Antike gegeben habe. So entstand die Idee vom Rat der Alten.

Der Außerordentliche Parteitag der SED wurde am Abend des 8. Dezember in der Berliner Dynamo-Sporthalle eröffnet. Alles war anders als früher. Sämtliche vorangegangenen Parteitage hatte ich als Delegierter miterlebt, die letzten im Palast der Republik. Keine Spur mehr von dem repräsentativen Rahmen, der feierlichen Stimmung, den strengen Sicherungsmaßnahmen und Kontrollen, dem weihevollen Warten auf die Führung zur Eröffnung.

Diesmal entsprach alles der Situation im Lande, die Berliner Delegierten hatten aus eigener Kraft die Organisation und auch die Unterbringung der Delegierten übernommen, in den Foyers gab es Selters, Limonade und Kaffee, in den Pausen Bockwurst und Eintopf. Die meisten der 2700 Delegierten mußten am Montag wieder pünktlich zur Arbeit erscheinen, die früher üblichen Freistellungen gab es nicht mehr.

Und dennoch oder wahrscheinlich gerade deshalb war die Stimmung ganz anders, es war die in einem Bund Gleichgesinnter, der meine Partei eigentlich immer sein wollte oder vorgegeben hatte zu sein. Würde die Partei weiterbestehen oder nicht? Was hing für jeden einzelnen davon ab? Früher wußte man schon vorher, was käme, wer einstimmig wieder gewählt würde. Diesmal war alles anders.

Vor der Wahl des Präsidiums saß ich in der letzten Reihe des Ranges neben dem neuen Innenminister. Dort hörte ich die Rede Hans Modrows. Sie war der Auftakt. Es war ein Appell, die Partei nicht zerbrechen oder untergehen zu lassen, der Appell eines überzeugten Kommunisten, dem man die Worte und auch das Gefühl glauben konnte. Er plädierte für die Perestroika in der Sowjetunion und für eine eigenständige DDR, für den raschen Aufbau ihrer Wirtschaft, auch mit fremder Hilfe. Jeden, der Modrows trockene Art kannte, erstaunte die Emotionsgeladenheit. Hans fand bewegende Sätze, manche wischten sich die Tränen aus den Augen. »Macht die SED sauber und stark«, rief er den Delegierten zu. Die meisten Mitglieder der Partei hätten eine reine Weste und könnten mit gutem Gewissen auch von sich sagen: »Wir sind das Volk!«

Dann wurde das Präsidium gewählt, und ich nahm zum erstenmal auf einem Parteitag dort Platz, wo sonst nur die »Honoratioren« saßen.

Nach Gysis Referat, in dem er vom »dritten Weg jenseits vom stalinistischen Sozialismus und der Herrschaft transnationaler Monopole« sprach, zeigten die vielen Wortmeldungen zur Geschäftsordnung, wie schwer es sein würde, die Debatte und die Tagesordnung zu der vom Ausschuß vorgesehenen Zielsetzung zu bringen. Anfänglich lief die Diskussion noch konstruktiv im Sinne der Absicht des Ausschusses, doch nach einem Antrag zur Auflösung der Partei, dem Diskussionsbeitrag eines Arbeiters von der Warnowwerft, der für den Fall der Beibehaltung des Parteinamens das Ende seiner Grundorganisation ankündigte, wurde es kritisch. Die Tagung drohte zu kippen, es wurde eine längere Pause eingelegt.

Im Präsidium herrschten während der Pause zunächst auseinanderlaufende Meinungen vor. Nachdem Modrow und Berghofer eindringliche Worte an die Vertreter der Delegationen gerichtet hatten und festgelegt wurde, daß Hans Modrow als erster noch einmal ans Rednerpult gehen solle, gab es bei den meisten Delegierten wieder einen Umschwung. Modrow erwies sich tatsächlich als erster Mann in der Partei. Ein elementares Gefühl, so empfand ich es, brach sich bei den Delegierten Bahn: Die Partei muß sein, wir wollen zusammenbleiben, in diesem Land um unsere Position, um einen erneuerten Sozialismus mit einer erneuerten Partei kämpfen.

Nach Modrows Rede wurde als erstes über den Antrag zur Auflösung der Partei abgestimmt. Zunächst schien es, als ob der Antragsteller selbst seine Meinung geändert hätte, keine Hand erhob sich für diesen Vorschlag. Ich hatte den Eindruck, die Delegierten seien von neuem Mut und Optimismus erfaßt. Plötzlich überwog der Wunsch nach Gemeinsamkeit. Die auseinanderlaufenden Meinungen, die Resignation waren wie weggeblasen. Dieses Phänomen des Meinungsumschwungs sollten wir mehrmals erleben. Leider hat sich die Stimmung dieser Stunden nicht auf die Parteibasis übertragen, die Realität konnte sich nicht verändern.

Nachdem beschlossen war, die Partei zu erhalten, führte Wolfgang Berghofer die Delegierten zur Abstimmung über den Parteinamen. Überraschend stimmte eine große Zahl der Delegierten für den alten Namen SED, im Präsidium sah ich Hans Modrow den Arm heben. Es waren annähernd fünfundzwanzig Prozent der Delegierten, die keine Umbenennung wünschten. Die Entscheidung über den Namen der Partei wurde auf die Fortsetzung des Außerordentlichen Parteitages vertagt. Fast unmerklich und ohne Protest fiel damit die Entscheidung über die Fortsetzung des Parteitages am nächsten Wochenende. Damit war kaum mehr zu rechnen gewesen. In der Nacht, die Tagung ging mit kurzer Unterbrechung weiter, kamen die allmählich um sich greifende Müdigkeit und der Wille hinzu, die Sache zu einem ersten guten Ende zu bringen. So auch mit der Wahl des Vorsitzenden, bei der schließlich, nachdem Berghofer und Kroker verzichtet hatten, Gregor Gysi als einziger Kandidat übrigblieb und 95 % der Stimmen erhielt. Daß Gregor nach seiner Wahl statt eines Blumenstraußes einen riesigen Besen überreicht bekam, war für die Bildreporter ein willkommenes Motiv, aber es war natürlich auch ein Symbol für die Erwartungen der Parteimitglieder gegenüber dem neuen Vorsitzenden.

Vor der Aufstellung der Kandidaten für den Vorstand teilte ich Gregor meinen festen Entschluß mit, mich von der Vorschlagsliste des Ausschusses streichen zu lassen. Drei Tage hatte ich mit mir gekämpft. In einer Beratung im Johannishof mit Hans Modrow, Herbert Kroker, Gregor Gysi und Wolfgang Berghofer waren meine Gründe gegen eine solche Nominierung als nicht stichhaltig zurückgewiesen worden. Meine Mitarbeit im neu zu wählenden Vorstand würde von den Delegierten erwartet. So kämpften Pflichtgefühl und der schon lange gefaßte und immer wieder auch öffentlich verkündete Vorsatz, keinerlei Amt oder Funktion mehr zu übernehmen, bis zur letzten Stunde miteinander. Nun stand der Entschluß aber fest. Gregor sah mich an und sagte nur: »Wenn du meinst.« Zur Begründung hatte ich zwei Argumente: das Alter. Der zweite Grund war das Bekenntnis zur Mitverantwortung für die Krise, in die das Land und die Partei gestürzt worden waren.

Ohne Schuld in meinem unmittelbaren Verantwortungsbereich auf mich geladen zu haben, gehörte ich wegen meiner Stellung im Ministerium für Staatssicherheit in den Augen vieler Menschen mit zu den Trägern dieses Systems. Daran änderte auch mein vorzeitiges Ausscheiden aus dem Dienst nichts. Der Bruch mit diesem vergangenen System schloß in meinen Augen auch diese Konsequenz ein.

Anfänglich lief alles glatt. Der Ausschuß unterbreitete seine Vorschläge, die Delegationen die ihren, einzelne Delegierte benannten weitere Kandidaten. Es waren schon wesentlich mehr Kandidaten in die Liste aufgenommen, als zu wählen waren, da flatterte doch noch ein Antrag mit den geforderten fünfunddreißig Unterschriften aus der Potsdamer Delegation auf den Tisch des Präsidiums, meinen Namen auf die Kandidatenliste zu setzen. So blieb mir nichts anderes übrig, als zum Mikrofon zu gehen und darum zu bitten, von diesem Vorschlag abzusehen. Ich sagte, daß ich der Partei am besten nutzen würde, wenn ich glaubhaft sei und bliebe. Dann verwies ich auf mein Alter und sagte, daß es genügend jüngere Genossen gäbe, die, unbelastet von der Vergangenheit, mit Elan und Kompetenz die Führung der Partei übernehmen können. Mehr brauchte ich nicht zu sagen, ich erhielt Beifall, so wie Herbert Kroker, der schon vor mir eine Kandidatur mit ähnlicher Begründung abgelehnt hatte. Ein Stein fiel mir vom Herzen.

Nur so konnte ich moralisch weiterexistieren. Für wie lange? Doch immer heftiger wird in mir die Frage brennen: Was hat meine Generation falsch gemacht? Gab es einen Punkt, an dem unsere Erkenntnisse, das zunehmende Wissen um die Übel des Systems, das wir so lange für den Sozialismus hielten, eine Grenze erreicht haben mußten, jenseits derer hätte gehandelt werden müssen? Wo war diese Grenze gewesen? Hätten wir, die diese Übel, diese Entartung der Führer immer klarer erkannten, uns früher auflehnen müssen? Was hat jeder einzelne von uns, die wir vieles anders sahen als diese Führung, die wir das Beste wollten und bemüht waren, es auf unseren Plätzen zu tun, dennoch zu verantworten? Was bleibt von dem Sozialismus, für den wir eintraten? Wird es einen anderen geben?

Während der endlosen Wahlzeremonie, die sich die ganze Nacht hinzog, blieb keine Zeit zum Meditieren. Die Redaktionskomission, in die ich gewählt wurde, hatte unter dem Vorsitz des für dieses Amt vielleicht etwas zu weichen Lothar Bisky harte Arbeit zu leisten: Ein gemeinsames Dokument im Kreis von achtzehn eigenwilligen und auf den unterschiedlichsten Gebieten kompetenten Menschen zu erarbeiten, erwies sich als schwieriges Unterfangen. Es sollte immerhin der entscheidende politische Beschluß über den Beginn einer Neuformierung der Partei werden. Das Papier mußte kurzgefaßt sein und klare Aussagen über die Ziele der Partei und die nächsten Aufgaben beinhalten. Zur Kommission gehörten gewichtige Persönlichkeiten, immer wieder meldeten sich der Professor aus Potsdam, der Leipziger Wirtschaftssekretär aus der Bezirksleitung, der Generaldirektor des Schuhkombinats, der Mann von der Militärakademie, der Schriftsteller aus Thüringen zu Wort. Ich bemühte mich, Lothar Bisky so zu assistieren, daß die ausufernde Debatte um jede Formulierung zu einem Abschluß gebracht werden konnte. Zwischendurch stürzten wir zur Wahlhandlung, bei der sich herausstellte, daß Kandidaten auf einzelnen Listen vergessen waren. So verging die Nacht.

Der Bericht der Redaktionskommission wurde zu einem der eigenartigen Beispiele der Wirkung von Massenpsychologie. Der Bericht löste eine Unzahl von Wortmeldungen und Anträgen aus, die unserem Papier kein gutes Haar zu lassen schienen. Berghofer rettete die Situation mit dem Vorschlag, die Antragsteller und von jeder Delegation je ein Vertreter sollten mit der Redaktionskommission zusammentreten und beraten.

Als ich im Beratungsraum auf etwa vierzig aufgeregte Delegierte traf, zog ich mich zunächst wieder zurück und trank im Nebenraum einen Kaffee. Nach halbstündigem Hin und Her änderte die Redaktionskommission den Text geringfügig, fügte einige Ergänzungen ein, und siehe da: Als Lothar Bisky diesen Text, nun aber mit deutlicherer Diktion, vortrug, wurde die Beschlußfassung darüber zu einem Höhepunkt des Parteitages am späten Morgen. Ohne die Aufforderung des Vorsitzenden zur Abstimmung abzuwarten, reckten die Delegierten ihre Mandate in die Höhe, erhoben sich von den Plätzen, die Abstimmung endete in stürmischem Beifall. Dies war ein deutliches Zeichen des Willens zum Aufbruch und zum Neubeginn.

Beide Ziele dieser vorgezogenen Tagung waren erreicht: Die Partei war erhalten geblieben und ein neuer Vorstand gewählt.

Als Presse und elektronische Medien wieder auftauchten, waren Interviews gefragt. Erstaunlich, wie sich die Kondition wieder einstellte. Der mir fast zum ständigen Schatten gewordene Vertreter der »Bild«-Zeitung war auch wieder da und bot eine Wette an: Die SED werde bei den Wahlen nicht mehr als sechs Prozent erhalten. Ich nahm an. Es ging um eine Flasche Champagner. Ich setzte sogar großzügigerweise auf mehr als fünfzehn Prozent. Damals war ich recht zuversichtlich. Im Januar wäre ich vorsichtiger gewesen. Daß ich die Flasche Champagner nach der März-Wahl, als ich aus Moskau zurückgekehrt war, dennoch kassieren konnte, zeugt davon, daß unsere Mühen nicht umsonst gewesen waren und eine Neuformierung dieser Partei von einem Teil des Volkes angenommen wurde.

Gegen Mittag des zweiten Tages endete diese Eröffnungssitzung in kaum erwarteter Einmütigkeit. Es wäre zu größerem Optimismus Anlaß gewesen, hätten nicht alle um die tatsächliche Stimmung und die Lage im Land gewußt.

Die Woche bis zur Fortsetzung des Parteitags war für mich vor allem angefüllt mit intensiver Arbeit am Referat über die Ursachen der Krise. Dazu erhielt ich in zunehmender Zahl Briefe und Anrufe von Mitarbeitern der Staatssicherheit, in denen sich die Sorge um die Zukunft, die Zukunft ihres Staates, um ihr eigenes Schicksal, um die Sicherheit ihrer Familien oft schon mit purer Angst und Verzweiflung mischen. Obwohl die Auflösung des Amtes für Nationale Sicherheit formell noch nicht beschlossen ist, sind die meisten Kreisdienststellen und einige Bezirksverwaltungen unter dem Druck der Ereignisse geschlossen worden. Nichtformale Ausschüsse sichern angeblich die brisanten Akten. Schlimmes ist zu befürchten.

Dem Referat über die Ursachen der Krise hat eine stattliche Zahl von Professoren aus verschiedenen Instituten zugearbeitet. Es war erstaunlich, in welchem Maße diese Frauen und Männer über genaues Wissen zu Fakten und Personen verfügten, die bis zum Oktober so viele Jahre für die Öffentlichkeit gar nicht oder bestenfalls in einer von der Führung gewünschten Interpretation existierten. Nur durch diesen Vorlauf in den oft durch ihre Beteiligung an der Geschichtsklitterung und Dogmatisierung der Gesellschaftswissenschaften in Verruf geratenen Akademien und Einrichtungen war in der kurzen zur Verfügung stehenden Zeit eine erste tiefgründige Analyse der Ursachen der Krise und eine Abrechnung mit dem Stalinismus in den Farben der DDR möglich. Ich hatte nicht den Eindruck, es mit Wendehälsen zu tun zu haben, sondern mit Menschen, die erleichtert waren, nun die Wahrheit sagen zu können. Immer wieder begegnete einem das Phänomen der zwei Realitäten in diesem Land und in dieser Partei.

Der Begriff »Stalinismus in den Farben der DDR« stammte übrigens von mir. In vielen Jahren waren viele eigene Gedanken zu diesem Thema herangereift. Ich hatte mir außerdem einige Arbeiten zum Thema Stalinismus empfehlen lassen. Nach dem Anruf von Krenz, als der Rücktritt des alten Zentralkomitees mit seinem Politbüro noch nicht abzusehen war, hatte ich mir vorgenommen, mich auf dem Parteitag eventuell mit einem eigenen Beitrag zu Wort zu melden. Erst durch die Ereignisse der letzten Monate und diese Arbeit war mir bewußt geworden, daß Stalinismus nicht nur Verbrechen, Repressalien, Deformation des politischen und wirtschaftlichen Systems, Mißbrauch der Leninschen Gedanken durch den von Stalin erfundenen Begriff des Leninismus, Entstellung der Leninschen Normen des Parteilebens, praktische Abschaffung der innerparteilichen Demokratie, Einengung des geistigen Lebens bedeutet, sondern daß der Begriff für ein ganzes, in sich geschlossenes System steht. Dieses System hat mit dem Sozialismus, für den wir glaubten gelebt und gearbeitet zu haben, nichts zu tun. Die Schwierigkeit bestand darin, aus der Fülle des vorliegenden Materials das Wichtigste in konzentrierter Form herauszuziehen. Die weit in die Geschichte zurückreichenden Wurzeln dieses Systems galt es bloßzulegen. Viele Delegierte erwarteten eine Abrechnung mit den Schuldigen. Eigentlich hätte das zurückgetretene Zentralkomitee laut Statut einen Rechenschaftsbericht vorlegen müssen. Das existierte aber nicht mehr, und die meisten Mitglieder des alten Politbüros standen nicht mehr zur Verfügung. Die wenigen Verbliebenen, es waren die am wenigsten Belasteten, hatten die Aufgabe, einen Ersatzbericht zu verfassen. Der wurde an die Delegierten verteilt und ließ Proteste erwarten.

Nach einer Beratung entschlossen wir uns, keine Polemik zu führen und uns auf das Grundsätzliche zu konzentrieren. Das fand die Billigung des Präsidiums.

So wurde, ausgehend von Marx und Engels, die den Sozialismus als Kampf für die Befreiung der Menschen von Ausbeutung und Unterdrückung durch Schaffung einer »Assoziation, worin die freie Entwicklung eines jeden die Bedingung für die Entwicklung aller ist«, sahen, dargestellt, wie sich nach der ersten siegreichen sozialistischen Revolution von 1917 die Sowjetunion in den zwanziger und dreißiger Jahren immer weiter von diesem sozialistischen Ideal entfernte.

Nach der Beschreibung der wesentlichen Züge des diktatorischen, bürokratisch-zentralistischen Regimes, unter dem sich eine kleine Schicht immer mehr vom Volk und seinen Bedürfnissen entfernte, heißt es im Referat: »So blieb unbegriffen, daß der Marxismus vor allem theoretischer Humanismus ist. Die Einsicht aber, daß der Marxismus und die revolutionäre Arbeiterbewegung vor allem Repräsentanten und Vorkämpfer allgemeinmenschlicher Werte und Ideale sind, ist entscheidend für ein richtiges Herangehen an alle Fragen der sozialistischen Politik. Aus dieser Position resultiert die Erkenntnis der Notwendigkeit und der Möglichkeit, diese Politik als Lebensform des denkbar breitesten Bündnisses aller Kräfte des Volkes zu entwickeln, niemanden auszugrenzen und immer den demokratischen Konsens und Kompromiß zur Verwirklichung der Interessen und Ansprüche der Menschen anzustreben.« Auch die folgende Feststellung hatte für mich eine besondere Bedeutung: »Die Umgestaltung der Gesellschaft verlangt auch, daß wir uns radikal von der stalinistischen Interpretation der Machtfrage lösen. Das Verhältnis zur politischen Macht war wesentlich reduziert auf einen Aberglauben an die Möglichkeiten der staatlichen Gewaltinstrumente, die jeglicher demokratischen Kontrolle entzogen waren. Vorherrschend war die Illusion, mit Hilfe zentralisierter Herrschaftsapparate die Gesellschaft nicht nur kontrollieren, sondern ihre Entwicklung auch jederzeit korrigieren zu können.«

Diese Grundgedanken mit der Notwendigkeit zu verbinden, im Zeichen echter Erneuerung und Wiedergutmachung begangene Verbrechen, auch politische Folgen stalinistischer Politik konkret zu bezeichnen, war gar nicht so einfach. Welche Namen aus der Fülle des Materials sollten genannt, wie weit sollte in der Geschichte zurückgegangen, wie sollte die vorangegangene Entwicklung in der Sowjetunion beschrieben oder die so widersprüchliche Vereinigung der beiden deutschen Arbeiterparteien im Jahre 1946 dargestellt werden? Stellvertretend für viele der von den Repressalien der Nachkriegsentwicklung Betroffenen nannten wir ein paar Namen, so Robert Havemann und Walter Janka, und unterbreiteten dem Parteitag Vorschläge zur Wiedergutmachung an Opfern des Stalinismus. Gründlich hatten wir in unserer Arbeitsgruppe über dieses Referat diskutiert. Wenn es auch nur ein erster Versuch einer Analyse der Ursachen der Krise war und viele seiner nur kurz zusammengefaßten Thesen in der Hektik der Tage und der folgenden Wochen untergingen, so kann es doch für ein späteres, gründlicheres Nachdenken und Forschen von Bedeutung sein und Bestand haben.

Eine kleine Beobachtung über das Weiterwirken alter Denkweisen und Gewohnheiten bei unseren sowjetischen Genossen, die uns im neuen Denken eigentlich voraus sein müßten, konnten wir noch am Vorabend der Fortsetzung des Parteitages machen. Mit einigen Mitgliedern meiner Arbeitsgruppe saß ich im Vorraum zu dem Zimmer, in dem das Parteipräsidium ohne Pause tagte, um letzte Änderungen am Referat zu besprechen. Plötzlich füllte sich der Raum mit einer stattlichen Zahl feierlich dreinschauender Männer, alle in dunklem Anzug, mit Schlips und Kragen. Eine Delegation der KPdSU unter Leitung Alexander Jakowlews war gekommen, in der ich Botschafter Kotschemassow und meine Bekannten Walentin Falin, Koptelzew und Portugalow entdeckte. Da die Entwicklung in der DDR die sowjetische Parteiführung verständlicherweise beunruhigte, waren dort Überlegungen angestellt worden, ob die Teilnahme einer sowjetischen Delegation, entsprechend der früher geübten Praxis und vielleicht sogar mit Michail Gorbatschow an der Spitze, den Verlauf des Parteitages positiv beeinflussen könnte. Mit Gysi und Berghofer teilte ich die Meinung, daß dies international nur schaden könne. So verblieb dieser repräsentativen Delegation nur die Aufgabe, dem aus der Sitzung gerufenen Parteivorsitzenden und seinen Stellvertretern die Grußadresse des Zentralkomitees der KPdSU zu überreichen. Am nächsten Tag wurde diese Adresse bei der Eröffnung der Tagung verlesen.

15. 12. 1989

In diese ganze Hektik platzte Jura Fischer hinein, einer der beiden Amerikaner aus der »Troika«. Ich besorgte ihm eine Pressekarte zum Parteitag, der ihn sehr interessierte. Zum Reden blieb kaum Zeit. Dabei hätten wir uns so viel zu erzählen gehabt. Seit Erscheinen des Buchs hatten wir nur wenige kurze Briefe gewechselt.

16. 12. 1989

Auf dem Parteitag war die Diskussion um den Namen der Partei weitergegangen. Die Aufgabe des alten Namens war am vergangenen Wochenende praktisch schon beschlossen worden. Doch ein Rechtsgutachten besagte, daß die sofortige Preisgabe des Namens SED unabsehbare Rechtsfolgen haben könne. Daraus ergab sich der Vorschlag des Präsidiums für den eigenartigen Doppelnamen SED-PDS. Daß dies noch schlimme Folgen haben sollte, sah kaum einer voraus.

Mit dem Referat unserer Arbeitsgruppe zu den »Ursachen der Krise« war der befürchteten Dauerdebatte über die Schuld an der Vergangenheit weitgehend vorgebeugt. Der schriftliche Bericht der ehemaligen ZK-Mitglieder wurde erwartungsgemäß genauso angegriffen wie jedes Mitglied der ehemaligen Führung, wenn es sich zeigte. Im Grunde genommen war diese Reaktion genauso undifferenziert, wie es die Angriffe gegen die SED und ihre Mitglieder vielerorts im Lande waren. Es wurde nicht mehr nach der Rolle des einzelnen, seiner Haltung vor und während der Wende gefragt. Allein die Zugehörigkeit zum vergangenen Führungsgremium reichte aus, um den Kopf zu fordern. Vieles war zu verstehen, und doch hinterließ diese Stimmung undifferenzierter Intoleranz einen unangenehmen Eindruck. Die meisten der Delegierten sollten diese bis zum Haß gesteigerte Unduldsamkeit nach dem Parteitag dann selbst zu spüren bekommen. Der Verlauf des Parteitages erweckte zunächst den Eindruck, daß es gelingen könnte, sich zu einer politischen Kraft, mit der in der DDR zu rechnen sein würde, neu zu formieren. Das provozierte eine entsprechende Gegenwirkung im Inneren und von außen. Seitdem die Grenze geöffnet war, hatte sich das Bild der Demos geändert, der Besuch von Bundeskanzler Kohl stand unmittelbar bevor und ließ ein Anschwellen des Rufs »Deutschland, einig Vaterland« erwarten. Da konnte die Partei, die immer noch die verhaßte Vergangenheit in ihrem Namen führte, keine Schonung erwarten.

Der Verlauf der Tagung verstellte noch den Blick auf diese Realität, schuf bei uns selbst neue Illusionen. Die Diskussion hatte im Vergleich zum Beginn vor einer Woche ein deutlich höheres Niveau. Im Gedächtnis blieben die konstruktiven Beiträge einzelner Delegierter, so der eines Berliner Bauarbeiters, einer Leipziger Schuldirektorin und mancher anderen.

Zu einem nicht unumstrittenen Zwischenspiel wurde der Auftritt Rudolf Bahros als Gast. Obwohl er die Geduld der Delegierten hart strapazierte, die Reaktion vieler im Saal zeigte, daß das Umlernen im Umgang mit Andersdenkenden begonnen hatte. Bahros Redemöglichkeit war auch ein Stück Wiedergutmachung, war er doch eines der Opfer von Repressalien gewesen, über die wir in unserem Referat gesprochen hatten.

Hoffnung machte auch das am zweiten Tag von Dieter Klein vorgetragene Referat zu programmatischen Fragen. Es war schon deshalb eine Leistung, weil es nach Beratung des Entwurfs im Parteipräsidium praktisch über Nacht noch einmal völlig überarbeitet werden mußte. Das überarbeitete Referat stellte einige wesentliche programmatische Aussagen zur Diskussion. Die Annahme eines neuen Programms allerdings bleibt einem späteren Parteitag vorbehalten. Wenn man berücksichtigt, wie viele Jahre die westdeutsche Sozialdemokratie für die Erarbeitung und Annahme ihres neuen Parteiprogramms benötigt hatte, dann stecken in diesem Referat enorme theoretische Erkenntnisse, herangereift in Diskussionen und Ausarbeitungen noch unter den erschwerten Bedingungen der geistigen Stagnation und Leere in der Honecker-Ära und radikal weitergedacht mit den Erkenntnissen seit dem Oktober. Eine neue Partei war im Werden, geöffnet den theoretischen Quellen jeder sozialistischen Bewegung der Vergangenheit, bereit, sich den Realtiäten der Welt in der Gegenwart ohne dogmatische Scheuklappen zu stellen. Doch die Bereitschaft, dies anzuerkennen, war außerhalb der Partei nicht gegeben. Selbst erfahrene Politiker der Sozialdemokratie ignorierten diese Zeichen eines beginnenden Wandels. Ihre Führer, die mit der SED unter Honecker einen Dialog begonnen hatten und bei ihm und anderen Mitgliedern des alten Politbüros, später auch bei Krenz ein und aus gegangen waren, lehnten jedes Gespräch mit der neuen Parteiführung ab. Gysi wurde schlechter behandelt, als es Honecker jemals widerfahren war.

Der bevorstehende Wahlkampf warf seine Schatten voraus. Auch auf dem Parteitag selbst. Programmatische Fragen beschäftigten die Delegierten weniger als das Problem des Übergangs der Parteiorganisationen aus den Betrieben und Instituten in die Wohngebiete bei gleichzeitiger Vorbereitung der Wahlen.

Mit dem Gesang der ersten Strophe der Internationale ging dieser ungewöhnliche Außerordentliche Parteitag zu Ende. Ein Ausgang, der zuversichtlich stimmen konnte. Sicher, es war erst der Anfang eines Neubeginnens. Doch die Orientierungslosigkeit schien überwunden, eine neue Einigkeit, der Wille zum Fortbestand waren gewonnen. Das war nicht eine Einheit im alten Stil mit einstimmiger Akklamation, großen Losungen, Führergestalten und Führungsanspruch, sondern eine Einheit, die aus der Erkenntnis vieler Ursachen für den eigenen Niedergang, das verlorene Vertrauen gewachsen war. Wir alle hatten die Überzeugung gewonnen, unsere Kraft, auch die bitteren Erfahrungen, in die Zukunft des Landes einbringen zu müssen.

Aber manches von dieser Hoffnung sollte sich als Illusion erweisen. Große Teile der Partei blieben weiter von der Erstarrung erfaßt, belastet vom schweren Erbe der Vergangenheit und dem Druck weiter anhaltender Enthüllungen über Privilegien ehemaliger Führer, über Korruption und nicht beweisbare Vorwürfe über angebliche Versuche von Dienststellen der Staatssicherheit, Unterlagen und Beweismittel zu ihrer früheren Tätigkeit zu vernichten. Die Angriffe gegen die Partei in den Medien, aus den Reihen der ehemals mit der alten SED verbündeten Blockparteien und aus den neuformierten Gruppierungen nahmen bis dahin nicht gekannte Formen an. Die Diffamierungen und die mit dem Übergang von den alten zu neuen Strukturen verbundenen

Schwierigkeiten steigerten sich bis ins neue Jahr hinein in solchem Maße, daß Mitte Januar die Selbstauflösung der Partei auf der Tagesordnung stand. Die Zahl der Mitglieder hatte weiter rapide abgenommen, einige der noch auf dem Parteitag neu-gewählten Vorstandsmitglieder hatten das Handtuch geworfen, unter ihnen der Stellvertretende Vorsitzende Wolfgang Berghofer.

Von den Vorgängen in der übrigen Welt, selbst bei unseren Nachbarn, nahm bei uns in diesem Monat kaum jemand Notiz. Wir waren zu sehr mit den eigenen Problemen beschäftigt. Dabei hatte sich im Gefolge unserer Entwicklung ähnliches in Bulgarien und in der CSSR vollzogen.

19. 12. 1989

Beratung bei Gregor Gysi. An diesem Tag fand der Besuch des Bundeskanzlers in Dresden statt. Im Gegensatz zu den auch von Berghofer genährten Befürchtungen, zeigte sich Helmut Kohl erstaunlich zurückhaltend, was ihm sichtbar schwerfiel. Natürlich gab es ein Meer schwarzrotgoldener Fahnen und Massenchöre: »Helmut, Helmut« und »Deutschland, einig Vaterland.« Kohl gab sich redliche Mühe, die Stimmung nicht eskalieren zu lassen. Anscheinend die Auswirkung einer deutlichen Absprache zwischen den »Siegermächten«, an der Nachkriegsordnung und dem territorialen Status nicht so schnell rütteln zu lassen. Der Kanzler trägt dem Rechnung. Es hätte schlimmer kommen können.

In Berlin Demo vom Alex zum Schauspielhaus. Wir gehen mit und fühlen uns unter den Demonstranten wohl. Vorwiegend junge Menschen, die zur DDR stehen. Von allen Rednern erhielt Gregor Gysi den meisten Beifall.

20. 12. 1989

Lothar Bisky erzählt, er habe ein Gespräch mit Egon Bahr gehabt, in dem der mitteilte, Brandt und er hätten mein Buch gelesen und es für sehr bemerkenswert gehalten. Ich traf zum erstenmal mit Rechtsanwalt Vogel in seinem Büro in der Nähe von Marzahn zusammen. Wir hatten beide viel voneinander gehört, uns aber noch nicht persönlich kennengelernt. Die Verbindung in Sachen Häftlingsaustausch hatte sich Mielke, wie vieles andere auch, selbst vorbehalten. Sonst hätten wir sicher bestimmte Fälle sehr viel unkomplizierter klären können. Der Grund meines Besuches lag in einer Bitte Hans Modrows, der die Praktiken nicht kannte und die Vorstellungen Vogels über das weitere Vorgehen in solchen humanitären Angelegenheiten hören wollte, um der anderen Seite gemeinsam mit dem Leiter der Rechtsabteilung des Ministerrates entsprechende Vorschläge zu unterbreiten. Interessant war Vogels Darstellung der Umstände des Verschwindens von Alexander Schalck-Golodkowski, seiner eigenen völlig rechtswidrigen Festnahme und der Durchsuchung seines Büros am 4. Dezember. Auch die ihm als Anwalt bekannt gewordenen Methoden der Staatsanwaltschaft beim Vorgehen gegenüber Mitgliedern der alten Staatsführung widersprachen allen Rechtsnormen und Regeln. Diese Art des Vorgehens stellte offensichtlich den Versuch dar, unter dem Druck der Straße die eigene Vergangenheit zu bewältigen und in gutem Licht erscheinen zu lassen.

Während meines Besuchs führte Vogel ein Telefongespräch mit Margot Honecker. Hinterher berichtete er mir, Honecker sei physisch und psychisch am Ende. Da keiner wisse, was mit ihm geschehen soll, will Vogel ihn bei der Kirche in Lobetal bei Bernau als Pflegefall unterbringen!

21. 12. 1989

Es fällt mir schwer, mich der weiteren Einbindung in die Geschäfte der neuen SED/PDS-Führung zu entziehen. Meine Zugehörigkeit zum »Rat der Alten« gibt zwar die Möglichkeit, mich zu den Sitzungen zu laden, doch will ich an den Gründen festhalten, aus denen heraus ich meine Wahl in den Vorstand ablehnte. Auf der anderen Seite steht das Gefühl der Solidarität mit Gregor und den anderen, die in schwerer Zeit diese Last der Verantwortung übernommen haben.

In einem Brief an Hans Modrow, den ich an ihn richte wegen einer Notiz in der Zeitung zum Vorgehen eines nicht legitimierten Ausschusses, der die neuen Restämter der Sicherheit zu kontrollieren beabsichtigt, schreibe ich über meine Sorgen angesichts des weiteren Zerfalls der Regierungsgewalt. Seine Haltung zu dieser schwierigen Frage der staatlichen Sicherheit erscheint mir zögerlich und unklar.

Am Abend Empfang des französischen Präsidenten Mitterrand im Palasthotel. Bemerkenswert, daß gerade dieser Präsident unser Land als erstes Staatsoberhaupt nach den Veränderungen vom Oktober besucht. Die Zusammensetzung des Kreises der Gäste war natürlich völlig anders als früher bei ähnlichen Gelegenheiten. Vordem war allerdings auch ich meist nicht geladen. Die liebenswürdige Botschafterin stellte alle in der langen Reihe dem Präsidenten vor, auch Andrea und mich. Viele angeregte Gespräche mit guten alten Bekannten, aber auch mit Staatssekretär Bertele oder Bischof Forck. Interessant war für mich auch die Begegnung mit dem mir bis dahin nicht bekannten SPD-Vorsitzenden, Ibrahim Böhme. Er schüttelte mir fest die Hand. Er habe uns Pfingsten in Warnemünde gesehen, sich aber nicht entschließen können, auf mich zuzugehen. Auf mein Angebot hin, doch einmal ein ausführlicheres persönliches Gespräch zu führen, meinte er zunächst, seine Wohnung im Prenzlauer Berg würde mir zu bescheiden erscheinen, er schrieb dann aber doch eine Telefonnummer in mein Notizbuch.

Bei einer späteren Begegnung begründete er sein Interesse an mir und unserer Familie. Durch sein Studium und die kurzzeitige Tätigkeit am Friedrich-Wolf-Theater in Neustrelitz war er mit dem wechselvollen Leben und dem Werk des Vaters in Berührung gekommen. Für meinen Bruder Konrad habe er stets große Hochachtung empfunden. Nach dessen Tod habe er 1982 eine Begegnung mit seinem Freund Ralf Schröder, einem der Verfolgten aus dem Freundeskreis Robert Havemanns, gehabt, der seine politische Haltung und auch die Opposition zum SED-Regime stark beeinflußt habe. Schröder hätte damals die Rolle Juri Andropows gewertet und eine Prognose einer möglichen Entwicklung in der Sowjetunion und ihrer Folgen für die DDR angestellt, die sich vollständig bewahrheitete. Schröder habe in meiner Person für den Fall solcher Veränderungen einen Mann der Zukunft gesehen.

Ein zufälliges Treffen mit Ibrahim Böhme ergab sich Ende Januar, als ich mich spätabends mit dem Auto auf der Rückfahrt von einem Thüringenbesuch nach Berlin befand. Zu dieser Zeit hatten sich die SPD und Böhme wesentlich schneller und stärker profiliert, als im Dezember während des Empfangs für Mitterrand zu erwarten gewesen war. Die massive Unterstützung der westdeutschen SPD und ihrer Prominenz hatte ihren Anteil daran. Gerade waren im Rundfunk Nachrichten über eine Großkundgebung der SPD in Gotha mit Willy Brandt und Ibrahim Böhme gesendet worden, als das Band meines Recorders genau an der Stelle zu Ende war, da ich die erste Begegnung mit Böhme festhielt. Im selben Augenblick fuhren wir zur Tankstelle hinter der Abfahrt Erfurt, und ich bemerkte Ibrahim Böhme, der auf das Gebäude zuging. Ein eigenartiger Zufall!

Gegen Ende des Empfangs hatte sich vor dem Palasthotel eine lautstarke Demonstration bemerkbar gemacht. Als sie den Empfang verließen, wurden die Gäste mit Rufen der Jugendlichen: »Nieder mit Ceaucescu« konfrontiert. Immer wieder wurden diese Worte skandiert. Schließlich sprachen vor dem Hotel Walter Janka, der Volkskammerpräsident Maleuda und Gregor Gysi, der wiederum besonders herzlich begrüßt wurde. Sprecher forderten, die am nächsten Tag bevorstehende Öffnung des Brandenburger Tores im Hinblick auf die Lage in Rumänien auszusetzen. Es wurde zugesagt, diese Forderung an Hans Modrow weiterzuleiten.

Lange blieben wir stehen. Es war bewegend, die Reaktionen der jungen Menschen auf die letzten brutalen Zuckungen der Diktatur in Rumänien zu erleben. Mein Gefühl war: Solange wir eine solche Jugend haben, brauchen wir nicht aufzugeben.

22. 12. 1989
Wie ein Sturmwind fegt die revolutionäre Erhebung die letzte, eigentlich ist es die vorletzte Bastion des stalinistischen Systems vom Boden Europas hinweg. Gestern noch bewegte uns die Demo der Jugend vor dem Palasthotel gegen Ceausescu, und heute schon mußte er vor dem Zorn des Volkes aus seinem Palast fliehen. Die Nachrichten überschlagen und widersprechen sich.

Das Medium Fernsehen gab hautnah eine Vorstellung von dieser Volkserhebung, die Fernsehzentrale war zum Hauptquartier der Erneuerung geworden, deren erregte Ansprachen man zwar nicht verstehen, aber um so mehr nachempfinden konnte. Dazu Hunderttausende auf den Straßen und Plätzen. Beunruhigende Nachrichten über Versuche von Spezialeinheiten der Securitate, mit militärischer Gewalt das Ganze rückgängig zu machen.

Am selben Tag das Volksfest bei der Öffnung der Grenze am Brandenburger Tor mit Kohl, Modrow und dem Volk auf beiden Seiten. Von Sicherung und Personenschutz war nichts zu sehen. Modrow sprach nachdenklich von der Geschichte, die den 13. August 1961 zu bewerten habe. Bei aller Widersprüchlichkeit und Unklarheit über mögliche Folgen – man muß mit dem Blick auf Rumänien auch Krenz und allen, die bei uns für den Einsatz bewaffneter Kräfte Verantwortung trugen, Gerechtigkeit widerfahren lassen: Die rumänische Variante oder die chinesische haben nicht stattgefunden! Und das ist nicht wenig! Leider geht der Sinn für die Wahrheit und für Gerechtigkeit im Trubel der Ereignisse unter.

23. 12. 1989
Am Geburtstag des Vaters gibt es nicht nur wegen dieses Datums trübsinnige Gedanken. Ein trauriges Weihnachten steht vor der Tür. Bei warmem regnerischen Wetter endet das Jahr für uns in unserem Wald scheinbar so, wie es begann. Ein Zeitalter liegt dazwischen. Rumänien blutet noch. Soll dies der Schlußpunkt sein? Reste einer vergehenden Macht, immer heftiger der deutsch-nationale Taumel, dazu deutlich braune Töne.

Was bedeuten dagegen die Angriffe gegen uns selbst? Unser Bürgermeister informiert über neugierige und böse Fragen eines Bürgerkomitees im Ort zu unserem Grundstück. Ich werde die Vertreter zu mir einladen, denn es gibt obskure und unsinnige Gerüchte. Dazu eine Anzeige in Berlin, die das Interesse der Generalstaatsanwaltschaft gefunden haben soll.

24. 12. 1989
In Rumänien unterstützt die Armee das aufständische Volk. Vermutlich ist damit die Sache entschieden.

Obwohl die Logik eigentlich einen Vergleich zugunsten der provisorischen Führung unter Krenz und auch unserer Sicherheitsorgane herausfordern müßte, werden die Untaten der verhaßten Securitate auch bei uns den Zorn gegen die Sicherheit und die Kommunisten überhaupt weiter nähren. Kein Vertreter eines Bürgerkomitees oder einer Fernsehstation vergleicht beim Vorführen der Waffenlager der Staatssicherheit die Ereignisse hier und dort. Keiner stellt die Frage, weshalb aus diesen Waffen in der DDR auch nicht ein Schuß gefallen ist. Wäre nicht auch anderes denkbar gewesen? Soll die wahllose Verteufelung weiter anhalten, sollen Haß und Zwietracht unser Leben begleiten? Gedanken am Heiligabend.

25. 12. 1989

Arbeit mit den Kalendernotizen des Jahres. Dabei Nachdenken über eine Perspektive für die DDR, wenn es sie noch gibt.

In Moskau versucht Gorbatschow, auf einer ZK-Tagung gegen den Beschluß einer Mehrheit der Litauischen Kommunistischen Partei Stimmung zu machen, die eine Loslösung von der KPdSU beschlossen hat. Ob er damit auf Dauer Erfolg haben wird, ist stark zu bezweifeln. Der Unmut im Volk und auch die Widerstände gegen seine Politik nehmen offensichtlich zu und zeigen sich an vielen politischen Fronten und in allen Lebensbereichen.

Auch ein Mann solchen Formats kommt an jene Grenze, an der sein großartiger Entwurf von revolutionärer Umgestaltung auf die Macht der alten Strukturen und Denkweisen stößt. Es wird schwerer, das Knäuel der weit in die Geschichte zurückgehenden Konflikte zu entwirren, die Realität mit letzter Konsequenz anzugehen und nicht durch Halbheiten neue Widersprüche zu schaffen.

Das Fernsehen bringt Dokumentaraufnahmen aus Rumänien, von den letzten Lebensstunden Ceausescus und seiner Frau Jelena, zuletzt die erschossenen Leiber der beiden. Die Exekution erfolgte nach einem angeblich zweistündigen Prozeß, bei dem die Todesstrafe verhängt wurde. Alle Untaten dieser wahnsinnigen Bestie geschahen im Namen des Kommunismus. Damit wurde das für uns im ganzen Leben heilige Wort so sehr kompromittiert, daß es auf absehbare Zeit in kaum einem europäischen Land das Ziel einer vom Volk geachteten politischen Kraft sein kann.

27. 12. 1989
Geheimnisvolle Andeutungen des gestrigen Telefonanrufs von Bruno »Jordanowitsch« entpuppten sich als eine Bitte Hans Modrows, eine Aussprache mit den vorgesehenen Leitern des Nachrichtendienstes und des Verfassungsschutzes gedanklich für ihn vorzubereiten. Bruno hatte wie ich den Eindruck, daß es mit unserer Staatsmacht immer mehr bergab gehe und auch der Ministerpräsident kaum mehr an eine Perspektive mit positivem Ausgang glaube. Hinzu kommt, daß ihm in seiner Umgebung wirklich kompetente Berater fehlen, so auch für die Bereiche der äußeren und inneren Sicherheit.

28. 12. 1989
Begegnung mit Günter Wallraff. Wir sprachen über seine Erfahrungen bei dem sehr breit angelegten Forum aus verschiedenen Vertretern von Wissenschaft, Kultur und Politik vor etwa zwei Jahren in Moskau, dem »Forum für Demokratischen Sozialismus und neue Demokratie«. Seiner Meinung nach sei die Durchführung eines solchen Forums in Berlin bedenkenswert, weil damit die DDR und die Diskussion über die Möglichkeit einer sozialistischen Alternative in diesem Land aus der internationalen Isolierung herauskämen.

29. 12. 1989
Früh bei Gregor Gysi. Es ging um den »Rat der Alten«. Ich machte dazu Vorschläge und brachte auch den Gedanken des internationalen Forums ins Gespräch.

Das Problem Gysis und des gesamten neu gewählten Präsidiums besteht darin, daß ein sehr viel kleinerer Apparat völlig neu und mit vorwiegend neuen Mitarbeitern aufgebaut werden müßte. Dies geschieht nicht einmal im Ansatz. Der überwiegende Teil des alten Apparates ist noch vorhanden und funktioniert, wie nicht anders zu erwarten, nach den alten Strukturen, Denkweisen und Gewohnheiten. Das liegt nicht in der Absicht der neugewählten Führung, kann nicht gutgehen und wird von der Basis nicht angenommen. Die vom Parteitag ausgehende Vorstellung, die Partei werde sich von der Basis her schnell erneuern, erweist sich immer mehr als unreal. Ohne Organisation ist eine so einschneidende Umstellung von der Betriebsstruktur der ehemaligen Grundorganisationen auf eine territoriale Struktur nicht durchführbar. Ohne politische und organisatorische Orientierung ist das nicht zu schaffen. Große Teile der Partei laufen auseinander.

30. 12. 1989

Das Jahr endet in unserer dörflichen Idylle, wo es begonnen hatte. Nur das Äußere ist so geblieben wie es war – alt wie die Kirche und die meisten der allmählich zerfallenden größeren Häuser im Ort, ruhig wie immer unser verträumter See und der märkische Wald. Doch selbst hier spürt man die Spannung und Unruhe des Landes: im kleinen an feindseligen Blicken einiger weniger. Bei uns die Unsicherheit darüber, wie alles weitergehen wird. Die schräge Bahn, auf der wir unaufhaltsam in den westdeutschen Wohlstandsstaat rutschen, wird immer steiler. Das wird mit dem endgültigen Verlust nicht weniger innerer Werte, die uns teuer sind, verbunden sein. Waren alle Mühen des zurückliegenden halben Jahrhunderts tatsächlich vergeblich? Sicher hat sich unser Weg hin zu wirtschaftlichem Wohlstand und zur Befriedigung vieler Bedürfnisse der Menschen als der schlechtere erwiesen, selbst wenn nicht alles so schlecht war, wie es jetzt vereinfachend dargestellt wird. Doch das allein hat uns nicht in die Krise geführt. Weshalb konnten sich in keinem unserer Länder die menschlichen Werte von Freiheit und Gerechtigkeit durchsetzen, die der sozialistischen Idee, dem Kommunismus, für den wir kämpften, doch innewohnten?

Einfach aufgeben? Dagegen sträubt sich mein ganzes Wesen. Nicht, weil man sich in meinem Alter schwer von Vorstellungen lösen kann, die sich über das ganze Leben herausgebildet haben, sondern weil es eine Alternative zu der Welt, in der das Geld regiert, geben muß. Das sagt der Verstand.

In dieser Zeit der immer noch massiver werdenden Angriffe gegen die SED/PDS, da auch das letzte ihrer Mitglieder damit rechnen muß, für die Sünden der alten Führung büßen zu müssen, lassen die Jungen hoffen. Sie sind nicht mit der Vergangenheit belastet und treten mutig an die Stelle resignierender älterer Genossen. Große Teile der Jugend bei uns und im Westen suchen weiter nach einer sozial gerechteren

Alternative, wollen sich engagieren ohne Vorteile und »Privilegien«. Waren es nicht die in unserem Land großgewordenen und die hier erzogenen jungen Menschen, die gegen den freiheitsfeindlichen Sozialismus, gegen den Mißbrauch der Ideen des Kommunismus mit Mut und Leidenschaft eintraten?

Vor wenigen Tagen haben wir die ganz Jungen bei ihrem Protest gegen Ceausescu erlebt. Revolutionärer Geist war immer jung, wir dürfen nicht aufgeben...

31. 12. 1989
Gut, daß wir uns schon Anfang des Jahres vorgenommen hatten, Silvester diesmal im Wald zu feiern. Mit den Kindern, mit wenigen Freunden und deren Kinder. Eine ausgelassene Feier, so wie sie unser Häuschen in früheren Jahren öfter erlebt hatte, war nicht zu erwarten, doch wir waren froh, in vertrauter Runde beisammenzusein. Die oft geübten Vorkehrungen für das leibliche Wohl wurden gemeinsam getroffen; jede Familie hat eine kulinarische Spezialität mitgebracht, die Fischsuppe steht auf dem Herd, und der Kessel mit dem roten ukrainischen Borschtsch wartet als Mitternachtsüberraschung im Keller. An Getränken fehlt es nicht, Andreas obligatorische Bowle ist kaltgestellt. Alles wie gewohnt.

Doch was hat sich rund um diese kleine Insel im Wald, was in uns selbst verändert!

Zwölf Monate zuvor kreisten unsere Gedanken um die unhaltbare Politik der Führung dieses Landes, unser Hoffen und Streben waren auf deren Beseitigung gerichtet, auf eine Wende in Richtung Perestroika und Glasnost. Nun war es geschehen, viel radikaler als erwartet und anders als erhofft. Unsere Stimmung ist nicht optimistisch. Es war ausgemacht, an diesem Abend das Dauerthema der letzten Monate möglichst auszuklammern, zu versuchen, nicht daran zu denken, fröhlich und lustig zu sein. – Es geht nicht. Zu sehr ist jeder selbst betroffen, auch von der Ungewißheit der persönlichen und der beruflichen Zukunft. Von revolutionärem Aufbruch ist keine Rede mehr, jeder weiß Beispiele der Auflösung und Destabilisierung aus eigenem Erleben zu berichten. Nicht alle in unserem Kreis sind Mitglieder der im Feuer stehenden SED/PDS, doch jeden unserer Gäste geht die eskalierende Unsicherheit an, jeder verkraftet das Miterleben verschieden, reagiert anders.

Egon, der in der Sowjetunion studiert, gearbeitet und manche Eigenschaften der russischen Menschen angenommen hat, dessen Zurückhaltung meist erst zu späterer Stunde weicht, ist aus der Partei ausgetreten, wie viele in seinem Betrieb. Sie alle taten diesen Schritt sicher nicht, um sich vom sinkenden Schiff zu retten. Dazu ist Egon zu anständig, er ist die treue Zuverlässigkeit in Person. Es ist die Konsequenz seiner jahrelangen Enttäuschungen über die Unfähigkeit der Verantwortlichen in seinem Betrieb, in seinem Kombinat, im Staat. All die Jahre hat er als Ingenieur unermüdlich für wenig Geld gerackert, oft war er wochenlang auf Auslandsmontage, immer wieder hat er Vorschläge zu notwendigen und möglichen Veränderungen gemacht, ohne damit nennenswerten Erfolg zu haben. Sein Glauben an dieses System und die Partei ist verlorengegangen. Und dennoch ist er nicht abgesprungen, ist er im Lande und in seinem Betrieb geblieben.

Mit Jörg, dem Parteisekretär seines Kombinats, haben wir in dieser Runde oft über solche Probleme diskutiert. Man konnte mit ihm über alles reden, er zeigte Verständnis, aber er verwies auch immer wieder auf die Grenzen seiner Möglichkeiten. Jetzt hat er seine Stellung und damit den Anspruch auf entsprechende Rente verloren; kurz bevor er das Rentenalter erreicht hat, muß er sich nach einem Arbeitsplatz in seinem Ingenieurberuf umsehen, den er viele Jahre nicht ausgeübt hat.

Achim, der in unsere Familie eingeheiratete private Handwerker, scheint durch die Wende das bessere Los gezogen zu haben. Mit der ihm eigenen Dynamik kreisen seine Ideen und Pläne um die Möglichkeiten, welche die Marktwirtschaft für die Erweiterung seines Gewerbes schaffen kann. Doch auch er ist zu sehr mit diesem Land verbunden, als daß ihn die seit der Öffnung der Grenzen bedrohliche Destabilisierung der eigenen Existenz und der anderer nicht mit derselben Sorge erfüllt hätte, wie uns alle. Sonst immer zu jedem Spaß aufgelegt, ist er diesmal sehr still.

Unser Sohn, der Diplomat, ist mit seiner Analyse der Situation eher optimistisch. Beruflich mit den Problemen der großen internationalen

Politik, den Vertragssystemen befaßt, sieht seine Prognose nicht die rasche Auflösung der DDR voraus. Er wird vermutlich zu denen gehören, die die Folgen des Wegs zur deutschen Einheit relativ spät zu spüren bekommen, vielleicht dann um so schmerzlicher.

Die Tochter ist da anders. Sie hat sich stets ihren Blick für die Realität bewahrt, sie verkehrt in den Kreisen, die am Beginn des Aufbruchs den Ton angaben. Als überzeugte Anhängerin von Glasnost und Perestroika hatte sie vor dem Oktober in ihrer Redaktion einen schweren Stand, sie litt darunter, daß ihre Beiträge, in denen viel Arbeit und Überzeugung steckten, verkürzt oder am Ende auch gar nicht erschienen. Damit teilte sie das Los vieler Journalisten. In gewisser Weise verband sie mich gedanklich mit oppositionellen Kräften, die ich damals noch kaum kannte. Jetzt, zum Jahreswechsel, rollt die Welle westlicher Medienkonzerne auch auf ihren Verlag zu. Sie erlebt das Umschwenken, die rasante Anpassung vieler Kollegen an die neuen Gegebenheiten. Diejenigen, die früher Haltung gezeigt und Nachteile in Kauf genommen hatten und ihrer Gesinnung treu blieben, geraten nun wieder ins Hintertreffen; über die Zukunft ihrer Zeitschrift und die Möglichkeit journalistischer Tätigkeit, entsprechend den eigenen Vorstellungen, macht sie sich keine Illusionen.

Das Thema Staatssicherheit läßt sich in den Gesprächen dieser Nacht nicht ausklammern. Es ist zu einem Syndrom für die Gesellschaft geworden. Mein Bemühen, die Sicherheitsdoktrin als Funktion des gesamten Systems darzustellen und die Mitarbeiter dieses Riesenapparats entsprechend ihrer tatsächlichen Verantwortung und Tätigkeit differenziert zu behandeln, war vergeblich geblieben. Wovor ich am 4. November auf dem Alexanderplatz gewarnt hatte, ist eingetreten: Die Gräben quer durch die Gesellschaft sind tiefer geworden, Ungerechtigkeit und Ausgrenzung haben auf andere Weise, mit umgekehrten Vorzeichen Schuldige wie Unschuldige getroffen.

Im Kreis unserer Gäste gilt dies besonders für Jürgen. Ein Mann, von dem man Härte gegen sich selbst erwarten müßte, fühlt sich von diesem Zusammenbruch am meisten getroffen. Ich halte die Veränderung in seinem Verhalten für eine Folge der nervlichen Belastung, der er als Offizier des Nachrichtendienstes genauso ausgesetzt war wie alle Mitarbeiter der Staatssicherheit. Sonst war Jürgen bei solchen Feiern immer ein aufgeweckter Gesprächspartner, ein munterer Tänzer bis spät in die Nacht. Diesmal ist seine Stimmung tief pessimistisch. Das Angebot einer hohen Summe von westlicher Seite für den Fall des Verrats hatte er sofort gemeldet, es ist in dieser Zeit nichts Ungewöhnliches, er empfand es aber als eine Bedrohung. Seine Psyche hatte der Belastung nicht standgehalten. Wenige Wochen nach unserer Feier im Wald öffnete Jürgen sich die Pulsadern. Er überlebt, doch sein Lebenswillen ist schwer angeknackst. Damit rechnet in dieser Silvesternacht keiner von uns.

Egons Frau, Traute, bemüht sich, mit Beispielen anderer, die in noch schwierigerer Lage Charakterstärke gezeigt hatten, an sein Stehvermögen zu appellieren. »Laß dich nicht gehen!« Bei ihren Versuchen, ihm beizustehen, spricht sie nicht über die Erfahrungen mit der Staatssicherheit in ihrer Familie, die ein anderes Verhalten als Mitgefühl verständlich machen würden. Einige Drangsalierungen, die mit der Geschichte ihrer Schwester zusammenhängen, sind mir bekannt. Traute hatte ihre Schwester kurz nach Öffnung der Grenze im Westen besucht. Die Schwester verkörpert eines der vielen Schicksale, wie sie nun bekannt werden. Nach mehreren vergeblichen Ausreiseanträgen von der Staatssicherheit selbst zur Mitarbeit angegangen, war ihr und ihrem Freund schließlich auf abenteuerlichem Wege die Flucht gelungen. Das hatte zur Folge, daß ihre Angehörigen in der DDR nicht mehr zur Ruhe kamen und ihnen Familienbesuche verwehrt wurden. Nun wurde das Durchlebte noch einmal lebendig, aber auch die Schwierigkeiten beim Aufbau einer gemeinsamen Existenz im Westen kamen zur Sprache. Traute erzählte von den Illusionen vieler DDR-Bürger, die immer noch in großer Zahl das Land verließen, und sie beschrieb ihre Scham, die sie angesichts deren Verhaltens im Westen empfinde.

Anita und Werner sprechen kaum über ihre Probleme. Dabei sind sie als ehemalige Kundschafter nicht minder in ihrer Existenz gefährdet. Jahrzehnte hatten sie im Interesse dieses sozialistischen Staates berufliche und persönliche Probleme zurückgestellt und in gutem Glauben an die Notwendigkeit und Rechtmäßigkeit ihrer Aufgabe erfolgreich gearbeitet. Nun erwiesen sich die Grundlagen dieses Staates als morsch. Wer soll nun all das einlösen, was ihnen fast zugesagt war, wer ihre

Sicherheit gewährleistet? Was Wunder, daß gerade sie von mir eine Antwort erwarten, auch wenn sie nicht fragen. Was kann, was muß ich für diese Menschen tun, für die ich verantwortlich war, für die ich mich weiter verantwortlich fühle?

Nur die Kinder sind unbeschwert, sie trinken ihre Kinderbowle und vergnügen sich bei ihren Spielen und natürlich beim Fernsehen.

Kurz vor Mitternacht gehen wir alle in den Garten. Von froher Erwartung keine Spur. Wieder ein Winter ohne Schnee. Die frische reine Luft, der klare Himmel, der Blick auf die Baumkronen lassen die trübseligen Gedanken verfliegen. Unter dem Suppenkessel brennt ein kleines Feuer, der würzige Duft des Borschtsch vermischt sich mit dem Rauch. Für kurze Zeit mag alles wie früher erscheinen. Mit Raketen halten wir uns zurück, wir wollen das Bürgerkomitee nicht provozieren. Einige wenige lassen wir dennoch, der Kinder wegen, steigen. Die Gläser um Mitternacht klingen nicht anders als sonst, die Glückwünsche zum Jahreswechsel auch nicht. Und dennoch empfindet jeder die Worte, den Händedruck, den Kuß anders als in jedem vorangegangenen Jahr. Neujahr 1990. Was wird das Jahr bringen?

Die Fernsehstationen übertragen den Trubel am Brandenburger Tor. Fast unwirklich erscheinen die Bilder mit den pausenlos aufsteigenden bunten Raketen. Die Menschenmassen bewegen sich wie in einer Theaterkulisse, Sekt fließt in Strömen, beängstigend ausgelassene Jugendliche auf Bäumen, einem Gerüst und selbst auf der Quadriga hoch auf dem Tor. Zwei unserer großen Enkeltöchter wissen wir dabei. Zum Glück erfahren wir erst später von dem zusammenbrechenden Gerüst, den Verletzten, den Toten.

Für die meisten Menschen ist mit der Öffnung des Brandenburger Tores der Weg in ein freieres und besseres Leben aufgestoßen. Daran glauben sie alle in dieser Nacht. Die dort Jubelnden feiern ihre neugewonnene Freiheit mit dem Zusammenbruch eines Staates, der sie auf Schritt und Tritt bevormundet und von einer Welt ferngehalten hat, die große Verheißungen verspricht.

Im folgenden Frühjahr wird sich das Volk in seiner Mehrheit für die andere Republik entscheiden. »Nie wieder Sozialismus« wird auf Wahlplakaten einer der Parteien stehen, die als Sieger in diesen Wahlen den kürzesten Weg zur deutschen Einheit freimachen werden. Die Bilder vom lärmenden Treiben am Brandenburger Tor in der Silvesternacht werden um die Welt gehen. Wir werden sie noch oft zu sehen bekommen. In der Stille unseres Waldes gehen unsere Gespräche weiter. Können sie die Gefühle offenbaren, die jeder in seinem Herzen trägt und über die er sich erst selbst klarwerden muß? Veränderungen hatte jeder von uns gewünscht, sie herbeigesehnt. Waren es diese?

Soll man sich nun zurückziehen? Ist das Leben umsonst gelebt, der Sozialismus tatsächlich am Ende?

Hirn und Herz wollen das nicht glauben.

Epilog

Seit der Rückkehr aus Moskau Anfang April 90 blieb das Kalenderbuch verschlossen; keine neuen Aufzeichnungen kamen hinzu. Die nach dem Wiedereintreffen in Berlin auf uns einstürmenden Anforderungen gestatteten keine Verschnaufpause.

Als Andrea in der letzten Märzwoche zu mir nach Moskau kam, wußte sie noch nichts von meiner Absicht, mit ihr gemeinsam zurückzufliegen. Während des Alleinseins in Berlin war sie mit Problemen fertig geworden, von denen sie in ihrem früheren Leben nicht einmal hatte träumen können. Massive Angriffe gegen mich paßten zu der allgemeinen Eskalation der Stimmung vor den Wahlen am 18. März gegen jeden, der sich früher in irgendeiner Weise exponiert hatte. Generalbundesanwalt Kurt Rebmann bekräftigte erneut den Haftbefehl gegen mich und erklärte, der werde möglicherweise auf den Verdacht des Landesverrats ausgedehnt. In Berlin lag eine Vorladung zu einer Befragung beim Militärstaatsanwalt der DDR vor. In dieser Situation mußte man von unseren Statsanwälten mit allem rechnen. Alarmierend war eine Erklärung des DDR-Generalstaatsanwalts in der Volkskammer Ende Januar gewesen, die ich noch kurz vor meiner Abreise nach Moskau am Fernsehgerät verfolgen konnte. Im Bestreben, die eigene Verstrickung in Schuld durch besonderen Eifer zu bewältigen, wurde die Binde der Justitia von einem Auge weggeschoben. Neben der absurden Anklage gegen Honecker wegen Hochverrats sollte durch Festnahme leitender Mitarbeiter der Staatssicherheit vor dem Volk ein Exempel statuiert werden. Ich wurde auch gewarnt, mein Name stehe auf der Liste der Festzunehmenden, offenbar weil er in der Öffentlichkeit bekannter als der anderer ehemaliger Staatssicherheitsgeneräle war.

In dieser Situation durfte ich Andrea nicht allein lassen. Laufend wurde sie telefonisch von Journalisten belästigt; manchmal standen die schon mit bereitgehaltener Foto- oder Fernsehkamera vor unserer Haustür.

Die Märzwahl brachte keine Beruhigung. Das Stasi-Trauma erhielt laufend neue Nahrung durch Gerüchte über Verbindungen gerade gewählter Abgeordneter zur Staatssicherheit. Informationen aus den

Archiven des MfS erschienen, entsprechend kommentiert, in den Medien und erregten die Gemüter. Dazu erste Anzeichen eines Anheizens antisowjetischer Stimmungen. Fernsehen und Presse berichteten in großer Aufmachung über die Aufdeckung bisher unbekannter Grabstellen von Häftlingen sowjetischer Internierungslager auf unserem Territorium aus der Zeit von 1945 bis 1950. Von jeweils zehn- bis fünfzehntausend an Hunger und Krankheiten Verstorbenen war die Rede. Lesern und Zuschauern wurde durch die Kommentare der Vergleich zu den Konzentrations- und Vernichtungslagern der Hitlerzeit suggeriert. Keine gute Zeit für eine Heimkehr.

Aber mein Entschluß stand fest. Obwohl Schwester Lena und einige der Moskauer Bekannten dringend abrieten und auch Andrea von Berliner Freunden dieselbe Empfehlung mitgebracht hatte, buchte ich meinen Rückflug für den Tag ihrer Rückreise.

Ich hatte das sichere Gefühl, damit die Entscheidung für unsere Zukunft, für unser Leben im künftigen Deutschland zu treffen.

Im Grunde genommen war sie schon seit dem Januar gereift, als mir die Unausweichlichkeit des Weges in diese deutsche Einheit klargeworden war. Die Teilnahme an den pausenlosen Beratungen in der neu entstehenden Partei des demokratischen Sozialismus – PDS – über die Zukunft der Partei, über deren Selbstauflösung oder Fortbestand machten mir bewußt, daß meine Mitarbeit nur noch wenig bewirken konnte. Die Zukunft dieser Partei muß und wird tatsächlich in den Händen der nicht durch die Vergangenheit belasteten Jüngeren liegen, wie ich das schon häufig öffentlich erklärt hatte. Welchen Platz sollte ich also für meine Familie und mich in dem vereinigten Deutschland behaupten können? Den Schlüssel sah ich seitdem in der Arbeit an meinem Buch.

Das war der eigentliche Grund meiner Abreise und der Inhalt meines Aufenthalts in der Umgebung Moskaus. Dort fand ich Abstand, Ruhe und Zeit. Diese Abgeschiedenheit hätte ich für die Arbeit am Manuskript noch länger gebrauchen können, doch die Ruhe hatte mich verlassen. Ich wurde in Berlin gebraucht.

Dort erwartete mich nicht nur meine Familie, ich mußte mich den veröffentlichten Behauptungen stellen, ich sei nach Moskau geflohen, um dem KGB das Agentennetz der Hauptverwaltung A, meines ehemaligen Dienstes, zu übergeben. Andere sahen mich mit mehreren Top-Agenten in Brasilien auftauchen. Wieder andere hatten mich in einem sowjetischen Sanatorium aufgespürt, wo ich nach einem Nervenzusammenbruch und in seelischer Zerrüttung von meiner russischen Frau betreut würde. Über verdeckte Kanäle kamen »gutgemeinte Hinweise«, doch nicht ein Leben hinter Gittern für immer zu riskieren. Eine Zeitung schrieb: Markus »Mischa« Wolf und seine Crew hätten in der DDR keine Heimat mehr. Eine Verlängerung meines Aufenthalts wäre also fast einer zweiten Emigration gleichgekommen. Tatsächlich beschäftigte sich die Schwester in Moskau ernsthaft mit dieser Möglichkeit, hielt Umschau nach einer geeigneten Wohnung und überredete mich, zumindest die Koffer mit meinen Wintersachen bei ihr zu deponieren.

In den zurückliegenden Moskauer Wochen hatte ich Gelegenheit gehabt, gründlich über die Wege und das Schicksal des Landes, das mir vor Jahrzehnten zur zweiten Heimat geworden war, nachzudenken. Könnte es noch einmal zum Lebensinhalt werden? Könnte hier die Hoffnung auf Umgestaltung im Sinne der Ideale, für die wir zu leben glaubten, einen Neubeginn lohnen? Vielleicht die einzige reale Möglichkeit?

Perestroika war unsere große Hoffnung auf eine demokratische Alternative im Sozialismus auch für unser Land gewesen. Diese Hoffnung war zerschlagen. Während es bis weit in das Jahr 1989 hinein noch so schien, als läge die Ursache in dem hartnäckigen Widerstand unserer Politbürogreise, zwangen die dem Oktober folgenden Veränderungen in den anderen ehemals sozialistischen Ländern zum tieferen Eindringen in die Ursachen. Nicht schlechthin Entstellungen oder Deformationen des Sozialismus, die durch Reformen korrigierbar gewesen wären, brachten das System zu Fall. Das gesamte stalinistische System, fälschlicherweise als Sozialismus bezeichnet, hat sich auf die Dauer als nicht lebensfähig erwiesen, es wurde von den Völkern abgelehnt.

Gibt es in der Sowjetunion die Voraussetzungen, einen Neuaufbau zu schaffen? Beim Verfolgen der hitzigen Debatten im Volkskongreß der UdSSR, auf den Tagungen des Zentralkomitees der KPdSU während der Wochen meines Moskauer Aufenthalts, aber auch der manchmal tumultartigen Zusammenkünfte neuer und zahlreicher werdender alternativer Parteien und Organisationen verfolgte mich zusehends das Gefühl, daß auch dort der Versuch, das existierende System mit Demokratie und Marktwirtschaft zu verbinden, scheitern wird, so wie bei uns und anderswo. Die so hitzig um den Inhalt von Gesetzentwürfen und die Vollmachten des Präsidenten streitenden Opponenten, Radikale wie Konservative, sah ich genauso im politischen Abseits verschwinden wie die Akteure der »sanften Revolution« und sozialistischen Reformer bei uns. Sicher nicht in dem mörderischen Tempo, das uns überrollte, und mit vielen Unterschieden, vor allem dem besonders eklatanten, daß für die Menschen in der Sowjetunion kein kapitalistisches Auffangnetz eines Staates gleicher Nation gespannt ist. Und dennoch gibt es keine Alternative zur Politik Gorbatschows, soll dieses für den Frieden in Europa und in der Welt so entscheidende Land nicht in Anarchie und Chaos verfallen. Seine Vision wirkt weiter. Ohne sie, ohne den Mut und die Willensstärke dieses Mannes wären Europa und die Welt ärmer. Während die anderen Mächte noch der hergebrachten Politik verhaftet sind und ohne Not kein Stück ihrer Einflußsphären aufgeben, hat die Sowjetunion unter ihrem Präsidenten als erste Großmacht neues Denken tatsächlich praktiziert und den Weg zur deutschen Einheit freigegeben.

Bei unseren Spaziergängen durch den Wald bei Lenas Datscha, in dem die Reste des Schnees in den Sonnenstrahlen manchmal noch etwas von ihrem Weiß glänzen ließen, sprachen wir über die widersprüchlichen Eindrücke vom Geschehen in diesem Land, den immer schwieriger werdenden Lebensbedingungen seiner uns so nahen Menschen und den Anstrengungen des gerade neu gewählten Präsidenten. Hätten wir durch unser Bleiben dort irgend etwas bewirken können? Wohl kaum.

Unser Denken war auf die Rückkehr in die Heimat gerichtet. Nüchtern gingen wir alles durch, was auf uns zukommen konnte. Auf ein Leben mit den uns lieben Menschen wollten wir nicht verzichten. Anfang April starteten wir von Moskau aus nach Berlin.

Nach den Meldungen über die angebliche Flucht mußte meine Rückkehr Aufsehen erregen. Schon die Offiziere und Beamten der Grenzkontrolle und des Zolls reagierten, wie mir schien, freundlich und erstaunt, als sie mich erkannten. Auch die Freunde und Bekannten waren überrascht. Leider bekamen auch einige der allgegenwärtigen Medienvertreter sofort Wind von meiner Anwesenheit. Vor der Möglichkeit einer gewaltsamen Entführung war ich gewarnt worden. Gleich am ersten Tag vereinbarte ich einen Termin bei der Militärstaatsanwaltschaft. Am darauffolgenden Wochenende fuhren wir auf unser Waldgrundstück, um dort die Lage zu rekognoszieren. Es gab Gerüchte über gewaltsames Eindringen, Aktivitäten von Bürgerkomitees gegen vermuteten Machtmißbrauch, Versiegeln ähnlicher Häuser durch die Staatsanwaltschaft. Bei uns war scheinbar alles ruhig. Entgegen unseren sonstigen Gewohnheiten hielten wir das Gartentor verschlossen, verriegelten nachts die Fensterläden.

Schon am nächsten Tag klingelte ein Unbekannter an der Gartenpforte. Er stellte sich als Reporter einer westdeutschen Zeitung vor. Der Versuch, ihn abzuwimmeln, schlug fehl. Über den Zaun entlockte er mir ein paar Antworten zu meiner Rückkehr und zu den Behauptungen über die angebliche Übergabe von Agenten in Moskau. Die gingen als Meldungen über die Medien. Die Ruhe war auch auf dem Grundstück dahin.

Meine Rückkehr entkräftete die Unterstellungen nicht. Im Gegenteil. »Die überraschende Rückkehr des berühmt-berüchtigten Markus Wolf aus Moskau verheißt nichts Gutes«, begann eine BRD-Zeitung unter der Überschrift »Stasi-Entsorgung« eine neue Runde allgemeiner und persönlicher Diffamierung.

Unsere Befindlichkeit im letzten halben Jahr des Bestehens der DDR ist nur schwer zu beschreiben. Zu vielschichtig sind die Eindrücke und Gedanken. Vermutlich waren die meisten nicht anders als die vieler in unserem Land: die Erwartung des nicht mehr abwendbaren, unvermeidlich Kommenden, bis in den Frühsommer hinein noch verbunden mit der vagen Hoffnung auf einen halbwegs würdigen Prozeß der Einigung. Die Antrittsrede des von der neukonstituierten Volkskammer gewählten Ministerpräsidenten nährte solche Hoffnung. Nichts sollte überstürzt und nicht alles sollte über Bord gehen, was in vierzig Jahren DDR an Identität gewachsen war und ihren Bürgern trotz aller Widrigkeiten des abgeworfenen Systems soziale und andere Werte gesichert hatte, die den meisten erst mit ihrem Schwinden bewußt wurden.

Diese Hoffnung hielt nicht lange vor. Die Umbenennung des Friedrich-Wolf-Theaters in Neustrelitz, die Entfernung einer Gedenktafel für den Bruder in Bernau waren zwar Zeichen der Entfernung von Geschichte und Identität der DDR, die persönlich betroffen machten, doch das war das wenigste. Mit der Währungsunion und der Einführung der D-Mark brachen die letzten Hemmschwellen, der Druck des wirtschaftlich übermächtigen anderen deutschen Staates ließ kaum noch eigenständige Lösungen zu, Wirtschaft und Versorgung versanken tiefer im Chaos. Volkskammer und Minister boten dem Volk eine derart peinliche Mischung von Trauerspiel und Farce, das Land wurde so wenig regierbar, daß die meisten Menschen ein baldiges Ende mit Schrecken einer Fortsetzung dieses unhaltbaren Zustands vorzogen. Einer der Minister charakterisierte im Gespräch mit mir die Verhandlungen über den Einigungsvertrag mit den Worten: Wir gehen doch alle in die Gefangenschaft; das einzige, was wir noch aushandeln können, sind die Verpflegungssätze... So rückte das Anschlußdatum mit seinen Folgen auch für unser persönliches Schicksal immer näher.

Vor dieser Kulisse erscheinen die eigenen Erlebnisse im Rückblick wie ein Drama auf mehreren Ebenen einer unwirklich verfremdeten Bühne.

Die Dynamik der Auflösung der DDR drohte mit allen Konsequenzen des BRD-Strafrechts nicht nur mir, sondern allen ehemaligen Mitarbeitern des Nachrichtendienstes, allen in die DDR zurückgekehrten ehemaligen Kundschaftern und vor allem natürlich jenen, die in der BRD zwar ihre Tätigkeit eingestellt hatten, aber immer noch dort lebten und ständig mit dem Zugriff der Staatsmacht rechnen mußten. Eine Reihe von Festnahmen war erfolgt und bestätigte den Verrat aus dem ehemaligen Apparat. Es gab Berichte über Erpressungsversuche und Angebote westdeutscher und anderer Dienste. Öffentliche Erklärungen führender Vertreter der BRD-Abwehr ließen den Kurs auf gnadenlose Zerschlagung des bereits lahmgelegten Apparats erkennen. Von westdeutscher Seite wurde über die in der DDR agierenden Vertreter Druck zur Offenlegung allen Wissens, insbesondere über das ehemalige Agentennetz ausgeübt.

Natürlich ist das Material des ehemaligen Nachrichtendienstes von größtem Interesse für westliche Dienste. Die Arbeit der Aufklärung war lange Zeit auf das Gebiet der Bundesrepublik und Westberlin konzentriert. Immerhin befand und befindet sich dort das größte militärische Potential der NATO. Diese Tätigkeit hat in der spezifischen Nachkriegsgeschichte in Europa, so paradox es für manchen erscheinen mag, der sich an Spionageklischees orientiert, zur Erhaltung des Gleichgewichts und zur Konzipierung von Sicherheitssystemen zwischen den Blöcken beigetragen, wie etwa der KSZE. In einer Betrachtung im Juni äußerte ein Vertreter der Kirche, der Dienst der Aufklärung müsse als ein »internationales Phänomen« betrachtet werden, das aus der damaligen Sicherheitsdoktrin gerade an der Grenze zweier Systeme zu besonderer Bedeutung gelangte.

Unter den Bedingungen des Drucks und anhaltender Diffamierung hielt ich eine Aussprache mit dem für die Auflösung der Staatssicherheit zuständigen Minister der Regierung de Maizière, Peter Michael Diestel, für notwendig. Dieser Wunsch kreuzte sich mit einer Einladung des Ministers zu einem inoffiziellen Gespräch. Die Begegnung kam unmittelbar nach meiner Rückkehr aus Moskau zustande. Sie verlief ohne peinliches Abtasten. Diestel war über mich gut informiert und stellte sich mit seiner eigenen Entwicklung und seinem politischen Standort vor. Während der Minister an meinem Wissen und meiner Mitarbeit bei der Bewältigung des Stasi-Syndroms interessiert war, legte ich ihm vor allem meine Sorge um das Schicksal der mir früher anvertrauten Menschen und meine Gedanken für mögliche Regelungen im Interesse dieser Menschen und des inneren Friedens in einem vereinigten Deutschland dar.

Die Aussicht auf interne Kontakte mit Vertretern der BRD zur Klärung dieser Fragen wurde durch das Bekanntwerden dieses Gesprächs gestört. Wüste Angriffe gegen den gerade erst in sein Amt eingeführten Minister waren die Folge. Die Volkskammerfraktion seiner eigenen Partei forderte den Rücktritt Diestels.

Während ich mich zu jener Zeit jeder öffentlichen Äußerung enthielt, spielten sich auf unserem Grundstück Vorgänge ab, die in Andreas Erinnerung Szenen aus Spionageromanen gleichkamen. Im Beisein meiner Frau malten freundliche Herren von der anderen Seite angesichts des mir drohenden Haftbefehls unsere Zukunft in den düstersten Farben.

Voller Respekt und Verständnis zeigten sie danach einen passablen Ausweg mit gesichertem Schutz und Wohlstand, natürlich bei entsprechender Gegenleistung. Es war schon paradox – bei Kaffee und Kuchen sprachen diese Herren mit dem zur Legende gewordenen Chef eines Nachrichtendienstes und versuchten, ihn und sein Wissen aus dem nicht mehr existierenden Dienst mit Versprechungen für sich zu gewinnen.

Obwohl vieles dagegen sprach und versierte Anwälte mit Erfahrung bei der internen Regelung von Geheimdienstangelegenheiten dringend abrieten, entschloß ich mich, mehreren Interviewwünschen nachzukommen und an die Öffentlichkeit zu gehen. Da der Volkszorn gegen die Staatssicherheit und ihre Mitarbeiter durch die Aufdeckung immer neuer Einzelheiten des Repressionssystems laufend weiter genährt wurde und auch das Schweigen der ehemals Verantwortlichen eine differenzierte Sicht auf die Tätigkeit der einzelnen Bereiche dieses Riesenapparats verhinderte, schien mir eine sachliche Darstellung der Aufgaben und des Wirkens des Nachrichtendienstes im Interesse der von mir angestrebten Lösungen unumgänglich zu sein. Gleichzeitig hielt ich es für richtig, mit meiner Autorität für die ehemaligen Mitarbeiter ein Zeichen zu setzen, welches deutlich machte, daß selbst unter dem Druck dieser schwierigen Bedingungen der Verrat von Menschen, die uns ihr Wohl in gutem Glauben anvertraut hatten, niemals unser Weg sein darf. Ein solcher Verrat widerspräche den Prinzipien und den moralischen Vorstellungen, an denen jeder festhalten muß, wenn er ohne Abscheu vor sich selbst weiterleben will.

Die Reaktion auf diese in beiden Teilen Deutschlands publizierten Äußerungen war ähnlich der nach meinem Auftritt auf dem Alexanderplatz am 4. November 1989. Zustimmung von vielen ehemaligen Mitarbeitern und Kundschaftern, gleichzeitig wütende Angriffe von den Leuten, die an bedingungsloser »Bestrafung« festhielten. Diesen Kräften kam wenige Tage nach meinen Presseinterviews die Festnahme ehemaliger RAF-Angehöriger auf dem Gebiet der DDR entgegen. Tagelang wurde als Verantwortlicher für die vermeintliche Unterstützung der Aktivitäten von RAF-Terroristen auf dem Gebiet der DDR außer Honecker und Mielke nur mein Name genannt. Eine bösartige Kampagne begann, die Medien überschlugen sich, die Springerpresse gab mit aufputschenden Kommentaren und Karikaturen den Ton an. Nun glaubte man den Wolf dort zu haben, wo man ihn schon immer haben wollte. Selbst Juristen bemühten den »Volkszorn« und das »Volksempfinden«. Als der Vorsitzende einer Volkskammerfraktion verlangte, daß sich die Justizbehörden dringend mit den »Machenschaften Markus Wolfs und seiner Untergebenen« befassen sollten, schrieb ich in einem Brief an die Volkskammerpräsidentin der DDR, Frau Bergmann-Pohl: »Während meiner gesamten Dienstzeit im MfS gab es weder von mir noch mit meiner Billigung von Mitarbeitern meines Verantwortungsbereichs Verbindungen zur RAF und ihren als Terroristen gesuchten Mitgliedern. Dies hätte unserer Grundeinstellung und den praktizierten Arbeitsmethoden widersprochen. Von der Anwesenheit der Frau Albrecht oder der Frau Viett auf dem Gebiet der DDR habe ich erstmalig nach deren Festnahme aus der Presse erfahren. Aufgrund der mit der Erklärung von Herrn Prof. Walther einsetzenden Kampagne gegen meine Person und der möglichen strafrechtlichen Relevanz erwarte ich, daß er die Hintergründe seiner verleumderischen Behauptung offenlegt bzw. sie öffentlich zurücknimmt.«

Eine Zurücknahme erfolgte nicht, sie wurde im Gegenteil von einem namhaften Vertreter des Verfassungsschutzes wiederholt. Als meine Darstellung später als richtig bestätigt wurde, erschienen Informationen darüber meist überhaupt nicht oder nur kleingedruckt. Vorverurteilung und Rufmord gingen weiter, selbst vor einem Vergleich mit dem Massenmörder und Schreibtischtäter Eichmann schreckte man nicht zurück.

Natürlich ließen mich diese Angrifffe nicht kalt. Wußte ich doch um die Emotionen breiter Kreise der westdeutschen Öffentlichkeit im Zusammenhang mit den terroristischen Anschlägen und Morden zurückliegender Jahre. Solche Aktionen hatten wir stets als inhuman, gefährlich und politisch schädlich abgelehnt. Aus ehrlicher Überzeugung konnte ich in Interviews die Unterstellung zurückweisen, wir hätten Aktivitäten dieser extremistischen Gruppen als Möglichkeit zur Destabilisierung des kapitalistischen Systems und des potentiellen Gegners gesehen.

Fragen mußte ich mich allerdings, weshalb so hartnäckig ausgerechnet mein Kopf gefordert wurde. Bei sämtlichen damit befaßten Stellen lagen zu jenem Zeitpunkt ausreichende Erkenntnisse über Strukturen, Kompetenzen und Arbeitsmethoden des MfS vor. Die mußten meine Aussage bestätigen, taten dies auch, wie die späteren Veröffentlichungen belegten. Warum also immer wieder Wolf?

Zunächst vermutete ich, die Antwort sei in meinen vorangegangenen Interviews und Erklärungen zu suchen, mit denen ich der Kriminalisierung des Nachrichtendienstes und seiner Mitarbeiter entgegenzuwirken suchte, vor allem aber der Ablehnung jeglicher Denunzierung von Personen, die mit unserem Dienst zusammengearbeitet hatten. Deshalb wiederholte ich meine Überzeugung, daß eine solche Offenlegung keineswegs zum inneren Frieden in Deutschland, sondern nur zu Mißtrauen und Spannungen beitragen würde. An konstruktiven und humanen Lösungen dieses Problems mitzuwirken, erklärte ich mich bereit. Dieses Bemühen, Ausgrenzung solcher Menschen im geeinten Deutschland und der Vertiefung der schon weit genug aufgerissenen Gräben entgegenzuwirken, paßte offenbar nicht ins Konzept der Kräfte, die nach der Vereinigung auch den letzten Rest DDR niederwalzen wollen. Nichts davon soll bleiben. Sie wollen den kalten Krieg bis zum siegreichen Ende führen.

Der »Spionagechef«, manchmal wahrheitswidrig als Erster Vizeminister Mielkes bezeichnet, soll zur Symbolfigur für SED-Repressionen hochstilisiert werden. Alle anderen Namen sind wenig bekannt, hinzu kommt, daß dieser Wolf noch ab und an sein Haupt erhebt und Laut gibt.

Ich konnte dementieren und erklären, was ich wollte. Äußerte ich mich zum Thema »OibE« – Offiziere im besonderen Einsatz – dem Begriff aus einem Mielke-Befehl, der zu einer Art Werwolf-Mystifikation entfremdet wurde, einem Plan der Schaffung eines elitären illegalen Stasi-Netzes im künftigen Deutschland – als hätte Mielke den Untergang der DDR vorausgesehen –, wurde ich mit der Frage nach der Ausbildung von angeblichen Terroristen aus arabischen Staaten konfrontiert. Hatte ich dazu erklärt, daß es sich ausschließlich um die Ausbildung von regulären Offizieren und Angehörigen der Streitkräfte und

Sicherheitsorgane der Dritten Welt auf Grund staatlicher Verträge und Vereinbarungen gehandelt hatte, kamen neue Fragen mit stets diffamierender und kriminalisierender Tendenz. Und immer wieder die insistierende Frage, ob nicht Blut an meinen Händen klebe und ob ich mich für den Tod von Menschen verantwortlich fühle. Solche Fragen konnte ich mit absoluter Sicherheit verneinen, weil es keinen Zweifel daran gibt, daß ein Schriftstück mit meiner Paraphe oder ein glaubwürdiger Zeuge, der solches behauptet, nicht existieren kann. Dennoch spuken weiter finstere Andeutungen über »Tötungsdelikte«, manchmal in Verbindung mit dem Haftbefehl gegen mich sogar aus dem Munde des ehemaligen Generalbundesanwalts durch die Medien. Und so besteht unmittelbar vor dem 3. Oktober die eigenartige Situation, daß mit dem Einigungsvertrag eine als Amnestie bezeichnete Straffreiheit für nachrichtendienstliche Tätigkeit angekündigt ist, der Haftbefehl gegen mich aber ausdrücklich aufrechterhalten bleibt.

Ich überschätze nicht die Bedeutung meiner Person. Zumal ich schon seit einigen Jahren und für die Zukunft keine anderen Ambitionen habe, als die Erfahrungen meines Lebens, auch die bitteren, zu durchdenken und sie ungeschminkt mitzuteilen, vor allem den Jüngeren. Doch gerade weil es tatsächlich nur um mich selber geht, scheint mir ein solcher Schluß, der einer Bestrafung a priori, nahezuliegen. Ist doch bemerkenswert, wie schonungslos Schriftsteller, Wissenschaftler, Künstler, Journalisten massiven und oft rufmörderischen Angriffen nicht nur konservativer Medien deshalb ausgesetzt sind, weil sie in der DDR geblieben sind, sich für eine sozialistische Alternative einsetzten und nicht bereit sind, die DDR-Identität einfach abzulegen. Exemplarisch für viele widerfuhr dies Christa Wolf. Und plötzlich hatte ich das Gefühl, wieder mit all jenen in einem Boot zu sitzen, mit denen ich am 4. November 1989 am Berliner Alex auf den Pritschenwagen gestiegen war, um für einen friedlichen Verlauf der Revolution einzutreten, von der wir glaubten, sie werde zu einem besseren Sozialismus führen. Zum friedlichen Verlauf konnten wir beitragen; mein Auftritt, so glaube ich, auch. Von unserem sozialistischen Traum mußten wir uns verabschieden, zumindest für die absehbare Zukunft.

Warum soll alles, was an die DDR, auch im Bewahrenswerten erinnert, ausgelöscht werden? In Gesprächen mit Ausländern war für mich bemerkenswert, wie sehr sie die unbedingte Schonungslosigkeit der Angriffe im Stil des traditionellen Antikommunismus mit der Bewältigung der Nazi-Vergangenheit in beiden deutschen Staaten in Verbindung bringen. Soll nicht durch das Aufräumen mit der SED-Vergangenheit der DDR und ihren Trägern eine Art schlechtes Gewissen über das nach dem Zweiten Weltkrieg in der Bundesrepublik Versäumte verdrängt werden? Aufmerksam wurde nicht nur von jüdischer Seite vermerkt, daß in allen staatlichen Dokumenten zur neuerlichen deutschen Einheit jeder Hinweis auf die deutsche Schuld aus der Hitler-Vergangenheit fehlt.

In der DDR war der Antifaschismus tatsächlich Staatsdoktrin. Nazirichter, hohe Beamte und Propagandisten des Hitlerreiches fand man in führenden Positionen nicht. Dennoch wurde durch die Verordnung des Antifaschismus verhindert, daß man wirklich zu den Wurzeln der faschistischen Ideologie vorstieß. Es wäre ein großer Irrtum, anzunehmen, daß wir in Deutschland mit dem Faschismus fertig sind. Im vereinigten Deutschland wird deshalb die Aufarbeitung der ganzen Geschichte gefordert sein. Es geht nicht nur um potentielle Gefahren, die von Rechtsradikalen, zahlenmäßig nicht sehr starken Gruppen ausgehen, die im parlamentarischen System kaum eine Rolle spielen. Es geht darum, daß die Vereinigung nicht durch großdeutsche Politik kompromittiert wird und bestehende Ängste rechtfertigt.

Bei solchen Gesprächspartnern stelle ich auch eine wesentlich differenziertere Sicht auf meine Tätigkeit an der Spitze des Nachrichtendienstes fest. Sie akzeptieren die selbstverständliche Feststellung, daß unser Nachrichtendienst und sein Wirken stets in die Konflikte dieser Zeit eingebettet waren, daß sein Wirken aus der Politik des Staates und des Bündnissystems, dem er angehörte, zu erklären ist. Dies mit einem nüchternen Rückblick auf die Geschichte darzustellen, ist heute in Deutschland außerordentlich schwierig.

Als der Dienst gegründet wurde, war die Wiedervereinigung Deutschlands noch das erklärte Ziel unserer Politik, auch der der Sowjetunion. Die Westmächte, vor allem die Vereinigten Staaten, widersetzten sich allen Vorschlägen in dieser Richtung; Adenauer sprach von der Befreiung der Sowjetzone. Es war nicht nur politische Feindschaft, die uns entgegenschlug. Parallel zum Beginn der Wiederaufrüstung auf dem Gebiet der Bundesrepublik, ihrer Einbeziehung in den NATO-Pakt begleiteten subversive Aktionen die DDR vom ersten Tag ihres Bestehens an. So wie man im Staatsapparat, in der Justiz viele Träger des Nazi-Systems wiederfand, wurden an die Spitze der Bundeswehr ehemalige Generäle der Hitler-Wehrmacht gestellt. All dies und die vielen Erscheinungen des kalten Krieges, die wir viele Jahre lang als Vorstufe eines möglichen heißen Krieges ansehen mußten, bestimmten unsere Tätigkeit. Es gab in der Tat gefährliche Konfliktsituationen, bei denen mit dem Äußersten gerechnet werden mußte. Erst mit der Ostpolitik Willy Brandts und schließlich durch die Helsinki-Abmachungen änderte sich allmählich das politische Klima. Doch auch dann, als unsere Informationen und Analysen immer mehr davon zeugten, daß es dem Westen nicht mehr darum gehe, den Sozialismus mit Gewalt zurückzudrängen, blieb es unsere vordringliche Aufgabe, die Möglichkeit von militärischen oder militärtechnischen Überraschungen rechtzeitig zu erkennen, auch die Bestrebungen, den Sozialismus von innen heraus auszuhöhlen.

Sicher waren die Politik der sozialistischen Staaten und die damalige Atmosphäre oft nicht dazu angetan, eine rasche Entspannung zu bewirken. Genauso wie die westliche Propaganda aus unserer Sicht die Lage bei uns verfälschte und wir selbst als Inkarnation des Bösen erschienen, bot unsere Medienpolitik als Funktion der Gesamtpolitik das seitenverkehrte Gegenstück. Die Mitarbeiter des Nachrichtendienstes und die Kundschafter fielen schon auf Grund ihrer eigenen Anschauung und ihres Wissens auf eine solch undifferenzierte Betrachtung nicht herein. Dennoch waren sie mit vielen Tatsachen der weiter auf Hochtouren laufenden Rüstung, den Aktivitäten der Geheimdienste westlicher Staaten und auch ihrer oft brutalen Einmischung in die Angelegenheiten von Staaten der Dritten Welt konfrontiert. Der Krieg in Vietnam oder Ereignisse in Chile, wohin sich viele deutsche Kriegsverbrecher und Nazis zurückgezogen hatten, motivierten uns in unserer Arbeit.

Doch mit der Zeit gerieten die Politik der Führung und Klischees der Propaganda immer mehr in Widerspruch zu den Erkenntnissen unseres Apparats. Seine Mitarbeiter waren zu einer offenen, kritischen und objektiven Sicht auf die ablaufenden Prozesse angehalten. Dies ergab sich schon aus der Berufslogik unserer Aufgaben. Wer verläßliche Nachrichten einholen will, muß Erscheinungen und Personen unter allen möglichen Blickwinkeln betrachten. Solche Haltung ermöglichte es uns – lange vor anderen – , Elemente in der westlichen Politik und ihrer Vertreter herauszufinden, die auf Tendenzen einer Veränderung ihrer Haltung hinwiesen. Das betraf insbesondere die Sozialdemokratie und einzelne sozialdemokratische Führer, zu denen es gute Kontakte direkter und indirekter Art schon in einer Zeit gab, als sie von der Führung unseres Landes noch als Gegner gefährlichster Art betrachtet wurden. Dieses Herangehen erleichterte auch die Zusammenarbeit mit Personen der anderen Seite, die uns weltanschaulich noch ferner standen, es ließ gemeinsame Interessen, einen Konsens mit solchen Menschen suchen und finden. Auch innerhalb der CDU oder der FDP gab es nicht wenige, die mit der proamerikanischen Haltung, der Konfrontations- und Aufrüstungspolitik der Bundesregierung nicht einverstanden und deshalb bereit waren, mit uns ins Gespräch zu kommen. Ich selbst habe niemals Schwierigkeiten bei dieser Art der Kontaktaufnahme und bei der Suche nach einer gemeinsamen Basis mit Gesprächspartnern gehabt. Dies war entgegen den verbreiteten Klischeevorstellungen über die Tätigkeit unseres Nachrichtendienstes eine der wesentlichen Grundlagen unserer Erfolge. Sie als eine Art Schachspiel darzustellen, bei der verschiedene Figuren geschlagen werden, gibt eine vollkommen verzerrte Sicht. Das Wesentliche ist sehr viel Kleinarbeit, bei der sich der Erfolg nicht sofort und nicht überall einstellt, die richtige und beharrliche Orientierung auf einige entscheidende, richtig gewählte Ziele und die soeben beschriebene Einstellung. Dazu natürlich die Fähigkeit, rechtzeitig und flexibel auf die Veränderung von Situationen zu reagieren, die Ziele und Methoden entsprechend neu zu bestimmen.

Das wird meiner Meinung nach für die Nachrichtendienste in der Gegenwart und in der nahen Zukunft immer wichtiger werden. Der Inhalt ihrer Tätigkeit wird mit der Zeit gewiß großen Veränderungen unterliegen. Mit der Beendigung des kalten Krieges und der unmittelbaren bedrohlichen Konfrontation auf dem europäischen Kontinent wird dies hier – und sicher auch auf das Verhältnis zwischen den USA und der Sowjetunion in besonderem Maße – zutreffen. Gleichzeitig ändern sich die Bedingungen für die Tätigkeit der Nachrichtendienste. Es gibt in den Anfängen befindliche erste Festlegungen über gegenseitige Informations- und Kontrollmaßnahmen. Die Tätigkeit parlamentarischer Gremien, selbst der Medien gewinnt diesbezüglich an Bedeutung. Für das Sammeln von Informationen, die man auf diese Weise gewinnen kann, braucht man Geheimagenten nicht mehr den gleichen Gefahren wie früher auszusetzen. Und dennoch meine ich, daß entgegen manchen landläufigen Vorstellungen die Arbeit der Geheimdienste an Bedeutung noch gewinnen wird. Für lange Zeit werden sie immer noch das einzige Mittel sein, um in besonders sensiblen Fragen die notwendigen und zuverlässigen Informationen zu beschaffen und Kontrolle zu gewährleisten. Andere Kontrollmechanismen können einen gewissen Überblick über das vermitteln, was vorhanden ist oder gerade vor sich geht, nicht aber, welche Entscheidungen in den Führungsgremien, den Stäben, getroffen oder welche Entwicklungen in den Forschungslabors und auf den Reißbrettern vorbereitet und entworfen werden. Dort können Entscheidungen oder Entwicklungen noch im Stadium ihres Entstehens unter Umständen sehr schnell zu einer Veränderung des Kräfteverhältnisses und zu wichtigen strategischen Entschlüssen führen. Die Schaffung der Atombombe ist nur ein Beispiel solch qualitativen Sprungs. Derartige Entscheidungen oder Forschungen mit ihren entsprechenden Anwendungsgebieten werden auch weiterhin der strengen Geheimhaltung unterliegen. Natürlich kann eine stärkere parlamentarische Kontrolle, können auch die Aktivitäten der Medien dazu beitragen, daß gefährliche Entwicklungen rechtzeitig erkannt und verhindert werden. Doch bisher geschah dies mit letzter Konsequenz meist erst im nachhinein oder in peripheren Bereichen. Dafür steht als Beispiel die Verlautbarung über den Bau einer Chemiefabrik in Libyen durch westliche Firmen.

Bei aller Freude über die Schritte der letzten Jahre in Richtung Abrüstung und Entspannung bleiben die Gefahren, bleibt die potentielle Bedrohung riesengroß. Rückschläge sind jederzeit möglich, auch plötzliche Veränderungen. Versucht man sich rückblickend klarzumachen, was sich aus der Stationierung sowjetischer Raketen auf Kuba hätte entwickeln können, was zur Zeit des Vietnamkrieges geschehen wäre, hätten sich die Empfehlungen hoher Militärs durchgesetzt, Hanoi mit einer Atombombe zu zerstören, so mag man eine Vorstellung davon bekommen. Doch wozu in die Vergangenheit abschweifen? Die arabische Halbinsel ist nicht so weit von Europa entfernt. Wem sind bei den Bildern über die Machtdemonstration zweier Kriegsmaschinerien im Sommer 1990 nicht kalte Schauer über den Rücken gelaufen? Bei den Bemühungen, solche Konflikte mit politischen Mitteln zu lösen und das Schlimmste zu verhindern, werden die Nachrichtendienste sicher noch für lange Zeit eine Rolle spielen müssen. Die Erkenntnis, daß sich kein Militärblock, kein Land absolut sicher sein kann, seine Projekte und Pläne blieben geheim, ist meines Erachtens ein friedenserhaltender Faktor.

Über diese Rolle auch zu reden, scheint mir gerade jetzt notwendig. Dieser Gedanke kam mir während einer Live-Sendung des französischen Fernsehens im Sommer 1990, an der ich via Satellit von Berlin aus teilnahm. Die Äußerungen der ehemaligen Geheimdienstchefs William Colby von der CIA, Pierre Marion vom französischen SDECE, Rafael Eytan vom israelischen Mossad und meine Bemerkungen offenbarten, wie sehr wir im Grunde von ähnlichen Gefahren, aber auch von immer noch vorhandenem Mißtrauen ausgingen. Ähnlich wie bereits im politischen, militärischen und in anderen Bereichen müßte ein Nachdenken über Entspannung und Zusammenarbeit auch auf nachrichtendienstlichem Gebiet möglich werden. Das mag gegenwärtig noch wenig real anmuten. Aber wer hätte vor wenigen Jahren all das für möglich gehalten, was jetzt tatsächlich geschieht? Natürlich wird dies ein längerfristiges Unternehmen sein.

Manche Feindbilder müssen abgebaut werden, und viel Geduld ist erforderlich, bevor man zu praktischen Regelungen und auch zu Ergebnissen kommt. Ein Grund mehr, solche Vorhaben nicht auf die lange Bank zu schieben. Vielleicht sind aus dem aktiven Dienst ausgeschiedene ehemalige Verantwortliche am besten geeignet, sich an einen Tisch zu setzen, um erste Gedanken auszutauschen und Wege für eine derartige Zusammenarbeit zu ebnen. Wahrscheinlich könnten sehr schnell

Formen für einen Informationsaustausch auf bestimmten sensiblen Gebieten gefunden werden, oder dieser Austausch, wenn es ihn schon gibt, könnte erweitert werden. Mich bestärken vielfältige Beispiele in anderen Bereichen, besonders aber das neue Denken, mit dem die Sowjetunion auf internationaler Ebene auftritt.

Eines der dringendsten Probleme, bei dem ich eine schnelle Verständigung für möglich halte, ist das des Terrorismus. Von den meisten Staaten wird der Terrorismus gegenwärtig als eine ernste Bedrohung angesehen. Die Amerikaner kommen immer wieder auf diese Frage zurück. Im Westen ist es wohl kaum notwendig, die Gefährlichkeit und Inhumanität von terroristischen Aktionen zu beschreiben, noch die Katastrophe auszumalen, sollten von einzelnen Staaten unterstützte spezialisierte Gruppen einen Angriff auf ein Kernwaffenzentrum oder ein Kernkraftwerk starten. Ich habe mich zu unserer Grundeinstellung zum Terrorismus wiederholt geäußert und bin fest davon überzeugt, daß sie auch der Haltung der Sowjetunion entspricht. Die große Mehrheit der Verantwortlichen weiß, wie sehr alle durch diese Erscheinung gefährdet und bedroht sind. Das wäre also ein mögliches erstes Thema gemeinsamer Beratung über effektive Schritte.

Es dürfte nicht schwer sein, weitere Punkte für eine derartige Zusammenarbeit zu finden, schwieriger ist es schon, über einen Kodex von Verhaltensweisen und unzulässigen Methoden im nachrichtendienstlichen Bereich zu beraten.

Die erzielten Ergebnisse der Entspannung sind real und nüchtern zu sehen. Das Wahnsinnspotential der Waffenarsenale reicht noch aus, unsere Erde mehrfach zu zerstören. Die bisher wirklich aus dem Verkehr gezogenen und zerstörten Waffen sind eine immer noch unbedeutende Größe. Sie sind lediglich erste Lichtschimmer an einem düsteren Himmel. Kenntnis über die Waffen erlangt man durch vereinbarte Kontrollen oder durch die Nachrichtendienste. Was aber sind das für Leute, die in den Arsenalen und an den Auslösemechanismen sitzen? Was geht in deren Köpfen vor? Ist dort schon neues Denken vorhanden, wird es dort einziehen?

Ist die Gesellschaft in der Lage, den Politikern neues Denken abzuverlangen? All dies zwingt auch mich, vor den Trümmern eines nie real gewesenen Sozialismus stehend, weiter über die gesellschaftlichen Probleme nachzudenken. Dieser Sozialismus konnte kein Beispiel geben. Auf dem Gebiet der Ökologie war eher das Gegenteil der Fall. Aber vermag dies das kapitalistische System, in das wir nun hineingestellt sind? Ist es in der Lage, eine befriedigende Antwort auf diese Herausforderung zu finden, der sich die Gattung Mensch gegenübergestellt sieht? Daß wir uns nun diese Frage auf dem Boden eines Staates in diesem System stellen müssen, verdanken wir uns selbst. Besser gesagt, dem zerbrochenen System, an das wir glaubten und dem wir dienten. Hunderttausende haben es abgelehnt, stimmten mit den Füßen ab und gingen noch vor der Öffnung der Grenzen in den anderen deutschen Staat. Rechnet man die hinzu, die vor dem Bau der Mauer gingen, waren es Millionen. Der elementare Drang nach nationaler Einheit und persönlicher Freiheit, des ganz menschlichen Strebens nach persönlichem Glück trieb sie hinweg, oft auch ins Ungewisse.

Von sozialistischen Experimenten wollten und wollen die meisten Menschen nichts mehr wissen. Aus dem Munde von Professoren und Politikern genauso wie von aufsässigen jungen Radikalen habe ich gehört, daß ihnen »-ismen« überhaupt nichts mehr bedeuten. Sie lehnen auch das von den Parteien beherrschte politische System ab. Es gehe um das einzelne Individuum, um Freiheit, die sich auf menschliche Vernunft gründet, auf die humanistischen Vorstellungen von den Rechten der Persönlichkeit, und um eine Gesellschaft, die jegliche Unterdrückung verdammt. Manche dieser jungen Menschen, die sich von Parteien und Organisationen abwenden, bauen auf die Kraft des Individuums. Mit neuen Mitteln der Informationsverbreitung, mit Aktionen, wie sie zum Beispiel Greenpeace demonstriert, wollen sie die Menschen erreichen. Ich weiß nicht, ob dies ein Weg ist, der zum Ziel führt. Aber ich glaube schon, daß manche Aspekte unserer Theorie, an die wir glaubten und die in der Vergangenheit durchaus zutreffend waren, schon heute überholt sind. Etwa die Lehre vom Klassenkampf, mit dem unvereinbaren Antagonismus der Systeme und der Unmöglichkeit ihrer gegenseitigen Annäherung. Elemente des Sozialismus, manchmal besser verwirklicht als je bei uns, sind in Ländern anzutreffen, die wir als kapitalistisch bezeichnen. Mir geht es nicht darum, einem vergangenen System nachzutrauern, das sich als nicht lebensfähig erwiesen hat, sondern um das Nachdenken darüber, wie sich das nun größere und mächtigere Deutschland und seine Menschen in die Welt einordnen werden. Viele unserer Nachbarn beargwöhnen ja aus vergangener Erfahrung diese wiedererstandene Macht im Herzen Europas. Das Land könnte aber zu einer Hoffnung werden, wenn seine Menschen den Blick über die Grenzen hinaus nicht verlieren oder, besser gesagt, diese Sicht überhaupt erst richtig gewinnen. Gegenwärtig sind sie, besonders die ehemaligen Bürger der gewesenen DDR, zu sehr mit den eigenen Problemen beschäftigt; ihr Blick ist nach innen gerichtet. Dem Freudentaumel und der Euphorie nach der Öffnung der Grenze folgt der Alltag. Sich in einer Gesellschaft zu behaupten, in der eigene Initiative, Geld und Ellbogen viel bedeuten, soziale Absicherung hingegen weniger, ist für sie ungewohnt. Drohende Arbeitslosigkeit, geringe Chancen, im erlernten Beruf voranzukommen, für viele Ausgrenzung aus der bisherigen Tätigkeit und für nicht wenige gar aus der Gesellschaft, all das muß verarbeitet, bewältigt werden. Da bleibt wenig Zeit, über die umfassenderen Probleme der Menschheit nachzusinnen. Aber diese Probleme holen in der immer enger zusammenrückenden Welt jeden einzelnen ein, ob er will oder nicht.

Deshalb sind für mich die jungen Menschen eine Hoffnung, für die heute schon der Tanz um das Goldene Kalb nicht den ganzen Lebensinhalt ausmacht. Diese Gesellschaft, in der wir nun leben, in der die Macht des Geldes und das Profitstreben letztlich den Inhalt der Politik und der Gesetze bestimmen, kann nicht das letzte Wort sein. Allein wie in der kapitalistischen Marktwirtschaft das völlig normale Streben der Menschen nach immer schöneren, farbigeren, besseren, einfacher zu bedienenden Dingen, das heißt nach größerem Konsum genutzt und gefördert wird, belegt diese Annahme. Auch die zunehmende Macht der Medien dient dazu, solche Wünsche ständig wachzuhalten und ins Extrem zu steigern. Obwohl auch dort oder gerade dort Einsichtige genau wissen, daß damit die enorme Verschwendung der natürlichen und nicht unerschöpflichen Reichtümer unserer Erde und die Zerstörung der Umwelt gefördert und zum Dauerzustand werden. Diese Gesellschaft in ihrer jetzigen Verfassung kann auch die Nord-Süd-Probleme mit den darin eingebetteten Folgen der Unterentwicklung, dem Teufelskreis von Hunger und Arbeit, der enormen Verschuldung nicht lösen, weil die Triebkräfte ihrer eigenen Entwicklung dem widersprechen.

Dieses System kann nicht die Lösung bringen. Dazu muß es eine Alternative geben. Für mich bleiben das die Ideen, die wir mit einem humanistischen, demokratischen Sozialismus verbanden. Deshalb sind für mich die Linken als Teil neu entstehender Bürgerbewegungen eine Kraft, die Veränderungen hin zu einer gerechteren Welt bewirken kann. Ihre Lage ist schwierig. Die Linke ist zersplittert und wurde in der DDR durch eine korrupte Gruppe, die ihre Macht im Namen des Sozialismus mißbrauchte, diskreditiert.

Und so gesehen, betrachte ich den Zusammenbruch des real existierenden Sozialismus in Mittel- und Osteuropa als die größte Katastrophe seit der russischen Oktoberrevolution von 1917. Ich kann jedoch nicht glauben, daß dieser gewaltige historische Rückschlag das historische Aus für die sozialistischen Ideen gebracht hat. Auch bei uns waren Hunderttausende ehrlichen Herzens mit diesen Idealen verbunden, sie haben sie bei aller Bitterkeit und im Zorn über die erfahrene Täuschung nicht abgelegt. Dieses gute Erbe einer DDR-Identität kann unter völlig neuen Bedingungen der linken Bewegung in einem vereinigten Deutschland zugute kommen. So meine ich, daß die Ziele, die aus den besten Errungenschaften der Menschheit hervorgegangen sind – denen des Humanismus, der Französischen Revolution, von Gleichheit und sozialer Gerechtigkeit – , weiter bestehen und wieder an Kraft gewinnen werden. Sie müssen leben, wenn die Menschheit der Katastrophe entgehen und überleben will.

Viele der Ideen, denen wir nachhingen, wird das Leben ausmerzen. Es wird neue entstehen lassen. Zeiten der Umwälzung sind oftmals Zeiten der Jugend in der Geschichte. So hatte es der Philosoph Ernst Bloch formuliert, der ein entschiedener Gegner des Stalinismus war und in den fünfziger Jahren unser Land verlassen mußte. Ich kann nur wiederholen: Gegenwärtig, da man den Eindruck haben kann, die Menschheit nähere sich einem Abgrund, baue ich auf die Jugend.

Oftmals bin ich im zurückliegenden Jahr gefragt worden und habe mich selbst befragt, ob mein Leben einen Sinn gehabt hat. Der Rückblick ist bitter. Das eigene Bewußtsein, gegen den Faschismus gekämpft und nach dem Krieg auch für den Frieden gearbeitet zu haben, ändert daran nichts. Geblieben sind Erinnerungen und Erfahrungen, die zu vermitteln mein Lebensziel in den kommenden Jahren geworden ist. In diesem Buch habe ich beschrieben, in welcher Weise mich mein Erstling, »Die Troika«, in dieser bewegenden Zeit der Veränderungen begleitet hat, mich selbst zu neuer Sicht und Einsicht zwang. Die Seiten dieses neuen Buches sind in Wochen und Monaten voller Hektik entstanden, in Stunden der Verzweiflung, auch immer wieder der Hoffnung, geschöpft aus dem Zusammensein mit der Familie und den Freunden. Es sind Momentaufnahmen, verbunden mit erstem gründlicheren Nachdenken über Ursachen und Wirkung. Das meiste steht noch bevor.

September 1990

PERSONENVERZEICHNIS

Abendroth, Hermann 51
Ackermann, Anton 74
Adameck, Heinz 38f., 46
Adenauer, Konrad 83, 130ff., 145ff., 297
Aitmatow, Tschingis 7
Albrecht, Hans 91
Albrecht, Susanne 293
Allende, Salvador 45, 221
Andrejewa, Nina 85, 87
Andropow, Juri 180, 273
Awelitschew, Alexander 127
Axen, Hermann 13, 38

Bahr, Egon 269, 271
Bahro, Rudolf 269
Baierl, Helmut 20
Baigarow, Sergei 152
Barkley, Richard C. 60
Batista, Fulgeneio 19, 41f.
Becher, Johannes R. 66, 241
Beil, Gerhard 162
Bek, Alexander 71
Baender, Paul 219
Berg, Lene 86f., 162
Berghofer, Wolfgang 239, 241, 246, 252ff., 263, 267, 271,
Bergmann-Pohl, Sabine 293,
Berija, Lawrenti 32, 104
Bertele, 220, 273
Bisky, Lothar 24, 192, 246, 263, 271
Bloch, Ernst 304

Bohley, Bärbel 119, 153, 183, 184, 192, 197, 249, 250, 257
Böhm, Tatjana 208
Böhme, Erich 216
Böhme, Ibrahim 197, 200, 273f.
Bolz, Lothar 76
Bonde-Hendriksen 84
Brandt, Willy 8, 132, 216, 227ff., 246, 271, 274, 297
Braun, Volker 54, 125, 159,
Brecht, Bertolt 37, 147, 159
Bredshow, Ben 170
Brentano, Heinrich von 76
Breshnew, Leonid 27, 33, 78, 98,
Brie, Michael 183,
Busch, Ernst 148, 159

Carow, Heiner 224,
Carré, John le 138
Castro, Fidel 18, 40ff., 115
Ceausescu, Jelena 276
Ceausescu, Nicolai 73, 274, 276, 279,
Chruschtschow, Nikita 27, 78, 106,
Cienfuegos, Càmilo 42
Colby, William 300
Coppi, Hans jr. 142, 188
Coppi, Hans sen. 142
Coppi, Hilde 84
Corvalan, Luis 45
Coudenhove-Kalergi, Barbara 198
Cremer, Fritz 84f.

Demmler, Kurt 191
Diestel, Peter M. 291
Dimitroff, Georgi 38

Doernberg, Stefan 66
Dohlus, Horst 51, 70, 200
Drommer, Günther 47ff., 60, 156
Dubcek, Alexander 156, 243

Eberlein, Werner 32, 35, 242
Egel, Karl-Georg 19
Eichmann, Adolf 293
Einsiedel, Heinrich (Hajo) Graf von 82ff.
Eisel, Fritz 110, 112
Eisel, Paul 112
Ende, Lex 219
Ender, Ina 142
Engelhard, Manfred 189
Engels, Friedrich 62, 130, 266
Eppelmann, Rainer 119, 197, 208
Eppler, Erhard 154
Erdmann, Nikolai 53
Eytan, Rafael 300
E., Horst 66, 69f., 170

Faber, Elmar 38, 47, 50, 91, 134, 244
Falin, Walentin 123, 127ff., 162f., 267
Feist, Manfred 181
Fischer, Jura 268
Fischer, Oskar 248
Fontane, Theodor 11f.
Forck, Gottfried 89

Gaus, Günter 220
Geggel, Heinz 138, 185
Genscher, Hans-Dietrich 64, 154, 158, 161

Gerlach, Manfred 122, 125, 156, 189f., 227
Girnus, Wilhelm 76f., 84
Goethe, Johann W. von 93f., 175, 222
Goldstein, Kurt 84, 88
Goldstein, Margot 84
Gorbatschow, Michail 9, 16, 18f., 27, 31, 33ff., 43, 49, 54, 58, 61, 63ff., 67, 72f., 80, 87, 90f., 96f., 103, 106f., 117, 121, 123, 127ff., 133, 137, 143, 154, 156, 160ff., 166f., 176, 181, 189, 193, 195, 198, 206, 216, 226, 248, 267, 276, 288
Götting, Gerald 189
Gröning, Claudia 96, 114
Guevara, Ché 42
Guillaume, Chnistel 227ff.
Guillaume, Günter 8, 16, 227ff., 246
Gutschke, Irmtraut 184
Gysi, Gregor 191, 223, 227, 247ff., 260ff., 267, 270f., 274, 277

H., Gerhard 82
Hager, Kurt 15, 38, 61, 68f.
Harich, Wolfgang 241
Harnack, Arwid 141
Hartenhauer, Christian 183
Havel, Vaclav 47, 243
Havemann, Robert 153, 190, 242, 267, 273
Hein, Christoph 68, 183f., 189
Hemingway, Ernest 40
Henselmann, Hermann 84

Herger, Wolfgang 53, 134, 136, 138, 144, 155f., 167, 183, 185, 198, 246
Hermlin, Irina 60,
Hermlin, Stephan 36, 51, 122, 189, 252
Herrmann, Joachim 13, 28, 35, 38f., 51, 67, 113, 122, 136, 161, 177, 185
Heym, Stefan 51, 89, 115, 139, 144, 183, 192, 197, 244, 253
Hitler, Adolf 63, 237, 296f.
Hoffmann, Joachim 125
Hohmann, Lew 46, 53, 109, 189
Hollies
Honecker, Erich 13f., 15f., 18ff., 24ff., 30ff., 38f., 43, 54, 66f., 71ff., 81f., 87, 89, 98, 113f., 119, 121ff., 127ff., 132, 136f., 140ff., 152, 156, 160ff., 166ff., 176ff., 223, 229ff., 236, 246, 250, 269, 272, 285, 292
Honecker, Margot 26, 140, 162, 181, 272
Honecker, Sonja 140
Höpcke, Klaus 37, 47, 58, 125, 152, 156, 160, 221, 246, 254
Hülsemann, Wolfram 119, 120, 197

Jagoda, Heinrich G. 32
Jähn, Siegmund 198
Jakowlew, Alexander 267
Janka, Walter 209, 211, 219, 240ff., 253, 258, 274
Jelzin, Boris 54, 152

Jendretzky, Hans 162
Jens, Inge 257
Jens, Walter 257
John, Otto 83f.

Kant, Hermann 20, 54, 161
Karau, Gisela 151
Keller, Dietmar 183
Keßler, Heinz 82, 89, 98, 216
Klein, Dieter 247, 254, 269
Kocziolek, Helmut 162
Kohl, Helmut 28, 145f., 186, 244, 253, 269, 271, 275
Kohlhaase, Wolfgang 224
Komitas 62
König, Hartmut 162, 183, 186
Königsdorf, Helga 199
Koplowitz, Jan 161
Koptelzew 123, 127, 162, 267
Kotschemassow 199, 267
Kreikemeyer, Willy 219
Krenz, Egon 54f., 134, 136ff., 143, 147, 153, 160, 167ff., 176, 178ff., 184, 186f., 189ff., 198ff., 209, 232ff., 238f., 245ff., 252f., 265, 270, 275
Krjutschkow, Wladimin A. 154
Kroker, Herbert 247, 250, 253f., 261f.
Kuckhoff, Adam 141
Kuczynski, Jürgen 52, 90, 156, 201, 259
Kühnrich, Heinz 19

Land, Rainer 159

Lattmann, Dieter 122
Lautenschläger, Hans 142
Leber, Georg 228
Leich, Werner 227
Lenin, Wladimir I. 22f., 30, 62, 71, 86, 250
Leonhard, Wolfgang 66,
Leuschner, Renate 86
Liebknecht, Karl 17, 20
London, Jack 58
Losch, Klaus 110f.
Lukács, Georg 241
Luther, Martin 46
Luxemburg, Rosa 20ff., 44, 87

Mahlow »Jordanowitsch«, Bruno 162, 277
Majakowski, Wladimir W. 53
Maleuda, Günther 274
Mandelstam, Nadeshda 19
Mandelstam, Ossip 19
Marion, Pierre 300
Marti, José 39, 41, 45,
Marx, Karl 250, 266
Masur, Kurt 51, 168, 253
Matern, Hermann 180
Mätzig, Kurt 112, 161
Mazowieczki 145, 253
Mebel, Moritz 16f., 60, 86, 151, 189, 198
Mebel, Sonja 16f., 60
Mecklinger, Ludwig 162
Menuhin, Yehudi 16
Merker, Paul 219
Mielke, Erich 26f., 33, 35f., 47, 49, 53, 65ff., 71ff., 81f., 89, 98, 113, 115, 119, 121, 140ff., 153, 155, 160, 169f., 179ff., 186ff., 199, 212ff., 221, 227, 232, 236, 245, 256, 272, 292, 294
Misselwitz, Helke 188, 209, 223ff.
Mittag, Günter 27f., 143f, 163, 177, 187, 247
Mittenzwei, Werner 37, 125,
Mitterand, Francois
Mittig, Rudi 179, 217, 234
Modrow, Hans 58, 68, 155, 160, 162, 200, 205ff., 223, 227, 245ff., 253, 255f., 258ff., 272, 274ff.
Molotow, Wjatscheslaw 97
Momper, Walter 89
Mühlen, Bengt von zur 66
Müller, Gerhard 172, 175
Müller, Heiner 118, 188
Müller, Henning 160
Müller, Vincenz 131f.

Nagy, Imre 108
Nollau, Günter 228
Norden, Albert 26, 33
Norstad, Launis 107

Oelschlegel, Vera 101f.
Ossietzki, Carl von 156

Pais, Frank 41f.
Petrov, Evgenij 53
Pieck, Wilhelm 19, 32f., 38
Pinochet, Augusto 45
Pischnen, Hans 66

Portugalow, Wjatscheslaw 123, 127, 267
Posdnjakow, E. 97

Raab, Julius 131
Raschidow 187
Rau, Johannes 205
Rebmann, Kurt 109, 237, 242, 285
Reich, Jens 183, 197, 257
Reichel, Käthe 190
Reinhold, Otto 161, 221
Rempel, Christian 199
Renner, Lutz 227
Richter, Claus 48, 89, 98, 233
Rjabow, Gelij 71
Ryschkow, Nicolai 134

Sanderling, Kurt 51
Schabowski, Günter 163, 204f., 250
Schäffer, Fritz 130ff.
Schälike, Fritz 31
Schalck-Golodkowski, Alexander 173, 187, 246, 272
Schall, Ekkehard 68
Schall, Johanna 188f.
Scharnowski 107
Scheel, Edith 141
Scheel, Heinrich 66, 141f.
Scherzer, Landolf 91f., 95, 243
Schirdewan, Karl 76
Schlosser, Knistian 50
Schmidt, Helmut 28, 229
Schmidt, Martin 156f
Schmitz, Michael 48, 161
Schneider, Wolfgang 85

Schöne, Gerhard 183
Schönemann, Horst 68
Schorlemmer, Friedrich 142, 144, 192, 197, 252
Schottmüller, Oda 84
Schröder, Ralf 273
Schulze-Boysen, Harro 141
Schürer, Gerhard 227
Schwanitz, Wolfgang 217, 220, 245
Schwarz, Jäcki 53, 68
Seegert, Dieter 183, 199, 249
Seiffert, Wolfgang 123
Seiters, Rudolf 246
Shiwkow, Todon 209
Siao, Emi 102, 139
Siao, Eva 102, 202
Simonow, Konstantin 15f.
Sindermann, Horst 26
Sinowjew, G. 30
Solter, Friedo 234
Sorge, Richard 32
Stalin, Jossif W. 14ff., 25, 30ff., 38, 61f., 71f., 78f., 85, 96, 106, 150f, 160, 215, 219, 240, 265
Steineckert, Gisela 183
Stenzer, Emma 32
Stoph, Willy 187
Stötzer, Werner 182
Strauß, Franz-Josef 107
Szinda, Gustav 213

Thälmann, Ernst 30
Tiedtke, Kurt 143
Timsit, Joel 171
Tisch, Harry 188

Tournier, Michel 170f.
Trepte, Kurt 66
Tretjakow, Sengei 133
Trotzki, Leo D. 23, 53, 72
Tübke, Werner 172
Tuchatschewski, Michael N. 32

Ulbricht, Walter 25ff., 74ff., 104, 106, 132, 179f., 213f.

Valdez, Ramiro 41
Viett, Inge 293
Vogel 271, 272

Wachowiak, Jutta 188, 252
Wagenstein, Jäcki 198, 209, 222, 241
Waller, Angelika 68
Wallraff, Günter 277
Walther 293
Wangenheim, Inge von 94
Wehner, Herbert 32, 75ff., 107, 213, 230f.
Weiss, Peter 142
Wekwerth, Manfred 38f., 53, 68, 125, 156, 159
Wendt, Erich 32
Werfel, Franz 62
Werner, Ruth 19, 58, 90, 144
Wessel, Harald 55, 70, 86, 96, 185
Willerding, Jochen 109, 162
Willmann, Heinz 66
Wloch, Wilhelm 31
Wolf, Andrea 12, 19, 40f., 46, 48, 96f., 127, 148, 156, 176f., 273, 279, 285f., 291

Wolf, Christa 36, 50, 96f, 99, 189, 192, 202, 221, 244, 252, 254, 295
Wolf, Markus 9, 16, 39, 50, 67, 70, 84f., 89, 95, 153, 155, 160, 201, 204, 231, 236f., 287, 289, 293f.
Wolf, Dieter 240
Wolf, Friedrich 13, 20, 30ff., 39, 46, 55, 125, 148, 156f, 160, 181, 244, 273, 290
Wolf, Gerhard 202
Wolf, Hanna 85ff., 90, 97, 162
Wolf, Konrad/Koni 24, 70, 102, 121, 171, 182, 188, 224, 226
Wolf, Lena 126f., 286
Wolf, Sascha 114
Wollenberger, Vera 21
Wollweber, Ernst 74ff.
Wright, Peter 138

Xiaoping, Deng 91, 115, 162,

Zaisser, Wilhelm (General Gomez) 74f., 104, 213
Ziegler, Hans-Martin 227, 255
Zimmermann, Brigitte 140, 157, 247

AKTUELLES SACHBUCH

MARKUS WOLF
DIE KUNST DER VERSTELLUNG

Dokumente, Gespräche und Interviews.
Herausgegeben von Günther Drommer.

352 Seiten, Broschur,
mit zahlreichen Abbildungen.
ISBN 3-89602-169-9;
DM 29,80

Wer von einem Generalsekretär zum Gespräch beordert, von einem Gerichtspräsidenten zum Schlußwort aufgefordert, vom »Spiegel« zum Interview gebeten und vom »Playboy« zum Smalltalk gedrängt wird, der muß die Kunst der Verstellung beherrschen: Um nicht zu sagen, was von ihm erwartet wird, sondern das, was er für richtig hält.

Aus einer Vielzahl von Lebenszeugnissen wurde dieser Auswahlband zusammengestellt: Jugendbriefe an die Eltern stehen neben Altersbriefen aus der Haft; zeitgenössische Rundfunkkommentare zum Nürnberger Prozeß und anderen Ereignissen jener ersten Nachkriegsjahre, persönliche Dokumente und offizielle Reden aus seiner Zeit als Chef des Nachrichtendienstes der DDR, Gespräche und Ansprachen aus der Zeit der Wende, Plädoyers vor Gericht, Rundfunk- und Fernsehmitschnitte, Zeitungsinterviews für Blätter in aller Welt fügen dem, was in bisherigen Büchern steht, Unbekanntes, Neues hinzu und zeigen einen Mann, der stets zu reagieren weiß.

IM SCHWARZKOPF & SCHWARZKOPF VERLAG

AKTUELLES SACHBUCH

DIE GAGARIN-STORY

Die Wahrheit über den Flug des ersten Kosmonauten der Welt.

Von Gerhard Kowalski

*Ca. 320 S., mit vielen Abbildungen,
Format 13,5 x 21 cm, Broschur
Erscheint im Februar 1999.
ISBN 3-89602-184-2
DM 29,80*

Der geheimnisumwitterte Flug Juri Gagarins, des ersten Kosmonauten: Fast alles, was wir darüber zu wissen glauben, ist falsch. Wie es wirklich war, steht in diesem Buch des Raumfahrt-Journalisten und Kosmonauten-Fachmannes Gerhard Kowalski.

Durch eigene Recherchen und Gespräche mit russischen Kosmonauten konnte Kowalski viele weiße Flecken in dem bis dato höchst lückenhaften Mosaik des Gagarin-Flugs tilgen.

Nicht zuletzt hat auch Juri Gagarins Witwe Walentina dazu beigetragen, eine Reihe offener Fragen zu klären. Somit entstand ein Buch, das erstmals für den deutschsprachigen Raum die wahren Umstände des vielfach geheimnisumwitterten Fluges Gagarins schildert.

Im Lichte der Tatsachen erweist sich zudem Gagarin als Mensch, dessen epochale Leistung keiner realsozialistischen Verbrämung bedurft hätte, um ihn unsterblich zu machen.

IM SCHWARZKOPF & SCHWARZKOPF VERLAG

AKTUELLES SACHBUCH

MIT SOZIALISTISCHEM GRUSS

*Parteiinterne Hausmitteilungen, Briefe,
Akten und Intrigen aus der Ulbricht-Zeit*

*Herausgegeben von Henrik Eberle
352 Seiten, mit Abbildungen, Broschur,
ISBN 3-89602-146-X, 24,80 DM*

»Es gibt Briefe, die die Welt nicht braucht, aber unbedingt gelesen haben sollte.« FRITZ – Das Magazin

»Über Mumpitz hinaus liefert der Band eine Reihe eindringlicher Beschreibungen des Alltagslebens« Thüringer Allgemeine

»Bizarr« Rheinische Post

»Das ist nur härteren Gemütern zuzumuten. Aus jeder Zeile glotzt uns der gesamtdeutsche Kleinbürger blöde an.« Donaukurier

»Proletprosa« Der SPIEGEL

»Über weite Strecken amüsant.« Leipziger Volkszeitung

»Nachrichten von gestern, heute eher erheiternd als bestürzend.« Lausitzer Rundschau

»Zum Schmunzeln komisch« BILD

»Wieweit der Opportunismus der Vielen und der Mut ganz Weniger ging, läßt sich nicht zuletzt an den Dokumenten bekannter Promis ablesen – einige sind geradezu zum Heulen.« Ruhr-Nachrichten

IM SCHWARZKOPF & SCHWARZKOPF VERLAG

AKTUELLES SACHBUCH

EINVERSTANDEN E.H.

*Parteiinterne Hausmitteilungen, Briefe,
Akten und Intrigen aus der Honecker-Zeit.*

*Herausgegeben von Henrik Eberle und Denise Wesenberg
Ca. 352 S., mit vielen Abbildungen,
Format 13,5 x 21 cm, Broschur, ISBN 3-89602-188-5
DM 29,80*

Erich Honecker war Generalsekretär der Partei und kümmerte sich um alles. Kaffeeversorgung, das Karl-May-Museum, Tapetenmuster und abweichende Meinungen. Meist entschied er kurz und bündig: »Einverstanden – E.H.« Bis es nichts mehr zu entscheiden gab...

Interne Vermerke entschieden über die Schicksale von Armin Mueller-Stahl, Monika Maron und Nina Hagen. Der brave Schüler Ottokar übt Selbstkritik. Briefe befassen sich mit Damenschlüpfern zum Selbernähen, Heino in Bagdad und einer Völkerschlacht in Merseburg.

Die Herausgeber Henrik Eberle und Denise Wesenberg, Historiker aus Halle/Saale, wurden in den Archiven der SED fündig – sie präsentieren bisher unveröffentlichte Dokumente aus der Ära Honecker. Briefe und interne Hausmitteilungen geben einen ungewohnten Einblick in die Geschichte der DDR.

Die Sorgen des Alltags werden drastisch vor Augen geführt. Im Zentrum stehen die Fragen, die die DDR-Bürger bewegten: Werden Wecker nur noch an Schichtarbeiter verkauft? Wie krank ist der Genosse Breshnew? Warum kann SAT 1 nicht mit der Gemeinschaftsantenne empfangen werden? Warum hat Helmut Schmidt seinen Besuch in der DDR abgesagt? Die Partei hatte zwar immer Recht, wusste aber nicht auf alle Fragen eine Antwort ...

IM SCHWARZKOPF & SCHWARZKOPF VERLAG

AKTUELLES SACHBUCH

30 JAHRE PUHDYS: ALT WIE EIN BAUM.
Die vollständige Puhdys-Diskographie
Alle Platten, LPs, CDs aus 30 Jahren Bandgeschichte.
Von Uwe Beyer
200 S., mit vielen farbigen Abbildungen, Broschur
ISBN 3-89602-187-7; DM 24,80

Mit dieser Diskographie liegt erstmals eine Gesamtübersicht über das 30jährige Schaffen der Puhdys vor. Sie umfaßt alle Singles, Quartett-Platten (EP's), Langspielplatten, CD sowie LP- und CD-Sampler, auf denen die Puhdys vertreten sind. Sie beinhaltet alle Titel und Produktionen von Beginn der Karriere bis einschließlich 1999.

Die schönsten und interessantesten Tonträgercover werden in Farbe abgedruckt. Die Diskografie listet alle Platten, CDs und Titel auf, die zwischen 1969 und 1999 veröffentlicht wurden. Der Nutzer der Diskografie erfährt zu jedem Titel die Zeitangabe, unterschiedliche Versionen, die Autoren sowie das Erscheinungsjahr.

Sie ist damit ein unentbehrliches Nachschlagewerk für den Fan, den Interessenten sowie den Chronisten. Eine Titelübersicht sowie eine Übersicht über die günstigste Verfügbarkeit des jeweiligen Titels runden die Chronologie ab. Ergänzt wird diese Diskographie mit den Stationen der einzigartigen Karriere der Puhdys und der Chronologie ihrer Musik. In einem gesonderten Teil sind nochmals alle Hitparadenplazierungen der jeweiligen Titel der Puhdys in der Jahreswertung aller Rundfunksender der DDR »Top 50« von 1975 bis 1990 aufgelistet. Ergänzt wird diese Diskographie mit interessanten Covertexten und Album-Rezensionen.

- *Stationen ihrer Karriere und Chronologie ihrer Musik*
- *AMIGA-Singles / DDR*
- *Singles-Veröffentlichungen / BRD*
- *AMIGA-LPs / DDR*
- *LP-Veröffentlichungen / BRD*
- *Internationale LP-Veröffentlichungen*
- *Maxi-CD und Single-CD-Veröffentlichungen*
- *CD-Übersicht Alben*
- *Produktionen, an denen die Puhdys beteiligt waren*
- *Hitparadenplazierungen in der DDR-Hitparade von 1975 – 1990*
- *Covertexte und Album-Rezensionen u.a.*

IM SCHWARZKOPF & SCHWARZKOPF VERLAG

AKTUELLES SACHBUCH

AMIGA.
DIE DISKOGRAPHIE DER
ROCK- UND POP-PRODUKTIONEN
1964 – 1990

Mit Abbildungen aller LP-Cover und allen Angaben zu den Komponisten, Textern, Interpreten und den Aufnahmen aller Amiga-Produktionen.
Von Birgit und Dr. Michael Rauhut.

Ca. 480 S., mit über 1000 farbigen und s/w Abbildungen, Format 13,5 x 21 cm, Hardcover
ISBN 3-89602-189-3; ca. DM 49,80

Amiga buchstabiert man heute Kult. Was unter diesem Namen in Vinyl gepreßt wurde, ist mittlerweile ein begehrtes Sammlerobjekt, ein kulturgeschichtlicher Schatz. Amiga bleibt für viele aber auch ein Stück Biographie. Die alten Scheiben von Renft, den Puhdys oder Manfred Krug sind der Soundtrack ganzer Generationen.

Die Diskographie listet erstmals alle Rock- und Pop-Platten auf, die Amiga zwischen 1964 und 1990 veröffentlicht hat, vom ersten »Yeah, yeah, yeah« bis zur Umwandlung der Firma in eine GmbH. Hier finden sich sämtliche LPs, EPs und Singles, gegliedert nach nationalen Produktionen und Lizenzübernahmen.

Die Diskographie ist die erste ihrer Art und damit ein unentbehrliches Handbuch für den Fan und Chronisten. In puncto Akribie und Tiefe ist sie ein Novum.

Aus dem Inhalt:
- *Nationale Produktionen: Long Player / Sampler / Extended Player/ Singles*
- *Lizenzübernahmen: Long Player / Sampler / Extended Player/ Singles*
- *Raritäten, Sammlerstücke, Kuriosa*
- *Bildteil (viele farbige Abbildungen)*
- *Titelregister / Personen- und Bandregister*

IM SCHWARZKOPF & SCHWARZKOPF VERLAG

AKTUELLES SACHBUCH

»ALS ICH WIE EIN VOGEL WAR.« GERULF PANNACH: DIE TEXTE.

Die Songtexte von Gerulf Pannach
für die Klaus Renft Combo, Pannach & Kunert,
Veronika Fischer, die Puhdys und viele andere.
Herausgegeben von Salli Sallmann.
Ca. 300 S., mit vielen Abbildungen,
Format 13,5 x 21 cm, Broschur.
ISBN 3-89602-186-9, DM 29,80

»Ob im Osten oder Westen, wo man ist, ist's nie am besten« diese Zeilen dichtete Gerulf Pannach aktualisierend in Erich Mühsams Text »Weiter, weiter, unermüdlich«. Dies steht für das Leben und Schreiben des Rockpoeten und Dichtersängers, der in den 70ern der DDR als der zweite Wolf Biermann bezeichnet wurde. Der angriffslustige oppositionelle Sänger galt vielen als sächsisch-plebejisches Gegenstück zu Biermann. Pannach, einer der beiden Texter der legendär-anarchischen Rockband »Renft-Combo«, für die er auch eine seiner schönsten Balladen, den »Apfeltraum« schrieb, verfügte über das Instrumentarium des Beats, der Rock- und Folkmusik als Grundlage seines Lebens-, Schreib- und Singegefühls und konnte deshalb sein Publikum emotional unmittelbarer und provozierender ansprechen. Dies tat er in der DDR und später – nach seiner Ausbürgerung 1977 – ebenso im Westen mit einer dichterischen Brillanz, die ihm in der deutschsprachigen Dichtung nach dem II. Weltkrieg dauerhaft einen Platz sichert. Das Buch dokumentiert erstmals umfassend die Texte von Gerulf Pannach.

Das Buch ist der dritte und letzte Band der Renft-Trilogie:
KLAUS RENFT – ZWISCHEN LIEBE UND ZORN.
Die Autobiografie. Hrsg. von Hans-Dieter Schütt
300 Seiten, mit 50 Abbildungen, Broschur.
ISBN 3-89602-135-4. 29,80 DM
NACH DER SCHLACHT. Die Renft Story – von der Band selbst erzählt.
Aufgeschrieben von Delle Kriese.
320 Seiten, Broschur 13,5 x 21 cm, viele Abb., DM 29,80

IM SCHWARZKOPF & SCHWARZKOPF VERLAG

AKTUELLES SACHBUCH

NACH DER SCHLACHT
*Die Renft Story – von der Band selbst erzählt.
Aufgeschrieben von Delle Kriese*

320 Seiten, Broschur 13,5 x 21 cm,
ISBN 3-89602-170-2
DM 29,80

Die legendäre Klaus Renft Combo erzählt ihre Geschichte: In langen Gesprächen erinnern sie sich, wie es in den 60ern begann, an ihr Verbot in den 70ern, an das Leben im Westen oder in der DDR in den 80ern und an die Chance nach der Wende, als es plötzlich zwei Gruppen namens Renft gab ... Ein beeindruckendes Zeugnis großer Individualisten.

Der Herausgeber Delle Kriese kennt die Musikszene der DDR und die Band von innen: als Drummer verschiedener Bands, u.a. bei Gundermann, Cäsars Rockband und in den 90er Jahren bei RENFT kennt er seine Musikerkollegen und ihre Konflikte genau. Wohl keinem anderen Interviewpartner hätten sich die Musiker so rückhaltlos anvertraut – Musiker, die nicht nur Individualisten, sondern bisweilen untereinander auch in heftige Konflikte verwickelt sind.

40 Jahre großenteils gemeinsamer Geschichte werden erzählt, und Delle Kriese hat offene, ehrliche Worte eingefangen. Das Buch enthält – neben vielen zeitgenössischen Abbildungen und Dokumenten – ausführliche Gespräche mit mit den langjährigen Renft-Mitgliedern Peter »Cäsar« Gläser, »Monster« Thomas Schoppe, Klaus Jentzsch, Peter »Pjotr« Kschentz, Gerulf Pannach und anderen.

Ein ganz besonderes Verdienst des Herausgebers Delle Kriese ist es, daß dieses Buch das letzte ausführliche Gespräch mit Gerulf Pannach enthält, der der maßgebliche Texter der Klaus Renft Combo war. Gerulf Pannach ist im Frühjahr 1998 nach langer schwerer Krankheit an Krebs gestorben.

So ist mit »Nach der Schlacht« ein packendes und authentisches Buch entstanden, die Geschichte der Klaus Renft Combo, von der Band selbst erzählt.

IM SCHWARZKOPF & SCHWARZKOPF VERLAG

DER AUTOR

Markus (Mischa) Wolf: Geboren am 19. Januar 1923 in Hechingen (Württemberg). Sohn des aus einer jüdischen Kaufmannsfamilie stammenden Arztes und Schriftstellers Friedrich Wolf. 1933 Emigration mit der Familie über die Schweiz nach Frankreich. April 1934 Weiterreise in die Sowjetunion. Schüler der deutschen Karl-Liebknecht-Schule und der russischen Fritjof-Nansen-Schule. 1940/42 Student der Hochschule für Flugzeugbau, nach deren Evakuierung bei Kriegsbeginn Aufenthalt in Alma-Ata. 1942/43 Besuch der Schule der Kommunistischen Internationale in der Nähe von Ufa, dort Vorbereitung auf den Einsatz hinter der Front. Nach Auflösung der Schule von 1943 bis Anfang 1945 Sprecher und Kommentator am »Deutschen Volkssender« in Moskau. Im Mai 1945 Rückkehr mit der »Gruppe Ulbricht« nach Deutschland (Berlin). 1945 bis 1949 Mitarbeiter des Berliner Rundfunks. 1945/46 Berichterstatter vom Hauptkriegsverbrecherprozeß in Nürnberg. 1949 bis 1951 Erster Rat der Diplomatischen Mission der DDR in Moskau.

1951 Mitarbeiter des Außenpolitischen Nachrichtendienstes der DDR, seit Dezember 1952 dessen Leiter. Ab 1955 Chef der Hauptverwaltung Aufklärung (HVA) im Ministerium für Staatssicherheit der DDR. Stellvertreter des Ministers. Teilweise spektakuläre Erfolge vor allem in der politischen und geheimdienstlichen Szene der BRD.

1986 auf eigenen Wunsch aus dem aktiven Dienst ausgeschieden, von da an schriftstellerisch tätig. Im Frühjahr 1989 »Die Troika«, erste DDR-Veröffentlichung zu den Verbrechen der Stalin-Zeit. Befürworter weitgehender Reformen in der DDR.

Nach der Vereinigung beider deutscher Staaten ab 1990 Aufenthalt im Ausland. 1991 Rückkehr nach Deutschland. 1993 »Landesverrats«-Prozeß in Düsseldorf. 1995 Aufhebung des Urteils durch den Bundesgerichtshof. 1997 2. Prozeß in Düsseldorf, Verurteilung zu zwei Jahren Gefängnis auf Bewährung. Anfang 1998 kurzzeitige Beugehaft, um gerichtlich die Nennung von Namen bestimmter Quellen in der alten Bundesrepublik zu erzwingen.

Seit 1989 mehrere Bücher und Veröffentlichungen in Sammelwerken u.a. »In eigenem Auftrag. Bekenntnisse und Einsichten« (1991), »Die Stunde Null. Erinnerungen an Kriegsende und Neuanfang« (1995), »Geheimnisse der russischen Küche« (1995), Beitrag zu dem Sammelband »Mein Israel«. Zuletzt erschien seine Autobiographie »Spionagechef im geheimen Krieg« (1996) und der Band »Die Kunst der Verstellung« (1998).

Impressum
Markus Wolf: In eigenem Auftrag. Neuausgabe. ISBN 3-89602-185-0
Originalausgabe: Schneekluth Verlag, 1991
Copyright © 1999 by Schwarzkopf & Schwarzkopf Verlag GmbH, Berlin.
Druck AIT Norwegen. Printed in Europe.
Wir senden Ihnen gern unseren kostenlosen Katalog. Schreiben Sie an:
Schwarzkopf & Schwarzkopf Verlag / Abt. Service, Kastanienallee 32, 10435 Berlin.